近代日本言語史再考 V

ことばのとらえ方をめぐって

安田敏朗

三元社

凡例

一　本文中の敬称は略した。

一　引用について。
○〔……〕は省略を意味する。
○現在不適切とされる表現もそのまま引用したが他意はない。
○一行あけての引用の場合、
　行頭の一字さげは段落最初からの引用
　行頭が一字さげでない場合、段落内のある一文の先頭からの引用
　行頭が〔……〕ではじまる場合、段落内のある文の途中からの引用
をそれぞれ意味する。
○引用文中の〔　〕は、注記のないかぎり引用者による補足。
○引用文中にあるルビ・傍点などは適宜外したが、引用者によるルビは（　）で示した。

一　漢字について。
○引用もふくめ原則として新字体をもちいた。

一　仮名遣について。
○引用においては原文の仮名遣を反映させた。

近代日本言語史再考Ⅴ

ことばのとらえ方をめぐって

〈目次〉

第六章　「ひとつのことば」への道からみえるもの——斎藤秀一編『文字と言語』をめぐって　201

終章 「やさしい日本語」がみおとしているもの 465

はしがき

これまで、「近代日本言語史」を題名にいれた著書を四冊刊行してきた（すべて三元社刊）。

『近代日本言語史再考——帝国化する「日本語」と「言語問題」』二〇〇〇年
『脱「日本語」への視座——近代日本言語史再考Ⅱ』二〇〇三年
『統合原理としての国語——近代日本言語史再考Ⅲ』二〇〇六年
『「多言語社会」という幻想——近代日本言語史再考Ⅳ』二〇一一年

それぞれ、単発論文として発表してきたものや書き下ろしなどをまとめたものであるが、一冊目の副題、そしてそれ以降の主題に、その当時のみずからの関心の中心にあったもの、問題設定があらわれているように、ふりかえってみると、思う。

今回は、何も初心にかえるわけではないが、主題を「近代日本言語史再考Ⅴ」とし、副題を「ことばのとらえ方をめぐって」とした。

このタイトルは、あまりインパクトがない。

この数年のあいだに求めに応じて書いてきた論考などを一冊にまとめるに際して、ある程度の「くくり」のもとに並べなおし、相互のつながりを書いていくためにも、一冊を「くくる」タイトルが必要なのだが、いくら凡庸なタイトルであっても、思いつくにはなにかのきっかけが必要である。そのきっかけというのは、以下のようなものであった。

「日本語教育の推進に向けた基本的な考え方と論点の整理について（報告）」と題された文書がある。文部科学省の文化審議会国語分科会日本語教育小委員会課題整理に関するワーキンググループという長い名前の作成主により二〇一三年二月一八日に作成されたこの文書のなかに、「日本語教育を推進する意義」という項目がある。

五項目がかかげられたなかには、「日本語は、日本の文化の基盤であり、日本の文化そのものと言え、日本の文化や日本に対する外国人の理解が深まり、友好的な国際関係の構築につながる」とか、「外国人が日本で生活していく上で必要となる日本語能力を身に付け、日本語で意思疎通を図り、生活できるようにする。これは、「国際人権規約」、「人種差別撤廃条約」等における外国人の人権尊重の趣旨に合致するものである」というものがある。

これは二〇一六年二月二九日の文化審議会国語分科会の報告『地域における日本語教育の推進に向

けて――地域における日本語教育の実施体制及び日本語教育に関する調査の共通利用項目について』というこれまた長いタイトルをもつ文書にも紹介されているので、文化審議会もこうした認識を肯定していると考えてよいだろう。

しかし、前者の項目についていえば、まだこんなことをいっているのか、とあきれるほかはない。日本語が日本の文化そのものだ、というのはいったいどんな根拠をもって主張できるのだろうか。日本語によって形成される文化的事象が存在する、と考えられていることは事実であるが、だからといって日本語が日本の文化と等価であるとはいえない。つい二〇年ほどまえは、「日本語」なる概念の不確定性と恣意性、多様性が指摘され、そしてそれが歴史のなかでそのときどきのイデオロギーにまみれたなかで存在してきたことが議論されてきたのではなかったか。

思うに、そう簡単に、言語が文化であるなどといってはならないのではないか。「日本語」というひとつの概念にくる際に排除されるもの、「日本文化」という概念をつくるときに排除されるものがある、ということをいいたいばかりではない。ことばそのもののなかになにか特別なものがある、という考え（日本語が日本の文化そのものだ、ということ）は、そこに恣意的にさまざまなものが盛り込まれうるという点できわめて危険な発想であるとしかいいようがない。

このような「ことばのとらえ方」によってこぼれゆくもの、みえなくなるものがあるのではないか、とまずは思わなければならない。

少し話がそれるようだが、政治学者の施光恒は『英語化は愚民化』で、イギリスの政治学者ジョン・グレイの議論にもとづき、人間社会の進歩を「村落共同体↓国民国家↓地域共同体↓世界政府

（グローバル市場、グローバル統治）」のようにとらえる見方を「グローバル化史観」と称し、これが失敗したマルクス主義史観と同様の歴史法則主義であり、「現代のドグマ」だとして、グレイ同様警鐘を鳴らしている。このグローバル史観を支えるのが新自由主義（ネオ・リベラリズム）であり、グローバル統治、グローバル市場を支えるのが、英語なのだと論じていく［1］。マルクス主義史観同様にグローバル史観も崩壊するとみているわけである。

新自由主義にもとづいた「英語への同一化」には、思想はない。もうけたもの勝ちという身も蓋もない原理であるから、日本語をどうするか、などといった議論は関係がない。とにかく英語を習得しようという姿勢があるのみである。これもある種のことばのとらえ方ではあるが、ここには思想のかけらもないだけ厄介である、ともいえる。グローバル資本への従属しかないのに、さもそこになにかがあるかのような幻想のもと、すべての解決のカギがそこにあるかのように思いこんで、喜々として英語習得に、大学の学問までも道連れに、血道をあげているのが、日本国家の現状である。

こうした現状を批判したのが、施光恒であるが、グローバル史観に対抗するためにもちだしてくるのは、リベラル・ナショナリズムである。この著書の副題が「日本の国力が地に落ちる」であることが示すように、ナショナルな意識、ナショナルなあり方をつよく意識した議論となっている。

したがって、日本の近代の言語政策を論じる部分では、いかに苦労をして近代的「国語」をつくりあげてきたのかが説かれることになる。しかしながら、「国語」をつくりあげていく際に排除されるものもまたおおく存在すること、「国語」もまた統治の手段であり、異言語を抑圧してきた歴史などは、あえてなのか、ふれることがない。「国語」を通じて形成された諸空間を「母語」によって形成されたものと誤認（「母語」と「国語」はちがうものである）しているところが認識の浅さを示しているのでもあるが、要するにネオ・リベラリズムに対抗できるのはリベラル・ナショナリズムである、ということがいいたいのであろう。

これに関して。水村美苗『日本語が亡びるとき——英語の世紀の中で』（筑摩書房、二〇〇八年、ちくま文庫、二〇一五年）が話題になって久しいが、水村があるインタビューではこう語っていた。「非西洋語である日本語という〈国語〉で思考することが人類に貢献できるというモデルを示すことができる。日本語は恵まれた道を辿ってきた〈国語〉だとつくづく思います。だからこそ、日本語にはそのような使命があるという風に考えるんです」[2]。先の施の主張もあわせみると、要するに日本は「国語」がうまくつくれてよかったね、という議論である。こうした傾向が近年目立つのである。しかも、水村の『日本語が亡びるとき』の執筆の際に主に参考にしていたのが、イ・ヨンスク『「国語」という思想——近代日本の言語認識』（岩波書店、一九九六年、岩波現代文庫、二〇一二年）だという。イのこの著作は「国語」による近代的解放よりも抑圧の側面を強調し、その暴力性を示したものだと思うのだが、どこをどうしたらこんな形で読まれてしまうのか、わからない。

日本は「国語」がうまくつくれてよかったね、という論調が、日本語＝日本文化という構図をより強固なものにしている、ともいえるだろう。

このような問題点は、『脱「日本語」への視座』や『統合原理としての国語』のなかで指摘してきたと思うのであるが、私のひとりよがりであったのかもしれない。

とはいえ、問いと疑問は発しつづけなくてはならない。

さて、先にも指摘したが、文化審議会の報告の「日本語教育を推進する意義」のなかに、外国人が日本で生活するうえで日本語ができるようになることが、外国人の人権を尊重することになるのだ、という内容のことが書かれてあった。なぜこうした非論理的なことを審議会の報告書に書けるのだろうか。だれもなにも疑問に思わなかったのだろうか。それなら日本語ができなければ外国人の人権を尊重しなくてもよいということですよね、と問われたときにきちんと反論できるのだろうか。かれらの母語を使用する権利、百歩譲って母国語を使用する権利——「言語権」——は尊重しなくてよいのだろうか。

『「多言語社会」という幻想』で危惧していたのは、日本における表面的な「多言語社会論」の蔓延であったが、表面的であるだけに、こうしたとんでもない言説にきちんと反論することもできないのではないか。「多言語社会日本」をめざす、多様であることをよしとする、という風潮はどこにいったのであろうか。

しかし、問いと疑問は発しつづけなくてはならない。

なにかを「とらえる」ということは、意志的なものであろう。みたくないものはみない、みたいものだけをみる、ということであり、そこには個人的な意志も、社会的な意志もはたらく。そうした意志のなかで「みえない」ものとされたことばたちのことを念頭において、「みる」側の構図をえがきだそうとしたのが、本書におさめた論考である。したがって、各章のタイトルに「みる」「みえる」

「みえない」といった用語をもちいた。「みる」とは「とらえる」のいいかえである。
以下、こうした点から各章を簡単に紹介する。初出については、あとがきで記した。

序章　「国語」からみえるもの／みえないもの

ここでは、近代日本において、国民国家形成の要具として言語をとらえることでみえてくるものを論じた。「国語」というとらえ方がどのような意図のもとでなされてきたかを概観し、多言語社会日本において、こんどは「日本語」という形でとらえたときにどのような問題が発生するのかについても述べた。後者の点は、終章にもつながる。

第一章　ことばをどのようにみようとしてきたのか

ここでは、ことばを研究の対象とする学問の名称がどのように変化してきたのかをみる。必ずしも名称がことばのとらえ方を規定するわけではないが、ある種の傾向をそこにみることはできる。

第二章　「言文一致」がみえなくすること――作文・日記・自伝

ここでは、ことばというよりも、「書くこと」をどのようにとらえるのかに関する議論を展開する。学校における作文教育の変遷およびその延長としての日記教育のあり方をたどる。「あるがまま」に書くことが「言文一致」にはならない。「あるがまま」にはさまざまな作為がある、ということである。

第三章　虐殺とことば――関東大震災時朝鮮人虐殺と「一五円五〇銭」をめぐって

一九二三年の関東大震災時に、朝鮮人という「他者」のことばをどうとらえていたのか、という議論である。朝鮮人識別法として記録されている「一五円五〇銭」というものが、どのような背景のもとで生じてきたのかを推測し、非常時における「かれらのことば」のとらえ方がいかなるものであったのかを考えてみた。ヘイトスピーチなど他者への想像力を欠いたことばが力をもってしまっている現在、熟考すべきことがらである。

第四章　となりの朝鮮文字――みえないことばがあらわれるとき

ここでは、朝鮮語を表記する文字が、日本のなかでどのようにとらえられていたのかを、関東大震災のときのデマ、普通選挙実施後の投票などをとりあげて考えてみた。また、サービスとしての朝鮮語使用とともに、治安対策としての朝鮮語学習があったことも指摘した。なにか大きな社会変動があると、普段はみていないはずの「他者」に、象徴的な意味あいがもたされる、ということでもある。

第五章　朝鮮人の言語使用はどうみえたか――村上広之の議論を中心に

朝鮮人が自発的によろこんで「国語」（日本語）を話すようになるにはどうすればよいのか、という問いを発した日本人国語教師が朝鮮にいた。この点を考えなければたんなる国語の強制になってしまう、というのである。漢字を共有することによる読みの混乱にもある傾向があることを、実態調査をふまえて解明しようとし、そこから言語政策をくみたてようとした。結論としては陳腐なものであり、植民地支配に疑義をはさむことはなかったものの、「かれらの日本語／朝鮮語」を具体的にとらえようという志向をもつ人物がいた、という点に注目しておきたい。

第六章　「ひとつのことば」への道からみえるもの——斎藤秀一編『文字と言語』をめぐって

共産主義の社会になれば、ことばがひとつになる、それがエスペラントだ、という唯物論言語理論がひととき流行した。方言が民族語（「国語」）に、民族語が自由な交流によって世界語に、という流れである。それぞれの段階が生産関係に規定されているという把握の仕方は、ことばのとらえ方として有効だとは現在では思えない。しかし、斎藤秀一が編集した『文字と言語』の論考などを中心に、ことばの多様性をどのようにとらえ、言語間の自由な交流のためにはどのようなことが必要かを考え、とりわけ中国の「ラテン化新文字」を積極的に紹介するなど、交流を実践していた斎藤の議論を紹介する。「ひとつのことば」のあり方がどのようにとらえられていたかをみていくことにしたい。そのとらえ方が特高にはどのようにみえていたのかは、斎藤が治安維持法違反容疑で検挙、起訴されたことからも推察できる。

第七章　「ことのはのくすし」は何をみていたのか——陸軍軍医監・下瀬謙太郎をめぐって

陸軍軍医学校の校長であった下瀬謙太郎は、中国の文字問題を先駆的に日本に紹介した人物でもあった。そして日中の医学用語の共通化が可能かどうかを考え、漢字の弊害を訴えていた人物でもあった。こうした「病」をいかにとらえ、いかに治療しようとしていたのかについて考察した。「ラテン化新文字」にソビエトの影響力をみた下瀬は、斎藤秀一とは相容れない立場にあったが、下瀬の方が大勢ではあった。しかし、日中連携、自由な交流のためのことばは、結局は漢字を制限した日本語でしかなかった。そこに本当の「自由」があるのか、という問いは決して発せられることはなかったのである。

第八章　漢字廃止論の背景にみえるもの――敗戦直後の労働争議とからめて

敗戦直後、『読売報知』に「漢字を廃止せよ」という社説が掲載された。読売争議のなかで掲載された背景を指摘し、執筆人物の推測などをおこなってみた。漢字の封建制とローマ字の効率性を説くこの社説は、第六章の流れと、「民主化」もちこんだアメリカへの憧憬とがないまぜになったものとみることができ、敗戦直後の言論状況の一部を切り取ったものともいえる。表記文字のとらえ方の多様性をみることもできるだろう。

第九章　スターリン言語学からみえるもの――民主主義科学者協議会編『言語問題と民族問題』をめぐって

第六章で論じた唯物論言語理論のもととなった、ニコライ・マルの言語論が一九五〇年にスターリンによって否定された。言語は上部構造に属さない、として。ソビエト言語学の根幹が一瞬にしてくずれたのだが、その余波は日本にもすぐにやってきた。ただ、ソビエト言語学やマルについて熟知しているものは決しておおくなく、ことばのとらえ方について議論が深まることはなかった。民主主義科学者協会（民科）にとっては依るべきスターリンの言説が増えただけであり、その縮小再生産がくりかえされることとなった。批判的にみていたのは、民科から「ブルジョア言語学者」とレッテルを貼られた時枝誠記だけであった。

終章　「やさしい日本語」がみおとしているもの

「やさしい日本語」というプロジェクトがある。そこにおいて日本語がどのようにとらえられ、多言語化している日本社会をどのようにとらえようとしているのかを考察した。単一の「国語」をつくりだそうとしてきた近代日本だが、これから移民問題と向きあわざるをえなくなっていく今日において、情報の伝達およびその共有は欠かせないものであるのだが、その質を考えると「やさしい日本語」では限界があると思われる。現実の多言語社会の状況に応じた対策が必要であるのだが、この議論においてはそうした視座がみえないことを指摘していく。

以上、やや無理な面もないわけではないが、「ことばをどうとらえるのか」という点でなにがしか通底するところはあるだろう。

ともあれ、先にも記したように、ある意味での失望と、それでも絶望はしない、というつもりで、「ことばのとらえ方をめぐって」を主題とするよりも、初心にかえって、「近代日本言語史再考」をふたたび主題にかかげることにした。

看板に偽りあり、とされても仕方はないのであるが、本書を通読される際にどこかに、無理矢理つくった私の問題意識も読みとっていただければ、と思う。

注

1　施光恒『英語化は愚民化――日本の国力が地に落ちる』集英社新書、二〇一五年、三七―四四頁。

2　水村美苗「世界史における日本語という使命」『ユリイカ』四一巻二号、二〇〇九年二月、四二頁。

序章　「国語」からみえるもの／みえないもの

【初出掲載時のまま「ですます体」とする】

I　はじめに

本章では、「国語」とはどういう考え方のもとに成立したのかについて述べます（以下、「国語」のカッコをはずします）。そのなかで日本社会の言語的多様性がどのようにあつかわれ、どのような結果をもたらしたのかについても論じます。よくもわるくも、日本において国語はあって当然のようにみなされてきました。しかし、多言語社会日本を考える際には、こうした考え方を相対化し、より柔軟な多言語へのまなざしを見出していく必要があります。つまりは、国語からはみえないものへの視線をとりだすことが必要とされる、ということです。どのようなまなざしを得ることができるのか、考えていくことにしましょう。

2　国語ということば

2—1—　制度としての国語

日本語と国語がどうちがうのか、というところから話をはじめましょう。

現在の日本の小中あるいは高等学校で教育を受けた人であれば、「国語」という教科目のなかで、日本語で書かれた文章（古文や漢文が入っていることもあったと思いますが）を、ほぼ、勉強したはずです（なぜ「ほぼ」と留保をつけたのかについては、じっくり考えてみてください）。そこから、国語と日本語とは同じものと思ってしまいがちです。ところが、少し古いですが、作家の志賀直哉（一八八三年〜一九七一年）が一九四六年四月の「国語問題」という文章で以下のように述べていることに注意をむけてみましょう。

> 吾々は子供から今の国語に慣らされ、それ程に感じてゐないが、日本の国語程、不完全で不便なものはないと思ふ。その結果、如何に文化の進展が阻害されてゐたかを考へると、これは是非とも此機会に解決しなければならぬ大きな問題である。此事なくしては将来の日本が本統の文化国になれる希望はないと云つても誇張ではない。[1]

「此機会」とは日本の敗戦のことです。さらに志賀は、明治初期に森有礼（一八四七年〜一八八九年）というのちに初代文部大臣になる人物が「英語を国語に採用しようとした事を此戦争中、度々想起」

したといいます。そして、もし国語が英語だったら、日本の文化ははるかに進んでいて、こんな戦争はしなかっただろうし、学校生活も学業も楽しかった、外国語という意識なしに英語を話し、書き、日本独自の英単語もできていただろう、と想像し、「国語に英語を採用してゐたとして、その利益を考へると無数にある」[2]と筆をすすめていきます（このあたり、共感する人がいるかもしれませんね）。そして敗戦を契機に、日本語の表記などの小手先の改革ではなく、思いきって、英語ではなく「世界中で一番いい言語、一番美しい言語をとつて、その儘、国語に採用してはどうかと考へてゐる」とフランス語を国語にとの主張をしていきます[3]。小説の神様が日本語を捨てようとした、と森有礼とともに批判的に語られる出来事ですが、ここで注意したいのは、国語は日本語と同じではない、とされている点です。

志賀は日本の国語が不完全で不便だ、といいます。どう不完全で不便なのか、具体的に論じていないのでわかりませんが、よい国語とよくない国語があるのではなく、国語にふさわしい言語とそうでない言語がある、という論じ方に注意する必要があります。

志賀の文脈から少し外れてみれば、国家にとって必要な制度をになうもの、つまり法律を書く言語、軍隊を動かす言語、国民を教育するための言語などとして、国語をとらえることができます。つまり、国語とはたんなる言語ではなく、国家制度をになう側面がある点に注意を向けたいと思います。その意味では国語とは普通名詞的であり、日本語を直接的に指すものではない、と考えた方がよいでしょう。

国家を運営する制度を効率よく運用し、そのなかでの人口流動性を高めるには、なるべく単一で均質な言語が必要である、と国家を運営する側は考えます。そして標準語を制定し、表記法などを統一して国家の隅々まで、日本の場合は植民地などにも普及しようとしました。この点、志賀がフランス語への「国語の切換へ」の際に、「朝鮮語を日本語に切換へた時」のことに言及しているのは興味ぶかいです[4]。

―2―2― 象徴としての国語

しかし、制度の効率性だけを求めていくと、たとえば英語を国語にしようという議論を呼びこむことになります。先に少し触れましたが、明治初年に森有礼が英語採用論を主張した背景には、森にとっては国民のだれもが話せて書ける統一されたものとして日本語は認識されておらず、それで国家制度を運営するのには問題が大きいと考えていたことがありました[5]。森の主張は当時としては理屈にあっていたと思われますが、森が見落としていた点があります。それが象徴としての国語という側面でした。

いま現在も同じようなことがいわれていますので、参考までにとりあげてみましょう。たとえば、文部科学大臣または文化庁長官の諮問に応じる機関に文化審議会という組織がありますが、そこが二〇〇四年二月に出した答申『これからの時代に求められる国語力について』では、国語を「国の文化」の基盤であって、そこに「先人」が築いたものや想念が集積されている、としたうえで、国語教育について以下のように述べています(文化庁ホームページ参照)。

さらに、近年の日本社会に見られる人心などの荒廃が、人間として持つべき感性・情緒を理解する力、すなわち、情緒力の欠如に起因する部分が大きいと考えられることも問題である。情緒力とは、ここでは、例えば、他人の痛みを自分の痛みとして感じる心、美的感性、もののあわれ、懐かしさ、家族愛、郷土愛、日本の文化・伝統・自然を愛する祖国愛、名誉や恥といった社会的・文化的な価値にかかわる感性・情緒を自らのものとして受け止め理解できる力である。

この力は自然に身に付くものではなく、主に国語教育を通して体得されるものである。国語教育の大きな目標は、このような情緒力を確実に育成し、それによって確かな教養や大局観を培うことにある。（「国語力の向上を目指す理由」から）

国語が人格形成の基礎をなし、国語に家族愛や祖国愛を感じる基礎や文化・伝統がふくまれているから国語教育を重視しなければならない、というわけです。「人心などの荒廃」が国語力の欠如のせいにされるとは奇異な感じもしますが、ひとつの価値観のもとで国民として統合する際の重要な役割を、国語に与えていることがわかります。国家の制度をになうと同時に、歴史や伝統や文化をになうものとして、国民の統合の象徴という側面も国語にあることがわかるかと思います。その点では、国歌や国旗と同様な役割をになっているともいえます。であるからこそ、森有礼や志賀直哉の主張に対して、反発が生じるわけです。これは日本だけが特異なわけではなく、国語教育は望ましい国民をつくるためのものだという点は比較的普通のことのようです［6］。

3 国語と国家と政策と——国語調査委員会

こうした国民統合のための制度であり象徴である国語が、ある日突然できあがったわけではありませんが、日本では一九世紀末ごろにはその形をなしつつあったようです。たとえば、国語学者の上田万年(一八六七年〜一九三七年)は一八九四年の「国語と国家と」という講演のなかで、国語とは母のようなもの、故郷のようなものだから無条件に(皇室への愛のように)愛すべきだと唱え、その一方で日本の国語にふさわしい整備はまだなされていないから、早急に科学的研究を進めるべきだ、と主張していました[7]。制度としての整備の急務とともに、「われわれ」が無条件に尊重しなければならないものとして国語を位置づけていました。上田万年も関与した、学問として日本語をみる枠組みの導入については本書第一章でくわしくあつかいますが、「ことばをみる」枠組みをつくることは、「みえないことば」をつくりだすことにもなります。

さて、一九世紀末ごろという時期にはそれなりの意味があります。この時期には書きことばと話しことばとの距離を縮めていく言文一致の運動(この際に教育現場で導入された作文そして日記教育に関しては、本書第二章参照)が起こるほか、国語が国内の多言語状況をとりむすぶ共通語的な役割をもになうことになってきました。日清戦争を前後する一八九〇年代に近代国民国家として日本は整備されてきたと日本史研究者が論じていることと無縁ではないでしょう[8]。そしてまた、明治初期の欧化主義(森有礼の議論もこの文脈で理解されています)が一転して国粋主義に向かっていくのもこの時期です。またこのころから雑誌『日本』や『日本人』において、nationality の翻訳語として「国粋」が用いられ、「国粋保存」という形で「日本」を強く意識した議論が展開されていきます［9］。こうした議論の影響を受け、表記法が定まっていないこと、標準語が定まっていないことが、近代化された「文明国」としてふさわしくないというような主張がなされていきます。それは「国語国字問題」という用語でなされました。そして、一九〇〇年に「国語国字国文ノ改良ニ関スル請願書」が帝国議会に提出されます。これは、衆議院・貴族院でともに「建議」として可決され、一九〇二年三月末に文部省の国語調査委員会として官制公布がなされました。そして同年年七月に基本方針を発表するのですが、そこでは、漢字を使用せずにカナ、ローマ字の得失を検討すること、言文一致体を採用すること、音韻調査、方言調査をおこなって標準語を選定すること、がかかげられました。国家として国語を整備していくことが国語政策であるとすれば、ここにおいて国語は明確に政策の対象となったのでした。

しかし、この方針に沿った調査がなされ報告書もいくつも書かれたのですが、それが実際に国語の規準を示し、そして国家の政策としてきちんと実行されるにはいたりませんでした（ただ、この委員会の流れをひく国語審議会が敗戦後の一九四六年に、いま現在の漢字制限や漢字字体、かなづかいのもとになる政策を実行しています。現在は文化審議会の一部に組み込まれています［10］）。

簡単にいえば、強力で統一された政策主体が存在しなかった、といえるでしょう（そしてそれはいまもあまり変わっていません）。その結果があるいは志賀直哉が嘆じたように日本の国語が「不完全で不便な」ものだ、と思われる原因となっているのかもしれません。

言文一致がめざされつづけてきたとはいえ、国家の制度をになう言語であろうとするために、さまざまな制度の運営に必要な用語を翻訳したので、明治期に新漢語が大量に発生し、それが実際の生活のことばとの乖離をもたらしたことはいなめません。いま現在にあっても、話しことばと書きことばとは別物といってもよいでしょう。標準語の普及という点についても、必ずしも「成功」したとはいいきれないでしょう。たとえば、大学に在学しているのであれば、日本全国から集まってきている学生の方言の多様さに気がつくかもしれません。そうした多様な方言を話す学生であっても、祖父母の話すことばはわからない、ということもあるでしょう。

しかしながら、国語の実際がどうあれ、国民統合の制度と象徴でありつづけ、国語をつくり国語を普及させるという国語政策の理念は存在していました。理念のない政策はざらにありますし、政策のうらづけのない理念は空転しがちです。どちらも厄介なものですが、国語政策は、先の文化審議会の答申などをみると、政策のうらづけのない理念、という感が色濃くあらわれています。つまり、より重要なのは、それでも同じ日本語を話している、という意識をもっているという点です。そうした意識を植えつける根底に国語というものがある、と考えることができます。

4 国語政策と方言、そして多言語性

―4-1― 多様性のとりこみ方

ここで、言語的多様性と国語について、方言を軸に考えたいと思います。方言は日本の言語的多様性をあらわすものでもありますが、明治以降の国語政策やその理念においては、標準語ではない多様

な他者を、ときには排除、ときには包摂していくことになりました。

排除の側面とは、言語的多様性をあらわす方言を標準語普及の障害とみなすことです。学校では標準語を話させ、そして方言を話すことを恥ずかしいことだと思わせることで、「方言矯正」をおこなっていくことでした。

一方の包摂の側面とは、「方言に古語が残る」という表現が示すように国語の歴史的過去を保障する存在としてとらえることです。たとえば、〇〇方言には室町時代的な、××方言には奈良時代的要素が残っているという表現をすることで、いま現在日本列島で話されている方言に、日本列島の歴史を投射していくのです。

こうした抑圧と包摂の枠組みのなかで近代以降、方言は語られていきます。そしてまた、方言に注目があつまる時期と国家のあり方が大きく変化する時期とはほぼ一致しています。これは方言という多様性をどのようにとりあつかうのかという観点が、国家制度のあり方と無関係ではないことを示しています。そしてまた、「日本」とは何かを問い直すときに、方言に「日本」が投影されていることをも示しています。単純化してみると以下のようになります［11］。

一、国民国家日本の完成期：一九〇〇年前後。方言の全国的調査。国語調査委員会設置。

二、帝国化する日本：一九三〇年代。方言学の発展（方言区画論、周圏論、組織化）。

三、敗戦後の国民国家再編：一九四五年以降。国立国語研究所での「言語生活」記述。

四、「国際化」のなかの「方言の復活」：一九八〇年代以降。ふるさと創生など。

五、「グローバル化」、多言語社会のなかの方言：二〇〇〇年代から。

帝国化とは、日本が植民地を領有したあと、その影響圏を中国大陸にまで拡大していった時期のことです。このときには日本語普及が叫ばれたのですが、その際に「日本」とは何かといった問いがくりかえされています。また敗戦後の「言語生活」記述とは、一九四八年に設立された国立国語研究所が、「純粋な方言」の記述ではなく、標準語やそれに近く話そうとしている言語活動自体を丸ごと記述していこうとしたことを指します。「国際化」も結局は「日本」とは何かを問うことでもあります。現在では「方言コスプレ」といった視点も登場していますが[12]、これもまた標準語普及を前提とした上での「多様な日本」を害のないものとして楽しむ、といった視点を示したものです。

―4-2― 社会変動とことばへの関心

さて、社会に大きな変動があるときに、ことばに関する議論が盛んになされる傾向がある、と指摘したのは、ローマ字論者、国語教育研究者の平井昌夫（一九〇八年～一九九六年）という人物でした[13]。平井がこの文章を書いたのは日中戦争のさなかのことでしたが、さかのぼれば柳条湖事件から「満洲国」建国を契機とする一九三〇年代以降の中国大陸での戦争、さらにさかのぼれば日露戦争、日清戦争、戦争に匹敵する明治維新のあとに、ことばに関する議論がさかんになった、と指摘しています。先の方言に関する議論の高まりの区分はこの指摘を参考にしたものですが、ことばに関する問題が社会統合や国家統合と密接に連関していることのあらわれともいえます。たとえば、この十数年をとってみても、二〇〇〇年に発表された『21世紀日本の構想』ではバブル崩壊後の日本経済の復活のための国際競争力を獲得するために「英語第二公用語論」がうちだされました。一方で二〇〇四年にはその反動といえるような、冒頭でも引用した『これからの時代に求められる国語力について』が発表されます。ここでは日本の歴史・文化・伝統をになうものとしての国語が設定され、その「国語力」を強化していくことですべての問題が解決できるというような、国語万能主義の主張が展開されています。格差が拡大することによる社会の分裂を「国語力」でおおい隠そうとする説得力のないものなのですが、不安定化する社会でこうした主張がなされていることに注意を向けるべきでしょう[14]。さらに近年は並行して過剰な英語万能主義が、日本の対米従属構造のなかで（それを意識させない形で）唱えられていることも指摘しておかねばなりません。

―4-3― 異言語への関心

方言への関心の高まりのあり方は右でみた通りですが、日本で話されている日本語以外の言語への関心のあり方はどのようなものだったのでしょうか。もちろん、多言語状況のない社会などないのですが、歴史をふりかえってみると、日本においては、目の前にある多言語状況をきちんと把握する枠組みをあまりもっていませんでした。戦前においては植民地の領有などによる人口移動があり、多言語状況はより顕在化していたはずなのですが、そのことが国語のあり方を問いかえすような契機にはつながっていきませんでした。具体的に朝鮮語・朝鮮文字にまつわる事象を本書第三章と第四章であつかいます。そこでは普段「みえないもの」（正確には「みようとしないもの」）であるがゆえに、なんらかの社会変動があったときに、それが「恐怖」をあおりたてる存在として「みえる」ものになっていく、という事態についての考察をおこないます。

戦前においては、多言語がその領域内に存在することを、世界の言語の四大類型（屈折語、膠着語、孤立語、抱合語）がみられる博物館展示のようにとらえたり、植民地などでの複数言語使用を過渡的なものとしてとらえ、結局は国語としての日本語へ一元化するのが当然であるといった議論がさかんになされていました[15]。

ここまでの議論をくみあわせれば、社会変動があるときに、ことばへの関心が高まるが、多言語状況の把握の仕方がきわめて観念的で国語中心的であることが示すように、結局は根幹にある国語という制度そのものの変更にいたることはなかった、ということが指摘できます。国語とは制度であり、なおかつ国民をつくるものなので、社会変動などがあったときに柔軟な対応がしにくい、ということもいえるでしょう。

5 日本語政策

―5-1― 対外政策から対内政策へ

ここまでは、主として国語および国語政策に関して述べてきました。この節のタイトルは国語政策ではなく、日本語政策となっています。このことばは国語政策以上に聞き慣れないと思いますし、実際に頻繁に使われているわけでもありません。

国語政策との対比でいえば、国民と想定しない人たちへの日本語普及教育政策であり、そのための日本語の整備に関する政策であるといえます。こうしたカテゴリーが必要なのは、歴史的にはかつての帝国日本が中国大陸や東南アジアなどへ日本語を普及しようとした事態を研究するためであり（ちなみに植民地であった台湾や朝鮮に対しては国語教育がおこなわれたので、日本語政策とは区別します）、現在では「外国人のための日本語教育」を考えるために必要だからです。

「外国人のための日本語教育」というと日本以外で日本語を学習するというイメージがあるかもしれませんが、多言語化する日本にあっては、主として日本に在住する外国人への日本語教育政策、日本語整備政策が重要な問題になってきます。小見出しに〈対外政策から対内政策へ〉と書きましたが、たんに外国に日本語を普及させてそれでおしまい、という状況から、日本在住の外国人にとっての日本語のあり方をも考えなければならないという状況になってきた、ととりあえずはいえるかと思います。たとえば、一九九〇年以降南米の日系人に対する就労条件が緩和され来日する人が急増しましたし、研修生・技能実習生という形で外国人が日本にやってくるようになりましたが、安価な労働力としてしか位置づけられていない、奴隷労働とも表現されるような労働環境［16］のもとで働かされているかれらに、日本語を学ぶ機会が均等に保障されているとは到底いえない状況です。さらには政府の無定見な留学生三〇万人計画のために、形式だけ「留学生」となって在留資格を得て、きちんと日本語も大学の専門科目も学習せず単純労働を続ける「偽装留学生」も近年問題となっています［17］。これは移民を認めないから移民政策は存在しないという政府の態度ともからみ、日本国家にとっての外国人の位置づけにも関連しますので、さまざまな側面からの議論が必要なテーマです。

二〇一一年の東日本大震災で被災した外国人のために多言語情報が多様に発信され、その後の生活にも注意が向けられているのは、阪神淡路大震災の教訓だったともいえます[18]。こうした変動がないと社会の多言語性に気がつかない、というのは問題ではあるのですが、日本社会の多言語性は歴史的に存在するものであり、日本手話をふくめた少数言語の存在をみえなくさせてきた状況がいまでもあることを忘れるべきではありません[19]。

―5-2― 「多文化共生」という幻想

日本社会の多言語性が顕在化するようになってから、「多文化共生」という用語でこうした事態に対処しようという動きも生じてきました。政府機関でも、たとえば総務省では、二〇〇五年から「多文化共生の推進に関する研究会」を設置し、「多文化共生施策に取り組む地域の先進的な事例の整理・分析」「地域の実情に応じた多文化共生施策の推進に関する課題の明確化」のための意見交換会をおこなっています。また、日本語教育学会では、二〇〇七年から「多文化共生社会における日本語教育研究」という名称の研究会を開催しているようです。そしてまた、二〇〇七年七月から文化庁の文化審議会国語分科会では、その内部に「日本語教育小委員会」を設置し、議論を重ねているようですが、それが具体的にどう結実するか、はっきりしたことはわかりません（文化庁のホームページから議事録などを読むことができますが、「課題整理」や「指導力評価」など、悠長な議論がなされていることはわかります）。ともあれ、「多文化共生」をキーワードにして政策や学会がここ数年動いていることだけは確かです〔20〕が、強力で統一された政策主体が存在しない、という点はいまもむかしも変わっていません。どういう議論をしてもそれは自由ですが、国語を中心にしてしか多言語状況を把握できてこなかった歴史をふまえて考えると、今後の日本語政策においていかに「多文化共生」を唱えたとしても、それは日本語優位の現状を固定化するもの、つまりは、多言語状況の階層化にしかならないのではないでしょうか。それは国語からみえないものは、みえないままであるということを意味します。

5-3 やさしい日本語

先に、社会変動とことばへの関心が連動する、と述べましたが、日本社会の多言語性が顕在化するきっかけになったのも、一九九五年の阪神淡路大震災後の罹災者支援のなかでした。これもまた社会変動とみることもできますし、弘前大学人文学部社会言語学研究室が「やさしい日本語」の研究にとりくみはじめたのも、この大震災がきっかけだったということです（http://human.cc.hirosaki-u.ac.jp/kokugo/）。こうした流れをふまえて、ここ数年、「やさしい日本語」という議論が一部の日本語教育関係者の間でさかんになされています。普通の日本語を、より簡単なものに「翻訳」して市町村の外国人住民向け広報などで使用していこう、といった議論です。これもあるいは顕在化してきた多言語社会状況への対応策、将来的な「移民国家日本」の構想をみすえたもの、といえるかもしれません。この議論を追っていくと、災害時の緊急連絡のために「やさしい日本語」が必要だ、という危機回避の側面がまずうかがえます。しかしながらその一方で、社会制度の多言語化にはコストがかかるので「やさしい日本語」を教えるべきだという主張や、地域日本語教育をボランティアに丸投げするには

「やさしい日本語」の方がよいという判断、あるいは外国人住民がどのような日本語を使用し、また欲しているのか、といった実態把握にもとづいた議論ではないことなど、決して問題がないわけではありません。この点については、本書終章であつかいますが、こうしたなかからは、多言語へのやわらかなまなざしや国語を相対化する視点はなかなかとりだしにくいと思います。

6 おわりに――多言語へのまなざし

それでは、どのような多言語へのまなざしを求めていけばよいでしょうか。

ひとつの「正しい」結論など導きだせませんし、なんらかの「提案」もむずかしいでしょう。しかしながら、近代国家において国語がはたした役割について知り、その功罪をふまえたうえでなければ、これからの多言語社会を考えていくことはできないと思います。ことばに関する議論には、だれにでも参加できそうな敷居の低さがあります。それだけに感情的になったり、論理的に破綻しているような議論が横行しがちです。排外的、排他的な議論にもなってしまいがちです。ことばというものが社会統合と密接な関連があるのですから、ことばを論じることは、これからのめざすべき、あるいはありうべき社会を論じることにもつながります。構造化された差別構造を一挙に変革していくことは困難かもしれません。しかし、多言語性のない社会はない、という前提に立って、多言語へのやわらかなまなざし――いいかえれば、みようとしてこなかった「みえないことばたち」をみようとする視線

――を育んでいくことは可能なのではないか、と考えています。

注

1　志賀直哉「国語問題」『改造』二七巻四号、一九四六年四月、九四―九五頁。
2　同前、九五頁。
3　同前、九六頁。
4　同前、九七頁。
5　詳細は、長谷川精一『森有礼における国民的主体の創出』（思文閣出版、二〇〇七年）を参照。
6　いくつかの国の国語教科書を紹介したものとして、二宮皓編『こんなに違う！　世界の国語教科書』（メディアファクトリー新書、二〇一〇年）を参照。
7　この講演をおさめた上田万年『国語のため』（冨山房、一八九五年）そして『国語のため　第二』（冨山房、一九〇三年）をあわせた、『国語のため』（平凡社東洋文庫、二〇一一年、（安田敏朗校注・解説））が刊行されています。
8　宮地正人「日本的国民国家の確立と日清戦争」、比較史・比較歴史教育研究会編『黒船と日清戦争』未来社、一九九六年。
9　山室信一「国民国家・日本の発現――ナショナリティの立論構成をめぐって」『人文学報』（京都大学人文科学研究所）六七号、一九九〇年。
10　詳細は、安田敏朗『国語審議会――迷走の60年』（講談社現代新書、二〇〇七年）を参照。
11　詳細は、安田敏朗『〈国語〉と〈方言〉のあいだ――言語構築の政治学』（人文書院、一九九九年）を参照。

12 田中ゆかり『「方言コスプレ」の時代——ニセ関西弁から龍馬語まで』（岩波書店、二〇一一年）、同『方言萌え!?——ヴァーチャル方言を読み解く』（岩波ジュニア新書、二〇一六年）など参照。

13 頼阿佐夫『国語・国字問題』三笠書房、一九三八年、三頁（頼阿佐夫は平井昌夫の筆名）。

14 詳細は安田敏朗『「国語」の近代史——帝国日本と国語学者たち』（中公新書、二〇〇六年）を参照。

15 安田敏朗「多言語状況はいかにとらえられてきたか——近代日本の言語政策史の視点から」、砂野幸稔編『多言語主義再考——多言語状況の比較研究』三元社、二〇一二年。

16 たとえば、安田浩一『ルポ　差別と貧困の外国人労働者』（光文社新書、二〇一〇年）、NHK取材班『外国人労働者をどう受け入れるか——「安い労働力」から「戦力」へ』（NHK出版新書、二〇一七年）などを参照。

17 たとえば、出井康博『ルポ　ニッポン絶望工場』（講談社+α新書、二〇一六年）などを参照。

18 川村千鶴子編著『3.11後の多文化家族——未来を拓く人びと』（明石書店、二〇一二年）、鈴木江里子編著『東日本大震災と外国人居住者たち』（明石書店、二〇一二年）などを参照。

19 安田敏朗『「多言語社会」という幻想——近代日本言語史再考Ⅳ』（三元社、二〇一一年）の「序章」参照。日本手話については、佐々木倫子編『ろう者から見た「多文化共生」——もうひとつの言語的マイノリティ』（ココ出版、二〇一二年）、斉藤道雄『ろうを生きる——少数言語が多数派日本語と出会うところで』（みすず書房、二〇一六年）、クァク・ジョンナン『日本手話とろう教育——日本語能力主義をこえて』（生活書院、二〇一七年）などを参照。

20 田尻英三編『日本語教育政策ウォッチ2008——定住化する外国人施策をめぐって』（ひつじ書房、二〇〇九年）などを参照。

第一章　ことばをどのようにみようとしてきたのか
——近代日本における「言語学」の誕生

I　はじめに

本章では、近代日本において言語研究の学をあらわす概念がどのように意味をあたえられてきたのかを概観し、それが大学制度のなかでどのような意図のもとに位置づけられていったのかを軸に論じることにしたい。いいかえれば、制度的・学問的にどのように「ことばをみる」枠組み（それは「みえないことば」をつくりだすことでもある）がつくられていったのかを追うことでもある。

近代になると、日本語研究は他の学問と同様、西欧からの影響のもとで再編されていった。本章では、まず、近代日本において、philologyという言語研究の学をあらわす概念がどのように意味をあたえられてきたのかを概観する。言語研究は日本語研究と不可分なものであったので、言語研究への態度が、日本語研究のあり方へも当然ながら影響をあたえてきた。言語研究も、大学において制度化されていくのだが、西欧で「科学」とされた比較言語学が導入され、日本語研究のひとつの雛形として認識され、日本語の歴史研究とともに周辺諸言語との関係の有無を探ることが、制度化された帝国大学言語学の目標とされた。そこで得られたものは決して多くはなかったのだが、近代国民国家形成の熱気のなかで、統一された国語を形成すべく国語国字問題への注目もたかまり、大学の研究室ばかりか国家的調査研究組織も設置された。こうした流れをふまえて、「日本言語学の誕生」は、おそらく一九〇〇年前後においてよいと思うが、こうした性質をもつ日本語研究のあり方への反省もまもなく始まり、西欧言語学からの影響の離脱と日本独自の理論の模索と回帰がはかられていった。とはいうものの、西欧において比較言語学から構造主義言語学へと主流が移るようになると、それを意識した研究潮流の変化があらわれてくる。日本の独自性を強調するにしても西欧言語学は鏡として常に存在しているといえるだろう。

あらかじめ見通しをつけておくために、国語学者・時枝誠記(一九〇〇年〜一九六七年)が一九四〇年に著した書籍の一節を引いておきたい。

時枝は、日本語の研究は、明治初年以降大きな変化があった、つまり「全く新しい地盤の上にその根を下ろした」とする。それまでは「国学に依存して発達して来たものではあるが、常にそれ自身に内在する原理の発展によつて進んで来た」のだが、

明治維新が、日本の社会万般の事柄に就いてその過去の伝統を葬り去つた様に、国語研究も亦

全く新しい出発をしたのである。旧国語研究と比較して新国語研究の特質を挙げるならば、

一、国語が国家的社会的の一重要問題として取扱はれるに至つたこと。

二、西洋言語学の影響を受けたこと。

の二を挙げることが出来るであらう。〔1〕

としている。

まず、ここで国語と日本語との区別、そして国語学と日本語学との区別をおこなわなければならない。日本語も国語も、明治期に定着したことばである。まず、国語に関していえば、序章でもみたように、一九世紀末にかけて、右の引用にあるような「国家的社会的の一重要問題」としてとりあげられるものとして定着していった。このことは、近代国民国家の統治技法として国語という制度が整備されていったことと無関係ではない。

また、国語学という名称は、大学の制度の名称として定着する。その背景として、右記引用の「二」にあるように、「西洋言語学」の影響は否定できない。そしてまた、一八九七年に東京帝国大学文科大学に国語研究室が設置されたことはこれに大きく関与している。

この流れからいえば、日本語という名称は国語と比べて政治的に中立のようにも思える。しかし、明治初期にはそういう局面もあったが、近代国民国家日本が植民地を領有し、そこにも制度としての国語を扶植したあと、一九三〇年代以降、中国大陸などで普及をはかったときに、国民国家および植民地以外で通用させる言語として、積極的に用いられたのが、日本語という名称であった。そして、

ほぼ時を同じくして、国語学が歴史的・文献学的研究に特化しつつあったことを批判し、いま現在話されていることば、音声やアクセントを重視した研究、あらたな文法体系の創出をめざした研究など、心理学や数学などの異分野を専攻した研究者から提起されるようになった。かれらが積極的に使用した名称が、日本語学であった。それはまた、帝国日本の占領地などでの日本語研究をも視野に入れた名称であった。そうした意味で、日本語あるいは日本語学という名称も、時代背景を色濃くもつ[2]。

その一方で、国語学者・山田孝雄（一八七三年〜一九五八年）が一九三五年に著した『国語学史要』の記述は「国語学史」であるにもかかわらず、明治前期までで終わっている。その理由は、「今の国語学といふものは明治の中頃に西洋の言語の学問が輸入せられて来てから、それらに説く所の理法に国語をあてて説かうといふのが主眼になつて」おり、「国語の基が国民精神にあること、又国語そのものが国民精神の貴重な宝庫であるといふやうな重大な点が、殆ど顧みられないで、破壊的な言論がはびこつてゐる」ので、本当の意味での「国語学」は明治中期以降存在しないからだというのである[3]。これもまたひとつの立場とはいえようが、「西洋の言語の学問が輸入」されたことがひとつの大きな指標になっていることは確実である。余計なことをいえば、時枝誠記は大学で制度化された国語学科で学んだ人物であり、一方の山田孝雄は、最終学歴は中学校中退というように、制度化された学問との距離が異なっている[4]。

さて、国語学という学問は、西洋言語学の影響を受けて成立した、とされるが、それでは、言語学はどのような形で近代日本に到来したのであろうか。まずは用語についてみていくことにしたい。

2 「博言学」ということば

2-Ⅰ ゴンゴ・ゲンギョ・ゲンゴ

James Curtis Hepburn, *A Japanese and English dictionary: with an English and Japanese index*（J・C・ヘボン『和英英和語林集成』）は、一八六七年に初版、一八七二年に第二版、一八八六年に第三版が刊行された辞書である。初版は幕末維新期の日本の英学に大きな影響をあたえたといえるのだが、まずはこれで「言語」に関する語彙を調べてみると、第二版にGEN-GIYOが立項され、GON-GOを見よ、とある。そこでGON-GOをみると、

GON-GO ゴンゴ 言語 n. Words, speech, language〔用例は省略〕

とある。ゲンギョとは「言語」を漢音で、ゴンゴはそれを呉音で読んだものである（後者の方が古い読み）。立項の仕方からみると、ゲンギョよりもゴンゴの方が使われていたとみることもできる。一方で、いま日本語で一般的な、ゲンゴという読みは出てこない。これはゲンゴが漢音＋呉音の例外的な組み合わせということによるのだが、ヘボンの第三版をみると、若干の変化がみられる。つまり、

GEN-GYO or GENGO　ゲンギョ　言語　n. Same as *gongo*

とある。ちなみにGONGOの記述は第二版と同じ。GENGO単独での立項はない。くりかえすが、いま「言語」はゲンゴと読むのが一般的で（ゴンゴという読みは「言語道断」に残る程度）、この読み単独で立項されなかった時期があった、ということである。ゲンゴという読みが比較的あたらしいことがわかる。

ところで、同じ第三版から、

GENGOGAKU ゲンゴガク　原語学　n. The science of the origin of words ; philology.

という項目が立てられている（ゴンゴガクはない）。英和の部にも、第三版からPHILOLOGY, n. GENGO-GAKUとして登場している[5]。ゲンゴガクとは「言語」ではなく「原語」、つまり語の起源に関する科学ということになる。これはまた、「言語」をゲンギョやゴンゴと読む方が一般的だったことを裏付けてもいる。そうすると、ゲンゴガクは、その起源の研究というわけであるから、いま現在想定される「言語学」の内容からすれば、かなり限定されたものとなる。もちろんこれはヘボンの辞書のなかでの話である、ということを忘れてはならないのだが、近代における言語学の受容ということを考える際に、重要な視点を提出している。

2－2　語源学から博言学へ

明治初期の知識人、西周（一八二九年〜一八九七年）の講義録『百学連環』（一八七〇年〜一八七一年）と

いうものがある［6］。そこでは、philologyの訳語として「語源学」があてられている。意味のとり方は、ヘボンと同じである。

ちなみに、『百学連環』では、languageの訳語を「国語」としている。

したがって、「語源学」あるいは「原語学」という訳語の意味は明瞭であった。しかしながら、（東京）帝国大学総長などをつとめることになる加藤弘之（一八三六年〜一九一六年）が、この語に「博言学」という訳語を与えたという［7］。具体的には、東京学士会院第一七会（一八八〇年二月一五日）でなされた議論である。この東京学士会院とは、一八七九年に設置された最大定員四〇名（当初定員は二一名）の文部省所管の学術の発展をはかるためのアカデミーであり、そこでの議論は『東京学士会院雑誌』に掲載された（初代会長は福沢諭吉。のちに帝国学士院に改組され、敗戦後は日本学士院となり現在に至る）［8］。

このころの東京学士会院での議論のひとつに、日本文法書編纂を文部省に建白する件をめぐるものがあった。提起したのは国学者の福羽《ふくば》美静《よししず》（一八三一年〜一九〇七年）であったが、それに関連して、加藤が以下のように議案を提出する。

我邦語ヲ修正シ文法ヲ設定スルノ急務ナルヿ《こと》ニ就テハ既ニ諸氏ノ論説モ少カラス〔……〕西洋近来博言学《ヒロ、ギー》〔philology〕ノ一科盛ニ開ケ遠ク人類言語ノ淵源ヨリ凡地球上文野諸人種ノ言語ノ起源沿革及ヒ其種類性質等ニ至ル迄概シテ探討索求スルヲ旨トス今我邦語ヲ修正シ文法ヲ設定セント欲セハ須ク先ツ此博言学ニ依テ博ク東西二洋諸国語ノ大体ニ通シ其長短得失等ヲ究メ而後始テ之ニ着手セサル可ラス〔……〕殊ニ博言学士ノ説ニ拠レハ我邦語ノ如キハ支那ノ言語等トハ全ク其類ヲ異ニシ実ニ亜細亜北方ノ言語ニ属シテ満州蒙古朝鮮等ノ言語ト根源ヲ同ウスルモノナルヘシト云フ果シテ然ラハ博言学ニ就テ是等言語ノ大体ニ通暁スルヲ得ハ邦語ノ修正ニ於テ為メニ得ル所ノ利益タル蓋シ少カラスシテ或ハ我邦語ト類ヲ異ニセル梵語、希臘語、拉丁語（是等ハインド、エウロピアン、ラングエヂト称スルモノナリ）ノ研究ヨリ得ル所ノ利益ニ優ル所アルヤモ計ル可ラス因テ余ハ文部卿カ我邦語ノ修正文法ノ設定ニ着手スルニ先タチ俊秀一二名ニ博言学ノ学習ヲ命シテ欧洲ニ留学セシメ此輩カ数年ノ学習研究ヲ積テ帰朝スルニ迨《およ》テ始テ右ノ大業ニ着手アランヿヲ希望スルナリ〔9〕

要するに、日本語の文法を作るのであれば、言語の起源とその転変を扱う「博言学」を学び、諸外国語に通じていなくてはならないし、さらに日本語と「根源を同じ」にするとされるアジアの諸言語も学習する必要もあるので、まずは「博言学」の学習をさせるためにヨーロッパに優秀な人物を派遣すべきだ、という主張である。ここからは、philologyを「語源学」と狭く限定せずに、「博ク東西ニ洋諸国語ノ大体ニ通シ其長短得失等ヲ究メ」るという意図もこめて「博言学」と訳していることがわかる。つまり、起源を求めるためにさまざまなことばを研究する、という点を強調しているわけである。さらにそれが「邦語ヲ修正シ文法ヲ設定スル」という「急務」と関連するのだ、という要素をつけくわえている〔10〕。

しかし、加藤のこの提案に対して西周は反対する。西の詳しい主張は次の第一八回会合（一八八〇年三月一五日）で展開された。西はいう。

所謂フキロロジー〔philology〕ナル学ハ古クヨリ名称ハ有レトモ特別ニ科学ト為ル程ノ事モ無ク唯言語ノ道時代ニ依テ変化ヲ受クル者ナレハ其時代々々ノ語義若クハ文法ヲ講究スル事ナリ〔……〕即註釈文ヲ附属シテ学フ事ナレハ別ニ一科学ト云フ程ノ者ニモ非ス[11]

一方で、「コムペレーチフ、エチモロジー［比較語源学］」〔comparative etymology〕は「科学」であるという（引用文の［］内は原文ママ。以下同じ）。それはいわゆるインド・ヨーロッパ語族の発見、つまり「希臘語羅馬語及其枝語等ノ南欧ノ語脈モ日耳曼英吉利等ノ北欧ノ語脈モ同シクサンシキリツトニ発源シタル事ヲ発明」したことを根拠にしている。こうした知識を西はマックス・ミューラーの書籍[12]から得たようであり、「此等ノ書ヲ講究スレハ得ラル、事ナリ」。だからそのためにわざわざ留学させる必要はない、ということになる。さらに、

是〔比較語源学〕ハ欧洲ノ言語ニ必要ナル可ケレトモ本邦ノ語学ヲ立ツルニ之ヲ先ンセサル可ラスト云フ程ノ切要トモ見エサル事ナリ且所謂フキロロジーノ旨趣ト云フ者ハ専ラコムペレーチフ、エチモロジー［比較シテ語源ヲ知ル］ト云フ事ニ限リタレハ此ヨリ文典ノ規則ヲ採ルト云フ程ノ事モ有ル可ラス[13]

と述べる。比較することである種の科学性が出てくるという認識であるが、そのことと、日本語の「語学」を確立することとは直接に関係ないではないか、というのが西周の主張である〔14〕。それに、「本語〔日本語〕ノ淵源ヲ究メメント欲スレハ先ツ朝鮮満洲等ノ諸語ヲ講究スル」べきであって、そちらとの学術交流をおこなうべきではないか、と反論する〔15〕。

どうみても、西の主張の方が筋が通っており、「博言学」の習得のためにヨーロッパに人材を派遣するという加藤弘之の主張はこのときは通らなかった。正式には同年六月一五日に開かれた第二一回会合において、

会長〔西周〕ハ衆員ニ向テ加藤君ノ博言学議案ト〔西〕周ノ之ニ対シタル駁議ノ可否決ハ三月十五日本院第十八会ノ討議以来毎会議事ノ時限及会員ノ欠席等ノ都合ニ依リテ遂ニ未決ニ付シタレハ本日ハ先ツ其可否ヲ決セン〻ヲ要ス故ニ加藤君ノ議案ヲ可トスル者ハ起立ヲ乞フト述ヘシニ中村正直君発言シテ博言学ノ事ハ固ヨリ不可ナケレトモ目今留学生ヲ欧洲ニ派遣シテ之ヲ学習セシムルノ一段ニ至テハ本員之ヲ否トスト曰ヘリ他ノ会員モ亦起立スル者ナキニ因リテ本案ハ之ヲ否決ト定ム〔16〕

ということで、否決となった。

結論的に述べておけば、ここで西周が抱いていた疑問——「サンシキット〔サンスクリット〕ヨリ欧洲諸国語ニ分派シタル事ハ歴然證憑アリ其書具《つぶさ》ニ存スト雖トモ之ニ精通シタリトモ本邦ノ語学ニハサ

マテノ効験ヲ奏セサル可シト信スルナリ」〔17〕、つまりは日本語の研究には、ヨーロッパの比較言語学は役立たない――が、結局は近代以降の日本の言語学あるいは日本語の学問の性格がもつ問題をある程度先取りしたことになった、ともいえるのである。

―2-3― 帝国大学博言学科

まず、ここで注目したいのは、philologyを「博言学」と訳して積極的に用いているのが加藤であり、西は原語のまま用いているという点である（もちろん、『東京学士会院雑誌』に掲載された文章が、口頭表現そのままであるかどうか、演説原稿に手を入れた上での掲載なのか、という点を考慮しなければならないが）。西やヘボンの「語源学」「原語学」ではなく、philologyに加藤は「博言学」をあてた。その効果には、少なくないものがあった。

つまり、「博言学」という単語から、語源研究といった意味を直接的に読みとることはそう簡単なことではない。そうした意味の拡大に成功したからか、一八八六年に帝国大学文科大学に博言学科が設置されるに至る。少し詳しくいえば、帝国大学の前身である東京大学は一八七七年に設置されたが、それが一八八六年三月に帝国大学となる。それにともない、東京大学文学部は帝国大学文科大学となり、哲学科・和文学科・漢文学科・博言学科が置かれたのである。

博言学を担当したのは、Basil Hall Chamberlain（一八五〇年～一九三五年）であった。イングランドのポーツマス生まれのチェンバレンは、「博言学」が専門ではなく、日本学者と称すべき人物である。一八七三年に来日し、一八八六年から一八九三年まで博言学などを講じた（博言学は一八九〇年まで。一八九一年から一八九二年はK・A・フローレンツが担当)。いわゆるお雇い外国人であったが、一九一一年にジュネーブに隠棲するまでの四〇年近く、大半は日本にあって日本の文学・言語・歴史などの研究を行なった。琉球語やアイヌ語に関する研究もあり、古事記の英訳もしている。『日本口語文典』『日本小文典』など文法に関する著書もある〔18〕。

さて、チェンバレンがどういう内容を講じたかというと、一八八六年九月から翌年七月の一学年間において、「三名ノ学生ニ日本文典及ヒ比較博言学ノ講義ヲ授ケタリ」とある〔19〕。

ここで登場するのが「博言学」ではなく、「比較博言学」であることに注意したいのだが、チェンバレンのこのときの講義をきいていた三名のうちの一人と思われるのが、上田万年であった。上田は、一八八五年九月に東京大学文学部に入学、和漢文学科を選ぶ。翌年に東京大学は帝国大学となり、和漢文学科は帝国大学文科大学和文学科に再編される。そこを一八八八年七月に卒業、大学院に入学。英語学授業嘱託講師を兼ねていた上田が一八八九年に「博言学」という短い文章を発表しているので、少しみてみよう。

この文章は『日本学誌』二号(一八八九年三月)、三号(一八八九年四月)に分載されたもので、計九節からなる。列挙すれば、

第一節　言語、国語、語、及び文字
第二節　自然的言語
第三節　言語を研究する目的

第四節　言語は常に変化する者あり
第五節　言語の学問は博言学に似たること（以上二号）〔内容からいって、この「博言学」は「博物学」の誤記であろう〕
第六節　博言学の名称及び其の必要
第七節　博言学の歴史
第八節　ヒブリュー国語は、人の本初の言語なりとせられしこと、并に語彙の集成
第九節　サンスクリット并に印度欧羅巴言語族

となっている。内容は、冒頭で本人が「予が著さんとする博言学階梯と題する書の緒言なり」とし、『日本学誌』の発行元の修成会が友人・落合直文〔一八六一年〜一九〇三年〕を介して論文を依頼してきたので「併せて諸氏か爾来博言学の隆盛を計られんことを冀望す」などと書いているが、この論考は上田のものではない。英国で初版が一八三三年から一八三五年にかけて刊行され、五版〔一八七四年〜一八七五年〕まで版を重ねた啓蒙書 *Chambers's Information for the People* のなかの「LANGUAGE」〔第五版〕の冒頭部分、約二頁分を訳したものである。これを明治初期に文部省が『百科全書』として翻訳出版するプロジェクトを企画したのだが、そのなかの「言語篇」として訳出されたもののうちの「総論」に相当する〔右記「博言学」の各節のみだしは上田が独自につけている〕。翻訳学の見地からする最近の研究〔長沼美香子『訳された近代——文部省『百科全書』の翻訳学』法政大学出版局、二〇一七年〕によれば、九二項目におよぶ『百科全書』はいくつかの版が民間出版社から刊行されたが、「言語篇」を収めた有

隣堂版は『百科全書　第十一冊』として一八八六年に刊行されている。「言語篇」〔20〕を翻訳（「訳述」とある）したのは、同じく文部省でのちに『言海』として刊行される辞書の原稿を書きあげたばかりの大槻文彦（一八四七年〜一九二八年）であった。上田が大槻の翻訳による「言語篇」を見たのかはわからないが、次にみるように英語原文から直接訳したと考えた方がよいだろう。そのうえ、誤植とみてもよいのだが、先の「博物学」を「博言学」としている点や、言語の学問が各「人種」間の関係を探るために不可欠なのは「言語は人智を写すの鏡なり、また人種の待婢〔はしため〕なればなり」〔21〕という意味が通らない文が登場したりしている（これは大槻の訳では「比較語学ハ実ニ人種学ノ待妾ト謂フベキ者ナリ」〔22〕とあるので、「人種学」の誤植である）。

大槻訳述の「言語篇」は国立国会図書館などでみることができるが、右記の長沼美香子の著作に英語原文（第五版）と大槻訳が掲載されているので、冒頭の第一文を並べ、次に上田のものを置く。

LANGUAGE in its widest sense signifies any means by which one conscious being conveys what it thinks or feels to another.

言語《ランゲージ》トイフモノハ之ヲ概論スレバ知覚アル一生類ノ其思考シ或ハ感覚スル所ノモノヲ他ニ伝致スル方法ノ泛称トス〔23〕

言語とは、最も簡単に、最も広く解釈すれば、一の意識を有するものか《（が）》、その考へ或は感する

所を、他人に示す手段なりといふべし［24］

ここからすると、大槻の訳文をみただけでは、上田の文にはならないということはいえる。ほかの部分からみても、英語原文を上田が直接訳したと判断できる。

いま現在の基準では完全に剽窃なのであるが、それでも上田はこれを「博言学階梯と題する書の緒言」にしたいと述べていたのであるから、もう少しつきあってみることにしたい（しかし、上田のいう「博言学階梯」が結局は「言語篇」と同様のものとなった可能性が高い。英国の啓蒙書を翻訳してそれを「階梯」＝入門書とする意図はわからないでもないし、留学前の二〇歳過ぎの文学士にとってさほど無理のあることではなかったと思われる。さすがにのちの大学での講義の参考書などにはあげていない）。

ということで、この「第三節　言語を研究する目的」をみてみよう。上田は原文どおり、言語研究の目的を「言語そのもの〻為め」と「言語をよく使用し得る為め」の二つに分け、前者についての学問が「博言学」であるとした。具体的には、

この学問は一般の人類が用ゐる言語を研窮するものにして、古今となく東西となく、開明となく野蛮となく、空間時間に発生する言語は、尽く取りて分析し比較するものなり。更に言を換へていへば、博言学は言語上顕象を蒐集し、順序に区別して、その間の原因結果を研究するものなり。言語の起源言語の原理等も、この学あらざれば決して正確なりがたし［25］

とする。続く「第四節　言語は常に変化する者なり」でも、同時代の「各国語を蒐集比較」するだけではなく、「各時代によりて之を比較」するという「歴史的方法」「比較的方法」によってみいだした、言語の変化の「法規」が「博言学上にありて最も重要なる原理なり」としている[26]。そして「第五節　言語の学問は博言学〔博物学〕に似たること」では、言語の起源を求めることを、博物学（natural history）、動物学者（zoologist）との対比で論じる。動物学者は対象生物の発生から成長に至るまで観察可能だが、博言学者はそうはいかない。しかし、

> 現に存する所の言語を分析し、語の構成せらるゝ究竟的元素を発見し、且つ今日語が変化、又新語が用ゐらるゝ方法等を推究せば、余輩は言語の本初にありて、なからざるべからざりきと、或はありしならむと、思はるゝに多少の近き決言を得べきなり、かの数多の博言学者が、嘖々する言語起源の問題は、即ち右に関する思弁なりとす[27]

と、学問的に言語の起源を究明することは可能である、とした。言語の起源へ遡行する、という点では「語源学」でもよいのであるが、博く他の言語と比較しながら、その変遷を追う、という点が、「博言学」を積極的に使用する理由であったともいえるだろう。

「第六節　博言学の名称及び其の必要」では、再度「博言学は人類の言語一般を科学的に研窮するもの」であると述べ、

独逸にてはこれを、デイ、スプラッハフォルシュング〔Die Sprachforschung〕、デイ、スプラッハフェルグライヒュングとも、デイ、スプラッハキッセンシャフト〔Die Sprachwissenschaft〕ともいふ、仏蘭西にてはこれを、リングィスティック〔linguistics〕と称す、英吉利にては名称殊に多く、グロトロヂー〔glottology〕と云ひ、クロッサグラフィー〔glossagraphy〕といひ、サイエンティフィック、エチモロジー〔scientific ethimology〕といふ、フィロ、ジーといひ、ゼサイエンス、オヴ、ランゲーヂ〔the science of language〕といひ、我帝国大学にては、フィロ、ジーの語を採用し、これを博言学と称せらる、蓋しフィロ、ジーとは希臘語のフィロス（愛する）、ロゴス（ことば）より生ぜるものなり〔28〕

この引用の部分は原文にない。大槻訳「言語篇」をみると、「博言学」ということばはでてこず、原文にならって「言語ノ学問」と記し、「此学問ノ一科学ト成リシハ稍々近世〔最近〕ノ事ニ属シ其名称ト雖モ未ダ一定普通ノモノ無ク」〔29〕としている。これをふまえれば、上田が積極的に「博言学」を用いた点に、あえていえば独自性をみることが可能ではある（先の引用に「我帝国大学にては、〔……〕これを博言学と称せらる」とあるように、東京帝国大学に博言学科が設置されたのはこの三年前である）。また、「第一節」では、原文にはない「国語とは、一国の特有する言語をいふ」という一文などがつけくわえられてもいる。

また、ほぼ同時期に上田は「日本言語研究法」という題のもと、皇典講究所〔30〕で講演を行なっている。「日本で博言学と云ふものは近頃漸々蕾《つぼみ》を結んだと申しても宜しい位で学問上一定の規則がなくそれ故に私の申すことに御解り悪い処があるかも知れません」と断ってから上田は講演をはじめる。内容は、「日本言語研究法」としての博言学の必要性と、文献学や言語教育との総合を主張したものである。ここでも「言語其ものを研究する学問は博言学と申し此の学問は一般の人間に用ゐて居る言語を研究するもので世界の言語を総括して研究するものであります」としているが、さらに「私は日本人が熱心に日本言語を取調べやうとせば此学問をせねばならんと思ひます」と、博言学に則った日本語研究を主張し、さらに歴史的、他言語との比較などの手法も用いつつすすめるべきだとしている[31]。

のちの議論と関連して、上田がここで

言語は社会と随伴するものであるから我々は此重要なるものを学ぶに怠つてはなりません且つ我々が自分の言語を愛すると云ふことは取りも直さず国を愛すると云ふことを同じであります[32]

と述べていることを指摘しておきたい。言語研究とナショナリズムが簡単に結びついていくことがわかる。

ともあれ、上田はこれらの文章を発表した翌年、一八九〇年九月から「博言学修学」を命ぜられて、ドイツとフランスに四年間の留学をする。この命を下したのは、他でもない当時帝国大学総長であった加藤弘之であった。東京学士会院で否決されてから一〇年後のことである。

ところで加藤は上田が留学する一八九〇年に国語伝習所というところで「日本語学」について演説を行っている。「加藤弘之君演説大意」として国語伝習所の『国語講義録』に掲載されているのだが、そこでは「博言学」という単語は使われず、「言語学」で一貫している。天賦人権論から優勝劣敗の社会進化論に主張を転換した加藤らしく、古いことばを残していくのは「生存競争」の上から無理である、などとして、「日本の語法に合ふ様な言葉」を使っていくべきであるとする。そして優勝劣敗の結果、「英語が交通語になつてしまうことは近い内にあらうと思ふそれは勢ひ制す可らざる者であつて仕方がない併し交通には英語が善いが国の言葉と云ふものは保てる様に又人工を以て助けて往かなければならん」と、世界共通語と国家の言語との関係に思いを致していく。そうしたなかでは、古い死語に遡行するような学問研究には以前と異なってやや冷たい視線を投げかけている。であるから、「日本の言葉の性質を持て居る者は疵を付けぬ様に今日に適して往くことが必要の事である」というのが加藤の主張となるのだが、「是迄に日本の語学をした先生並に西洋の学問をした先生で殊に西洋の学問をした人の中でも深く言語学を修めて西洋の学問を比較して研究した人が出て来て其人の力で互に力を合せて今の大業を企てると云ふことが大切であらふと思ふ」と述べている[33]。

一〇年前の議論と似てはいるが、「今日に適して往く」ことの重要性を訴えているところが、特徴的といえるだろうか。「博言学」として起源を探っていくことよりも、弱肉強食の世界のなかで日本語を守りつつ世界に伍していくといった志向をうかがうことができる。

加藤の思惑はともかくとして、上田は、ドイツではベルリン大学（一八九一年夏学期）、ライプチヒ大学（一八九一年冬学期から一八九三年夏学期）の講義を聴講する[34]。さらに半年のフランスを終え、一八九四年六月に帰国。翌月帝国大学文科大学教授となり博言学講座で講義を担当することとなる。なお、博言学講座は前年九月に設置されていた（初代担当は英語学者・神田乃武、一八五七年〜一九二三年。神田は講義をうけもってはいなかった）。

3　帝国大学言語学

―3-1―　博言学から言語学へ

上田は帰国後の一八九六年に「言語学の名称に就きて」という文章をあらわす。そこでは、英語・フランス語・ドイツ語・イタリア語で「言語学」がどういうことばかを検討し、現今の帝国大学での講座名「博言学」がやや不適当であることを述べている。つまり、「博言学といふ語には、世人が字義によりていろ〳〵に推量する、良からぬ意味の籠もれゝばなり。たとへば博言学者といへば、数十ヶ国の言語をただしやべる事の出来る人をいふと思へるが如し。言語学は言語の上に存する原理を研究する学問にして、決してさる通弁的の者」ではない、と強調している[35]。これはあるいは、philologyを「語源学」と限定的に訳すのではなく「博言学」と訳したために生じた誤解であるともいえるのだが、制度的には一九〇〇年に博言学科は言語学科に改称される。このことはまた、言語＝ゲンゴの定着を示しているともいえる。

言語学科への改称の前提ともいえるのが、一八九八年五月に博言学科の教員や卒業生が発起人[36]

となって結成された言語学会であろう。博言学会ではなく言語学会を、その関係者が名のったわけであるから。その後、言語学会は『言語学雑誌』を一九〇〇年二月に刊行する。「言語学会規則」によれば、会の目的は「言語ニ関スル諸項ヲ研究スルニ在リ」と定め、「談話会・講演・雑誌」を活動の内容とした。会の発足から雑誌の刊行まで二年近い間があいている。その理由は定かではないが、たとえば、言語学会の発足を直後に報じた『国学院雑誌』の文章では「言語に関する智識と興味とは、皆無ともいふべき一般社会に向ひ、売り捌くとも、迚《とて》も多数の購読者は得がたかるべし。収支云々のため、中廃の蹉跌を来たさむよりは、寧、会員は自腹切りて、応分の金を出すとせむ方は、万全の策なりとて、毎年一人につき、金十円以上、少くも金六円以上は醵出する事に定まれりとぞ」という。続けて、「されば、材料の如きも、一般読者を顧慮すべき必要なきを以て、其高尚なると卑近なると、又興味津々たると無味索然たるとに頓着せず。研究材料として有益なるものは、一切のこの雑誌に載せむとなり。併し非売品ともせざる由なれば、希望の仁は、何人にても購読する事は得べし」[37]という。

たしかに、ようやく刊行された雑誌は、外国の言語学の動向や言語学者小伝、方言調査報告や調査法、研究法、辞書論など多岐にわたる。毎号の「雑報」の内容からは、短い記事ながらも、研究動向などをうかがい知ることができる。この「雑報」には「一切口語体の文章を用ゐるやうにした」[38]とあり、口語体による学術的文章作成の試みがなされている。こうしたこともふくめて、「二十世紀の日本は、もはや古いしんだ〔死んだ〕ことばかりはやつてゐないと、いふことがしらし〔知らし〕たい」[39]という目的は達成しているように思われるのだが、三巻三号（一九〇〇年八月）で予告もなく突如終刊となる〔40〕。

こうした一方で、philology（ドイツ語ではPhilologie）には新しい翻訳語が定着しつつあった。国文学者・芳賀矢一（一八六七年～一九二七年）は、一九〇四年に以下のように述べている。

向ふ〔ドイツ〕にはフィロ、ギーと唱へる一つの学問があります。これを日本語に訳しますと文献学又たは古典学ともいへます。先づ文献学と唱へた方がよいやうです。即はち希臘の文明を研究し、羅馬の文明を研究するのに、昔の言葉を根本として研究するのであります。フィロ、ギーといふ言葉は、英独では用ゐ方が違ひます。英語のファイオロ、ジーといふのは、日本でいふ博言学といふものに当り、コンパレチーヴ、フアイオロ、ジー、比較博言学といふことに当りますが、この意味とは全く違ひます。先づ言語を取つて学問の研究題目とするのに、凡そ三色の別ちがあります。第一は言語哲学で、これは言語はどうして成立するものであるかといふので、言語の出来る原理を心理学から研究して来るので、哲学の一部分であります。第二は、言語学、大学にも言語学科といふものがありますが、これは英語の比較博言学に当るので、英語でいふサイエンス、オフ、ラングエージ、独乙語のシユプラツハ、ウイツセンシヤフトといふのに当ります。それを日本で言語学と翻訳したのであります。そこで第三が文献学。この三つが言語の学問の種類になつて居ります。むかしの希臘羅馬の文明の研究は、即はち第三の文献学によつて進んで居ります、それで文献学の仕方は希臘と羅馬の言葉で書いた昔の文章を基礎とするのであります。詩でも、散文でも、希臘語又はラテン語で書いたものによつて、研究を積み、古代の文献上に徴すべきものがあれば、これによつて希臘の文明羅馬の文明を調べて見るといふことになるのであります。そこで文献学といふものは文明の無い国にはもとより出来ないのであります。言語学が文明のない国の言語でも取ります。[41]

Philologieは言語学とは全く違う、という言辞である。一九〇〇年六月から一年半「文学史攻究法研究」のためにドイツに留学して帰国した芳賀の偽らざる思いともいえるだろう[42]。「コンパレチーヴ、ファイオロ、ジー、比較博言学といふことに当ります」といわれているところから、または、後半部分の引用からも、「フィロロジー」を文献学という単語で代表させたいという芳賀の思い――文献学と言語学とは基本的には違うのである――がわかる。そしてまた、上田万年が博言学ではなく、言語学という用語に変更しようとした理由の一端をうかがい知ることもできる。つまり、philologyを連想させない用語として、言語学――science of languageであれば「科学」である――を選んでいったともいえるのである。

上田と芳賀は同じ年に生まれ、帝国大学の同期でもあるのだが、上田が伝統的国学の観点からする日本語研究を、茶道のような古今伝授の「道」でしかないとして距離を置いたのに対し、芳賀は、没後に刊行された講義録によれば、「余がこゝに所謂「日本文献学」とは、Japanische Philologieの意味で、即ち国学のことである。国学者が従来やつて来た事業は、即ち文献学者の事業に外ならない。唯、その方法に於いて改善すべきものがあり、その性質に於いて拡張すべきものがある」[43]とはじめているように、西洋のphilologieと同等のものとして国学をとらえていることが特徴的である。

―3-2― 帝国大学言語学

それでは上田のいう言語学とはどういったものだったのだろうか。帝国大学言語学については何度か論じてきている[44]ので重複するが、本章の流れのなかでは欠かせない。

上田の一八九六年度と翌年度の「博言学」の講義ノートが残っている。言語学者・新村出（一八七六年～一九六七年）によるものだが、一八九六年度の「博言学」の講義のなかで、まずは「Philologieとは言語についての学問である」[45]としたうえで、比較するということを強調していく。それを日本の文脈においたとき、上田は以下のような「帝国大学言語学」を提唱することになる。

日本帝国大学言語学ニ就テ

Indogerm., Semitic., Ural-alt., Indo-Chinese 等ノ大 family アル中ニ、日本語ハ何レニ属スベキカニ付キテ

日本語ハ北ハ Corea ヲ経テ満洲ノ語

Chinese ヲ経テ西蔵、印度

Ainu 語

南ハ Malay, Plynesia 等ノ言語ヲ研究セザル可ラズ。

而シテ我ガ大学言語学ノ講座ハ、之等 Oriental Philology ヲ研究シ、日本語ノ位地ヲ定ムル side ニアリ。Indo-European 等ハ、欧州学者の authority ニ由テ、其ノ研究シタル結果ヲ知リテ満足セシノミ。而シテ其ノ方ニ於ケル means ナドハ十分取テ以テ用ユベキモノトス。[46]

Oriental Philologyということばが使われているが、これはある意味では西周の批判にあったように、philologyとは印欧語族研究なのだからそれを日本語研究にあてはめても意味がない、というものをふまえているのかもしれない。つまり上田は、起源を求めるということよりも、orientalに限定して、「日本語ノ位地ヲ定ムル」こと、日本語と周辺諸言語との関係を定めていくことが、帝国大学の博言学講座の役割なのだ、というのである。ここにきて、明治初期から日本のphilologyに要求されてきたことが固まったといえるだろう。冒頭に引用した時枝誠記の『国語学史』のいうとおりである。

このあたりのことについて、上田が後年回想した文章がある。

> 国語学が、徳川氏時代に発達して、明治初代に於けるまでは、学者も少く、その研究の方法も、極めて幼稚であつた。花道・茶道の如く、師弟の伝授の道によつて、進んで来たと評しても差支あるまい。〔……〕私の記憶によれば、国語学が科学として研究せられることは、明治年間になつて、ドイツ人のグロウト氏が、大学に於て、博言学の講義をなし、英国人のアストン、チヤンバレン両氏が、日本語の文典を著し、また日本語と朝鮮語・琉球語・アイヌ語等の比較研究を発表せらるゝ頃から初まつたと思ふ。
>
> 比較研究なしに、科学は勃興しないものと思ふ。私はそれらの諸先生の感化をうけて、明治年間に於て、いさゝか斯道に尽力したものであるが、当時の社会は、仲々この学問に共鳴せず、新旧学派の間に立つて、随分苦闘したものである。〔47〕

この文章は、『国語科学講座』（明治書院、一九三三年〜一九三五年）の刊行開始を祝したものであるが、近代以前における言語研究とは、科学ではなく「師弟の伝授の道」にすぎなかったのだが、明治になって「比較研究」によって科学的言語研究がなされるようになった、という筋である（これでは本章冒頭で紹介した山田孝雄と折り合えるわけがない）。上田は日本語の科学的研究をする学問のことを国語学ととらえていたようだが、それが求めた科学とは何だったのだろうか。上田は続ける。

国語学を一個の科学としてみるときには、人類学・人種学等と同じく、世界の人類、世界の言語の学問と同じく、この言語と人類との関係が、如何なるものであるかを研究せねばならぬ。日本人の話す国語は、世界の人類の話す言語と如何なる関係に立つかを研究せねばならぬ。かういふ研究は極めて高尚なものであつて、〔……〕俗人からみれば、ひとしく無用のことかも知れぬ。しかし学問として、真理を探究し、人類の知識を増加してゆくことは、世界の人にとつて非常な利益を与へられるものといふことができる。
かういふ意味からして、国語を研究し、国語の歴史・性質を闡明し、世界の言語上に於て、日本語の有すべき地位を確定することは、学者としてなさねばならぬ、高尚なる研究である。国語学研究者は、この点に対《むか》つて今日以後益々努力すべきである。〔48〕

比較研究こそが科学であり、他言語との位置関係を確定することが言語の科学なのであった。「帝国大学言語学」の役割とはそこにあったのである。

―3-3― 帝国大学言語学の継承

日本語と周辺諸言語との系統関係を論じることが科学的研究だった、というわけだが上田の教えを受けた人物の回想からも確認しておきたい。アイヌ語研究で知られる金田一京助（一八八二年～一九七一年）は、一九〇四年に東京帝国大学の言語学科に入学したのだが、そのころのことを晩年、一九五九年一二月の講演で以下のように回想している。

御多分にもれない、国語の研究が志望だったのでございます。たゞ、今までより、もう少し材料を、諸外国の言語の上に広げて、世界の言語の中における日本語の地位・系統というようなことを考えたかったがために大学（東大の文科）で、国文科を選ばずに、言語学科へはいったものでございました。そして、同じ志望の友人たちと、だん〳〵話し合っておりますうちに、どうしても、日本語をとりまく周囲の言語を、まず日本語と比較して、それらと日本語が、一々どういう関係に立つかを、手始めに、明らかにすることが必要であるが、一人でもって、諸国語と国語との比較研究をすることは、浅い程度の研究しかできないから、銘々専門を分かとうじゃないか、ということになって、国語と琉球語との関係、国語と朝鮮語との関係、国語と南洋語との関係というように、手を分けましたが、歴史以前の昔から、隣合って、住んでおりました、アイヌ語と日本語との関係、これは、まず第一に、すぐにも解決しなけりゃならない問題でございましたけれども、ほかの諸国語には、古い言語資料もあり、いろ〳〵な学者の研究もございますから、それを調べることは、容易でもあり、興味のあることでございますが、アイヌ語の方には文字がございませんため、古いアイヌ語の資料がありませず、したがって、単に今日、アイヌ人が話していることばをアイヌの口真似をしてしゃべるようになれる程度の勉強だったら、つまらないのみならず、実際上の必要はもはやなかったのです。なぜならば、どこの村里に行きましても、どんな山奥に行きましても、一人としてアイヌ人に日本語の通じないものはなかったから。[49]

アイヌ語研究の第一人者であったといってよい金田一が「アイヌ人が話していることばをアイヌの口真似をしてしゃべるようになれる程度の勉強だったら、つまらないのみならず、実際上の必要はもはやなかったのです」と平然と言い放つことができた理由については別のところでまとめたのでくりかえさないが[50]、いま現在のことばではなく、より古い形のものしかみていかないという志向は、帝国大学言語学からくるものであった。

日本語と周辺諸言語との関係を言語学科の学生たちが銘々分担して研究していこう、と相談していたことが同じく金田一によって証言されている。

具体的には、こうである。一九六八年の回想になるが、金田一より一学年上の橋本進吉（一八八二年～一九四五年）・小倉進平（一八八二年～一九四四年）・伊波普猷（一八七六年～一九四七年）たちの、

〔……〕態度はみんな、当時から立派でした。すぐ親しくなって、話し合ってみると、どの人もみんな日本語のための言語学だったのです。日本語の起源はどうか。世界のどこに、日本語と

同じもとから分かれた言語がはなされているか。日本語がこの島へ来る前に、どっちの方で話されたことばか。この問題をみんな共通にもっていたのです。それぞれ各々、一人でもって、日本語をとりまく諸国語と、日本語との関係を明らかにしていかなければならないわけでした。そして、だれかが日本語とアイヌ語との関係を専門にやらなければならないということは明らかでしたが、小倉君は朝鮮語と国語、伊波君は琉球語と国語、後から入ってきた後藤朝太郎〔一八八一年〜一九四五年〕がシナ語と国語をやるし、私たちの藤岡〔勝二、一八七二年〜一九三五年〕先生は満洲語と蒙古語が専門でした。そんなふうで、アイヌ語にはだれも手を出さなかった。〔51〕

かれらの在学した一九〇四年前後、上田万年は一八九八年から一九〇二年まで文部省専門学務局長兼任、一九〇二年官制公布の国語調査委員会の主事、一九〇四年から教科書調査委員として多忙であった。上田の欧州留学以降、紹介的・啓蒙的だった言語学が、この時期弟子たちによって「日本帝国大学言語学」の構想に沿いつつ個別具体的に展開されていった、といってよいだろう。橋本進吉は古代日本語の研究に邁進していく。

なお、一九五九年の金田一の講演のなかで「国語と南洋語との関係」で「手を分け」た人物は、かれらと在学期間は重ならないが、小川尚義〔一八六九年〜一九四七年〕であろう。小川は一八九六年に帝国大学博言学科を卒業しているので、留学から帰った直後の上田の講義を受けたはずである。のちに台北帝国大学教授となる小川は台湾総督府などにあって「台湾語」辞書の編纂をはじめ、少数民族言語であるパイワン語・アタヤル語（タイヤル語）・アミ語などの調査をおこない、一九三五年には台北帝国大学言語学研究室編『原語による台湾高砂族伝説集』（刀江書院）という大著を浅井恵倫（一八九四年〜一九六九年）らとまとめる。小川はインドネシア語とこれら諸言語との比較言語学的対応関係の研究をおこなっており、この意味では上田から受け継いだ比較言語学の実践をおこなったといえるのだが、日本語の系統をあきらかにしようとする「日本帝国大学言語学」の射程からははずれていき、この文脈での記憶もされなくなっていく[52]。

この、上田のプロジェクトに弟子を配置していったという話は、やや出来すぎの感もあるのだが、これは一種伝説的に語られており、一九二八年に言語学科に入学した服部四郎（一九〇八年〜一九九五年）は、「今でも感慨深い思い出として語られるのは、日本語の語源を明らかにするために国語を橋本、朝鮮語を小倉、アイヌ語を金田一、琉球語を伊波というふうに手分けをしておのおのの道に進まれたということである」と記している[53]。

4 比較言語学への懐疑

—4-1— 新村出の場合

さて、ここまでみてきたように、日本語の系統を探ることを科学的に行うために言語学、とりわけ比較言語学が導入され、一方で国家システムを運営するための国語の確立のためにも、その学問を利用していくべきだ、というのが明治初期の「博言学」の受容をふまえた上田のおおまかな主張であるといってよい。そしてこの線に沿って学問の制度化を上田ははかってきた。

しかし、上田の教えを受け、一八九九年に博言学科を卒業した新村出（一八七六年〜一九六七年）の一九三三年の議論は、以下のようにかなり批判的である。

〔……〕本邦に於ける西洋言語学並びに音声学の祖述者の所説は、輸入当初より往々直ちに国語運動の所依の原則として之が軽率に用ゐられた嫌ひがないでもなかつた。西洋の言語学や音声学が直接に諸種の国語改良の指導原理を与へることが如き観を呈したことが屡々あつた。西洋言語学が国語の新研究を促がした功績も少からずあつたことを私たちは認めるけれども、ともすれば利用厚生的に能率本位的に言語学が使はれたやうな場合がなかつたとは云はれない。〔……〕言語学が日本の国語研究の上に益したよりも、比較言語学の皮相が伝はつて国語と他国語の無造作な比較研究を促がし、比較すべき相互の国語の当該国語学の研究を忽諸に附したやうな方法論上の誤謬が頻繁に犯されたのも事実である。然しそれよりも、むしろ西洋の言語学の一面が、西洋の語法学と同じく、一種の規範的な指導原理を与へるものだと誤解されて、国語運動者や調査者の味方に使はれたやうな譏りを免れなかつたが、其の方の一種の過失は到底掩ふべからざるものがあつた。[54]

博言学を言語学だと解する見方に対して、比較言語学を、その中でも特に印欧比較言語学を、言語学の全部か要部かと解する見方も、日本の古いところにも行はれてゐた。〔……〕日本でいふと、殊に日本語と同系語とを比較する所の比較言語学を言語学の主要部と考へたがる傾がある。〔……〕明治二十年前後におけるチャンバレン氏の感化なども大に手つだつた様なわけで、言語の比較が言語学の主潮を形作つたらしく見える。〔……〕明治三十年代の日本の言語学界には、表面狭義の比較学風が漲つてゐたと見られるのである。最近に至るまでは、日本にはこの比較学派が主潮をなしてゐたと言へる。今日でも此の風潮が決して絶えたわけではなく、今後なほ続出もするであらう。[55]

そして、比較言語学の流行が日本人の起源論の流行とあいまったものであったとの指摘がつづく。「明治三十年代の日本の言語学界」に「表面狭義の比較学風」がみなぎっていた、と表現していることや、言語学を「国語運動の所依の原則」（ここでいう国語運動とは、仮名遣表音化や漢字廃止の主張を指しているといえよう）としていることは、直接教えを受けた上田への批判といってよい。

一4-2一　時枝誠記の場合

もう少し時代を下った時点で上田の教えを受けた者の意見をみておこう。冒頭で引用した国語学者・時枝誠記は、一九二二年から一九二五年まで東京帝国大学で上田万年の教えを受けている[56]。

時枝は『国語学史』のなかで、明治期に導入された言語学が、言語学はその当初に於いて、国語学の学問的規範と考へられたといふよりも、国語の実際問題解決の批判者として遇せられたのである。明治前半の著しい傾向は、実に国語の実際問題の解決にあつたと云つてもよい。その熱情が冷めて、国語学が真に科学としての研究の方向に就く様になつたのは明治も後半に属する頃であつた。国語の系統論、歴史的研究がこの期間に著しい進歩を遂げた。一方国語の文法学に就いてもおおくの業績が現れた。〔57〕

としているように、新村と類似した見解を示すが、新村は比較言語学の受容が不十分で表面的だったというところに重きを置いている。時枝はむしろ、上田のいうような科学とは比較すること、という言説に惹かれていたようである。

たとえば、大学で受けた講義について、時枝は以下のように回想している。

上田先生の講義が、如何に清新なものに感じられたことであつたか。国語学や言語学の「い」の字も知らぬ私にとつて、国語学といふものが、如何に泰西の近代科学に連るものであるか、国語学や言語学を研究するのに、人類学や生理学や解剖学や音響学や、さては心理学や哲学などの研究が、如何に必要であるかといふことが教へられた。〔……〕先生の講義を通しては、古典的と考へられた国語学が、近代科学の清新な装をして我々の前に登場して来るやうに感じられたのである。〔58〕

「科学」であることにまぶしさを感じていたことが率直に示されているのではあるが、そこで立ち止まっていたわけでもないようである。つまり、

私たちの大学在学中に於いても、国語研究法といへば、何よりも先づ西洋言語学特にインド・ヨーロッパ言語学（或は印欧語学、インドゲルマン言語学とも）の方法に学び、それに基礎を置かねばならないことが講義でも教へられたのであつた。国語学を言語学の一特殊部門と考へれば、特殊部門の研究法を考へる前に、言語一般の研究法を考へることはものゝ順序として当然であるかも知れない。しかしながら国語研究法が言語学の方法論に基かなければならないと考へることには、言語学を言語研究の先進者であると考へる以上に、言語学に対する大きな過信があると考へるのである。所謂言語学なるものは、主としてインド・ヨーロッパ語族を対象として研究された言語研究の体系であつて、それは極めて広範囲に亘る言語を対象としてはゐるものの、その研究対象より見ても、また研究課題から見てもやはり特殊言語学に過ぎないのである。この特殊言語学の理論と方法とを、国語研究の指導原理であるかのやうに考へたところに大きな錯誤があつたのである。[59]

ヨーロッパ言語学も所詮は特殊言語学なのだ、というとらえ方は在学中に得たものではないだろう。比較言語学のあり方についても、欧米留学のあとにおこなった研究会での談話（「新しき国語学の提唱」一九二九年）でも、自らのパリの下宿で南フランス出身の下宿の主と同宿のスペイン人やイタリア人

が難なく用を弁じているのをみて、類似性の高い諸言語間の研究であるから、系統論や比較言語学というものが発達したのだ、という思いつきに近い話をしたあとで、

翻つて国語について考へて見ますと、明治初年始めて言語学が我が国に紹介されて以来、国語学は常に欧州言語学の後を追つて歩いて来ました結果、比較言語学の方法もそのまゝ我が学界に移されて、一時国語の系統論、所属論がやかましく論議され、或はウラルアルタイ語系に属するといはれ、或はインドゲルマン語系に、或は南洋語系に、或は支那語系といふ風に所属の問題が研究され、若しこの問題を解決せねば国語学界の恥辱であるといふ風に考へられて参りました。しかしながらこの欧州言語学で取扱はれた系統論の問題は、我が国語学にとつて、それ程緊要な問題でありませうか。フランス語がスペイン語、イタリヤ語等の同族語に取りかこまれて、地理的にも歴史的にもそこに一つの系統を形成してゐるといふやうな事情と、我が国語の事情とは全く相違してゐると見なければならないのではないかと思ふのであります。

そこで私は、国語学はこのやうな人真似をするよりも、先づ国語の事情を直視し、ここに於いては何が最も著しい事実であり、又何が重要な問題であるかを探索しなければならないかと考へたのであります。[60]

ある意味ではまっとうな反応であろう。ヨーロッパ言語学も、比較言語学の時代が過ぎ、フェルディナン・ド・ソシュール（Ferdinand de Saussure、一八五七年～一九一三年）に代表される（ソシュール自身

は比較言語学者であったが）構造主義言語学の時代に移ろうとしていた。そして時枝はこの後、ソシュールの言語観とも対峙していくことになる〔61〕。「人真似」をしない、という点は貫いたのかもしれない。

一4-3一 比較から歴史へ

比較言語学は国語運動に利用されただけであった、と批判していた新村出は、一方で上田万年の「功績」を以下のように記している。

これら明治二十七八年以降十有余年間に於て日本の大学に於て邦人として最初の言語学講座の担任者たる上田〔万年〕氏が一方に於て東京帝国大学に於て国語研究室を旧来の言語取調所から発達せしめて一方には文献資料を益々蒐集し他方には少壮の学徒を勉学させる機関を設備したことは、ひとり国語学史上に期を画したのみならず、延いて日本の言語学にも少からぬ余沢を及ぼしたことになる。現任東大の教授たる橋本〔進吉〕氏はもとより、古くは国語政策国語教育の保科〔孝一〕氏も、ロシヤ語の八杉〔貞利〕氏も中程には歌謡史の高野〔辰之〕氏や後れて方言の東条〔操〕氏も、国語国文の吉沢〔義則〕氏も亦不肖わたくしの如きも、これかれ前後しまた年限の多少こそあるが、みな比の研究室に育くまれたのであつた。その教授室に在つて年々〔ヘルマン・〕パウルの『言語史諸原理』の輪講を指導されて演習を受けた私たち、少くとも私一箇にとつては、絶大な影響をパウルの訓練から得たことを常に感銘する。〔……〕パウルを日本の言語学界に咀嚼せしめた点だけでも、指導者上田氏の功績は忘れてはならないと思ふ。私はこれらの時代を表面にあらはれた所で比較言語学の主潮の横流時代のやうに述べたが、然し他面から観ると、同じ時代は新国語学の育成時代とも言はれようし、或は国語新研究の素材が内ら《ママ》から集められ、又方法と理論が、外がはから、即ち言語学から供給された時代であるから、言語学が国語学的傾向を根柢とするに至つた画期的時代だとも言ひ得るのではないかと思ふ。[62]

というように、一八九七年に上田が国語研究室を設置して後進の育成にあたったこと、そしてヘルマン・パウル『言語史原理』(Hermann Paul、一八四六年〜一九二一年 *Prinzipien der Sprachgeschichte*、一八八〇年)の輪講をおこなったことが、功績であるとしている。

系統論という、時勢に便乗して流行した議論ではなく、比較言語学の大前提である歴史言語学の基本書を紹介した点だけでも評価すべきだというわけである。たしかに、「日本帝国大学言語学」は諸言語との系統関係をあきらかにしてこそ科学だという上田よりも、言語の史的変遷をあきらかにすることが科学、つまり言語学はやがて言語史である、というパウルは穏当であろう[63]。

とはいえ、上田自身は系統論と民族論とをあわせて論じる傾向については批判している。つまり、一八九五年という早い時期におこなった講演「日本語学の本源」で、日本語の起源に関する諸説をあげていくなかで、「必ずしも言語の同一と云ふことのみを以て人種の同一を論ずること能はず」と明言している。上田のこの講演については著作目録などに記載されていなかったが、国立国会図書館のデジタルコレクションで公開されている講演録の存在を言語学者・長田俊樹氏の指摘をうけ、翻刻・

解説をくわえた（安田敏朗「資料：上田万年演説「日本語学の本源」（一八九五年六月一五日）」『言語社会』一〇号、二〇一六年三月 http://doi.org/10.15057/28117）。この講演は、自由主義経済思想家で歴史家・政治家などとして多彩な活動を展開した田口卯吉（一八五五年～一九〇五年）が主催する経済学協会の定例の講演会でなされたもので、留学からもどり帝国大学の新進気鋭の教授となった上田万年に田口が依頼したものであった。この後に田口をふくめて日本語の起源と日本人の起源とをむすびつけた議論がさかんになされていくのであるが、これを混同しなかった上田の立場は銘記しておくべきであろう。

5　まとめにかえて——日本言語学のもうひとつの形

近代以降、西洋言語学の影響を多かれ少なかれ受けてきたとはいえるのだが、比較言語学の時代がすぎると、構造主義言語学の祖といわれる比較言語学者フェルディナン・ド・ソシュールの思潮も、ほぼ同時代的に導入された。ソシュールの講義を聴講した学生のノートを集めて編集した『一般言語学講義（*Cours de linguistique générale*）』がスイスで一九一六年に刊行され、これを言語学者の小林英夫（一九〇三年～一九七八年）が『言語学原論』として翻訳したのが一九二八年のことであった（岡書院刊行。なお翻訳は日本語へのものがはじめてとされている）。

東京帝国大学文学部で国語学を専攻した亀井孝（一九一二年～一九九五年）は、小林英夫の改訳版（一九四一年）に深く関わっていた。小林の「訳者の序」によれば「〔亀井〕氏と共に原書と訳文との読合せにすごした」という。

その亀井が、一九三八年二月号の雑誌『文学』（六巻二号）に、「日本言語学のために」という論文を発表している。これはソシュールの新しい思潮について直接述べてはいないが、それを念頭に置いているような書きぶりでもある。

まず亀井は、国語学の成立に二つの流れがある、という。ひとつは、「江戸時代に脈を引くところの、古来の国学の伝統」で、もうひとつが「新しく輸入せられた言語学」。しかし、こうして成立した国語学は、国学の伝統にも無知で、言語学も生半可な理解に止まっている、と亀井は痛烈に批判する。

批判はするものの、国語学が学問として現代的価値を有するのは、「現代を貫いて流れる共通の科学的精神に霑されて」いるためだ、とする。つまりは「多かれ少かれ西洋の近代言語学による洗礼を受けてゐる点が今日の国語学に特殊な性格」なのだから、「国語学徒は言語学に対していさゝかも頑なであつてはならない」というように、言語学を「国語学徒の教養の一つとして、進んでそれを知つておく方がよいであらう」と位置づける（傍点原文）。

実際に言語学の方法が国語学のなかにきちんととりいれられた実例は少ないが、逆に「日本語の一角からして西洋言語学を方法的に拡充すべく努力してこそ価値があるのだ」とも主張していく。それは、「豊富なデータの蒐集と忠実な事実の記載」に基いた「確乎たる実証の上に立ちつゝ一途に、方法そのものに深い理解を寄せる事」でもあり、要するに「言語学徒でない国語学徒は本質上存在し得ない」というわけである。日本語を通じて言語の本質に迫っていく、ということである。

また亀井は言語研究に際しては「言語感情」への理解が欠かせないとするが、「人間がまづ最も優れた言語感情を有してゐるのは母語に対して」でなければならず、日本語以外の言語を研究するにしても、「母語に対する感情を何らかの意味で前提してゐる」のだとする。そして亀井は以下のように続ける。「国語学は、要するにかゝる感情に対して求心的に学的反省を加へるのである」と。

「学的反省を加へる」ということが具体的にどのようなことかについて、また言語学の具体的内容についても、亀井はとくに述べてはいない。「母語に対する感情」を絶対的なものとはするべきでない、ともとることができる。

一方で亀井は「日本語の同意語として「国語」にいさゝかの学問的価値なきことはまた明かであらう」とする。これは「国語学の字面に漂ふ一種独善的な感触は、彼が個別言語学の一に参ぜんとする限り、このもしからぬものである」という判断のためであった。

したがって、亀井は「国語学」を、形式的に「日本語学」と改称すべきである、と主張していく。

そうすると、この論文のタイトルである「日本言語学のために」の「日本言語学」とはどういうものなのだろうか。亀井はいう。「日本言語学」とは「自国の伝統の中にしっかり根を下ろし、日本文化の世界を蔽ふて繁衍する所の生きた学としての言語学」である、と。要するに「日本語の語学」ではなくて「日本の言語学」という意味で、「日本言語学」を使いたい、ということである。しかし、いまだそこには至っていないので、「日本語学」という名称のもとで、まずは「国語学をば真の日本語の科学とすべく私達はひたすら努めなくてはならない」と述べる。「日本言語学」は「祝福さるべき将来のために保留しておきたい」というのだ。

そして最後に、「国語学よ、死して生まれよ。」と印象的なことばを述べてこの論文を締めていく。

なお、思想史家の子安宣邦は、亀井のこの論文などから、国の内側のみを向いた国語学の「一国知」的性格を取り出し、柳田国男の民俗学を「一国民俗学」とみなすことと並べて論じ、「国語学は死して生まれたのか」と問いかけている〔64〕。

もちろん、個別に基づきながら普遍をめざそうという亀井の主張からは「一国知」的性格はうかがいにくい。ただ、「自国の伝統」とか「日本文化が世界を蔽」う、など確かにあやふやな点もある。

個別具体的なものから普遍的なものへ、という志向は、時枝誠記ももっていた。主著である『国語学原論』では、明確に以下のように述べている。

> 言語の本質が何であるかの問題は、国語研究の出発点であると同時に、又その到達点でもある。〔……〕国語学はそれ自体言語の本質を明める処の言語の一般理論の学にまで高められねばならないのである。〔……〕国語学は即ち日本語の言語学であるといはなければならないのである。〔65〕

「言語の本質」を考える、そしてまた「日本語の言語学」を構想する。ヨーロッパの言語学を受容していただけであった近代移行期が終わり、その影響を受けつつも、そこから出発しようとする、次の世代のありようを読みとることができるだろう。

しかし、そうしたなかにあっても、みえないものが存在しつづけていることに注意しておかなければならない。

注

1　時枝誠記『国語学史』岩波書店、一九四〇年、三八頁。

2　詳細は、安田敏朗『日本語学は科学か——佐久間鼎とその時代』（三元社、二〇〇四年）を参照。

3　山田孝雄『国語学史要』岩波書店、一九三五年、自序、二—三頁。

4　そうはいっても、山田孝雄も西洋思想の影響をまったく受けていないわけではない。ゲルマン語学者であるヘンリー・スウィート（Henry Sweet、一八四五年～一九一二年）や心理学者のヴィルヘルム・ヴント（Wilhelm Vundt 一八三二年～一九二〇年）、ドイツ語学のヨハン・ハイゼ（Johann Christian Augst Heyse 一七六四年～一八九二年）などの著作を原文で読みこんでいるといった指摘がなされている。とりわけヴントの心理学には影響を受けたようである（ナロック・ハイコ「『日本文法論』における文成立関連の概念とヨーロッパ言語学」、斎藤倫明・大木一夫編『山田文法の現代的意義』ひつじ書房、二〇一〇年参照）。また、斉木美知世・鷲尾龍一『日本文法の系譜学——国語学史と言語学史の接点』（開拓社、二〇一二年）では、山田と普遍文法とのつながりが論じられている。

5　飛田良文・李漢燮編『ヘボン著　和英語林集成　初版・再版・三版対照総索引』（港の人、二〇〇一年）を参照。

6　西周の講義録そして手書きノートが、「百学連環」として大久保利謙編『西周全集』の第四巻に収録されている（宗高書房、一九八一年）。また『百学連環』はデータベース化されており、大学共同利用機関法人人間文化研究機構の総合検索システムで利用できる（http://int.nihu.jp/）。また、山本貴光『「百学連環」を読む』（三省堂、二〇一六年）も参照。

7　上田万年『国語のため　第二』冨山房、一九〇三年、一一九頁（上田万年著・安田敏朗校注『国語のため』平凡社東洋文庫、二〇一一年、三一七頁）には、「加藤先生が自ら博言学の訳名を創り、英語に所謂フィロロギーの事を、東京学士会院にあげつろはれしも」とある。ただ、この文章の初出にあたる、「祝辞」（『言語学雑誌』創刊号、一九〇〇年二月）には「加藤先生」の部分が「西周先生」となっている（二頁）が、これは加藤弘之の誤。

8 東京学士会院の沿革については、秋山勇造「東京学士会院と『東京学士会院雑誌』」『人文研究』（神奈川大学人文学会、一五一集、二〇〇三年一二月）を参照。一八八〇年から一九〇一年にかけて刊行された『東京学士会院雑誌』の目次が採録されており、どのような議論がなされていたのかをうかがい知ることができる。

9 『東京学士会院雑誌』第二編第一冊、一八八〇年四月、八―一〇頁。

10 鈴木広光「加藤弘之の言語観――「博言学」輸入の背景」『名古屋大学国語国文学』六八号、一九九一年。

11 『東京学士会院雑誌』第二編第二冊、一八八〇年四月、二七―二八頁。

12 Freidrich Max Müller（一八二三年～一九〇〇年、インド学・言語学・神話学者）、具体的な書名はないが、おそらく、Freidrich Max Müller, *Lectures on the Science of Language*, Longman, 1864などを指すものと思われる。

13 『東京学士会院雑誌』第二編第二冊、一八八〇年四月、二九頁。

14 ちなみに、西周『百学連環』では、Sanscritを「天竺ノ語学」としている。

15 『東京学士会院雑誌』第二編第二冊、一八八〇年四月、三四頁。

16 『東京学士会院雑誌』第二編第八冊、一八八〇年九月、一一七―一一八頁。

17 『東京学士会院雑誌』第二編第二冊、一八八〇年四月、三八頁。

18 チェンバレンの日本語で読める評伝に、楠家重敏『ネズミはまだ生きている』（雄松堂書店、一九八六年）がある。

19 「和文学博言学教師チャンバレン申報」、『文科大学年報　起明治二十年一月止明治二十年十二月』（復刻は『東京大学年報　第五巻』東京大学出版会、一九九四年、五〇七頁）。

20　大槻は、「言語篇」のなかで「言語《ランゲージ》」という読みしか示していない。大槻の辞書『言海』（一八九一年）においても、「げん-ご」は「げんぎよニ同ジ」と記されるのみで、「げん-ぎよ」で「コトバ。モノイヒ」という意味が示される形になっている。一八九七年刊行の『広日本文典別記』（大槻文彦発行）でも、「言語」は「「ことば」トモ、「げんぎよ」トモ訓ムベク」とあるばかりで、「げんご」はない（一頁）。明治維新を数え二二歳で迎えた大槻は「言語」を「げんぎよ」と読むのが普通で、「げんご」はなじまなかったのであろう。なお、「言語篇」の「総論」以降の目次は以下のとおり。「声音ヲ論ズ／言語ノ変化スル所以ヲ論ズ／言語ノ構成ヲ論ズ／方言ヲ論ズ／国語ノ分科ヲ論ズ／グリム氏ノ法則／セミテック語科／言語ノ模像《タイプ》ヲ論ズ／各種ノ言語ハ皆一個ノ本源ヨリ出デタリヤ／言語及ビ人種ノ混淆ヲ論ズ／語根《ルート》ヲ論ズ／言語ノ由来ヲ論ズ」

21　上田万年「博言学（承前）」『日本学誌』三号、一八八九年四月、五頁。

22　「言語篇」、文部省刊行『百科全書　第十一冊』有隣堂翻刻、一八八六年、一〇頁。

23　長沼美香子『訳された近代——文部省『百科全書』の翻訳学』法政大学出版局、二〇一七年、一四八、一四九頁。

24　上田万年「博言学」『日本学誌』二号、一八八九年三月、四頁。

25　同前、五—六頁。

26　同前、六—七頁。

27　同前、七頁。

28　上田万年「博言学（承前）」『日本学誌』三号、一八八九年四月、四—五頁。

29　「言語篇」、文部省刊行『百科全書　第十一冊』有隣堂翻刻、一八八六年、九頁。

30　皇典講究所とは、一八八二年に発足した皇典研究および神職養成機関。講演会や資料編纂を行なった。のちに、国学院大学・日本大学がここから生まれる。

31　上田万年「日本言語研究法」『日本大家論集』一二編、一八八九年三月、七八、八二、八四頁。のちに上田

万年『国語のため　第二』（冨山房、一九〇三年）に収める。
32 同前、八〇頁。
33 「加藤弘之君演説大意」『国語講義録』国語伝習所、一八九〇年、二二頁、二六―二八頁。
34 ベルリン大学では、上田に影響を与えたと思われるガーベレンツの講義を受けた可能性が高い。また、ライプチヒ大学の『受講証明目録』によって実際上田がどういう講義を登録していたかを調査した清水康行「上田万年の欧州留学に関する記録」（『国語学会二〇〇〇年度春季大会予稿集』）によれば、どれも入門・初歩的な講義ばかりで、なおかつ二年で六科目と平均よりかなり少ないという。なお、清水康行「上田万年の欧州留学に関する記録」『日本女子大学紀要文学部』六一（二〇一二年三月）も参照。また森川潤『明治期のドイツ留学生――ドイツ大学日本人学籍登録者の研究』（雄松堂出版、二〇〇八年）は文字通りドイツ全大学の学籍簿に記録された日本人の在籍学期を調べたもの。当然上田の名前もある。
35 上田万年「言語学の名称に就きて」『国家教育』五一号、一八九六年一二月、一七頁。
36 「言語学会規則」によれば、発起人は、カール・アドルフ・フローレンツ、上田万年、小川尚義、金沢庄三郎、藤岡勝二、猪狩幸之助、新村出、八杉貞利。
37 「言語学会」『国学院雑誌』四巻七号、一八九八年五月、九二頁。ちなみに、「言語学会規則」には、通常会員は会費月一五銭、特別会員で月五〇銭とあるので、そう高いものではなく、これはやや意地の悪い評言だろう。ちなみに、一八九七年の東京では米一〇キロの値段が一円一二銭であった（週刊朝日編『値段の明治大正昭和風俗史』朝日新聞、一九八一年、一一五頁）。
38 「本欄の文体について」『言語学雑誌』一巻二号、一九〇〇年三月、一〇三頁。
39 「この雑誌をいだすゆゑ」『言語学雑誌』一巻一号、一九〇〇年二月、四頁。
40 言語学という名称が定着していることを直接的に示すものではないが、森鷗外「当流比較言語学」というエッセイが一九〇七年に出されている（『東亜之光』一九〇七年七月）。内容は比較言語学というわけではなく、ドイツ語の単語をネタにした世相批判である（千葉俊二編『鷗外随筆集』（岩波文庫、二〇〇〇年）で簡単に読める）。

41 芳賀矢一「国学とは何ぞや」『国学院雑誌』一〇巻一号、一九〇四年一月、九―一〇頁。

42 芳賀矢一のドイツ留学については、佐野晴夫「芳賀矢一の国学観とドイツ文献学」『山口大学独仏文学』二三（二〇〇一年）など参照。

43 芳賀矢一遺著『日本文献学　文法論　歴史物語』冨山房、一九二八年、一頁。

44 たとえば、安田敏朗『日本語学は科学か――佐久間鼎とその時代』（三元社、二〇〇四年、序章）など。

45 新村出筆録・柴田武校訂『上田万年　言語学』教育出版、一九七五年、三頁。

46 同前、三八頁。

47 上田万年「「国語科学講座」の発刊を喜ぶ」『国語』一号、一九三三年五月、三―四頁。

48 同前、四―五頁。

49 金田一京助『心の小道をめぐって　金田一京助随筆集　一』三省堂、一九六四年、一五九―一六〇頁。

50 安田敏朗『金田一京助と日本語の近代』平凡社新書、二〇〇八年。

51 金田一京助『私の歩いてきた道』日本図書センター、一九九七年、四三―四四頁。

52 小川尚義については、林初梅編『小川尚義論文集〔復刻版〕――日本統治時代における台湾諸言語研究』（三元社、二〇一二年）で論文を読むことができる。

53 服部四郎「金田一先生と文化勲章」『河北新報』一九五四年一〇月二八日（引用は服部四郎『一言語学者の随想』汲古書院、一九九二年、一〇五頁）。

54 新村出『岩波講座日本文学　言語学概論』岩波書店、一九三三年四月、一四―一五頁。

55 同前、二八―二九頁。

56 時枝誠記は京城帝国大学で国語学を講じていた。時枝の言語観である「言語過程観」はこの間に形をなしたといってよいものだが、この言語観によって、朝鮮総督府の言語政策を批判しながらも親和していくことになる。詳細は、安田敏朗『植民地のなかの「国語学」――時枝誠記と京城帝国大学をめぐって』（三元社、一九九七年）を参照。

57 時枝誠記『国語学史』岩波書店、一九四〇年、四〇頁。

58 時枝誠記『国語研究法』三省堂、一九四七年、二六頁。

59 同前、五頁。

60 同前、五七頁。

61 時枝誠記『国語学原論』（岩波書店、一九四一年）で展開される。

62 新村出『岩波講座日本文学　言語学概論』岩波書店、一九三三年四月、三〇頁。なお、新村出筆録・柴田武校訂『上田万年　言語学』（教育出版、一九七五年、一―二頁）には、参考書が十数冊掲げられているが、パウルの本も入っている。ほかにはマックス・ミューラー（Max Müller）、ガーベレンツ（Gabelentz）、ハイゼ（Heyse）などの本が挙がっている。

63 日本語訳は、現在では、福本喜之助訳の講談社学術文庫版（一九三三年）がある。

64 子安宣邦『近代知のアルケオロジー――国家と戦争と知識人』岩波書店、一九九六年。増補版は『日本近代思想批判――一国知の成立』岩波現代文庫、二〇〇三年。

65 時枝誠記『国語学原論』岩波書店、一九四一年、序、二―三頁。

第二章　「言文一致」がみえなくすること
――作文・日記・自伝

I　はじめに

かつて近代日本における「自伝」というジャンルがもつ意味について考えたことがある[1]。そこでは、「自伝」ということば自体が基本的には近代になって登場する翻訳語であることを指摘した。翻訳語であるということは、それまでとは異なった位置づけがあたえられたジャンルであることを意味する。本人がみずからの生涯を書き記すことは「自伝」以前にも当然あるのだが、それは公表が前提となっておらず、また公表される場合は本人没後に事績・業績を評価する「伝」や「（一代）記」といった形が多かった[2]。こうした点とはことなり、「自伝」とは公表を前提として自らが書く（あるいは語る）形態として登場してきたことを指摘した。

明治中期以降にはさまざまな自伝が書かれ、あるいは翻訳されるようになるのだが、明治期の代表的な自伝である『福翁自伝』（一八九九年）が象徴的なのは、福沢が語った内容（「言」）を速記によって転写し、それを再度福沢自身が点検（「文」）してから出版した、という過程である。これは、速記という近代的技法をもちいた「言文一致」の実践のあり方を示すものであり、不特定多数の読者が想定されていたという点でもきわめて近代的なものであった。

速記術は西欧のものを参照しつつ、帝国議会開設に向けてさまざまな試みがなされていた。その根本理念は、たとえば一八八六年に刊行された『筆記自在言語速写法』の「総論」では、「言語速写法ハ人ノ言語ヲ耳ニ聴クガ儘ニ一言半句モ残サス速ニ写シ取ルノ学術ナリ〔……〕故ニ之ヲ学ブ者ハ如何ナル場合ニ於テモ俗語漢語国訛リ言葉癖抔《など》耳ニ聴ユルマヽニ写シ取ルベシ　其写シ取リタル者ヲ普通ノ文字ニ反スルニハ成ルベク言葉通リニ訳スベシ」〔3〕というものであった。このように、速記術とは「聴クガ儘ニ」記号で写しとる技術なのだが、それを「反スル」ときには、記号から「訳ス」ことになるので、結局は記号にあたえられた「訳語」に規定されるほかない〔4〕。したがって話すままに書かれるわけではないことは指摘しておかねばならない。

ともあれ、すべての文章を実用文と美文に二分して大胆に論じる芳賀矢一・杉谷代水編『作文講話及び文範』（一九一二年）では、福沢についてこう述べている。

> 福沢諭吉氏のごときは天稟の文章家ではあったが、根が詩人の質でないので、中年までの文章は実用一点張り、平明達意というだけで色想はきわめて乏しかったが、晩年の文章や談話に至っては、自然と色想の妙が生じて来て、その「自叙伝」のごときは幾度読んでも飽か

ぬ。〔5〕

と、評価はたかい。速記についての指摘はないが、話したそのままではない、再度手を加えたから生じる「色想」ということになろうか。

こうした事態は「自伝」特有のものではないのだが、「統一された話しことば」という幻想があるにせよ、「言文一致」が「言」に近い形に落ち着いていったことは、それまで「文」を中心的に担ってきた「定型」あるいは「漢文脈」からの距離をとることにつながっていく。一定の距離はあるにせよ、「定型」をまったく意識せずにみずからを表現・表象するという活動（たとえば、自伝なり日記なり作文なり）に参与していくことは困難であったといえないだろうか。

この一連の現象は「「言文一致」という発想そのものが国民の思想表現の標準化と統一の手段にほかならなかった」〔6〕という文脈でとらえるのが一般的であろう。そして、本章でみていくように、言文一致による作文教育が奨励され作文の上達のために奨励されたのが日記をつけることであった〔7〕のだから、作文や日記についてもこの延長――「国民の思想表現の標準化と統一の手段」――でとらえることができる。

たとえば近代日本の日記をあつかった西川祐子の著書『日記をつづるということ』（吉川弘文館、二〇〇九年）は、その副題を「国民教育装置とその逸脱」としている。日記を書くことが「国民教育装置」となるといった位置づけである（残念ながら、「その逸脱」については、ブログなどが取り上げられているものの、多くは語られていない）。

まず、作文・日記の作成という近代的教育訓練を通じて多くの人がみずからを表現する手段を得たということに、注目してみたい。しかし一方で、明治期の作文教育とは言文一致体を志向し、なおかつ日常の出来事を「あるがまま」に書かせること（そこには日記を記すことも含まれていく）を目標とするものの、それも結局は準備された語句の配列を学ぶにすぎないということもできる。その背後に「〈小国民〉という主体《サブジェクト》」の編成をめぐる「〈権力〉の問題」をみるという構図が先行研究にほぼ一貫して存在している［8］。

そしてまた男子教育について考えてみれば、学校教育よりも軍隊教育の方が骨身に染みるものであったことは想像にかたくない。一ノ瀬俊也は、「軍隊「マニュアル」」を「①入営した兵士のための兵営事情案内・軍隊教科書（『兵営須知』などの名がつけられた）②軍隊・戦場にある兵士と一般人とが相互にやりとりする手紙例文集　③兵士の入営・凱旋・葬儀の際用いる、式辞・挨拶模範」のように定義し、数多く出版された「軍隊「マニュアル」」を分析している［9］。そこで例示される手紙の文例や挨拶・式辞の模範といったものは、文語文である。こうした「定型」「決まり文句」を使うことが、無難に生きる術であったことも想像にかたくない。しかしながら、たとえ決まり文句であったとしても、一ノ瀬は「人々が〈自ら書く・語る〉行為の重要性」を指摘する。つまり、「人々は「マニュアル」を見て、兵士たる自分、兵士を見送る人々が発するべき「正しい」言葉を、あたかも自分の主体的な言葉であるかのように発したのである。すなわち、軍隊に行くことの「正しさ」が、こうした人々の主体的（であるかのような）行為を通じて繰り返し確認されていったのである」［10］という。つまり、教育される側にも、程度はともあれ、装われた「主体性」があった、というわけである。

これは、近代における「書くこと」が必然的にもたらす結末であるかもしれない。しかし、近代における「ことば」をめぐる環境の変化が、自己表現の手段をより使いやすいものにしたのではないか、という見方もある。いいかえれば、「国民教育装置」であれ、「〈小国民〉という主体」編成の装置であれ、作文・日記などの教育によって、内面を語る文体の窓口が広がったのではないか、とも思うのである。こうした点に注目したいのは、おそらく、学校教育における作文や日記というものが、多くの児童にとって、はじめて出会う自己表現の手段ではなかったか、と思うからである。

2 日記をつけることは伝統か

さて、太平洋戦争中、情報士官として日本兵が戦場に残した日記などを翻訳していたドナルド・キーンはこのようなことを書いている。

〔……〕陸海軍共に、軍人が日記を付けるのを禁止することはなかった。それどころか、日本の軍人には、新年になるとわざわざ日記帳が支給されて、この頃の学童が、夏休中日記をつけさせられるのにも似て、必ず日記をつけるようにと命じられたのである。おそらく日本の士官たちは、その中に真の軍人精神が表れているかどうかを調べるために、定期的に兵隊の日記を読んだのだろう。あるいは、日記を付けるという行為が、日本の伝統の中にあまりにも確固たる地位をしめているので、それを禁じるのは、むしろ逆効果となるおそれがあることを、知っていたのかもしれない。[11]

まず「必ず日記をつけるように命じられた」という点だが、日記をつうじた軍隊教育の実態が一定程度あきらかにされている[12]。しかし、そのことを「日記を付けるという行為が、日本の伝統の中にあまりにも確固たる地位をしめている」ことと結びつける根拠はどこにあるのだろうか。キーンは、あくまでも思いつきを書きとめただけのようにも受けとれる。

日記をつうじた軍隊教育がどのようにしてはじまったのか、先行研究ではあきらかにされていない。ただ、軍隊において日記を書くことについては、一ノ瀬俊也の指摘によれば、「兵卒は日記を書くには誠心を以て書かねばならぬ。自己を欺かねばならぬやうな書き方をしてはならぬ。日記の上に書き留めることの出来ないやうな事のあるものは、即ち真面目な軍人として賞するに足らない部類である」と、陸軍退役中尉・原田指月が『兵卒の顧問』(三芳堂、一九一三年)で述べている[13]。これをもって代表することはできないにせよ、日記を書かせることは兵士の思想調査的側面もあったといわれている[14]ので、日記を書かせることが兵士を動かす側にとって重要な意味をもっていたといえる。それでも兵士の「内面」があらわれるわけでは、必ずしもない。日記を私小説の始祖としたいキーンの先走った思いとはかなりことなっているといわざるをえない。

ともあれ、ここで着目したいのは軍隊教育、ひろくいえば教育のなかで「日記」が利用されていった点である。日記をつうじた教育がなされるのは軍隊が先か学校が先か、判然としないが、相互の影響関係を想定してもよいかもしれない。先の「自己を欺かねばならぬやうな書き方をしてはならぬ」という原田の言は、学校教育でも通用するだろう。

先にふれた近代の日記を「国民教育装置」と位置づけた西川祐子の著作では、学校教育における日記の利用について論じていない。むろん、学校教育をつうじて広まったという前提があるからこそ「国民教育装置」と名づけているわけであるが、この用語が先走ってしまうと、「日記を書くことで国民になる」といったちょっと魅惑的な言辞が正当化されてしまいかねない。要するに、「装置」そのものの有効性の検討がないのである。西川によれば、「近代の日記帳は一つの国民教育装置であり、装置であるからこそ、そこからの逸脱もまたある、という作業仮説」[15]であるというから目くじらをたててはいけないのかもしれない。また、そこからの「逸脱」が「日記をつけないこと」、「自由日記帳に書くこと」（＝一日分の分量が決められた日記帳という定量化から外れること）、「日記をつづることをやめない」ということが提起されてもいる[16]。

それでもなお疑義を呈したいのは、みながみな日記を書くわけではなく、日記を書くにしても、書かせる側の意図どおりに書くわけでもない、からである。思うに、「装置」ということばをつかうのなら、それはかなり不完全なものなのではないか。日記はむしろ「軍人教育装置」として有効に機能していたのではないか[17]。

ここでは、日記を作文教育の延長線上にとらえてみたいので、まずは近代日本における作文教育のあり方についてふりかえっておくことにしたい。

3 作文教育のあり方

―3―1― 「日用書類」の作成から「正確ニ思想ヲ表彰」へ

「作文」ということばは、漢詩漢文を作るという意味の「作文（さくもん）」があるが、一八七二年施行の学制では、「作文（さくぶん）」（下等小学教則）は「容易キ手紙ノ文」を作ることとされている。そして、一八八〇年の改正教育令をふまえた一八八一年の小学校教則綱領の第一一条には、

初等科ノ作文ハ近易ノ庶物ニ就テ其性質等ヲ解セシメ之ヲ題トシ仮名ニテ単語、短句等ヲ綴ラシムルヲ初メトシ稍進ンデハ近易ノ漢字ヲ交ヘ次ニ簡短ノ仮名交リ文ヲ作ラシメ兼々口上書類ヨリ日用書類ニ及フヘシ中等科及ヒ高等科ニ於テハ日用書類ヲ作ラシムルノ外既ニ学習セシ所ノ事実ニ就テ志伝等ヲ作シムヘシ

とある。「日用書類」の作成が「作文」教育であったことがわかる。教育史では一九世紀末までの作文教育を「形式主義的時代」としているが〔18〕、これは「自由に書くこと」を基準とした評価であり、実状に即すならば、むしろ実用主義的とすべきだろう。この時期、ものを書くことは定型文を書くことに他ならなかった点を確認しておきたい。この小学校教則綱領は文部官僚・江木千之《かずゆき》（岩国藩出身。のち内務官僚を経て貴族院議員、枢密間顧問。一八五三年～一九三二年）の起草になるものであり、ここに江戸期の教育の影響を指摘できるかもしれない。

たとえば、この時期に出版された、曽我部信雄・宮地森城編『小学中学作文稽古本』（梅原亀七発行、一八八三年、二冊四巻）をみてみよう。その巻一の「凡例」にはこうある。

此書ハ文部省小学〔校〕教則綱領ニ基キ小学中学科男子日用ノ手紙文及諸届願書證文ノ類ヲ編輯ス其要専ラ各小学校教師教授ノ便ト生徒作文ヲ稽古スルノ用ニ供センガ為ナリ

小学校教則綱領に依拠したもので、「日用書類」を書くための実例を示したものである。具体的には、年始之文、婚姻ヲ祝スル文、花見誘引之文、結婚届、病気見舞之文、火事見舞之文、借地問合ノ文などが、楷書体や、若干くずした字体によって印刷されている。くずし字での印刷が示すように、模写すればそのまま利用できる用例を掲載したことは、かなり利便性のたかいものであったと思われる。なかには小中学生の利用を必ずしも念頭においていない文例もみられる。たとえば、巻三には「離縁状」がある（九丁表―裏）。

其許儀何々ノ事故ニ付双方熟議之上離縁致候依之何方へ縁組候共異論無之候也
住所／年月日　元夫　何某／　同／媒人　何某／　何タレ殿

ちなみに、この頭注には「何方《イツカタ》　ドコヘデモ／　縁組《エングミ》　カタヅキヨメイリスル／異論《イロン》　コゴトヤサシカマヒナド」などが記載されており、学校教育の場以外での利用も念頭においていたと思われる。

さらに、「詫状」（巻三、九丁裏―一〇丁表）は、以下のようになっている。

何処ニ於テ大酔ノ上貴殿ヘ失敬過言致シ候段申訳無之次第厳重ノ御処分可有之処御寛恕被下難有奉存候全ク趣意遺恨等相含候儀聊無之今更先非後悔致候間何ノ某ヲ以テ御詫申入候処格別ノ御勘弁ニ預リ忝キ仕合今後必ス相慎ミ失敬ノ儀致ス間敷後日ノ為仍而如件

住所／何之誰
年月日／何某殿

要するに、酒に酔って無礼をはたらいたことを使者をたてて詫びたところ、許してもらえたので、今後注意します、というもので「何ノ某」などに実際の名前を入れれば即利用可能である（身につまされるところでもある）。

それはともかくとして、その後、一八九〇年の小学校令改正にともない作成された一八九一年の小学校教則大綱の第三条に以下のような文言があらわれる。

読書及作文ハ普通ノ言語並日常須知ノ文字、文句、文章ノ読ミ方、綴リ方及意義ヲ知ラシメ、適当ナル言語及字句ヲ用ヒテ正確ニ思想ヲ表彰スルノ能ヲ養ヒ、兼ネテ智徳ヲ啓発スルヲ以テ要旨トス

「正確ニ思想ヲ表彰スル」という文言に、それ以前にあった「日用書類」の作成からの変化をみることができる。一八九〇年に改正された小学校令はその第一条で「道徳教育及国民教育ノ基礎」を授けることを主眼とすることをうたっている。同年には「教育ニ関スル勅語」が発布されており、両者には強い関係があると考えてよいだろう。

そして、一九〇〇年の小学校令改正にともなう小学校令施行規則の第三条にも「正確ニ思想ヲ表彰スル」という文言が以下のようにひきつがれていく。

国語ハ普通ノ言語、日常須知ノ文字及文章ヲ知ラシメ正確ニ思想ヲ表彰スルノ能ヲ養ヒ兼テ智徳ヲ啓発スルヲ以テ要旨トス〔……〕。文章ノ綴リ方ハ読ミ方又ハ他ノ教科目ニ於テ授ケタル事項児童ノ日常見聞セル事項及処世ニ必須ナル事項ヲ記述セシメ其ノ行文ハ平易ニシテ旨趣明瞭ナランコトヲ要ス

この小学校令改正は、それまでの読書科・作文科・習字科を総合して国語科が設置されたという点で知られている。そしてこの「正確ニ思想ヲ表彰スル」という文言は一九四一年の国民科国語成立まで変化がないという[19]。ふたたびくりかえすが、先の原田指月がいう「自己を欺かねばならぬやうな書き方をしてはならぬ」と同質の言といえよう。とすれば、だれがどのような意図でこの文言を書き込んだのか知りたいところであるが、先行研究では明確にされていない。児童の品性を陶冶する、というヘルバルト派教育学がこのころ日本で流行をみせたというので[20]、児童の内面に干渉しよう

としていく姿勢は、このあたりの影響を考えてよいのかもしれない。その一方で、「処世ニ必須ナル事項ヲ記述」という文言があるのは、「日用書類」や書簡を書くことが作文である、という流れがなくなっていないことを示してもいる。

―3―2― 作文教育と言文一致――上田万年の議論を軸に〔21〕

現実の教育では実用的な文章を習得させることが求められていたとはいえ、「適当ナル言語及字句ヲ用ヒテ正確ニ思想ヲ表彰」することが明治期作文教育の目標であった。その際に、まず問題になるのが「適当ナル言語及字句」とは何か、という点である。ここで先の言文一致の議論が絡んでくる。ここでは序章、第一章でも登場した国語学者・上田万年の議論をとりあげて、作文教育の理想と現実、可能性と限界をみていくことにしたい。

―3―2―1― 『作文教授法』(一八九五年)

上田万年には『作文教授法』という書物がある。ヨーロッパ留学から帰国した翌年である一八九五年七月に刊行されている(もととなった講演は帰国直後になされた可能性がたかい)。この年に上田は著名な『国語のため』も刊行しているが、主として小学校での作文教授について述べた『作文教授法』の「はしがき」では『国語のため』も参照するよう記してあるように、国語および国語学の確立、言文一致への志向が基底にある著述になっている。

ここで上田は、時代が変わり、国語もそれなりに発達したことを強調し、今日でも旧幕時代の人は申しますが、漢学をすれば文章は自然書ける、しかし漢学をしないと、文章は書けぬと申します。是は丁度この四五十年前に居た、また今でも少しは残つて居りますが、独逸の古流の学者が、羅甸語を学べば独逸文は書ける、と言つたのと同じことで、かういふ学者は日本でも西洋でも、共に其自国語が発達して、立派な地位に達したといふことを知らないのであります。〔22〕

と、国語の自立を唱える。そのうえで、「言葉で思想を纏めて話すといふことゝ、直ぐ其言葉を文字に直すことゝを教へますのが、普通教育の作文教授に於ける大主眼」であるから、漢字などはあとから覚えさせればよいのであって、まずは仮名で書けさえすればよい、とする〔23〕。このあたり、漢字全廃を唱えていた上田らしい展開である。そうすると当然、「教師は、話す言葉に最も注意して、教授しなければならぬ」ことになり、結果として「或は方言的になるかも知れませぬ。しかし、方言的になつても、思想が思ふ儘に書けさへすれば、中古的の文体の怪しいのよりは、遙かに便利でもあるし、又遙かに美しくもあります」という。「高尚の文体」を求めるのはこのあとで十分だという〔24〕。こうした「言文一致」を推進していくと、「当分の中地方の訛りなどが、文章の上に出て来ることも、なければならぬと覚悟するものであります。地方の訛りは、或は聞き苦しいこともありませうが、併し漢語だの洋語などの生噛みにしたのを使ふよりは、遙かにましであります」という覚悟を示す。ただし上田は「地方の訛り」などはいずれ解消されていくものだという楽観的な見通しをしており、「此言文一致流の文章が、楽に書けるやうになつて、それから後に各人が自分の勝手〳〵に、それ〳〵

の文体を作つて往くのであります」と、おおらかである〔25〕。

自分の勝手にそれぞれの文体を作れ、という主張はたいへん聞こえがよい。それは「正確ニ思想ヲ表彰」するためには欠かせないともいえるが、「日用書類」が書ければよいという立場からは、たんに混乱をもたらすものでしかない。

―3―2―2― 「尋常小学の作文教授につきて」(一八九五年)

次に、『作文教授法』と同じ一八九五年に刊行された上田の『教員文庫国語論』に収められた「尋常小学の作文教授につきて」をとりあげる。これは、しりあいの教員が尋常小学校三年生の作文「我が家」六九編をまとめた冊子について論評したものである。『作文教授法』での主張を確認していく内容になっている。たとえば、「可憐なる小学児童は、己が思想を言葉にすら写すことを得ぬ間に、更に文章に写すことをも学ばざるべからず。〔……〕各生徒をして思想を纏めて言葉に写すことゝ、言葉を其のまゝに文字に直す習慣とを養はしむるが専一なる」(傍点原文、以下同じ)ことを述べ、具体的な作文を引いて、「文章体」と「談話体」が混在しているが文章が長くなると「談話体」的になってくることを指摘し、これは「是れ此の年輩の児童をして思ふ事を記さしむるは文章体よりも談話体の優れる證」であるから、古語や漢語を書かせるのではなく、「現在の日本語は、極めて卑俗ならぬ限りは、成るべく文章の中にも収め行くを宜しとす」〔26〕というように、現代語の使用を奨励する。これは「談話体」の重視と連動しているのだが、「普通文」とは美文であるよりも明晰であることが肝腎なのだ、という上田の考えに基づいている。そこで問題となるのが、語の選択であり、「小学校の作文科は、児童をして思ふ事を言はしめ、又、書かしむるが上なき望みなれば、斯かる生徒に向かひて、自身に語を選べと言はんには過分なるべし。〔……〕されば小学校殊に尋常科の作文教授にありては語の選択は全く教師の注意監督の下にて行はるべきなり」〔27〕ということになる。思うことを言わせ書かせるのが作文科教育である、とはいいつつも、教師の語彙選択が重要である、というある意味では当然のことを述べているのだが、作文科という教育の現場における「思ふ事を言はしめ、又、書かしむる」ことがもつ可能性と限界とが、ここで示されているともいえる。

この点について、上田の教え子である国語学者・保科孝一（一八七二年〜一九五五年）が一八九九年に文部省の嘱託として各地の小学生の学力調査をおこなったときの回想を、一九四九年に残している。そのとき作文の授業をいくつか参観したのだが、

> 児童の書いているのをのぞくと、文題は「伯父様の病床を見舞ふ文」というので「伯父様御病気の由奉賀候」と書いてあるから、「奉賀候」というのはどういう意味かときいてみると、「知りませんが、候文にはいつもこう書くのです」と答えるので、おもわず笑ったのであった。またある小学校で、児童に「二宮金次郎は孝子なり」の孝子の意味をきくと、「孝行な子どもということであります」と答えたから、「孝行」というのはどういうことかと、おっかけてきいてみると、「それはまだならいません」とすましている。〔28〕

という。定型が中途半端に学ばれている状況（伯父さんの病気を賀《よろこ》んでどうするのだ、ということ）と、「正

確ニ思想ヲ表彰」することとほど遠い作文教育の現状が端的に示されている。

そしてまた、この「尋常小学の作文教授につきて」で紹介されている作文そのものは、自分の家がどこにあって云々といった説明に終始する内容であって、上田の議論との距離がないといえば若干嘘になる。

―3-2-3― 『普通教育の危機』(一九〇五年)

上田の「思ふ事を言はしめ、又、書かしむる」という主張は、きわめてわかりやすいのだが、一方でこれは、中等教育以上の教育課程への進学率が少ない、という現実を踏まえた主張でもあった。上田の『普通教育の危機』は漢字制限・表音かなづかい採用を唱えたものであるが、そこでは一九〇三年の文部省の統計を持ちだし、尋常小学生徒数約四〇〇万人、高等小学生徒数約一〇〇万人(これで全人口の約一割)であるのに対し、中等教育に該当する中学校・高等女学校生徒数が約一二万人、大学生が約四千人にすぎないことが強調されている。だからこそ、表記をより簡単なものにして、しっかりと初等教育で教育すべきなのだ、という主張になる[29]。さらにまた陸軍省年報掲載の、一九〇三年徴兵検査時になされた学歴調査をもちだし、対象者約三四万五千人のうち、高等小学校卒以下の学歴が約三三万五千人、そのうち、尋常小学校卒以下が約二七万五千人(非識字者約五万四千人も含む)であると指摘する。つまりは軍隊の約八割が尋常小学校四年卒以下の学歴であって、「今日国家を代表して、我々の為に身命を惜まずに戦つて呉れる人は、〔……〕教育も無い、金も持つて居ないと云ふ人が多数なのであります」として、以下のように述べる。

此尋常小学で四年より教育を受けられない人の為に、非常な同情を持つて是等の人に、今まで四年で教へたものは二年で教へ、今まで八年で教へたものは四年で教へるやうに、十分尽力して教育を施してやらなければならぬ。そうしなければ、是等の人の立つ瀬は私はないと思ふ。小学教育を受けても手紙が書けない、自分の懐かしい親からも、妻子からも、手紙を受取つても読むことが出来ず、又自分が手紙を遣らうとしても書くことが出来ないやうでは、これは何と憐れむべき次第ではありませぬか。〔……〕一朝事あるときに、身命を惜しまず国家の為に戦ひ、又平時には下層に居つて、色々苦しい仕事をして居る人々に、安慰の念を授けるやうに教育が進まないときは、其国家の運命は私は危いと言はなければならぬ。〔30〕

子が親に、親が子に手紙を書くといった機会はそう頻繁にあるものではなかっただろう。そうした状況を全国民的に招来したのが徴兵制であったともいえる。この実状をふまえているのか、たとえば『日本軍人用文』（内山正如編、博文館、一八九一年）といった実用例文集が売れている。半分以上は英雄伝や軍事データが記されているものの、用途別の書簡用例文（文語体）がルビ付で掲載されている。

ともあれ、一九〇五年五月二〇日に東京高等師範学校内国語学会においてなされたというこの講演『普通教育の危機』は、日露戦争の日本海海戦のちょうど一週間前になされたものであり、時局を見るに敏な上田という点を割り引いても、こうした観点に思いいたりやすかったとはいえる。命をかけて国を守っている人々に「安慰の念を授ける」のが教育だ、という主張を上田が本心からしていたのか、あるいは漢字制限（全廃）、かなづかい表音化といった従来の主張を補完するためにしたのか、そのあたりは定かではない。あるいは両方とみるのが妥当なのかもしれないが、人がモノを書く大きな要因のひとつとして、軍隊があったことは確実である。

―3-2-4― 「現今の作文教授法に就て」(一九〇七年)

さて、『作文教授法』そして「尋常小学の作文教授につきて」から一二年が経った一九〇七年に上田は「現今の作文教授法に就て」をあらわす。そこではまず、「国語の教授法が、年と共に改善せられ、今日非常なる進歩発達を遂げたのは、満足に堪へぬ。殊に小学校の教授法は殆ど完全の域に達したといふとも不可なき感がある」と初等教育での作文教授については満足を示している。はたして何を以てこう判断するのか、初等教育についての言及はこれしかないのでわからない。

しかし、中等教育以上においては「不備、不完全で、改良すべき点が頗る多い」という。その原因は「教師の大部分は、昔の和学者或は漢学者の採り来つた文章詩歌の添削方針を盲目的に襲踏するに止つて居るので、生徒の文章を、教師の好める所によつて刪正し、其儘之を返却する者が比々皆然りである」からだという[31]。要するに、文体にしても添削の仕方にしても、教師に方針が定まっていないのが大きな問題であって、教師の好みで添削指導しても意味がない、と上田はいい、「思ふに作文といふ科は、読書にて覚えた言語文字と、習字にて覚えた技術とを並びに応用して、其上に生徒各自の個人的思想及び感情を発表さするのを以て目的とする」という点を忘れてはならないと強調し、中等教育以上で比較的こうした目的に近い作文教育を施しているのは、陸軍幼年学校である、と続けていく[32]。

上田は一貫して、「日用書類」を書くための実用的な作文教育を認めていなかったといえる。それは上田の言文一致観を反映したものではあったが、実際には定型からの離脱はそう簡単になされるものではなかった。以下は、この点について日記をもとに考察していきたい。

4　作文教育の延長としての日記

各種法令や規則などで日記教育について定めたものは確認できないのだが、国語科教育では「綴方」に区分される教育課程のなかで、「正確ニ思想ヲ表彰スル」ための訓練の一環として日記が利用されていったと仮定してみたい。

その一例として、一九〇二年の資料をあげる。これは茨城県師範学校附属小学校でおこなわれている諸規定をあつめたものであるが、その第一輯に「児童日記規定」なるものがおさめられている。全文引用する。

第一条　日記ハ主トシテ児童ヲシテ自己ノ意思行為ヲ反省セシメ以テ訓練ノ方便ニ供シ兼ネテ国語科綴リ方ノ練習ニ資センカ為ニ高等小学校ノ児童ヲシテ之ヲ書カシムルモノトス

第二条　日記ハ毎日自宅ニ於テ就眠前ニ児童ヲシテ之ヲ書カシムルモノニシテ其ノ記載要項ハ月日、天気、寒暖、来訪、往訪、金銭出納、起床及就眠時間、又ハ学校、家庭、其ノ

他ノ場所ニ於テ特ニ感想、遭遇セル諸般ノ事件等ニシテ成ルヘク修飾隠蔽セシメサランコトヲ要ス

第三条　学級担任訓導ハ時々日記ヲ検閲シテ児童ノ個性、感想ノ如何、交友ノ模様、家庭ノ状況等ヲ推察シ且ツ之ヲ添削シテ第一条ノ旨趣ニ副ハンコトヲ務ムヘシ[33]

師範学校付属小学校のものなので、これを全国的な事例と考えるわけにはいかないものの、「国語科綴リ方ノ練習ニ資セン」とあるように、この小学校では作文（綴方）教育の一環ないし延長として日記を書かせていたことがわかる。この「児童日記規定」がどういった経緯で作成されたのかわからないが、こうした規定集を編纂したのは「来観者ノ説明ニ資ス」[34]るためだとしており、なんらかのモデルとして参照されていったと考えてよいだろう。また師範学校附属小学校は師範学校生徒の実習の場でもあったので、師範学校を卒業した教師が赴任した学校で日記教育をおこなうようになっていく、という筋を想定することも十分に可能である。ともあれ、書く内容や時間、教員による添削など、いまにつづく日記教育の原点をみる思いがするが、「成ルヘク修飾隠蔽セシメサランコトヲ要ス」という文言をふくめて、軍隊での日記利用と類似している。

短い論考であるが、二〇〇三年の篠崎美生子「日記文範の求める文体」においては、「書き手が大幅に拡大し、しかも出来事の記録が最重視されるという「日記」状況の変化を、一九〇〇年頃に見ておいてよいだろう」としている[35]。そのうえで、学校教育における日記教育は「日記を通じての人間管理」を容易にするもので、それは「生活を時間を追ってありのままに書くばかりでなく、それを

教師に見せるとすれば、生徒は教師の存在を内面化し自己管理を始めるであろう。生徒にとってそうした日記は、逃げ道のない管理システムにほかならない」からだとしている。さらに「ありのままを時系列的に書くという日記文化の身体化」が「断片的思考パターン」をつくったとしている[36]。大きなストーリーとしてはわからないでもないが、身も蓋もない、ともいえる。そこまでふみこまずとも、こうした教育のなかで「生徒たちはいかにも毎日つけたかのように装う技術だけを身につけてしまうだろう。それを小学校から高校ぐらいまで繰り返していると、日記は単なる〝日付のある作文〟でしかなくなってしまう」[37]という紀田順一郎の指摘を、この時代にあてはめるくらいでよいのではなかろうか。こうした「作文的日記」あるいは、「正確ニ思想ヲ表彰スル」ことを装う文章を書くことが、「日記の近代」だったのではないか。

ともあれ、学校教育において日記を書かせることは先の篠崎の指摘どおり、徐々にひろまっていった。

初等教育の教科書において「日記」という単元が登場するのは、一九〇〇年刊行の『高等国語読本』巻一（金港堂）の「日記帳簿」である。「日記を付くることは、甚だ面白きものなり」ではじまるこの単元は「其の他、日々の天気・寒暖・課業の事より、書状の往復等に至るまで、一々留め置く時は、後日に至りて、失念を取返し、間違を正す等の助ともなるなり。〔……〕総べてかよーの事は、幼き時より仕《つかまつる》なるれば、格別苦にもならざれど、年長じて、俄に始むれば、忘れがちの事多くして、終には、中絶するものなり」とあるように、日記のすすめとなっている[38]。そのほか、国定教科書の時代になると、第一期では『尋常小学読本』巻七（一九〇三年）の「小太郎の日記」、第二期では『尋常小学読本』巻六（一九一〇年）の「太郎の日記」、第四期では『小学国語読本』巻五（一九三五年）の「日記」、第五期では『初等科国語』巻一（一九四二年）の「日記」が確認できる。これらは日記の形式で書かれており、ひとつの型を示している。

また、傍証となるが、たとえば明治末年、一九〇九年に刊行された『暑中休暇日記の栞』なるものがある。

今日は、各学校で、其の校の生徒に、日記を記すべき命を下すのが、例になつてゐるが、その受身になつてゐる学生の日記を見ると、最初の二、三日は、真面目に叮寧に記してあるが、漸次日を逐ふに従つて粗略になり、甚しきに至ては、同上々々で手数を省いてゐるものも少くないのである。それ故、茲に日記の栞なるものを著して、其の内容に関する種々の実例を示して、その弊を救はうと企てたのが余の理想である。〔39〕

具体的な内容は、著者の友人・知人の日記を編纂したもので、はたしてこれが「栞」となるのか疑問なしとしないが、それでも刊行できるとふめたのは、学校が休暇中に日記を課すことがひろまっていたことを示すものであろうし、それに挫折する数多くの「三日坊主」がいることをよく知っていたからであろう。著者安田香雨（修太郎）について詳細は不明であるが、一方、次に引用する五十嵐力（一八七四年〜一九四七年）は早稲田大学で教える国文学者であった。五十嵐は日記についても真面目に説く。

文章を活かす第一の道は、よく知つた事実を有りのまゝに書くことである。そして事実を有りのまゝに書く稽古は、其の日〳〵の出来事を記す日記から始めるに如くはない。忠実に日記を書くのは、最も有効なる作文の修行であると共に自ら省みて身を修むる所以であり、事物観察の眼を養ふ所以であり、他日の思出を残す所以である。吾々は日記を以て真面目な作文修行の端緒にしたいと思ふ。[40]

夏休みの宿題の日記を三日であきらめてしまう人のための指南書が出版されていた時代、日記が作文修行だ、などという五十嵐の言を素直にうけいれる層がどれほどあったのかわからない。ものを書くということは、実用的なことでなければならなかった。だから、日記などという実用的ではないものをわざわざ夏休みまで書かされるにはおよばない、「修行」なんてもってのほか、という層も一定程度存在していたはずである。

こうしたところからも、「国民教育装置」の機能の不十分さを思うのである。

5　日記教育の事例——南弘の娘の日記

作文教育の延長として日記が位置づけられ、なおかつ学校の休暇中の宿題として課されるようになった時期の日記を入手した。日記を記したのは一八九八年生まれと思われるが、学校に提出したものなので、「南樛子（みなみつがこ）」という名前もわかっている。教員による誤字訂正や検印もみられる。以下の四冊。

①『日記帳』明治四十三年冬休日記　小六
一九一〇年一二月二五日～一九一一年一月八日

②『明治四十四年七月十一日ヨリ九月十日マデ　夏期休暇中日誌』中学一年
大正二年三月国府津行の記　一九一三年三月二七日のみ。中途断筆
一九一一年七月一一日～九月一〇日

③『明治四十五年七月廿日ヨリ　大正元年九月十日マデ　夏期休暇中日誌』中学二年
一九一二年七月二〇日～九月一〇日

④『大正二年七月廿日より　九月十日まで　夏期休暇中日誌』中学三年
一九一三年七月二〇日～九月一〇日
七月二三日～八月三〇日は家族で博多へ。父とともに。帰路は母と弟と。

これは、④から確定できたのだが、南弘（一八六九年～一九四六）[41]の長女の日記であった[42]。④は福岡県知事（一九一三年六月一日～一九一四年四月一六日）として単身赴任していた南弘が会議で上京した際に、妻子をともない福岡にもどったときのものである。

外形的な点をいえば、①のみ「梅林堂」（文具店）の日記帳であるが、表紙に「日記帳」とあるのみ

である［43］。②～④は罫紙に書いたものを綴じている。月日・曜日・天気・気温（これは②から。ちなみに華氏表示）。

日記をその日のうちに書いていないことが多い。「日記をしたゝめぬ」「日記を清書す」など頻出している。就寝前に下書きをして、翌日清書していた模様。学校の宿題、という意識がみられる。ただ、宿題とは思われないもの（①の「国府津行の記」）は、きわめてあっさりと挫折している。市販の日記帳の余ったページを有効に使おうとしたようではあるが。

また、文体は言文一致体ではなく、定型的な表現も多い。たとえば④での博多行きの汽車からの風景描写は以下のようになっている（東海道線（現・御殿場線）山北あたりからのもの）。

忽ち川あり其の名を知らず瀬浅く流急にして岩石纍々たり水石を打ちて玉と飛び雪と散る左には千仭の絶壁峙ち其上に垣もあやしく破れたる賎が伏屋ありかゝるよき景色の中に住む人々の心は如何に風雅にやあらん妾も一夜なりともかゝる清き所に宿からばやと思ふなり（一九一三年七月二三日）

あるいは、貧相な京都駅をみて、

何時の間に眠りけんふと目ざむ窓掛をおし開き見れば東雲の空未だ明けやらずやさしき星もそこゝにうち閃く汽車は進みて海岸に出でぬ何處の海なりや海にしては波立たゝず之なん近江の

琵琶湖なり昔俵藤太秀里《ママ》の百足退治せし三上山や勢多の唐橋などは何處にありや山の麓水面には朝霧深く立ちこめたり京都に着きしは五時半なりけり先づ驚きしは停車場の狭き事なりき桓武の昔より一千年来の歴史を有する古き都のことなればその町も如何に都雅ならんと期せし事も目のあたりこの祖末《ママ》なる停車場を見てはそゝろに町の様も思ひやられぬあはれ月にあこがれ花にうかれし王朝の面影今何處にかある（一九一三年七月二四日）

などと記している［44］。これは博多到着後の七月二六日にまとめて書いている（「晩食後汽車中の日記など書きて時の移るをも忘る」）ので、こうした表現になりやすかったかとも思われる。

ちなみに、南弘一行が乗車した一九一三年七月の約一年前である一九一二年六月一五日の時刻表改正により、「それまでの急行5・6列車に代えて日本の鉄道史上最初となる、1、2等だけで編成された「特別急行」1・2列車が新橋〜下関間に新設された。列車投入の最大の目的は、下関と朝鮮（現在の韓国）の釜山を結ぶ朝鮮連絡船（関釜航路）と接続して、大陸との連絡を図ることにあった。つまり、欧亜連絡の一翼を担う国際列車という位置づけであった」［45］とされる「一・二列車」（一は下り、二は上り）が登場していた。この「一・二列車」には、三等車はなく、展望車・食堂車・寝台車付（なお東京駅開業は一九一四年一二月）であった。ということで、南弘一行がこの特別急行列車で移動したのかを確認してみる。日記による発着時刻は以下のようになっている。

往路（下り）七月二三日一五時五〇分 新橋発　翌二四日二〇時三〇分下関着

途中駅　京都（五時三〇分）／岡山（一〇時四〇分）／広島（一四時五五分）
（翌二五日下関から門司へ船〔「ランチ」〕。列車で博多）
所要二八時間四〇分

これを当時の時刻表と照らしあわせると、「特別急行」ではなく、「急行」五列車のものとほぼ同じになる。

下り（急行五列車）
新橋（一五時五〇分）／京都（五時二七分）／岡山（一〇時四〇分）／広島（一四時五五分）／
下関（二〇時二四分）[46]

時刻表を手にもっていたかのような、日記の正確さである。メモをとりつつ乗っていたのであろうか。この五列車は三等車のついた急行とはいえ、特別室、食堂車（洋食）、寝台（一、二等）がある[47]ので、特別急行に比べても遜色はないだろう。樛子は、ときに横になってすごしている。また下関到着前に『福岡日日新聞』の記者が乗り込んできて写真をとった、という記述があるので確認をしたところ、同紙一九一三年七月二六日七面に写真と記事が掲載されていた。おかっぱ頭の樛子が写っていた。記事では「綱子」と書かれていたが、これは「つがこ」の「が」が鼻濁音で発音されたために記者が「つなこ」と聞きまちがえたのだろう。

なお、復路（上り）は日記では八月二九日の一九時四〇分に下関発で、翌三〇日の二〇時二〇分に新橋着となっている。これは上り二列車が下関一九時一〇発、新橋翌二〇時二五分着となっているので、帰路はこちらに乗った模様。

もう一点、ちょうど③の時期が明治天皇死去・大正改元にあたっている。樛子は新聞記事に一喜一憂し、平癒を願って二重橋や日枝神社にでかけたりしている。この日記③によれば、内閣書記官長の南弘は、一九一二年七月二八日午後五時に家を出てから三〇日午前三時に帰宅するまで役所につめていた。実際に天皇が死去したのは二九日午後一〇時四三分だったのだが、同日中に践祚しなければならないという登極令の規定上、時間がなかったために翌三〇日午前〇時四三分にしたとされている。かりに〇時四三分死去だとしたら、南弘の午前三時帰宅は早いとはいうこともできるが、新聞報道後も父の帰宅を母に確かめているのは、父の情報を最も確かなものとしていたからかもしれない。大正改元後、明治天皇御製計四五首を清書（『国民新聞』掲載「先帝御製」）し追慕している。翌年の④には、前年の日記を読みかえし、感慨にふけっている。

ともあれ、④は以下の文章で閉じられている。「修行」としての日記という側面をよく示している。

月日は水の如くに流れて樂しき夏休みも早暮れはてぬ顧れば我がなせしこと何事か我れ得し智識幾何ぞ七月廿日に誓ひし事々なしとげしか思へば愧かしき限りなりされど過ぎし事を悔ゆとも如何にせんこれより心を入れ更へ身体を健かにし一心に勉強し父母の御恩の万分の一をも報せん

他人の眼を意識しながら「自由に書け」といわれ、そして「自由に書け」といわれながらも言文一致の文体ではなく、また定型的表現が混じることになる。こうした状況のもとにあるのが、日記という自己表現の用具であった。

6　おわりに

以上は学校教育での話であるが、教育をはなれたところでは、たとえば『ほとゝぎす』で正岡子規が募集した「週間日記」（一九〇〇年一〇月〜）や「一日記事」（一九〇〇年一一月〜）がある。鈴木貞美による興味ぶかい論考〔48〕があるが、ありのままではない作為込みの「写生」の文章が掲載されている〔49〕。注43の歴史学者・山口輝臣が示したように、大正時代には日記帳の出版が盛んになるなど「日記の時代」が到来した。みながみな日記を書いたわけではないだろうが、書こうとする人がふえたのは学校教育の影響もあるだろう。学校教育でふれることがなくても、とりわけ徴兵された男性は、軍隊で「日記」というものを否応なく認識したはずである。「国民教育装置」としては不十分なものだったと思うが、自己表現の手段のひとつとして、意識される存在となっていったのではなかろうか。

以上、作文と日記について、学校教育の側面から断片的にとりあつかった。「書かされる「私」」がそこから登場するようになるのではあるが、どのような形であれ、つまり「書かされる」＝「定型」を意識させられつつも「正確ニ思想ヲ表彰」しなければならない、という形であれ、「私」というものが登場することは確かである。

むろん、「定型」におのずとはまっていく、というのは別に過去の話ではない。たとえば大学生の就職活動に必須の「エントリーシート」の合格するための書き方、といった本があり、そうした「決まり文句」を組み合わせるなかで、「個性的」な自分を演じていくこと（「自己PR」）が求められているわけであるから。

こうした構造から逸脱していくのは、ひとえに各個人の自覚にまつしかない（あるいはそういう逸脱は必要ではないと思う個人も多いだろう）、という陳腐な結論となるわけであるが、それはそもそも教育の役割ではないのかもしれない。

逸脱する可能性があるとすれば、みずからの生涯をふりかえって書く、「自伝」にその可能性をもとめることができるかもしれない。しかし、たとえば『福翁自伝』の「はしがき」（刊行者・石河幹明による）に以下のようにあるところからすると、自己表現の手段としては、日記よりも書き手を選ぶものだったことがわかる。

慶応義塾の社中にては、西洋の学者に往々自から伝記を記すの例あるを以て、兼てより福沢先生自伝の著述を希望して親しく之を勧めたるものありしかども〔……〕［50］

「日記の時代」はすでに登場したにしても、書き手を選ぶ、という点で「自伝の時代」は来ないようにも思われるのである。

注

1 安田敏朗「自伝をめぐって――おぼえがき」『言語社会』三号、二〇〇九年三月。のち、安田敏朗『「多言語社会」という幻想――近代日本言語史再考Ⅳ』（三元社、二〇一一年）におさめる。

2 こうした意識は基本的には変化がないようである。たとえば一九〇五年刊行の石崎篁園編述『祝賀弔祭記事論説国民作文軌範』（博文館）では「伝記文と称するは事実若くは人物を記して、之を後世に伝へて之が不朽を図らんとするものと、或る事実のみを特別に記して之を他人に知らしめんとするものあり、前者は史伝文にして後者は記事文なり」といった定義がなされる（三二七頁）。この文脈での「自伝」は、「伝記文を練習せんと欲せば、他人の伝記を作為するのみならず、自伝仮伝等にて着想、結構、字句の運用等を鍛錬することも亦甚だ宜しとす」（三二八頁）というように、伝記文の練習のために書くものとされている。

3 亀井晴吉編著『筆記自在言語速写法』一八八六年、一丁裏―二丁表。

4 速記と言文一致の問題点について具体的に論じたものに、清水康行「速記は「言語を直写」し得たか――若林玵蔵『速記法要訣』に見る速記符号の表語性」『文学』九巻一号（一九九八年一月）、清水康行「速記と言文一致」、飛田良文編『国語論究第一一集　言文一致運動』（明治書院、二〇〇四年）などがある。

5 芳賀矢一・杉谷代水編（益地憲一校訂）『作文講話及び文範』講談社学術文庫、一九九三年、二五五頁（原著は一九一二年刊行）。

6 高橋修「作文教育のディスクール――〈日常〉の発見と写生文」、小森陽一・紅野謙介・高橋修編『メディア・表象・イデオロギー――明治三十年代の文化研究』小沢書店、一九九七年、二八二頁。

7 たとえば「手近なところでは念入りに日記をつけることが第一である。日記はその日をその日に起こった自分に直接関係のある事柄が主題によって、おのずから文章も真面目になって至極よい。かつ題材は広し、紙面は狭し、おのずから文章を簡潔に書く修行にもなる」（芳賀矢一・杉谷代水編（益地憲一校訂）『作文講話及び文範』講談社学術文庫、一九九三年、三四一頁）とある。

8　高橋修「作文教育のディスクール――〈日常〉の発見と写生文」、小森陽一・紅野謙介・高橋修編『メディア・表象・イデオロギー――明治三十年代の文化研究』小沢書店、一九九七年、二八三頁。
9　一ノ瀬俊也『明治・大正・昭和　軍隊マニュアル――人はなぜ戦場へ行ったのか』光文社新書、二〇〇四年、六頁。
10　同前、九頁。
11　ドナルド・キーン著、金関寿雄訳『百代の過客――日記にみる日本人』講談社学術文庫、二〇一一年、二六頁（初刊は一九八四年、朝日新聞社）。
12　一ノ瀬俊也『近代日本の徴兵制と社会』吉川弘文館、二〇〇四年、第一部。
13　同前、一九頁から再引用。
14　同前、六三頁。
15　西川祐子『日記をつづるということ――国民教育装置とその逸脱』吉川弘文館、二〇〇九年、二九〇頁。
16　同前、二九四―二九五頁。
17　軍隊的価値が日記をつうじてたたきこまれ、軍隊的暴力を正当化していくこととなる。そして退営後はその価値にもとづいて地域秩序の維持にあたっていくことになる（一ノ瀬俊也『近代日本の徴兵制と社会』吉川弘文館、二〇〇四年、、五七頁）。
18　滑川道夫『日本作文綴方教育史一　明治篇』国土社、一九七七年、三〇頁。
19　甲斐雄一郎『国語科の成立』東洋館出版社、二〇〇八年、一四頁。
20　山本正身「日本におけるヘルバルト派教育学の導入と展開」『慶応義塾大学大学院社会学研究科紀要』二五巻、一九八五年。
21　この節は、安田敏朗（呂美親訳）「日本「國語」的近代」、東亞觀念史集刊編審委員會『東亞觀念史集刊』第三期（元照出版公司二〇一二年一二月）の一部と重複するところがある。

22 上田万年『作文教授法』冨山房、一八九五年、五頁。
23 同前、七頁。
24 同前、二四—二五頁。
25 同前、二六、二九頁。
26 上田万年「尋常小学の作文教授につきて」『教員文庫国語論』一八九五年、五、九、一一頁。
27 同前、一三頁。
28 保科孝一『国語問題五十年』三養書房、一九四九年、九頁。
29 上田万年『普通教育の危機』冨山房、一九〇五年、五九—六二頁。
30 同前、六四—六五頁。
31 上田万年「現今の作文教授法に就て」『文章世界』二巻一号、一九〇七年一月、八二頁。
32 同前、八五頁。
33 茨城県師範学校訓導矢口豊・古茂田敬太郎共編『茨城県師範学校附属小学校諸調査要領』川又舎英堂、一九〇二年、一七頁（国立国会図書館デジタルコレクションにて閲覧可）。
34 同前、「凡例」、一頁。
35 篠崎美生子「日記文範の求める文体」『文体論研究』四九号、二〇〇三年三月、一五二頁。
36 同前、一五三、一五四頁。
37 紀田順一郎『日記の虚実』新潮選書、一九八八年、二一四頁。
38 海後宗臣編『日本教科書大系　近代編　第六巻　国語三』講談社、一九六四年、一二五—一二六頁。
39 安田香雨『暑中休暇日記の栞　男女共用』方円閣、一九〇九年、二頁（国立国会図書館デジタルコレクションにて閲覧可）。
40 五十嵐力『高等女子新作文』巻一、大日本図書株式会社、一九一六年、三一頁（国立国会図書館デジタルコレクションにて閲覧可)。

41 南弘は富山出身で東京帝大法科大学卒業後、内務官僚。同郷の南兵吉の養子となり、長女と結婚。一九一一年から一九一二年までの第二次西園寺公望内閣では内閣書記官長(いまでいう内閣官房長官)。のち貴族院議員。一九一八年文部次官、一九三二年台湾総督となるも、すぐに五・一五事件後組閣された斉藤実内閣で逓信大臣(〜一九三四年)。一九三四年国語審議会会長(〜一九四六年)。一九三六年から枢密顧問官だったが、一九四六年二月九日の枢密院の委員会の最中、一酸化炭素中毒で死去。

42 南樛子は、のちに飯沼一省《かずみ》(一八九二年〜一九八二年。福島県出身。内務官僚、埼玉・静岡・広島・神奈川各県知事を歴任(官選)、一九四六年貴族院議員、内務次官。都市計画を推進した人物のひとり)と結婚する。経歴からみて、父南弘の部下であったと思われる。

43 出版物としての日記帳がひろまるのは、大正年間になってからのようである。最古の日記帳は一八七九年用の官制品だったようだが、売れ行きはよくなく、政府は撤退、民間の出版社が刊行するようになる。「大正期に入ると、名立たる出版社が日記帳を売り出した。明治からの大手出版社である春陽堂や金港堂をはじめ、警醒社・実業之日本社・積善館・日本評論社・三省堂・春秋社・第一書房などなど。また三越呉服店やライオン歯磨本舗をはじめ、日記帳を顧客に配ったところも多い。〔……〕日記帳といえば博文館という方も多いのではあるまいか。同社の創業は一八八七年、日記帳へ参入したのが一八九六年。当初は苦戦したようだが、大正に入ると日記帳の世界に確固とした地位を占める」(山口輝臣「プロローグ　大正時代の日記」、山口編『日記に読む近代日本　三　大正』吉川弘文館、二〇一二年、九頁)。

44 こうした文体は、学校教科書に掲載された近世国学者のものの影響があるかもしれない(田中康二氏のご教示による)が、まだ確認はとれていない。

45 原口隆行『時刻表でたどる特急・急行史——明治・大正・昭和を駆けた花形列車たち』JTB、二〇〇一年、三九—四〇頁。

46 同前、三八―四〇頁。ちなみに一列車だと、新橋発八時三〇分、下関着翌九時三八分（所要約二五時間）となり、日記の記述とあわない。

47 同前、四一頁。

48 鈴木貞美「日々の暮らしを庶民が書くこと――『ホト、ギス』募集日記をめぐって」、バーバラ・佐藤編『日常生活の誕生――戦間期日本の文化変容』柏書房、二〇〇七年。

49 「〔九月〕十一日　垣にぶら下つて居た南瓜が何時の間にか垂れ落ちて水引の花へ尻をすゑて居る。我等が祖先のニユートンは如何にエライ者であつたかと云ふ事を考へると隣の車井戸の屋根でアホーと鴉が鳴いた。／十四日　雪隠でプラス、マイナスと云ふ事を考へる。（「窮理日記」牛頓）」（『ほとゝぎす』四巻一号、一九〇〇年一〇月三〇日）。掲載されることを計算したとしか思えない「写生文」である。

50 『福翁自伝』のテキストは種々あるが、時事新報社が一八九九年六月に刊行した初版の復刻版（東出版社、一九八〇年）を参考にした。「はしがき」、一頁。

第三章　虐殺とことば

——関東大震災時朝鮮人虐殺と「一五円五〇銭」をめぐって

I　はじめに

—I-I—　流言と「ごく普通」の人びと

加藤直樹『九月、東京の路上で——1923年関東大震災ジェノサイドの残響』（ころから、二〇一四年）という本がある。表題が示唆するように、関東大震災時の朝鮮人虐殺について、各種資料を再構成し、独自の取材をふまえて重層的に執筆されたものである。参考文献やブックガイドも充実しており、読みやすい文体とあいまってこの問題に関する良質な基本図書になっている。姜徳相『関東大震災』（中公新書、一九七五年）が、新版（青丘文化社、二〇〇三年）もふくめて品切れ状態であるので、なおさらである。

それ以上にこの本を印象ぶかいものにしているのは、その「まえがき」で、「在日特権を許さない市民の会」などが二〇一三年に東京の新大久保でくりかえしていたヘイト・スピーチ［1］のなかに「ぶち殺せ」という声を著者が聞き、「不逞朝鮮人」（おそらく「不逞鮮人」もあったのではないか）というプラカードをみて、九〇年前の九月の東京の路上でのそれの「残響」を感じとった――つまり、この「九月」は一九二三年のことだけではない――というくだりである。レイシストたちのえげつなく醜悪な行動として切りすてることのできない「残響」。

戦慄が走る。レイシストたちの行動が九〇年前の「ごく普通」の日本人がおこなった行為とどこかでつながっているとすれば、ヘイト・スピーチに嫌悪感をおぼえる自分自身も、なぜ「ごく普通」の日本人が蛮行に走ったのかが理解できなければ、九〇年前の「ごく普通」の日本人を媒介としてレイシストたちにつながりかねない、という戦慄である。

「在日特権を許さない市民の会」で活動をおこなっている人びとが「ごく普通」であることを示したのは安田浩一『ネットと愛国――在特会の「闇」を追いかけて』（講談社、二〇一二年）であったが、「ごく普通」ということの厄介さもふくめて、この社会全体のもつ問題としてとらえなくてはならない。

「ごく普通」の人びとが、インターネットというメディアのなかにこそ新聞やテレビで報じない「真実」があると信じ、まったくもって根拠のないデタラメ（つまりは、デマである）を「真実」と思いこんで、「ぶち殺せ」と叫ぶことは、関東大震災後の朝鮮人が井戸に毒を入れた、放火をした、などという流言（デマ）を「真実」と思いこんで実際に「ぶち殺」したことと相似している、という認識をもたねばならない。大震災後の社会不安と情報途絶の状態と、情報過多のインターネット環境とを単純に比較はできないにしても、である。あるいは、情報過多は結局のところ情報途絶と同質ともいえるのではないか。

―I－2― 警視庁『大正大震火災誌』

ではなぜ、関東大震災時にこうした事態にたちいたってしまったのだろうか。一九二五年に警視庁が本部や所轄署などの記録を編纂した『大正大震火災誌』では、「治安維持」の章のなかで「流言ノ発生及ヒ其原因」を設けて分析をおこなっている（以下、「鮮人」「鮮」など差別的表現が登場するが、歴史的資料であることをかんがみ、そのまま引用する）。まず「流言蜚語ノ初メテ管内ニ流布セラレシハ、九月一日午後一時頃ノナリシモノヽ如ク」とあり、地震発生から一時間余りで「富士山ニ大爆発アリテ今尚大噴火中ナリ」などの流言があったという。以下時系列に流言が記録されていくのだが、朝鮮人が登場するのは早く、一日午後三時ごろの「社会主義者及ビ鮮人ノ放火多シ」というもので、翌日以降「爆弾ノ投擲」（二日午前一〇時ごろ）、「横浜ノ大火ハ、概ネ鮮人ノ放火ニ原因セリ」（二日午後二時五分ごろ）、「毒薬ヲ投入」（三日午後五時三〇分）などなど、三日午後九時ごろまでの流言が記録されている[2]。そして、こうした流言の大半が「鮮人暴行ノ件ニ係ル」点について、同書では「遠因」「近因」にわけて分析をしていく。

「遠因」に関しては、韓国併合に対する不満をもつ朝鮮人への警戒心が日本人側にあったことを指摘する。一九一九年の三・一独立運動が「騒擾」として報じられた記憶もあたらしかった当時、「一部不逞鮮人ニ対シテ自ラ戒心ノ情ナキコト能ハズ、此時ニ際シテ、九月一日ノ震火災起ル、コレ実ニ陰謀野心ノ徒ノ乗ジ得ベキ好機会ナレバ、予テヨリ鮮人暴動ノ杞憂ヲ抱ケル民衆ガ、直覚的ニ其ノ実現ヲ恐レタルモ亦謂ナキニ非ズ」というのである[3]。

「近因」に関しては、東京・横浜の朝鮮人は震災後に「窮境ニ陥リ」、とくに横浜の朝鮮人は「東京ニ出デ丶活路ヲ求メントシ」て移動したものの、物資の購入も容易ではなく助けを求めようにも「言語通ゼズ」、「或ハ盗ミ、或ハ掠奪スルモノ亦ナキニアラズ」としている。しかし、事情を考えれば「真ニ同情ニ値シ」、盗むといっても「実ハ軽微ノ犯罪ノミ」で、平時であればなんらの影響もなかったものだ、と留保をつける。それでも、震災後に「人心頓ニ不安ニ陥」ったところに「遠因」としての「鮮人暴動ノ杞憂」が重なり、「疑心ハ自ラ暗鬼ヲ生ジテ、事物ノ観察正平ヲ失シ、茲ニ始メテ鮮人暴動ノ流言ヲ生ジタルモノニ似タリ」と説明する。そしてさらに朝鮮人側は日本人からの迫害をおそれて集団で逃げることもあったのだが、それが「鮮人ノ来襲」であると流言に拍車をかけ、かれらがやむをえず抵抗をすると「暴動」だとされて「流言ノ一部ハ事実ヲ醸成シテ益々民衆ヲ興奮セシムルニ至レリ」とつづけていく[4]。

まず簡単なことから確認しておきたいのだが、警視庁でさえ、一貫して「流言」という用語をもちい、「朝鮮人暴動」はなかったとしている点である。もうひとつ指摘しておきたいのは、流言が生じた原因を結局は朝鮮人側におしつけている書き方——日本人側が動揺するには応分の理由があるのだ——をしている点である。たとえば「遠因」の分析のなかで韓国併合以来「朝鮮民族ト、大和民族トノ同化作用行ハレ、以テ今日ニ及ビタルモ、鮮人中往々ニシテ誤解ヲ抱キ、併合ヲ快トセザルモノアリ」、日本人側も伊藤博文の暗殺や「朝鮮内ニ於ケル頻々タル破壊運動〔三・一独立運動などを指す〕」、並ニ爆弾事件〔一九一九年九月に朝鮮総督として赴任した斎藤実を爆殺しようとした姜宇奎による事件〕等ハ言フモ更ナリ、内地ニ在リテモ東京駅ニ於ケル閔元植ノ横死〔親日派の閔の暗殺〕、府下大久保ニ於ケル李判能ノ邦人惨殺〔一九二一年の連続殺人事件〕等」が記憶にあたらしく、「一部不逞鮮人ニ対シテ自ラ戒心ノ情ナキコト能ハズ」という状況にあった、などとしている[5]。さらに、流言を信じていったのは「民衆」であるとしており、官憲側はこれに関しては傍観者としてふるまっている点も指摘しておきたい。しかし、日本人の社会主義者たちと連帯していく朝鮮人に危機感を募らせた官憲側が意図的に流した、あるいは流言を利用して弾圧を正当化した、ということはすでにあきらかになっている[6]。

そしてなによりも重要なことは、流言の発生の原因を分析してはいても、それがなぜ虐殺——ちなみに『大正大震火災誌』には「虐殺」ということばは登場しないし、自警団[7]が「暴行ヲ加ヘ多数ノ負傷者ヲ出スノ惨事」[8]という表現でしかない——につながっていったのかについては沈黙したままであり、警察が流言を鎮静化し、朝鮮人を「保護」したことを強調している点である。流言によって多くの朝鮮人が日本人自警団ばかりでなく軍隊、官憲などに虐殺されたことは周知の事実であり[9]、警視庁のこの書き方は自らの責任を隠蔽したものである。

さらにもうひとつ指摘しておきたいのは、流言に安易に乗せられていくほど、一般の日本人にとって朝鮮人とは姿の見えないものであった点である。『大正大震火災誌』が記すように、「鮮人暴動」などまったくの「杞憂」であったはずなのに。自警団から朝鮮人を守った日本人が日頃かれらとつきあいがあった場合が多かったということがこのことを逆に裏付けている[10]。目の前にいる朝鮮人が、流言でいわれるような行為をおこなったという証拠はどこにもないのに、「不逞鮮人」としてくくられて殺害される無法地帯が出現していた。そこには想像力のかけらもなく、外部・内部からかきたてられた根拠のない憎悪しかない。

―I-3― ことばで区別すること

つきあいがあった場合はともかく、そうでない場合は、朝鮮人かどうかを確実に見分けることはなかなかむずかしい。『大正大震火災誌』においても、「東京市内ハ避難者其他ノ来往雑閙ヲ極メ、形勢既ニ常ナラザルニ加ヘ、内地人ト鮮人トノ区別困難ナリシガ為ニ、言語不明瞭ナル者アラバ、認メテ以テ鮮人トナシ、集団ヲ成セル避難民ヲ見テハ不逞者ノ団体ナリト速断シ、鮮人労働者ガ其ノ雇主ニ引率セラレテ作業場ニ赴ケルヲ望ミテハ、鮮人団体ノ来襲ナリト誤認セルガ如シ」[11]と記されている。ことばが日本語らしくなかったら朝鮮人、集団でいたら朝鮮人、引率されて朝鮮人が歩いていたら朝鮮人の襲撃などと「誤認」していたということである。いくら混乱していたとはいえ、たまったものではない。

関東大震災時の朝鮮人虐殺に関しては数多くの先行研究があるが、本章ではこの、ことばが日本語らしくなかったら朝鮮人だ、というところに焦点をあててみたい。

関東大震災のちょうど一〇年前、一九一三年一〇月二八日に内務省秘第一五四二号として内務省警保局長から庁府県長官（各警察のトップ）に宛てた通牒「朝鮮人識別ニ関スル件」というものがある。そこでは、近時断髪和洋装ノ鮮人増加ニ伴ヒ形貌漸次内地人ニ酷似シ来リ殆ンド其甄別《けんべつ》〔見分けること〕ニ苦ムモノ有之ニ至リ候処、今回其筋ヨリ別紙写ノ通識別資料送付越シ候条御参考迄

と、服装や髪型だけでは朝鮮人と識別できないので、「其筋」から識別資料を送ってもらったから参考にせよ、としたうえで、「骨格及相貌上／言語上／礼式及飲食上／風俗上／習慣上」の識別資料を添付している。それぞれ、八条、五条、一五条、一一条、七条からなるが、服装などで識別できなくても、それ以外のところから十分見分けられる、という官憲側の視線がありありとわかる資料である。本章と関係するのは「言語上」の部分であるが、引用する。

一、発音ニ抑揚頓挫アリ流暢ナリ
一、中流以下ハ音声高調ナリ
一、発音ニ濁音（ガギグゲゴ）ハ最モ困難トス
一、発音ノ際ラ行「ラリルレロ」ハ判明セズ、例ヘバ「ラ」はナ「リ」はイ「ル」はルトヅノ混合音ノ如ク「ト《ママ》」ハネニ近ク「ロ」ハノニ発音ス、蓋シ鮮音「羅」ハナ李ハイナルト以テナラン乎
一、口論其ノ他高声ヲ発スルトキハ唾沫ヲ飛スコトアリ〔12〕

最後のものなど、激高すれば日本人だってツバを飛ばすではないかと思うのだが、偏見ないまぜの

ものとなっている。

現実問題として、この当時日本内地にきていた朝鮮人の大半は日本語がそう自由に話せたわけではない。したがって、日本語を話しかけて通じなければ朝鮮人だ、というのは比較的確度は高いのだが、中国人も労働者としているし、日本語が流暢な朝鮮人もいるし、自警団のつかう東京ことばに慣れていない日本人の地方出身者もいる。実際に、九月六日に、香川県からの行商人一五人が、千葉県において、朝鮮人だとされてうち九人（妊婦もいたので、胎児をふくめれば一〇人）が殺害された「福田・田中村事件」がある。一行が香取神社付近で休息していたところ、身なりが怪しいとのことで自警団に訊問されるが、讃岐のことばが耳慣れなかったのだろう、さらには郷里への土産にと買っていたクジャクの羽根の扇子が珍しく、「やはり朝鮮人だ」とされたのだという[13]。

だからこそ識別法が必要であった。確実に識別ができ、しかも効率のよいものが。その際に先の内務省通牒「朝鮮人識別ニ関スル件」が直接的に利用されたのかは判然としない。しかしながら、警察組織の末端まで浸透していなかったともいいきれないだろう。

歴史学者の姜徳相は、「朝鮮人識別法」という用語を以下のように説明する。つまり、「代表的なものが「十五円五十銭」と発音させる方法で、これ以外にも、「ザジズゼゾ」「ガギグゲゴ」「座布団」あるいは、「いろはカルタ」「歴代天皇の名前」「教育勅語」の暗誦、「君が代」を歌わせるといったものがあった。ただ絶対確実な方法ではもちろんなく、誤って日本人や中国人も殺害されたという」としている[14]。

ここでは、とくに「一五円五〇銭」[15]ということばに注目する。先の内務省通牒には登場しない識別法であるが、上記の「福田・田中村事件」においても、一九八三年に生存者（事件当時一四歳）への聞き取りをおこなった石井雍大によれば、自警団から「君が代を歌え」「教育勅語」「『一五円五〇銭』をいってみろ」といわれたという［16］。ここにあらわれる「君が代」「教育勅語」は確実さと効率の面で「一五円五〇銭」より劣る。なぜなら、就学率の問題や、たとえ学校教育を受けていても正確に記憶しているか確実ではなく、歌わせたり唱えさせたりするのに時間がかかり、火急の用には不向きだからである。たとえば、演出家で俳優の千田是也（一九〇四年～一九九四年）の芸名の由来が関東大震災時、九月二日の夜に千駄ヶ谷で朝鮮人にまちがえられて殺されそうになったところにあるのは有名な話であるが、早稲田の学生証をみせても自警団には信じてもらえず、「『アイウエオ』を云ってみろだの、『教育勅語』を暗誦しろだのと云う。まあ、この二つはどうやら及第したが歴代の天皇の名前を云えと云うにはよわった。どうせこの連中だってよく知ってはいまいと度胸を据えて、できるだけゆっくりと」唱え、もう思い出せなくなったときに自警団のなかの知りあいに気づいてもらい助かった［17］というように、時間を要するものであり、こうした識別法があまり効率的ではないことがわかる。また本章第三節でくわしくふれることになるプロレタリア詩人・壺井繁治（一八九七年～一九七五年）も、自身の体験を述べるなかで「勅語を読ませて、満足に読めなかつたがために××人だと云つて殺された日本の労働者もあつた」と指摘している［18］。

そもそも「君が代」とか「教育勅語」は流言をきいてから思いつくような識別法である。一方「一五円五〇銭」は、たとえば前出の姜は、とある講演において、「官憲たち」が「自警団の魚屋、八百屋のおっちゃんたち」に教えたのだ、と先の内務省通牒をひきあいにだして述べている［19］。しかし、先に確認したように、この通牒に直接この識別法が記されているわけではない。のちにみるように、内務省通牒から派生したものとも考えてよいが、起源はひとつではなく、流言以前に朝鮮人との接触のなかからおのずと生じていた識別法が洗練されたもののように思われる。

「一五円五〇銭」は、壺井繁治が数年後に流通の限られた雑誌に記録したほかは、数十年後の証言に残されているばかりである。しかしながら、敗戦後に朝鮮人虐殺問題について精力的に資料を収集し論考を発表してきた姜徳相が、この識別法について記述している。たとえば、『在日コリアン辞典』（明石書店、二〇一〇年）には姜の筆によって「15円50銭」が立項されている。この項目は、壺井繁治の詩「十五円五十銭」（一九四八年）の紹介からはじまるが、このことばそのものよりも、関東大震災時の朝鮮人虐殺（姜は「民族ジェノサイドを伴う植民地戦争の一角を占める事件」[20]とする）の背景の説明が中心となっており、次節以降の証言にみるこのことばのひろがりのもつ意味などへの言及はない。それで十分といえば十分なのであるが、もうすこし立ちどまって考えたい。

この「一五円五〇銭」という識別法がどのようにして確立したのかは明らかにできないものの、語頭に有声音（濁音）がこないという朝鮮語の特徴をとらえたものであることは確かである。この識別法は朝鮮人をめぐる流言[21]とセットになって広まった（後述するが壺井繁治は組織的に広めたと疑っていた）と考えられ、現在でも存外広く認識されていると思われるのだが、「一五円五〇銭」のさまざまな伝えられ方をみていき、さらに冒頭のヘイト・スピーチをめぐる状況へたちかえることにしたい。断片化された異言語あるいは他者のイメージばかりが一人歩きし、現実のことがらを直視しようとしない心性が知らぬ間に強化されている状況がうかびあがってくるのではないだろうか。

2　証言のなかの「一五円五〇銭」

2-1　手記などのなかから

まずは、朝鮮人虐殺に関する新聞記事や証言、手記などが記載されている、本章の初出誌への執筆に際し主に参照した資料集をあげる[22]。

①姜徳相・琴秉洞編『現代史資料（6）関東大震災と朝鮮人』みすず書房、一九六三年
②李珍珪編『関東大震災における朝鮮人虐殺の真相と実態』朝鮮大学校、一九六三年
③関東大震災時に虐殺された朝鮮人の遺骨を発掘し追悼する会発行『関東大震災時　朝鮮人虐殺事件　東京フィールドワーク資料』二〇一一年一一月
④関東大震災時に虐殺された朝鮮人の遺骨を発掘し追悼する会発行『関東大震災時　朝鮮人虐殺事件　東京フィールドワーク資料（下町以外編）』二〇一二年一月
⑤関東大震災時に虐殺された朝鮮人の遺骨を発掘し追悼する会発行『関東大震災時　朝鮮人関連「流言蜚語」・東京証言集』二〇一二年六月

引用に際しては①～⑤および原資料名を記し、原資料にあたれた場合には書誌情報を追加した。①、②は日本内外を問わず、新聞雑誌手記などに記された朝鮮人虐殺に関する記述や公文書などを丹念に収集したもので、③～⑤は、数多く出された関東大震災に関する手記や証言などのなかから、朝鮮人

虐殺に関する部分を抜粋して発生した地域ごとにまとめて配列した労作である（①、②所収の資料を収めてもいる。識別法に関して②、③に記載はない）が、入手が困難なものでもあり、国会図書館で閲覧をした。

初出誌が刊行されたのは二〇一五年三月であったが、その後、③〜⑤は大幅に増補されて、西村雅夫『関東大震災朝鮮人虐殺の記録――東京地区別1100の証言』（現代書館、二〇一六年）という広く流通する形でまとめられた。やや煩雑ではあるが、参照の便宜のため、〔⑥頁数〕として追記しておくことにする。

まず、当時残された資料のなかで、朝鮮人をそのことばによって識別しているという記述があらわれるのが、札幌で発行されていた『北海タイムス』の九月八日の記事である。東京で勉学中に被災して北海道に戻ってきたある学生の証言として、埼玉県の川口まで歩いてそこから北に向かう列車に乗ろうとしたところ、「此時は最う不逞鮮人に対する警戒が厳重で何か物を喋舌らし其発音に依つて一々鮮人か否かを判断するので却々時間を費し漸く邦人たる事が証されて乗車票を貰ひました」というものである（①一七七頁）。東北本線・高崎線・信越本線は、埼玉県の川口町駅以北は無事だったので九月二日から大宮駅（川口町駅より北）を始発終着として列車を運行させている。九月五日からは、東北本線への列車は、より南の田端駅を始発、高崎線・信越本線への列車は、さらに南の日暮里駅始発としているので［23］、この学生は四日までに川口町駅から列車に乗り（三日に鉄道大臣が被災者の無賃輸送を決定している［24］）、大宮で乗り換えて（あるいは直通で）北に向かったと考えられる。ともあれ、なにかを話させて識別していたという記録として、早いもののひとつになる。

ただ、具体的になにを話させていたのかは明記されていない。また注意したいのは、朝鮮人と思われる人ではなく、全員になにかを話させていた点であり、時間がかかっていた点である。より確実で効率のよい識別法が必要とされる背景でもある。

先にもふれたように、学校関係の知識、たとえば五十音を唱えさせる識別法は比較的思いつきやすかったもののようである。

ある証言によれば、九月一日午後六時ごろ、亀戸の天神様の境内に入ろうとすると、「「アイウエオ」と言ってみろと言われ、私は何が何だか判らないが言われるままに、「アイウエオ、カキクケコ」とアカサタナと答えると、「ヨシ通れ」と」いわれた（③一六頁〔⑥一〇六―一〇七頁〕）。『関東大震災の追憶』（一九七三年）とあり、また、のちに著名な万葉学者となる犬養孝（一九〇七年～一九九八年）の体験談として、九月二日の晩も台東区の護国院境内（上野公園内）で寝泊まりすることとなり、「朝鮮人かどうか識別するため、アウ《ママ》ウエオ……と五十音を言わせるのが一番良いということになり、上野の山に逃げて来る人々を自警団が訊問していった。このため身動きできないほどの大混雑となった」（③五五頁〔⑥二八六―二八七頁〕）[25]というものがある。識別法が泥縄式に考えられていたことを示すものではあるが、ここでも示されているように「身動きできないほどの大混雑」となって時間がかかるし、学校教育を受けているか否かの識別にはなるものの、語頭に有声音がこないという朝鮮語の特徴をとりだすことはできない。ガ行やバ行をいわせたという証言もみられるが、識別法として決定的ではない[26]。

しかし、「一五円五〇銭」はまた趣がことなってくる。各種証言をみていくと、「一五円五〇銭」という識別法を九月二日の昼ごろにきいたことがある、というものが時間としてはもっとも早い（④三一頁〔⑥一七二頁〕）。落合茂という当時一五歳だった人物の手記だが、それによれば九月二日の、

朝になって、富士が噴火して宝永山がなくなったとか、江の島が陥没したという噂が流れ、不安を倍加した。

〝鮮人が井戸へ毒を投げこんでいる〟〝昨日からの火事は鮮人の放火だ〟といった風説を耳にしたのは二日の昼ごろだった。町にはこん棒を持った在郷軍人服の自警団が巡回していた。通行人でも朝鮮人くさいとみると〝十五円五十銭〟といわせ、ガ行、バ行の発音がおかしければ、朝鮮人と見なされてリンチされるという。〔27〕

これは一九七五年に刊行された手記の一部である。落合は築土八幡にあるおじの家に寄宿していたというので、新宿区での見聞になるのだが、この書き方だと「一五円五〇銭」などの識別法は伝聞のようにもとれる。

別の資料によると、おなじく二日の夜一二時すぎ、日比谷公園に避難していた野木松治という人物は、人混みから逃れようと御成門の方へ歩きだす。

ところが公園から2百メートル程も歩いた四つ角の所へ来たときです。物陰からいきなり3人

の鉢巻[28]をして、竹槍を持った男達が現れて、「山。」といって私の両脇へその竹槍を突き付けました。私は驚いて、何と言ってよいのか、ただふるえていると、1人の男が私に向かって、「お前は日本人か、朝鮮人か。」と強い句調《ママ》で言いました。「日本人です。」私は恐しさに声がふるえてうまくしゃべれませんでした。「本当にお前は日本人か！」「十円五十銭と言ってみろ！」男達は私を取り囲み詰問してきました。脇腹にはピタリの竹槍です。「十円五十銭。日本人です。私は日本人です。」（④一九―二〇頁〔⑥三二五頁〕。野木松治『体験』一九七五年、私家版）

「一五円五〇銭」と「一〇円五〇銭」[29]という微妙なちがいはあるが、震災翌日にはすでにこうした識別法がある程度広まっていたと考えることもできる。このふたつの資料はともに一九七五年のものであるが、震災から半世紀が経過し、実体験者の記録がひとつのピークを迎えていたことがうかがえる。

また、日時の特定はできないが、墨田区立木下川《きねがわ》小学校の作文集に以下の記載がある。

〔……〕あやしい人を見つけたら「拾五円五拾銭」と言わせるのです。朝鮮人は「チュウコエンコチュッセン」としゃべるからわかるのです。最初につかまった人は小説家で文章を書くのはうまいのですが、しゃべり方は方言（なまり）があって、それにつかまったおどろきでよくしゃべれません。私たちは急いでつかまえられた場所（土手）に行って「この人はちがいます」といって助けてもらいました。（⑤三九頁〔⑥二五六頁〕。墨田区木下川小学校四年一組

『関東大しんさい作文集』添付資料No.3、一九八三年九月三〇日）

なぜ「一五円五〇銭」といわせるのか、その理由までしっかりと書いてある。そしてまたこれが「完璧な」識別法でもないことも。発音できないことにはさまざまな理由があるのだが、そうしたことは考慮の外にあった。

この木下川小学校をふくむ地域で一九八〇年代以降証言があつめられていったのだが、それによれば、九月二日あたりから朝鮮人虐殺がはじまったという[30]。そのときの光景であるとすれば、流言蜚語に即応する形でこの識別法が考案されたとは考えにくい。墨田区や荒川をはさんだ対岸の葛飾区などには家内工場などの中小の町工場が多く、比較的多くの朝鮮人を雇用していたという[31]。

―2-2―「一五円五〇銭」の起源

当時の日本の朝鮮人人口について各種統計はあるものの、確定することはむずかしい。一九二三年の道府県別朝鮮人人口推計によれば、東京府は八五六七人、神奈川県は三六四五人となっている。大阪府が三万三六二六人で最も多く、福岡県が一万五六四五人、山口県が七二四八人などで、この年の総計は一三万六五五七人と推計されている[32]。

朝鮮人が集住している場所であれば、日本人との接触の機会も高くなる。そのなかで朝鮮人の発音のある特徴が記憶されていったことは十分に考えられる。

ひとつ鍵になる証言がある。

五日ごろになると余震も遠のき朝鮮人騒ぎもそれほどでないと伝わった。また、横浜方面からの避難者から保土ヶ谷あたりの自警団の検問方法を聞いたのも父と伯父を勇気づけたようであった。それによると、自警団の検問所の前に来ると「止まれっ！」と一喝され、まず行き先を聞かれた。そして一から一〇まで数を読まされるのである。なぜ数を読ませるのかと聞くと、朝鮮人は五と一〇の濁音が出ないのでわかるということであった。（④九三頁〔⑥四四七頁〕。町田市原町田、前田敏一の証言[33]）

これは、当時の東京府町田町方面に避難してきた人から識別法をきいて安心したという伝聞であるが、数字の発音で識別するという、実践的で現実的なものが震災以前にすでに存在していたことをうかがわせる。保土ヶ谷町（一九二七年に横浜市に編入され保土ヶ谷区）とは、横浜の海岸沿いで被災した「多くの避難者は保土ヶ谷、神奈川方面に至るもの多く、為に仝《どう》町方面亦鮮人の居住多きと流言の熾んに行はれたるに依り、一層の混乱と恐怖に基く種々なる事象を現出するに至れり」と神奈川県警察部のまとめた資料に記載された場所であった[34]。同資料によれば、保土ヶ谷は「鉄道工事及富士紡績工其他土工を合し、鮮人労働者二百名の居住を見たりし」という場でもある[35]。先の警視庁『大正大震火災誌』では朝鮮人暴動などの流言は「九月二日午後二時前後ニ於テ、横浜方面ヨリ上京セル避難者ニ依リレ唱導セラレ」たとされている[36]。低賃金での劣悪な労働環境にさらされつつも日本で生活していくために数字を覚えるのは自然の流れであろう。そこに朝鮮語発音の特徴があらわれ、ある程度朝鮮人と接触する人たちに、「一から一〇までの数字を読ませる」ことが語頭の濁らない五と一〇を引きだすための手法として存在していたのではないだろうか[37]。

この「接触」は、日本人との間にある賃金差別、習慣、言語のちがいなどから、労働現場において「ケンカ」という形であらわれることも多かった。神奈川県下における新聞記事となった日本人労働者との「ケンカ」の事例が樋口雄一の論文に紹介されている[38]。樋口の指摘によれば、「日清、日露戦争を朝鮮の地で戦った自警団の有力メンバー」[39]として在郷軍人がいたというが、戦地での体験が識別法に反映された可能性も十分にある[40]。ちなみに、当時の朝鮮語の学習書には「朝鮮ニハ濁音ナシ否無キニ非ラス唯初メニ則チ言ヒ出シニ濁音ナキナリ」というような記述はある[41]が、こうしたところから知識をえた者は限られるだろう。

ともあれ、保土ヶ谷の自警団が一から一〇までいわせることを識別法にもちいていても不思議ではない。町田の住民がその識別法を知って大いに安心したというのも、周囲に朝鮮人がいなかったことを示すものでもあろうし、流言と識別法が避難民の移動とともに拡大していったとも推測できる。

しかし、そのたびに一から一〇までいわせるのも効率的ではない。そこで、この五と一〇を組みあわせたのが、いうまでもなく「一五円五〇銭」であり、「一〇円五〇銭」、「一五円五五銭」[42]や「一円五〇銭」[43]というバリエーションを生むことになる。値段の表現になっている点も、教育勅語や五十音などといった学校教育と結びつきの強い識別法よりも日常生活に即したものといえる。

3　壺井繁治「十五円五十銭」をめぐって

ここまで紹介してきたものは、『北海タイムス』以外は関東大震災からかなり時間が経過したあとの証言である。

―3-1― 壺井繁治の関東大震災

証言の正確さについて疑いだせばきりがないのだが、ここでは比較的時間がたたないうちに記録された「一五円五〇銭」について記しておきたい。とはいえ、五年後のことである。

記録したのは、先にもふれた香川県小豆島出身のプロレタリア詩人・壺井繁治（妻は同郷の児童文学作家・壺井栄、一八九九年〜一九六七年）。

壺井はこのことばに関して、以下の文章で言及をしている。

「十五円五十銭」『戦旗』一巻五号、一九二八年九月
「震災の思ひ出」『民主朝鮮』二巻七号、一九四七年一月
「十五円五十銭」『新日本文学』二巻四号、一九四八年四月
『激流の魚――壺井繁治自伝』光和堂、一九六六年（立風書房、一九七五年）

前節で参照した資料②に、一九四八年のもの（詩である）が掲載されているが〔44〕、まずはもっとも早い『戦旗』のものをみていくことにする。

東京で被災した壺井は、九月四日に郷里で隣同士だった友人とふたりで牛込弁天町から音羽に向かって歩いていたのだが、二日に東京およびその周辺に布かれた戒厳令にもとづき警戒にあたっていた兵士に「待て！　貴様、××人だらう？」とよびとめられる。ロシアの民族衣装のルパシカを着用していたため目立ったからかもしれないが、友人の説明により事なきをえた。ここでことばの問題は登場しない。引用の伏字「××」はいうまでもなく、「朝鮮」である[45]。ちなみに、一九四七年の「震災の思ひ出」では、呼びとめられたのは、四日ではなく二日のこととされている。「一介の文学青年」であった壺井は上野公園近く（旧下谷区谷中真島町）に下宿しており、牛込弁天町の友人の下宿から江戸川に向けて歩いていた。誰何されたのが「音羽町に通ずる橋の少し手前の屯所」であった。そこで兵隊に「貴様！朝鮮人だらう。」と詰め寄られる[46]。さらに、自伝では三日のことになっている[47]。

それはともかく、壺井は郷里の小豆島に向かうために五日に田端駅から汽車に乗る。

壺井が九月五日に東京を出発したことは、上記の「十五円五十銭」、「震災の思ひ出」、『激流の魚』ともに一致している。先に示したように、九月五日からは高崎線・信越本線への列車は日暮里駅始発、東北本線への列車は田端駅が始発となったが、すでに二日から、ともに大宮駅を始発とし、大宮〜日暮里間でピストン輸送をしていた[48]。四日は東北本線、高崎線、信越本線が「日暮里より途中赤羽、川口間乗次の上直通」という状況であった[49]。高崎線に乗らねばならない壺井が日暮里駅発の列車に途中の田端駅から乗車したとは考えにくいし、壺井の回想ではすべて田端駅となっており、おりかえし乗車のために川口方面から満員となったまま出発するので田端駅からほとんど乗車することができなかった、と記している〔50〕。そこで、内田宗治『関東大震災と鉄道』（新潮社、二〇一二年）が依拠した鉄道省『国有鉄道震災誌』（一九二七年）をみると、九月五日は「下り方面行の旅客が多かつた為非常に混雑を来したので、旅客の便を図り日暮里駅を高崎方面行、田端駅を東北方面の列車発着駅とし、日暮里大宮間七往復、田端大宮間九往復の旅客列車を運転することにした」とあるので、壺井は田端から乗車し大宮で乗り換えたということになるのだろうか〔51〕。ただし、乗り換えについて壺井は記していないので検討が必要である。

さて壺井は、東京発の東海道線は当然不通なので、ひどい混雑――「あんなに混雑した汽車に乗つたのは生れて始めてだつた」と「十五円五十銭」ははじまる――のなか高崎線、信越本線に乗り、長野県篠ノ井駅で降ろされて一泊する。その間、信越本線の磯部駅（群馬県）で列車の底に隠れていた朝鮮人三人が土地の青年団にみつかり捕えられるという事件も目撃している（その後の生死は不明だが、絶望的である）。朝鮮人同様、社会主義者やアナキストも虐殺されていたことは大杉栄、伊藤野枝たちの殺害や亀戸事件などであきらかであるが、社会主義者は長髪だというイメージもあってか、長髪でありなおかつ社会主義的な思想にひかれていた壺井は気が気ではなかった。翌六日、篠ノ井線で塩尻経由、中央線で名古屋に向かうのだが、篠ノ井線のとある駅に着くと、「例の如く剣突き鉄砲の兵士が、窓から首を突込で車内を調べ始めた」。そして、

「おい、貴様、ジユウゴエンゴヂツセンと云つて見ろ！」

兵士は突然私の側にゐる色の黒い印袢纏の労働者を指して鋭く怒鳴つた。

彼はこの突然の奇異な訊問の意味が解らないと見えて、ドキマギしてゐた。が、暫くして、はつきりと、

「ジユウゴエンゴヂツセン」と答へた。

「よし！」と兵士は案外にあつさりと切り上げて立ち去つた。

ジユウゴエンゴヂツセン。十五円五十銭。

兵士の立ち去つた後で、私は口の中で二三度繰返して見たがその訊問の真意がどうしても了解出来なかつた。訊問された労働者もその訊問の意味がまだ了解出来ないと見え、頻りに一人で首をひねつてゐた。[52]

―3-2― 識別法の効果

ここで注意したいことが二点ある。まずは、「一五円五〇銭」という識別法が長野県に伝わっていた点である。この識別法がどのようにしてこの兵士に伝わったのか、明確にはわからない。長野県であるので、兵士の所属は松本市駐屯の当時の第一三師団歩兵第五〇連隊であったかと思われるのだが、壺井より先に移動した避難民たち[53]からこの識別法が広まり、それを利用したという可能性はある[54]。

注意したいもう一点は、訊問される側が識別法の意味がわからなかった点である。前節での議論をふまえれば、壺井が東京で朝鮮人と日常的に接する機会がなかったことを意味してもいる。しかしのちに壺井は訊問のことばの意味に気がつく。

××人であるかないかを調べるためには、必ず濁音のある言葉を言はせたさうだ。例へば座布団、ザブトンをサフトンと発音して、その場で自警団のために斬殺された××人もある。私が汽車の中で目撃した出来事。「ジュウゴエンゴヂッセン」と云ふ濁音の多い言葉を、若し満足に発音できなかったとしたら、おそらくあの労働者もどんな目に遭されたかも知れない。[55]

なお、「座布団」は、「ジャブトン」と発音されるかどうかをみるための識別法であろう[56]。

これが掲載された『戦旗』は、壺井が主要メンバーでもあった全日本無産者連盟（ナップ）の機関誌である。壺井のこの文章には一九二八年八月の日付があり、同年におこなわれた共産党弾圧事件（三・一五事件）や共産党系の三団体（労働農民党・日本労働組合評議会・全日本無産青年同盟）の解散（四・一〇事件）などによって立ち現われてくる「新帝国主義」に対して、「如何に闘争すべきであるか」を考えねばならない、としめくくっている。そういう性格の文章であるから、批判の対象は明確である。壺井はいう。「あの大地震のドサクサまぎれに、資本家地主階級の手先である当時の反動政府は、彼等が利用し得る一切の機関を動員して無数の×人や労働者や戦闘的プロレタリアートの組織的な××（殺害、虐殺？）を行った。［……］××人と日本人とを区別するために、奇異な訊問を行ったのだ」と。

そして「一人の兵士の口を借りて云はせたこの奇異なる言葉の裏に、我々は支配階級の死物狂ひの姿を見逃す訳には行かない」[57] のである、と。

壺井は、支配階級の組織的な犯罪という主張をしたかったのだろう。この文章では明確には記していないが、一九四七年の「震災の思ひ出」では、「朝鮮人か日本人であるかをテストするため、出来るだけ濁音の多い言葉をいはせてみることが、当時の戒厳司令部や警視庁から全国的に指令されたであらうことはまちがひない」としている[58]。

さらに一九六六年の自伝では「その人間が日本人か朝鮮人かを見分けるために、濁音の最も多いこの言葉、すなわち「十五円五十銭」の発音で試すことが、戒厳司令部から駅を警戒する戒厳屯所まで指令されていたらしい」[59]と、組織的であることを断定的に記している。

長野県のとある駅での兵士の訊問に震災発生からわずか五日で「一五円五〇銭」が登場していたことに、なんらかの背景を読みとろうとすることはあながちまちがいではない。東京で誰何されたときとのちがいも、こうした推測を固めるものになったかと思われるのだが、明確な資料はない。そこに「支配階級の死に物狂ひの姿」をみいだしてもよいのだが、支配階級ではない民衆のなかからこうした識別法がおそらく生みだされ、民衆でもある自警団などによって「活用」されていた点こそが、今日のヘイト・スピーチを考える際にも重要である。

—3-3— 後世への影響

「一五円五〇銭」に関しては壺井のこの文章が同時代的にはほぼ唯一のものと思われる。ここで、これが前節でみた後世の証言に影響をあたえた可能性について考えねばならない。

掲載誌の『戦旗』は、創刊の年は六三〇〇部から八二〇〇部を印刷し、最大で二万二〇〇〇部発行するなど健闘していたが、社会的な影響力を強くもっていたとするには躊躇する（全二六冊中一三冊が発禁。ただし、壺井の「十五円五十銭」が掲載された一巻五号は七〇〇〇部刊行で発禁になっていない）[60]。

また、先にふれたように、この『戦旗』とほぼ同内容のものを敗戦後『民主朝鮮』に「震災の思ひ出」(一九四七年一月)として掲載しているが、在日朝鮮人が刊行主体の媒体である。さらにまた、一九四七年九月一日に「労農運動救援会および在日本朝鮮人連盟の共同主催で持たれた関東大震災犠牲者追悼会」[61]の席上で代読された詩「十五円五十銭」は『新日本文学』(一九四八年四月)に掲載されたものである(壺井は新日本文学会の創設発起人のひとり)。壺井発の「一五円五〇銭」は左派系雑誌にのみ掲載されていたことがわかる。

断言はできないが、前節の証言者たちが壺井の文章を読んで影響を受けた可能性はそう高くはないだろう。ただ、以下のような影響はあったようである。

資料①には、『虐殺』という一九二四年二月下旬に北京で印刷された冊子の日本語訳が掲載されている。朝鮮人に虐殺の模様を伝えるために印刷されたものと思われるが、英訳して在北京各国公使に配布するための資金あつめをしている、という情報を朝鮮総督府警務局が入手し、資料として日本語に翻訳、「虐殺と題する不穏冊子に関する件」(高警九五一号、一九二四年三月二二日)として関係機関に発送した。それが資料①に掲載された『虐殺』である。著者は金建(あるいは金健)。朝鮮の江原道鉄原出身で一九二二年四月に関西学院に留学、震災前の一九二三年二月初旬に東京を出て朝鮮を経て北京に到着していた。震災後、「在上海独立新聞社長金承学が在名古屋の雑誌社員韓世復を震災被災地に特派」、金建もふくめ留学生ら十数人に朝鮮人犠牲者の調査を依頼したのだが、その際の副産物として金が著したのがこの『虐殺』であるという[62]。ただ、この冊子のなかで、識別法については「町々街々汽車中までも通行人に倭国文の濁音字の発音をなさしめ以て韓人を択出し」た、と簡単に記されるのみであった[63]。ここでは「一五円五〇銭」は登場しないが、この資料のこの部分にもとづいて書かれた文章ではこうなっている。

かれらは朝鮮人を確認するために各処に検問所を設置し、会うひとごとに「15円50銭」または「ありがとうございます」を日本語で発音させてみて、濁音にすこしでも異常があれば無条件で朝鮮人と決めて殺害した。[64]

これは朝鮮民主主義人民共和国の社会科学院が発行する雑誌『歴史科学』(一九六五年一号)に掲載された論文だが、同年すぐに『朝鮮研究』四三号(一九六五年九月)に訳載されている[65]。原文を確認したところ、正確な翻訳であった。とすれば、この論文の著者(歴史学学士とある)が、右記「濁音字の発音」の具体例として「15円50銭」と「ありがとうございます」をつけたした、ということになる。おそらくは、壺井の記述から「15円50銭」を加えたものと思われる。こうした例が示すように、文献の形で浸透していき、既述のように、『在日コリアン辞典』で立項されるような朝鮮人虐殺を象徴することばになっていくのである。ちなみに、項目執筆をした姜徳相は、一九七五年の著作では「かの有名な十五円五十五銭」と記している[66]。

4　おわりに——あらたな流言に対処するために

　以上、証言記憶のなかの「一五円五〇銭」と活字記録のなかの「一五円五〇銭」をみてきた。朝鮮人識別法としておそらくは震災以前から存在していたものが、洗練されて流言とともに拡散したと考えられる。この識別法は、朝鮮語発音の特徴をとらえたものであるが、つかう側からすればなぜ識別が可能なのかを考える必要もない、便利かつ巧妙な手段となっていった。語頭に濁音がこないという単なる現象[67]が「発音できない」という否定的言辞と化すのは、区別・識別して「かれら」を析出する必要性が潜在的に存在していたからだろう。そしてこの識別法は朝鮮人虐殺の記憶へとつながっていく。

　虐殺の記憶はそう簡単には消えない。とりわけ平時でないときに、強烈によみがえる。たとえば一九四五年の原爆投下直後。ある証言をきいてみよう。

　朝鮮の慶尚南道陜川で生まれ、広島にいた厳粉連は被曝するのだが、リヤカーに乗せられて救護所に向かうときに、父に「絶対に韓国語を使うたらいけんよ」といわれた。それは「前の関東大震災で韓国人が火をつけたといわれたように、爆弾も韓国人がやったということで足で蹴ってから、赤チンキを塗ってもらっていたのが、犬に附ける薬はあるけれどお前たち朝鮮人につける薬はない、と蹴られたというんです」と述べている[68]。原爆投下直後の混乱のなかで関東大震災の記憶（というよりも流言）が、広島の日本人そして朝鮮人によみがえったのである。

　では識別法に関していえばどうだろうか。公式な記録には残されていないが、壺井のような文学者や市井の人びとの証言、そして姜のような研究者によって積極的に記述されてきている。その意味ではメディアを通じて比較的認知されているといえなくもない。しかしながら、たとえば「一五円五〇銭」でインターネット検索をしてみればわかるが、朝鮮人虐殺はなかった、などという白々しい言説もこのことばに関連して語られている。

加藤康男『関東大震災「朝鮮人虐殺」はなかった！』（WAC、二〇一四年）という書籍での論法は以下のとおりである。東京や神奈川にいた朝鮮人人口から、軍や警察が「保護」した人数を引き、震災死した人数を推定してさらに引く。その結果、内務省も認める過剰防衛による死者二三三人というのが妥当なところではないか、というのである。この二三三名についても、「流言蜚語」は真実だという理由で自警団の正当防衛とされる。「流言蜚語」はなぜ真実なのか、といえば、朝鮮人テロ集団によるものだからなのだそうだ。内務大臣後藤進平もそれを知りつつ社会不安の拡大を恐れて情報をおさえていたのだという。

よって殺害はあったが「虐殺はなかった」のだそうだ。数多くの目撃証言もなんのその、である。ここには「テロとの戦い」だからなにをやってもよいという認識しかない。

当惑するしかないのであるが、これはあたらしい「流言蜚語」にほかならないし、「在特会」の朝鮮人認識とも共通している。人数の特定はほぼ不可能であるし、いかようにも操作可能であることは、加藤康男自身が著書で示しているとおりである。それでも、このあたらしい流言は昨今の状況からみて、「真実」だとして流通させる回路をすでにもっているといわざるをえない。

現に、横浜市立中学校で副読本として配布されている『わかるヨコハマ』の二〇一二年版で朝鮮人虐殺への官憲の関与の記述を削除、「虐殺」も「殺害」といいかえ、さらに自警団による犯行も削除し、問題となった。さらに、二〇一三年、関東大震災九〇年を機に、横浜開港資料館・横浜都市発展記念館・横浜市史資料室が展示をおこなったが、そのときの資料集『関東大震災と横浜――廃墟から復興まで』（横浜都市発展記念館・横浜開港資料館編、二〇一三年）の記述にも、「根拠のないデマが流され、デマを信じた人びとによって、多くの朝鮮人や中国人が殺傷された」、「市内では約130もの自警団が作られ、地域の警備や救援物資の配給などにあたった」とある（二四頁）。つまり、「虐殺」ではなく「殺傷」となり、自警団は警備と配給をおこなっていたことだけが記されているのである。横浜市の公的な記憶がこのように書きかえられた、といってよい。横浜市にかぎった話ではないが、こうした流れに抗する、たとえば関東大震災90周年記念行事実行委員会編『関東大震災 記憶の継承――歴史・地域・運動から現在を問う』（日本経済評論社、二〇一四年）のような研究成果に耳を傾けていくことが不可欠であろう。ジェニファー・ワイゼンフェルド（篠儀直子訳）『関東大震災の想像力――災害と復興の視覚文化論』（青土社、二〇一四年）のような手法も興味ぶかいのではあるけれども。

残念ながら、こうした「虐殺はなかった」という人たちと同じメディアで議論をたたかわせることは、不可能に近いだろう。冒頭に紹介した加藤直樹『九月、東京の路上で』は、加藤康男にかかれば「韓国報道機関と変わらぬ反日トンデモ本」になるのだから。

くりかえすが、「一五円五〇銭」は、朝鮮人との接触のなかで生まれてきた識別法であり、避難民・流言とともに拡大し、朝鮮人虐殺の記憶とともに記憶されてきた。壺井繁治が詩などの形で残したことで、後世の記述の際に参照され、ひとつの知識として定着しているといってもよい。

二〇一四年八月二〇日に発生した広島土砂災害で被災した民家に空巣被害があると「在日朝鮮人の犯行だ」ときめつける流言がインターネット上でとびかったという[69]。その後も、規模の大きな地震災害のあとに同種の流言がインターネット上でとびかう構図は、残念ながら定着してしまっているといってよいだろう。関東大震災の被災者たちの心性との距離がおどろくほどに近いということを、そして虐殺とことばとが、ある拍子に簡単に接続してしまうことを、戦慄をもって自覚しておくべきではないだろうか。

最後に指摘しておきたいのは、こうした識別法がいまもって必要とされていると思われることへの危惧である。「かれら」を析出して「われわれ」と区別しておくことの必要性。それはヘイトスピーチの横行と無縁ではない。集団としてくくってあるレッテルばりをすること。それは一個人として相手を見ることを放棄し、他者への想像力を奪うことである。さらに、虐殺の数が正確にわからないことをもって、虐殺そのものがなかったとする論や、そうした議論を回避して、「歴史家がひもとくもの」(小池百合子東京都知事)などと思考停止にいたる。こうした状態がつづくと、「われわれ」のなかだけの高揚感にひたるいじけた人間を再生産することにしかならないのである。

注

1　日本におけるヘイト・スピーチに関する法的措置の不十分さは、師岡康子『ヘイト・スピーチとは何か』(岩波新書、二〇一三年)などを参照。

2　警視庁編『大正大震火災誌』警視庁、一九二五年、四四五―四五一頁（国立国会図書館デジタルコレクションにて閲覧可）。

3　同前、四五三頁。

4　同前、四五四―四五五頁。

5　同前、四五二―四五三頁。

6　流言が自然発生したものか、官憲が意図的に流したものなのか、見解がわかれるところもあるが、だれが最初に流したのかはともかく、官憲がそれを利用していったことは確かであろう（松尾尊兊「関東大震災下の朝鮮人暴動流言に関する二、三の問題」『朝鮮研究』三三号、一九六四年九、一〇月号など参照）。姜徳相は、官憲が意図的に流したという立場にたつ（姜徳相『関東大震災』中公新書、一九七五年）。

7　自警団は、一九一八年の米騒動や社会主義思想の浸透などに危機感をいだいた警察組織が「民衆の警察化」をはかるために、青年団や在郷軍人会などを軸に組織させた「警察の協力組織・補助機関」であり、少なくとも神奈川県下の自警団は関東大震災以前にすでに設立されていたという（樋口雄一「自警団設立と在日朝鮮人――神奈川県地方を中心に」『在日朝鮮人史研究』一四号、一九八四年）。もちろん、震災後にも結成された。「内務省調査によれば、自警団は東京一五九三、神奈川六〇三、千葉三六六、埼玉三〇〇、群馬四六九、栃木一九などあわせて三六八九所に達し」たという（姜徳相『関東大震災』中公新書、一九七五年、一〇七頁。資料は「東京震災録」一九二六年。琴秉洞編・解説『朝鮮人虐殺関連官庁資料　関東大震災朝鮮人虐殺問題関係資料Ⅱ』緑陰書房、一九九一年）。また、南綾瀬郡字柳原で結成された複数の自警団を分析した藤野裕子は、地元住民ではない長屋住まいの日本人労働者たち、つまり「自分が朝鮮人ではないということを証明してくれる人物が村内にほとんどなく、彼ら自身も間違われて虐殺されかねなかった」人びとがみずから自警団を結成した例があるとし、こうした二重の恐怖のなかから、自覚的かどうかはともかくかれらが「率先して朝鮮人を殺害する側に回ることが、朝鮮人ではないことの何よりの証明になったことは否定できない」と論じている（藤野裕子『都市と暴動の民衆史――東京・1905―1923年』有志舎、二〇一五年、二八九頁）。

8 警視庁編『大正大震火災誌』警視庁、一九二五年、四五八頁。

9 くわしくは、山田昭次『関東大震災時の朝鮮人虐殺とその後――虐殺の国家責任と民衆責任』（創史社、二〇一一年）など参照。

10 山田昭次「関東大震災時の朝鮮人虐殺をめぐる日本人社会主義者と日本人民衆の思想と行動」、歴史学研究会編『「韓国併合」100年と日本の歴史学――「植民地責任」論の視座から』（青木書店、二〇一一年）など参照。

11 警視庁編『大正大震火災誌』警視庁、一九二五年、四四六頁。

12 朴慶植編『在日朝鮮人関係資料集成　第一巻』三一書房、一九七五年、二八頁。

13 「名のりあげた遺族――「殺されたのは朝鮮人ばかりではありません」」、千葉県における関東大震災と朝鮮人犠牲者追悼・調査実行委員会編『いわれなく殺された人びと』青木書店、一九八三年、一五五、一五七頁。

14 在日本大韓民国民団中央民族教育委員会企画『歴史教科書　在日コリアンの歴史』明石書店、二〇〇六年、三四頁脚注。

15 白米一〇キロが一九二二年時点で三円四銭だったというから、一五円五〇銭はそう安い値段ではない（週刊朝日編『値段の明治大正昭和風俗史』朝日新聞社、一九八一年、一一五頁）。

16 石井雍大「千葉県福田・田中村事件研究の歩み――混乱の中で殺された日本人」、関東大震災80周年記念行事実行委員会編『世界史としての関東大震災――アジア・国家・民族』日本経済評論社、二〇〇四年、七七頁。

17 千田是也「わが家の人形芝居――ある役者の自伝のひとこま」『テアトロ』二八巻五号、一九六一年五月、二一頁。

18　壺井繁治「十五円五十銭」『戦旗』一巻五号、一九二八年九月、八二頁。

19　姜徳相「日韓関係史からみた関東大震災」、姜徳相・山田昭次・張世胤・徐鍾珍ほか『関東大震災と朝鮮人虐殺』論創社、二〇一六年、五二頁。

20　国際高麗学会日本支部『在日コリアン辞典』編集委員会企画『在日コリアン辞典』明石書店、二〇一〇年、二二六頁。

21　新聞が報じた流言について全国各地の新聞記事を通じて分析したものに、山田昭次『関東大震災時の朝鮮人迫害──全国各地での流言と朝鮮人虐殺』（創史社、二〇一四年）がある。

22　ほかに、琴秉洞編・解説『関東大震災朝鮮人虐殺問題関係資料』Ⅰ～Ⅳ（緑陰書房、一九九一年、一九九六年）や『関東大震災政府陸海軍関係史料』一～三巻（日本経済評論社、一九九七年）などがある。

23　内田宗治『関東大震災と鉄道』新潮社、二〇一二年、一九一頁。

24　同前、一九五頁。

25　山内英正「関東大震災の思い出──犬養孝先生に聞く」、犬養孝博士米寿記念論集刊行委員会編『万葉の風土・文学──犬養孝博士米寿記念論集』塙書房、一九九五年、六九八頁。

26　隅田川河畔で「東北なまり」の人間に「ガギグゲゴをいってみろ」とつめよって川に投げ込んだ場面の目撃証言などがある（日朝協会豊島支部編『民族の棘──関東大震災と朝鮮人虐殺の記録』日朝協会豊島支部、一九七三年、三八─四〇頁）。

27　清水幾太郎監修・関東大震災を記録する会編『手記・関東大震災』新評論、一九七五年、一九五頁。

28　④三四頁〔⑥一八七頁〕には、「朝鮮人識別法は「鉢巻をしてみろ」といって、できれば日本人、できなければ朝鮮人」（方珠源（当時、早稲田大学工科・夜間））という証言が記載されている（初出、関東大震災時に虐殺された朝鮮人の遺骨を発掘し追悼する会編『韓国での聞き書き』一九八三年）。「鉢巻」ひとつにも意味をもたせていたことになる。

29 当時下町の小さな皮なめし工場ではたらいていて、のちに韓国に帰国したA氏は、以下のような証言を残している。震災から二日後、千住に親方の家財道具を運んでいる途中で自警団につかまり「おまえ朝鮮人だろう。君が代をうたってみろ! 10円15銭といってみろ」といわれ暴行をうけ、背中に重傷を負い、瀕死の状態で逃げ出したものの、憲兵隊に習志野につれていかれたあとも拷問をうけたという(「関東大震災記念集会」セジョン文化会館、一九八二年。のちに『東葛流山研究』二二号、崙書房出版、二〇〇三年、⑥一一頁)。

30 証言および証言をあつめるにいたる経緯などは、関東大震災時に虐殺された朝鮮人の遺骨を発掘し追悼する会編『風よ 鳳仙花の歌をはこべ――関東大震災・朝鮮人虐殺から70年』(教育史料出版会、一九九二年)を参照。そしてこの活動が、資料⑥の編集へといたる。

31 同前、六八頁。

32 田村紀之「植民地期「内地」在住朝鮮人人口」『経済と経済学』五二号、一九八三年二月、三四頁。この論文は一九二〇年、三〇年、四〇年の国勢調査による内地の朝鮮人人口をもとに、一九一〇年から一九四五年までの各道府県別朝鮮人人口を推計したものである。

33 町田市史編纂委員会編『町田市史 下巻』町田市、一九七六年、八三一頁。

34 神奈川県警察部編『大正大震火災誌』神奈川県警察部、一九二六年、三九四頁(国立国会図書館デジタルコレクションにて閲覧可)。また、今井清一『横浜の関東大震災』(有隣堂、二〇〇七年)に『関東大震災の治安回顧』(吉河光貞、一九四九年)の「京浜地方の流言伝播図」が掲載されているが、それをみると、いくつかある経路のうちに、保土ヶ谷を発信源として神奈川、町田を経由し、世田谷や渋谷に向かうものが記されている(一七九頁)。

35 このころの在日朝鮮人の「都市やその近郊で代表的な職業は飴売り、その飴売りから転じた「屑屋」(廃品

36　回収業)、零細な町工場の労働者、そして清掃業(肥汲み)でした」(在日本大韓民国民団中央民族教育委員会企画『歴史教科書　在日コリアンの歴史』明石書店、二〇〇六年、四〇頁)。

37　警視庁編『大正大震火災誌』警視庁、一九二五年、四五四頁。ちなみに、神奈川県警察部編『大正大震火災誌』(一九二六年)では、流言は東京方面からの避難者がもちこんだものであるという説も併記している(三九一頁)。

38　厳密にいえば、一から一〇までを区切らず速くいえば、前の母音の影響で五も一〇も有声音で(濁って)発音されるはずである。

39　樋口雄一「自警団設立と在日朝鮮人——神奈川県地方を中心に」『在日朝鮮人史研究』一四号、一九八四年、三六—三七頁。

40　同前、四五頁。

41　この点に関して宋実成氏からご教示いただいた。記して感謝したい。また、建設労働者として朝鮮ではたらき、日本にもどってきた者も少なからずいたであろうから、経路のひとつとして今後の検討課題といえる。

42　島井浩『実用韓語学』誠之堂書店、一九〇二年、一一頁(『歴代韓国文法大系　第2部第11冊』塔出版社、一九八五年所収)。

43　姜徳相『関東大震災』中公新書、一九七五年、一一二、一一三頁。

44　専修大学学生会『震災記念号』一九二四年(姜徳相『関東大震災』中公新書、一九七五年、一六三頁より再引用)。

45　ほかに琴秉洞編・解説『関東大震災朝鮮人虐殺問題関係資料』Ⅲ(緑陰書房、一九九六年)に、壺井のふたつの「十五円五十銭」が掲載されている。

46　壺井繁治「十五円五十銭」『戦旗』一巻五号、一九二八年九月、八〇頁。

壺井繁治「震災の思ひ出」『民主朝鮮』二巻七号、一九四七年一月、六二—六三頁。

47 壺井繁治『激流の魚』立風書房、一九七五年、一七〇頁。

48 内田宗治『関東大震災と鉄道』新潮社、二〇一二年、一九一頁。

49 『東京朝日新聞号外』一九二三年九月四日、四面。

50 壺井繁治「十五円五十銭」『戦旗』一巻五号、一九二八年九月、七八頁。

51 鉄道省『国有鉄道震災誌』一九二七年、二五一頁（大正期鉄道史資料第Ⅱ期第一巻として日本経済評論社から一九九〇年に復刻）。

52 壺井繁治「十五円五十銭」『戦旗』一巻五号、一九二八年九月、八一―八二頁。

53 北原糸子『関東大震災の社会史』（朝日新聞社、二〇一一年）が紹介する更級郡役所による篠ノ井駅での救護者数統計（『信越線篠ノ井駅救護者数』）によれば、統計をとりはじめた九月四日と五日の合計が約六〇〇〇人となっている。六日以降一〇日にかけて増加し、一七日までの総計は五万七四〇〇人になるという（二六六頁）。

54 一九二三年の長野県の推計朝鮮人人口は二一三四人で一三位となっている（田村紀之「植民地期「内地」在住朝鮮人人口」『経済と経済学』五二号、一九八三年二月、三四頁）。また、長野県が一九二六年に作成した『朝鮮人概況書』には以下のように記されている。「本県ニ於テ工事場トシテ鮮人ヲ大規模ニ雇傭レタルハ去ル大正十年ヨリ十二年ニ亘リ西筑摩郡木曽川流域ニ大同電力株式会社ガ施行シタル発電工事ニシテ其ノ際稼働ノ鮮人盛時五千人ヲ算セリ」とあり、飯場をつくり集住していたという（「長野県における在日朝鮮人」『在日朝鮮人史研究』一二号、一九八四年、一〇四―一〇五頁）。こうしたなか、前節でみたように朝鮮人との接触により識別法が発生していた可能性もあるが、確定的なことはいえない。

55 壺井繁治「十五円五十銭」『戦旗』一巻五号、一九二八年九月、八二頁。

56 植民地朝鮮における朝鮮人向けの初等教育機関である普通学校の朝鮮人教員が、朝鮮人普通学校教員の日本語発音が「出鱈目に近い」ことを指摘し、「特にひどいのは濁りであるが、道が「ミヂ」であつたり、明けるが「アゲル」になつたりする」点や、「チユクエ（机）」、「コジヤイマス」・「ジヤフドン」と、ザがジヤになる例をあげている（朴永仁「国語教育と普通学校教員の発音問題」『文教の朝鮮』六五号、一九三一年一月、一四七頁）。教壇に立つ者でもそうなのか、と思わせるが、すぐさま「普通教育六年師範教育六年を経て、机を「チユクエ」といつたり、座布団を「ヂヤブトン」といつたりしたのでは、国家に対して申訳がないではありませんか」といった反論がおなじ朝鮮人教員からなされている（李鐘極「国語教育と普通学校の発音問題の筆者に」『文教の朝鮮』六九号、一九三一年五月、一〇六頁）。

57 壺井繁治「十五円五十銭」『戦旗』一巻五号、一九二八年九月、八二頁。ちなみに、掲載翌年の一九二九年の再度の共産党弾圧事件（四・一六事件）で壺井は二九日間勾留され、その後二度の獄中生活を送ることになる。

58 壺井繁治「震災の思ひ出」『民主朝鮮』二巻七号、一九四七年一月、六五頁。

59 壺井繁治『激流の魚――壺井繁治自伝』立風書房、一九七五年、一七一頁（初版は光和堂、一九六六年）。

60 壺井繁治「『戦旗』時代」『民主評論』一九四八年四月、五月（『戦旗　別巻（資料編）』戦旗復刻刊行会、一九七七年、五三―五四頁）。

61 壺井繁治「十五円五十銭」『新日本文学』二巻四号、一九四八年四月、五六頁。

62 姜徳相「虐殺　再考、戒厳令なかりせば」、関東大震災85周年シンポジウム実行委員会編『震災・戒厳令・虐殺』三一書房、二〇〇八年、五六頁。

63 姜徳相・琴秉洞編『現代史資料（6）関東大震災と朝鮮人』みすず書房、一九六三年、三三八頁、三三一頁。ちなみに、『虐殺』では「同胞二万多数」が殺害されたとするものの、当時新聞などで報道された朝鮮人被害者の数の累計を四四〇五人と記している（同前、三三八頁）。なお、金も一員であった調査団が確認した朝鮮人被害者数は六六六一人だという（姜徳相「虐殺　再考、戒厳令なかりせば」、関東大震災85周年シンポジウム実行委員会編『震災・戒厳令・虐殺』三一書房、二〇〇八年、五七頁）。

64　崔泰鎮（音訳）、桑カ谷森男訳「1923年関東大震災当時の在日朝鮮同胞にたいする日本帝国主義の野蛮的虐殺蛮行」『朝鮮研究』四三号、一九六五年九月、二一頁。

65　韓国および北朝鮮における関東大震災時朝鮮人虐殺に関する研究については、張世胤「関東大震災時の韓人虐殺に関する『独立新聞』の報道と最近の研究動向」、姜徳相・山田昭次・張世胤・徐鍾珍ほか『関東大震災と朝鮮人虐殺』（論創社、二〇一六年）を参照。

66　姜徳相『関東大震災』中公新書、一九七五年、一一二頁。二〇一三年におこなわれた姜の講演においても同様である（姜徳相「日韓関係史からみた関東大震災」、姜徳相・山田昭次・張世胤・徐鍾珍ほか『関東大震災と朝鮮人虐殺』論創社、二〇一六年、五二頁）。

67　日本語史がおしえてくれるところによれば、古代日本語にも語頭に濁音はこない。

68　丸屋博・石川逸子編『引き裂かれながら私たちは書いた——在韓被爆者の手記』西田書店、二〇〇六年、二五頁。

69　「こちら特報部」『東京新聞』二〇一四年九月二日付朝刊、二四、二五面。

第四章　となりの朝鮮文字

Ⅰ　はじめに

—Ⅰ-Ⅰ—　言語記述という視線の不在

前章では「朝鮮人は語頭の濁音が発音できない」という一部の経験的知識から発生した「一五円五〇銭」に関して論じてみた。こうした識別法が確立し、それが流言とともに広まり、時代をこえて流通するようになってしまうなかでうかびあがってくるのは、具体的な朝鮮語のイメージの欠落である。それは、本来であれば身近に聞こえているはずの異言語の響きをあえて聞こうとしない意識の反映ともいえるだろう。

言語を研究対象にしていた言語学者たちも例外ではなく、戦前期日本内地において、内地にやってきた移民言語の記述は、かれらの対象にはならないものであった。

ただ、沖縄はもちろん、朝鮮台湾といった植民地やアイヌ民族などの言語を記述していくという学問的な流れは存在しており、それが日本の言語学や国語学、あるいは方言学といった学問領域の成立と密接不可分な関係にあることは、すでに論じきたったところである。しかしながらその方法論は、たとえば「科学的」とされた比較言語学の素材になる事例の収集や、標準語との対応関係を調べるようなものが中心的であり、発話の現場に立って記述するという姿勢ではなかった［1］。

その一方で、こうした帝国内の言語に興味をもつ言語学者たちであっても、日本内地にやってきた移民の言語状況について興味を示すことはなかった。朝鮮語学を基礎づけた小倉進平（一八八二年～一九四四年）が朝鮮でしか言語調査をおこなっていないのは象徴的である。

もちろん、この場合の「記述」が言語学的なものに限らないとすれば、なんらかの資料が見出せるかもしれない。たとえば、宋実成は、一九三〇年代から一九四〇年代にかけての、作家や学校の教員が接した在日朝鮮人の言語使用のあり方を紹介している。内容は「子守をしている朝鮮人の少女が朝鮮語で赤ん坊に語りかける様子」や朝鮮人の母子の喧嘩の際に「娘は母親に日本語で叫び、母親は娘に朝鮮語で悪口を浴びせていた」というもので、おおよその状況は類推できるが、現在の基準からする言語記述とはいえない。それでも、「一九三〇～四〇年代の在日朝鮮人児童のなかには、朝鮮語話者の児童もいれば日本語話者の児童もいた。そして、朝鮮語も日本語も共に生活のさまざまな場面を通して自然に習得していたのである」という概要はわかる［2］。

—I-2—　社会調査の視線と言語記述の不在

もちろん、治安対策の対象として朝鮮人は存在していた。みえる人にはみえていた、ということなのだが、かれらの話すことばの問題となると、さほど興味をひくことはなかったようである。たとえば、『市内在住朝鮮出身者に関する調査』(京都市社会課編、一九三七年)というものがある。これは京都市内在住の朝鮮人全員を調査することを目的として調査票を作成し、七四二二世帯二万六五五〇人を調査した大規模なものである(一九三五年五月〜一〇月に調査)。調査事項は「渡来状況、住居状況、生活状況、児童状況、教育状況、融和状況、労働状況等」であったが、「はしがき」によれば、こうした調査により「市内在住朝鮮出身者の生活状態一般を究め、更にその渡来事情、労働事情をも闡明し、以て之に対する有効適切なる対策樹立の参考資料たらしめんとする」ことが目的とされていた[3]。ことばに関しては、その「融和状況」の項目で「内地語解否状況」が示されているのだが、日本語がどのくらいできるのか(上中下)で女性や子どもの「下」の比率が高いことが指摘されて「内地語理解」の重要性が説かれている[4]。また、本籍地(本貫)調査もなされており、世帯数比率でいうと、慶尚北道二六・一%、慶尚南道五一・五%、全羅南道一一・五%で全体の九割を占めていることが示されている[5]ものの、かれらの話す朝鮮語への視線は存在しない。調査が何語でなされたのかも明記されていない。それが調査の目的ではないといえばそれまでだが、こうした傾向は、それ以前の各地の在日朝鮮人社会調査[6]と同じである。

「代用」としての在日朝鮮語

ただ、治安維持対象としての朝鮮人という位置づけから、かれらと接触する機会の多い人たちには朝鮮語の学習は不可欠のものであった。それでもそこで言語学的な調査がなされていたわけではない。少し時代をくだって、一九五〇年代後半には、言語学者・塚本勲は朝鮮語について日本で次のような調査をしていた。塚本は「フィールド・ワークというか、インフォーマント調査をして、朝鮮語を調べるというより、自分の頭の中に、朝鮮語をつくりあげるほうに魅力をおぼえた」というのだが、在日朝鮮人の言語使用から朝鮮語の「単語をひとつふたつ、と採集しては、書き込んでいった。そして、それを学習して覚えることにした。すこし進むと文法もつくり始めた」という手順をふんだ、地道な言語調査であった[7]。ただし注意したいのは、在日朝鮮人の使う朝鮮語を調べているのだが、それは移民言語の記述というよりも、あくまでも「朝鮮語」を「つくりあげる」ためのものだった点である。つまり、当時塚本は朝鮮半島に行って調査をすることができなかったので、その「代用」という位置づけである。

それもまた容易なことではなかった。一九六四年の文章になるが、塚本は「実際二十年も三十年も日本にいると、一世でも、日本語の方が語彙が豊富になり、朝鮮語が稀薄になるようだ」とし、「生活に密着した単語、時事語などは、日本語の方がしっくりする場合が多い」と指摘する。具体的には、「一世で、朝鮮語の教師を十年程やっている先生方が、二・三名いるところで、「鼻紙」「スポーツの引分け」を朝鮮語でどういうのか、引き出そうとしたが、誰も知らなかったので、驚いたことがある。〔……〕「おしぼり」や「おひや（水）」にあたる朝鮮語を数名の人に求めたが、とうとう正解が得られなかった」そうだ〔8〕。これは「代用」としてとらえることの限界を示してもいる。また、塚本の知人が満員電車のなかで朝鮮人二人の会話を聞いていたところ、電車が止まっているときは日本語なのだが、動いているときもよく聞き取れなかったが、日本語だとしたら「ひどい発音だな」と思った、という話を受け、塚本は、「私はその場に居たわけではないから断言はできないけれども、電車が動いている時は朝鮮語で、止って周囲の日本人に聞こえるようになった時には、日本語に「切り替え」たのだろう。在日朝鮮人の生活感情からみてもそう考える方が自然だと思う、というようなことを述べた」という〔9〕。いまでいうコード・スイッチングであるが、周囲の日本人に聞こえないように意識されているのだとしたら、「自然な」談話をひろうことはかなりむずかしい。塚本は「在日朝鮮人の生活感情」と表現しているが、そうせざるを得ない歴史的背景があるわけである。

話をもどすが、日本内地では日本語が話されていてあたりまえ、といった状況のなか、そこに移民としてやってきた人びとの話すことばが興味をもたれることはあまりなかった。しかしながら、普段は不可視なもの（あるいはみえているのにみえないふりをしてきたもの）としてきた「かれらのことば」は、大規模な社会変動が生じたときに、「危険ゆえに排除すべきもの」の識別要素とみなされることになる。それは前章でみた「一五円五〇銭」に顕著である。その一方で、不可視なものをみる、あるいはあぶりだすことで治安維持をはかることもなされていた。

本章では、朝鮮語や朝鮮文字（ハングルといういい方は当時一般的ではなかった。「諺文」といういい方もあったが、ここでは用いない）が日本内地においてどのように認識されていたのかを、関東大震災でのエピソードや普通選挙での朝鮮文字による投票をめぐる報道などを通じて、みていくことにしたい。

2 関東大震災と朝鮮文字

―2-1― 平時と非常時のあいだ――「サービス」の朝鮮語と治安対策の朝鮮語

前章では「一五円五〇銭」について検討してきたが、こうした「朝鮮人識別法」は平時であれば、あまり強調されない。たとえば、広島の強制連行を調査する会監修・制作『広島県在留朝鮮人関係新聞データベース』（二〇一二年）という労作がある。これをいろいろと検索していくと（以下、「鮮語」「鮮人」といった用語が登場するが訂正は施していない）、「朝鮮語の出来る駅員を主要駅に駐在さす」（『大阪朝日新聞朝鮮版』一九三四年八月二九日）という報道（東京、名古屋、大阪、神戸、下関など。実現したのかは不明）があり、「これが実現すれば内地語のわからない朝鮮同胞もはじめて安心して朗らかな旅が出来る訳で非常に期待されてゐる」とある。また、「標準鮮語集　広島逓信局から配布」（『中国新聞』一九三五年一月二九日）では、「最近中国地方一帯へ同胞鮮人の移住するもの多く、これらのうちにはいまだ日本語に精通してゐないため少からぬ不便不利を蒙りつゝある現状」があるので、郵便局の「窓口使用の朝鮮用語（京城標準語）を制定」、「サービス改善とゝもにスピード・アップをはかる」ため、広島逓信局管内の郵便局に配布する予定であるとしている。別の記事では、この「パンフレット」は、「朝鮮語で「切手ですか印紙ですか」「普通ですか書留ですか」「日本語のわかる方を呼んで下さい」など簡単なもので今後従業員全部に覚えさせる方針」ということが記されている（「今後郵便局は朝鮮語ＯＫ新同胞のため教ふ　広逓の新しい試み」『大阪朝日新聞広島版』一九三五年一月二九日）。一九三〇年代ではあるが、平時はこうした「サービス」もあった（あるいは試みられていた）ことがわかり、そうしたことが必要とされるだけ朝鮮人が内地にやってきていたことがわかるのであるが、一方で、治安管理の対象として朝鮮人がとらえられ、そのために警察官の朝鮮語学習が奨励されるという記事も多い。たとえば関東大震災以前になるが、「巡査へ　鮮語教授　鮮人取締の為」(『中国新聞』一九二一年一一月一四日)では、広島県呉市内には三〇〇人ほどの朝鮮人が居住しているが、今後も増加するので「之が取締の為巡査に朝鮮語が是非とも必要」となり、呉警察署内で週二時間半年間の朝鮮語講習をおこなう予定だというものである。ほかにも、「鮮語通訳を増す　犯罪に鑑みて」(『芸備日日新聞』一九二四年一一月一六日)では、朝鮮人犯罪が増加しているが広島県警の「高業課特別高等係」には朝鮮語を理解できる者がいないので、朝鮮語通訳を一名増員する、とある。そして、一九三〇年代になると朝鮮語のできる人員がより必要になってきていた。たとえば、「警官に鮮語を学ばせる　宇品警察署」(『中国新聞』一九三五年五月一五日)では、広島県の「宇品署では管内に多数の朝鮮出身者を有し、その大多数が教育不充分で日本語を習得してゐないもの多く、各般警察事務には朝鮮語使用の必要を感じてゐたため、特高特務員そのほか署員中の希望者らは、朝鮮語の習得研究につとめてゐたが、今後は朝鮮出身者との折衝そのほか警察事務などの便宜上内勤外勤各署員にこれを習得させることゝなり、十三日から毎日三十分から一時間くらゐ同署堀内鮮係を講師として、日常会話に必要な朝鮮語の講習をはじめることになつた」とある。一九二〇年代と比較すれば警察でも朝鮮語の出来る人員が増えていたらしいことがわかるが、それでもおいつかない状況であったことがうかがえる。こうしたときに使用されるテキストの内容に興味がわくが、やはり「京城標準語」が軸になったものであっただろう。多数を占める出身地の「方言」を学んだ方が治安警察には効果的だと思うが、それは高度にすぎようか。

朝鮮半島においては、内地人の警察官や教員などに朝鮮語学習が奨励されていた〔10〕。朝鮮半島での治安対策の方が喫緊の課題であり、高度な朝鮮語能力をそなえた特高がいたと考えられるが、内地の治安対策のための特高の朝鮮語能力がどの程度のものであったのかは、今後の研究にまつところが大きい。

ともあれ、こうした新聞記事はとりくみを伝えるだけで、実際の効果や成果があったのかは具体的にはわからない。ただ、こうした潜在的な犯罪者視が治安維持組織ばかりか一般にも存在していた。これは、冒頭でふれた、周囲に日本人がいるときには朝鮮語を話さないといった自己防衛の背景でもある。社会的な変動があるときに、異言語、あるいは異なるもの（社会主義者など）への恐怖が爆発する、ということでもある。

2-2　放火のデマと朝鮮文字

もう一度話を関東大震災のときに戻す。流言のなかでは、普段なんとも感じていないことが、根拠もなくある特定の意味をもたされることがある。

たとえば、『震災後に於ける刑事事犯及之に関連する事項調査書㊙』という文書が後藤新平文書のなかにある。作成はおそらく一九二三年。その「第二章　鮮人犯行の流言」に「第四　不穏記号に就て」という節がある。冒頭を引用する。

九月三日頃より市内及隣接町村民家の板塀又は羽目板に白墨を以て記されたる所謂不穏記号発

見せられ其の種類は別表に掲記するが如く極めて多様にして夫々放火爆弾、投毒、強盗、殺人等を暗示するものにして鮮人其の他の不逞の企画に関するものと看做され大に民心の不安を誘起したり然れども調査の結果は既に本年一月頃より各所に記され居たるものも多数にして震災とは関係なく又別表の如く其の一部を除きては他は皆清潔夫新聞配達夫牛乳配達夫等が夫々業務上の必要より施用し居たるものなること並に市内外殆んど全部に亘りて広く使用せられ居ること判明したり、其の手段の余りに露骨にして且つ拙劣なる点より思考すれば用途不明の他の記号と雖何等陰謀的所業に関係あるものとは認め難し。[11]

つまり、新聞配達、掃除、牛乳配達などをおこなう人たちが目印のために板塀につけていた記号を朝鮮人が放火をする家の目印だとする流言が流れた、ということである。同文書には、収集された符号・使用者・使用場所・目的・風評が、表にまとめられている[12]。それをみると、矢印や丸、三角、四角印など、配達先を示すために、かつ他のものと重複しないように記された、どういうことのない目印である。しかし、「風評」の欄をみると、これが爆弾、放火、投毒、殺人強盗、泥棒などなどの印だというのだから尋常ではない。

また『大正大震火災誌』（警視庁編、一九二五年）の「第五章　治安保持」「第一節　流言蜚語の取締」には流言を鎮めるために出された種々の「宣伝文」が収録されている。その「十七」が九月六日に出された「門柱、板塀等ニ記セル符合ニ就テ」である。そこには1B、1m、O、u、◎などといった符号が記され、以下の解説が付されている。

先日来各所ノ門柱板塀等ニ右ノ如キ符合ヲ記シアルヲ以テ鮮人ノ不正行為ノ暗号ナラムト、一般ノモノ非常ニ不安ノ念ヲ抱キ居タルトコロ、当庁ニ於テ調査ノ結果右ハ中央清潔会社ノ人夫等ガ得意先ノ心覚へ及便所所在地ノ方向、個数等ノ符合ニ用ヒタルモノナルコト判明セリ［13］

こうした「宣伝文」が必要なほど、この種の流言が広まっていたということであろう。それにしても、である。いつもみているはずの板塀や門柱に記された記号である。普段は気にもとめずに、その意味も考えないし、その必要もない。しかしながら、非常事態になると、たんなる記号に過剰な意味を付与する。そこにもっとも恐れるなにかを見出してしまうのである。作家・吉村昭（一九二七年〜二〇〇六年）はこの件にふれ「大震災と同時に日本人が異常な精神状態におちいっていたことをしめしている」と指摘している。

この記号が朝鮮文字と誤解された可能性もある。評論家・生方敏郎（一八八二年〜一九六七年）［15］の『明治大正見聞史』のひとつの章をなす「大震災後記」をみてみる［16］。生方は、八月三〇日に女児を出産したばかりの妻を、倒壊をまぬがれた自宅に助産婦とともに置いたまま、ちいさな子どもたちと近くの警察署（おそらく警視庁小石川大塚署。現、大塚署）で避難生活を送っていた。九月二日の午後、社会主義者の放火と朝鮮人の放火の噂を耳にする。生方は思う。「朝鮮人と言うのを甚だ意外に思った。私はカフエーの給仕だの、飴や筆を売りに来る行商人だのにいくらも朝鮮人を見ているが、いずれもおとなしそうな、人の好さそうな者ばかりだった。だから一層意外に感じた」［17］。だが、警察署には、放火犯とされた人やら泥棒やらが、次々と検束されてくる。まわりはあれこれと噂を流す。遠くに火事の煙をみながら、生方はこう思う。「時々刻々に目に見えぬ危険がこの町を襲うて来るような感じがした。私はもはやこの光景をただ面白半分にお祭り騒ぎとしてのみ見て居べきではないと思った。そこで子供たちを連れ、向うの小路を入って自分の家へと帰った」ところ、そこである光景を目にする。

お向うの家では、奥さんとお嬢さんとで雑巾を持って板塀を拭いていた。私はちょっとそれが不思議に思われたので失礼とは思ったが立止って見ていた。奥さんたちは私に会釈して、「まあ。恐ろしいじゃございませんか。これが放火のしるしなんですと。そんな真似されちゃたまらないから、今一生懸命消しているところなんですよ」

私はその印を見せて貰った。英語のKという字を左向きに書いたような、得体の知れぬ符牒だった。朝鮮の文字かも知れぬ、と後になって皆が言っていた。[18]

先に引用した『震災後に於ける刑事事犯及之に関連する事項調査書㊙』には「Kといふ字を左向きに書いたような」ものは記録されていないが、その「得体の知れぬ符牒」が「朝鮮の文字かも知れぬ」とされていた点に注目したい。そのような文字は、「朝鮮の文字」のなかに存在しないにもかかわらず（あえてあげれば「ㅋ」があるが通常「여」と書くので、可能性は低いだろう）、朝鮮人が放火する目印にしているのだから朝鮮の文字だ、ということになってしまったわけである。「朝鮮の文字」をみたこともない人たちが、流言を補完するような話をつくりあげていったのである。その時に、朝鮮人説

に懐疑的であった生方が何もいいかえせていないことにも、注意しておきたい。主流の言説にのみこまれてしまったわけである。朝鮮語のひとつの表象といってしまえばそれまでだが、あまりといえばあまりである。生方は「朝鮮の文字」についてこれ以上言及していない。しかし、朝鮮人による放火と信じたのだろうか。生方も周囲の雰囲気にのみこまれ、本当は寝かせておきたい産後の妻と子どもたちとともに避難したのであった。

3 男子普通選挙と朝鮮語・朝鮮文字

一九二五年公布の普通選挙法により、内地在住の満二五歳以上の男性に選挙権があたえられた。したがって、内地に在住していれば朝鮮人でも台湾人でも選挙権はあった（反対に、植民地在住の内地人は投票ができなかった）。そうしたなか、一九三〇年一月に内務省法令審議会で「朝鮮文字投票」が有効とされた〔19〕。

先に利用した『広島県在留朝鮮人関係新聞データベース』を再度活用すれば、一九二六年六月一八日の『中国新聞』に「内地居住鮮人の投票は有効である　併し朝鮮文は無効　内閣及法制局の意嚮」とあるように、当初は漢字、仮名のほか「ローマ字、点字」での投票は認めるものの「朝鮮文字」での投票は認めていなかった。それが一転、「朝鮮文字投票」も可能となった。これをうけて一九三〇年二月四日の『中国新聞』は「朝鮮文字の字引を考案　各開票所に配布」との見出しの記事を掲載している（配布の予定）。同記事によれば、それでも「諺文による候補者名の書方は極めて複雑で同一姓名を書くにも十数通りも書き方があるといふ始末で、簡単な字引を作成することさへも困難」なので、内務省では「日本文字を書き得る鮮人有権者はなるべく日本文字により投票せられたし」と通牒しているという。さらに翌二月五日の『中国新聞』には、在日朝鮮人から、候補者氏名の朝鮮語発音での投票は可能かという問い合わせに対して、内務省では検討の結果「これを認めないことに決定し、日本語の発音にしたがつて諺文をもつて投票した場合のみ有効」とすることにしたという記事が掲載されている（「朝鮮音による投票　識別極めて困難　趣旨には反するが　やむなく無効に決定」）。それでもさまざまな宛て方があるので、投票に際しては「内務省にて立候補届出締切後全国の候補者名を十数通の諺文で書分けた対照表を各開票所に配布し、かつ出来得る限り朝鮮文字を解する人を嘱託として開票に立合はしむるやう通知するはずである」とある。

これらは一九三〇年二月二〇日投票の第一七回衆議院議員選挙に関するものであったが、『中国新聞』は広島駅前で、朝鮮人有権者の声を以下のようにひろっている（「諺文で投票？　へへ………と一笑　李内喜君」『中国新聞』一九三〇年二月一九日）。「私たち二十日が天気よいやうにみんな祈つてゐます、そのワケは、雨が降ると仕事ない。喰ふに困る。天気よいと日本人労働者投票するため仕事休む。私たち仕事殖える。ホツト息ができるです。諺文で投票。私たちの味方になる候補者ない。私たち棄権、棄権へゝゝゝゝ……」と。どの程度の脚色があるかはわからない。記事は「徹底したやうな寂しいやうな目覚めないやうな複雑な笑ひ」と描写しているが、自分たちの生活を考えてくれそうな候補者はいないし、投票に行く日本人労働者の分の仕事を望むほかのない、朝鮮人労働者の状況が鮮明にわかる。

朝鮮人票をとりこもうとする点について、第八代東京都知事であった舛添要一の父、舛添弥次郎が一九三〇年五月に民政党から福岡県若松市（現北九州市若松区）市議会選挙に立候補したときのエピソードがある。舛添要一が保管している演説会ビラに、舛添弥次郎の名前の右にカタカナ、左に「マスゾエヤジロウ」に相当する朝鮮文字のルビがふられている、という。舛添要一のこの記事に演説会ビラの写真があり、朝鮮文字のルビが「마수 소애 야 지 로우」となっていることが確認できる。これは「舛添弥次郎」の朝鮮漢字音読みを朝鮮文字で「천첨미차랑」などと書かれて投票された場合に無効になる可能性があることを考えてのことだった〔20〕。結果として舛添弥次郎は落選する。どの程度朝鮮文字による投票があったのか不明ではあるが、朝鮮人有権者の票のとりこみが重要視されていたことがわかる。

一方で被選挙権もあったので、在日朝鮮人が立候補した場合に漢字表記および日本漢字音読みの朝鮮文字表記だけが認められたのかどうか定かではない。人名はいま現在の傾向とことなり、日本漢字音で読まれる傾向が強いので、朝鮮漢字音表記（これが本来の姿であるはずなのだが）のあつかいが問題になった可能性もある。ただ、「選挙投票に音文〔諺文の誤。以下同〕混用も有効　半島人に嬉しい新判例」（『中国新聞』一九四〇年一一月一三日）では「音文混用の投票については音文は朝鮮人の用ひる文字なるをもつてたとへ音文と漢字、または仮名文字とを混記したる投票といへどもこれを無効なりといふを得ず」という判決が、一九三九年九月の大阪府議会議院選挙当選無効の行政訴訟において出たことが報道されており、幅があったようだ。

こうしたなか、在日朝鮮人人口の増加にともない有権者の数も増え、票の売買により逮捕者が出ることもあった（たとえば、「鮮人有権者多数の　投票を買収した　民政党某派の違反　なほ拡大する形勢」『中国新聞』一九三一年九月二九日、「朝鮮出身者が　投票の売込み　某候補に拒絶さる　広島西署、大活動開始」『芸備日日新聞』一九三五年九月一六日など）。男子普通選挙の実施により、それまで投票文化とはまったく無縁であった大量の成人男子有権者が誕生したのである。とまどう者がいて当然である。それは日本人とて同様である。一方で、代議士たちが議席を確保するにはより多くの票が必要となったわけであるから、内地にいる日本人・朝鮮人・台湾人に対して票の買収が大規模になされていったのである。

そこで、全国的に選挙粛正運動が展開されることとなった。広島県警宇品署では「諺文付の選挙粛正の主意書を印刷有権者らに配布して参政権と選挙粛正についての認識を深めつつある」そうで、それに呼応して、宇品在住の朝鮮人が組織した「宇品鮮人共済会」が朝鮮語での立看板をつくり啓発につとめている、という（「朝鮮同胞も　自発的に選挙粛正　宇品鮮人共済会の幹部が　諺文立看板で宣伝」『中国新聞』一九三五年八月一〇日）。

これに類似した記事はいくつかみられるが、一九三六年二月二〇日投票の第一九回衆議院議員選挙に際して、選挙粛正運動が積極的におこなわれた。このときの啓発のポスター、看板などが日本語ばかりではなく朝鮮語でも作成された、という記事がある（「朝鮮文字の　粛選看板　有権者の激増で　粛正と棄権防止」『呉新聞』一九三六年二月八日）。それによれば広島県警呉署では「投票は売るな、買われるな二月二十日必ず投票」という標語を朝鮮語で書き、立看板として各所に設置した。日本語で呼びかけても「朝鮮出身の人々はこれが読めない人が大部分」なのに「有権者数はかなり多数に達してゐる」

からだという。

選挙の内実はともかくとして、普通選挙（男子のみであるが）の理念に忠実であろうとする措置ではある。ただ明治帝国憲法下の選挙においては、「選挙は『一票の行使に依つて　陛下に奉答し奉ると云ふ重大な義務』であることを平易に書いた朝鮮音字交りのビラ」が広島県警西署によって一千枚作成され配布されたという記事（「鮮民への　徹底を期す　選挙粛正運動」『芸備日日新聞』一九三五年八月二一日）が示すように、権利ではなく「陛下に奉答」する「義務」だったのではあるが。それでも、先にみたように投票したい人がいないから棄権するという声があったことも事実である。

とはいうものの、同じ第一九回衆議院議員選挙に際して、在日朝鮮人から以下のような要望が出されたが却下されたことも指摘しておく。

朝鮮語掲載は法度　大阪府で拒絶

六日の選挙公報申請締切時刻真際に大阪府第四区の候補者李善洪（中立新）氏から在住約二十万人の半島同胞の為に「投票と同様、公報にも諺文の掲載を許せ」との爆弾的要求が提出され当局を面喰はせたが結局内務省の方針に変更のない限り府当局としても既定方針を遵守して行く外なしといふことになり取敢ず李氏の公報申請書の中日本文字の部分のみを掲載する予定で一まづ申請書を受付けた

又諺文の使用を許すことになると次に点字の使用或は両者の併用など公報の検閲整理上頗る混雑を招来する虞れもあるといふのでこの爆弾要求も不発の運命にあるものと見られてゐる。

『社会運動通信』一九三六年二月八日〔21〕

つまり、選挙公報に掲載する文章を朝鮮語で書かせてほしいという「爆弾」的願いは受け入れられなかったのである。日本語がわからないから朝鮮文字での投票をしてもよい、というのであれば、候補者の訴えを表明する手段のひとつである選挙公報も朝鮮語で、というのは筋が通った話である。投票が可能であっても公報は不許可ということは、「検閲整理上」の「混雑」を理由にあげてあるように、内容の把握ができないと困るからだろう。選挙が「義務」であれ、候補者を選ぶという選択の自由をあたえないことになるのだが、そのあたりには思いがおよんでいないというべきである。

現在の公職選挙法では、投票用紙に選挙人が自書する際の文字の規定はない。ただし、第四七条に「投票に関する記載については、政令で定める点字は文字とみなす」とあるように、点字投票の際の点字を「文字」とするのみである（手話が言語であるように、点字も文字だ、とわざわざいわねばならないわけである）。第四六条をみていると候補者が届けでた「名称又は略称を自書して、これを投票箱に入れなければならない」とあるように、現実には漢字やひらがな、カタカナどまりになるだろう。ローマ字での投票を無効票にするのかは、当該選管の判断によるのかもしれないが、おそらく朝鮮文字での記載は想定外であろう（仮にあったとしても無効票となるほかない）。しかし、選管届出の際にいかに「指導」されたとしても、候補者がローマ字での届出を強く希望する可能性がないとはいえない（少なくとも、一九三〇年はローマ字での投票は可能だった）。それが選挙戦術上、重要だと判断されるときが将来こないとは断言できない。かつて、桝添要一の父がそう判断したのと同様に。そして朝鮮文字で過去の一時期そうしたことが可能であったという事実は、記憶しておきたい。

4　おわりに

ここまでみてきたように、移民である在日朝鮮人のことばそのものの記述はなされなかった。言語記述のあり方が現在とはことなっているので、現在の基準からする記述はありえないのだが、記述のあり方はともかくとして、その言語への興味関心がなければ、その言語へ関わろうとはしない。むろん、興味関心といっても千差万別である。選挙や郵便・鉄道サービスといった、対症療法的に朝鮮語をとりあつかった側面や、治安対策としてとりあつかった側面もあった。

治安対策という面からいえば、たとえば大阪の特高が、出身者の多い朝鮮語済州島方言に関心をもっていた、という仮定はなりたつかもしれない。

一般的には不可視の存在だけれども、なにか大きな変動が起こったときに、憎悪の対象として可視化される。その際に、ことばや文字に象徴的な意味がもたされる、ということを本章では指摘してきた。これは決して過去の物語ではない。敗戦後も特高の監視体制に変動がなかったという指摘があるが[22]、とすれば上記の構図も変動はなかったのではないか。特高がなくなった現在においても同様だろう。ここ最近のヘイト・スピーチの背景にも同様の構図がある。

日本において移民言語への意識がたかまるには、別の契機が必要だった。バイリンガリズムという視点である。朝鮮語学者・生越直樹は一九八〇年に以下のように指摘している。

二言語使用（バイリンガリズム）の研究はもっぱらヨーロッパ・アメリカで行なわれ、日本ではあまり盛んではなかった。〔……〕しかしながら、この二言語使用の問題は、実は日本国内においてもかなり広い範囲にわたる問題としてとらえることができるのではなかろうか。たとえば、日本人に対する外国語教育の問題や方言使用者の標準語使用の問題などは、この問題と無関係ではありえない。また、アイヌ人、在日朝鮮人、在日中国人という日本国内での少数民族の問題も、この二言語使用の問題と密接にかかわり合っている。これらについては、残念ながら今のところ、二言語使用という観点からはほとんど研究がなされていないようである。〔23〕

在日朝鮮人、在日中国人のバイリンガリズムについての研究がなされていないという指摘である。しかし、このことは移民がさまざまなバイリンガル状況（継承言語喪失の「危機」もふくめて）になってはじめて、移民言語のあり方に焦点があてられるようになったという状況を示してもいる。生越の指摘から四〇年ほどが経過し、おもに社会言語学という枠組みのなかで移民言語の記述が試みられているというのが現在の状況であろう。ただこうした研究がなにを目標にしてなされているのか、という自己点検の作業は欠かせない。研究者自身は意図しなくても、記述することと治安対策とが連動していない、と断言はできまい。

記述の技術や手法がかつてとは異なっているにせよ、その背景にある視線が同じでないことを祈るばかりである。

注

1 安田敏朗『「言語」の構築——小倉進平と植民地朝鮮』（三元社、一九九九年）、安田敏朗『〈国語〉と〈方言〉のあいだ——言語構築の政治学』（人文書院、一九九九年）、安田敏朗『金田一京助と日本語の近代』（平凡社新書、二〇〇八年）などを参照。

2 宋実成「在日朝鮮人による朝鮮語の継承・使用について——幼少期に渡日した1世と日本で生まれ育った2世の事例」『ことばと社会』一二号（三元社、二〇一〇年）、一二三—一二四頁。

3 京都市社会課編『市内在住朝鮮出身者に関する調査』京都市社会課、一九三七年、「はしがき」。

4 同前、一四一—一四三頁。

5 同前、三四頁。なお、済州島が当時属していたのは全羅南道であるが、大阪府学務部社会課編『在阪朝鮮人の生活状態』（大阪府学務部社会課、一九三四年、三四頁）によれば、大阪市では全羅南道を本籍（本貫）とする世帯の割合は五四・八二％と突出している（慶尚北道は一二・一四％、慶尚南道は二三・四九％）。次注の東京、神戸両市の同様の調査は、京都市型となっており、大阪の比率の特殊性がわかる。

6 東京府学務部社会課編『在京朝鮮人労働者の現状』（東京府学務部社会課、一九二九年）、神戸市社会課編『神戸市在住朝鮮人の現状』（神戸市社会課、一九三〇年）、大阪府学務部社会課編『在阪朝鮮人の生活状態』（大阪府学務部社会課、一九三四年）。いずれも国立国会図書館デジタルコレクションにて閲覧可。

7 塚本勲「朝鮮語辞典の編纂をふりかえる」、吉田金彦編『ことばから人間を』昭和堂、一九九八年、三一九

—三二〇頁。
8 塚本勲「朝鮮語こぼれ話（2）——在日朝鮮人の言葉」『朝鮮研究』三五号、一九六四年一二月、三一頁。
9 同前、三一頁。
10 詳細は、山田寛人『植民地朝鮮における朝鮮語学習奨励——朝鮮語を学んだ日本人』（不二出版、二〇〇四年）を参照。
11 姜徳相・琴秉洞編『現代史資料（6）関東大震災と朝鮮人』みすず書房、一九六三年、三七一頁。
12 同前、四一二—四二〇頁。
13 警視庁編『大正大震火災誌』警視庁、一九二五年、四七三頁（国立国会図書館デジタルコレクションにて閲覧可）。
14 吉村昭『関東大震災』（新装版）文春文庫、二〇〇四年、一八三頁（初版は一九七七年、文芸春秋社）。
15 ちなみに、生方敏郎は前章に登場した壺井繁治の早稲田の先輩。壺井が震災後東京で誰何されたときに向かっていた先が生方の家だった（壺井繁治『激流の魚——壺井繁治自伝』立風書房、一九七五年、一六九頁（初版は一九六六年、光和堂））。
16 『明治大正見聞史』は一九二六年に春秋社から刊行。一九七八年に中公文庫で再刊。姜徳相・琴秉洞編『現代史資料（6）関東大震災と朝鮮人』（みすず書房、一九六三年）には「大震災後記」が初出の形で再録されている。引用は中公文庫版によった。
17 生方敏郎『明治大正見聞史』中公文庫、一九七八年、三四一頁。
18 同前、三四六—三四七頁。
19 松田利彦『戦前期の在日朝鮮人と参政権』明石書店、一九九五年、六一頁。
20 舛添要一「立候補した父親とハングルの選挙ビラ——参政権が朝鮮人にあった「戦前」を考える」『現代』三五巻一号、二〇〇一年一月、二二二頁。

21　引用は、樋口雄一編『協和会関係資料集　Ⅳ』（緑陰書房、一九九一年、一二三頁）による。

22　金廣烈「1940年代前半における日本警察の在日朝鮮人統制体制」、金廣烈・朴晋雨・尹明淑・任城模・許光茂著（朴東誠監訳）『帝国日本の再編と二つの「在日」──戦前、戦後における在日朝鮮人と沖縄人』明石書店、二〇一〇年。

23　生越直樹「二言語使用（バイリンガリズム）に関する文献目録──日本における研究」『待兼山論叢　日本学篇』一四号、一九八〇年、三九頁。

第五章　朝鮮人の言語使用はどうみえたか
——村上広之の議論を中心に

I　はじめに

本書第三章では、朝鮮人が日本語をどう発音するか、というなかば想像と伝聞をまじえた議論が流言飛語となって拡散していくあり方を考えてみた。つづく第四章では、すぐそばにありながら日本人にはみえてこない朝鮮文字のあり方について考えた。

そして本章では、村上広之（一九〇四年〜一九五一年）という、従来あまり注目されてこなかった人物による、植民地期の朝鮮人の話す「国語」（日本語）に関する議論を紹介する。前二章にくらべると、植民地支配下にあって「国語」の使用が強制された朝鮮人の言語使用の複雑なありように注目し、そこからなにがしかをすくいあげようとしていた点において、考察の対象になると考えられる。

村上は国語を話す動機を内在的、外在的、中間的なものに三分類し、高等普通学校の生徒へのアンケートなどを活用して、国語常用・全解運動が展開されつつあった時期の国語使用の「現実」を、漢字語の読み方の傾向を中心として浮かび上がらせようとした。その手法は恣意的ではあるが、「現実」を把握したうえで言語政策を立案すべきだといった主張は妥当なものに映る。とはいうものの、さまざまな手段を用いた「国語への同化」が基本的な立場であった。

本章のもととなったのは、韓国日語日文学会二〇一一年夏季国際学術大会におけるシンポジウム「支配と言語——朝鮮総督府の言語政策と日常の支配」での報告であるが、「日常の支配」がどのようにすれば可能かを考えるうえで、村上の議論は貴重なものといえるだろう。とはいえ、朝鮮総督府の言語政策によって人びとの日常がどのように支配されていたのかを具体的に論じることは案外むずかしい。

支配とは何か、という議論が必要であることはもちろんだが、植民地支配とはすべてが支配である、とすれば、そこでおこなわれる政策はおしなべて支配であって、制度的に策定される言語政策も当然、支配である。しかし、政策がすみずみにいきわたることが、すなわち日常の支配の完了であるとはいえないわけであるから、これでは何も議論したことにはならない。

言語政策の意味をひろくとって検閲や密告などをふくめてみれば、日常はがんじがらめに支配されていることになる。また、特定の言語変種（たとえば日本語や標準語など）の使用を強制したり、特定の言語や方言の使用を禁じるのも言語政策の実行であるとすれば、支配されていることにまちがいはない。しかし、その前提として、どのような場面でどのような行為がなされることが日常の支配なのか、という事細かな議論が必要になり、事細かくなればなるほど、その証明は困難を極めてくる。

植民地統治下の日常生活に関する議論は近年積み重ねられてきているようであるが〔1〕、「政策によって支配される」あるいは「日常のなかに支配を探る」というあまりにも直接的な連関を求めていく見方は、フーコー流の規律・権力の議論の援用の妥当性などをふくめて、どの程度有効なのであろうか。

ともあれ、日常の支配について考えるには、支配されているという意識をどの程度もっていたのかを明らかにする必要があると思われるのだが、これもまた証明が困難である。

あからさまな支配に対してはあからさまな対抗もできる。一方で反感をもちつつも耐えて沈黙する選択肢もある。もっともみえにくいのは、支配されているという意識をもつことなく、その支配に従っていくことであり、それを可能にする構造である。

むしろ、日常とはそうした構造のなかにある、といってよいのではないか。もちろん、こうしたことも資料的に証明することはむずかしい。たとえば、いま現在のことを考えてみても、たとえば日本の場合であれば、漢字の数や字体が制限されていることを支配と考えるのか、パソコンに特定の文字が載らないことをもって、あるいはいわゆる差別語がすぐには漢字変換されないようにメーカーが自主規制していることをもって、表現の自由が侵害されていると感じるのかなど、技術的な側面もふくめて、言語政策によって日常が支配されていると断言することも、そうそう簡単なことではない。

となると、何をどう論じるべきなのか、茫漠としてしまうのだが、まずいえるのは、朝鮮総督府の言語政策に関する研究は、資料的な制約からいっても、どうしても制度的なものが中心にならざるをえない、ということであり、日常の支配という側面への言及はかなり困難である、という点である。

もちろん、国語普及政策や朝鮮語（抑圧／教育）政策などについては韓国でも日本でも相応の研究蓄積がある。また、朝鮮総督府の言語政策への反応についても、たとえば朝鮮語学会などの対抗言説はよくとりあげられるものの［2］、日常の支配という側面とはまたことなってくる。

日常の支配を描くことにやや懐疑的になってしまっているが、さきほど「政策がすみずみにいきわたることが、すなわち日常の支配の完了であるとはいえない」と述べたことにならえば、言語政策にしても、その目標である国語普及が朝鮮社会のすみずみにいきわたったとしても、それをもって日常の支配の完了とは、やはりいえないだろう。政策主体が要求することばを話すことと、日常の支配とは、直接には結びつかないからである。

本章では、朝鮮総督府の言語政策がそもそもどこまで有効に機能しているのかどうかについて検証しようとした、朝鮮で国語教師をしていた村上広之という日本人の議論に着目する。検証方法はのちにみていくように、実地調査に基づいたユニークなものであったが、国語普及の達成がそのまま日常支配の完了にはならない、ということにこの人物は気がついていたように思われる。では、どのようにしたら日常支配の完了になるのか、といえばそれは「言霊の同化」という陳腐な論理であり、日常を支配するということがどういったことなのかについての議論は深まらない。しかしながら、言語政策の有効性という現状認識から出発した議論ゆえの特殊性をもつように思われる。以下、順を追ってこの人物の議論を紹介してくことにしたい。

2　村上広之という人物

2－1　言語政策はどこまで有効なのか

植民地朝鮮で国語教育にたずさわっていた村上広之は、朝鮮総督府の言語政策の有効性に疑義を呈していた。たとえば一九三七年の文章で以下のように述べている。

植民地に於ける国語政策の名の下に、在来取上げられて来た問題の大半は、国語教授（教育と言ふよりは寧ろ）の基本的技術と（朝鮮普通学校に於ける、仮名遣法、送仮名法等の緩衝的便法等の問題も含めて）その上に立つ国語使用、奨励強化の命令（公用語、教育語、裁判語等として）とであつたと言ふも、さしたる過言ではないと思ふ。斯の如き問題も政治的立場よりして、重要なることに今更論はないのであるが、それが動もすると現実を没却した観念的、機械的弱点の上に空転しがちな具体的現象に当面する時、〔……〕今や少くも我が朝鮮に於ける国語政策の問題は、円熟せる国語教授の技巧と、厳粛なる命令を以つてしては如何とも解決し難い新なる問題に当面してゐることと反省すべき時ではないかと思ふのである。言霊の同化なき徒らなる国語話法の巧緻は、一見内地人と区別し難き厄介極まる身中の虫を培ふ結果にならぬとも限らない。現実の問題として左様な苦杯を嘗めた者も、この迂闊な私だけに限つたことではない筈である。現実を離れた命令には、意識的反発を経た上での裏腹なる服従があるのみである。日常言語の範疇に於いて内鮮両語の水膏の如き背離は以上の如き態度の一つの現はれではないのか。命令は常に(特に言語問題の如き文化過程にあつては)具体的現実に立脚した指導的命令でなければならぬ筈である。[3]

一九三七年とは、大きな流れからいえば、日中戦争がはじまり、植民地朝鮮は総力戦体制に組み込まれ、国語常用・全解運動が展開されていく状況下にあった。この文章が発表されたのは八月であるが、同年一〇月には「皇国臣民の誓詞」が発表され、いわゆる皇民化運動のうねりのなかにある時期であった。そうしたなかで、言語政策を整備したとしても、「具体的現実」をふまえなければ反発を招くだけだ、と従来の国語政策のあり方に率直に疑義を呈したのであるから、その論理には注目せざるをえない[4]。とはいえ、朝鮮人側に立った議論の展開でないことは、「言霊の同化なき徒らなる国語話法の巧緻は、一見内地人と区別し難き厄介極まる身中の虫を培ふ結果にならぬとも限らない」と述べるあたりで明らかであろう。村上は「言霊の同化」を目指すのではあるが、「厄介極まる身中の虫」といった表現からもわかるように、朝鮮人に対する本質的な拒絶意識があるようにも思われる。

こうした意識は、別のところで「我々親しく半島で生活するものには、些細な事柄ながら、日常茶飯の、しきたりや物言ひに、或る時はなるほどと思ひ又或る時は、同祖とまでは行かなくとも随分親しい間柄であつたに違ひない自分達の祖先のことについて、否応のない、微妙な実証に迫られることも少なくないのである」[5]と朝鮮人と日本人とが「似ている」ことにたいする「親しみ」を示す村上の、実際の生活者としてのまたことなる心情ともいえる。

こうしたなかで、「裏腹なる服従」となることを避け、「水膏の如き背離」〔水と油のような乖離〕にならないようにするにはどうすればよいのか。村上はこう述べる。

然らばこの場合、現実とは何を意味しなければならぬか。国語による民族同化の理想が、国語の長所を知らしめ国語に対する愛を醸成するにあるは論を俟たぬ所であるが、その方法が意識的理智に依存する限り、そこには徒らに意識的なる反発のみが結果されるに違ひない。こゝに於いては無意識的誘導が唯一の原則でなければならぬ。彼等が日常現実に於いて、無意識的に乃至は自発的に使用しつゝある、国語の検討により、国語接収の底を流れる法則性の把握、その法則性に即しての国語使用強化、助成発展でなければならぬと思ふのである。〔6〕

あからさまな命令では反発を買うのだから、まずは使用されている国語の実態をあきらかにして、そのうえで対策を講じるべきだ、というわけである。あからさまな「支配」という印象をあたえることなく、「無意識的誘導」によって、「国語の長所を知らしめ国語に対する愛を醸成する」べきだ、というこれはまたこれで陳腐な議論に映ってしまう。しかしながら、「支配と言語」という、どうしても観念的になってしまいがちなテーマのなかで、現実をふまえたうえで意識せざる支配の貫徹を主張していた点に注目してみたい。村上がみた「現実」とは何であり、そこからどのような「支配と言語」の構図を導き出そうとしていたのだろうか。

2-2 村上広之の略歴

村上広之という人物の詳細はよくわかっていないが、自身の語るところ、そして国立公文書館での公開資料によって、その経歴を再構成してみたい。まずは、自身の語るところによれば、

大正十四年〔一九二五年〕仙台の第二中学から二高の文科を経、昭和三年〔一九二八年〕東大の文科に進み桑田芳蔵〔7〕〔一八八二年〜一九六七年、民族心理学〕、増田惟茂〔8〕〔一八八三年〜一九三三年、実験心理学〕両先生の下に心理学を専攻、同六年〔一九三一年〕東北大学に移り岡崎義恵先生〔一八九二年〜一九八二年〕の御指導下に国文学を学びました。同九年〔一九三四年〕卒業と同時に大学院で専ら「日本古代に於ける感情」の研究に没頭いたしました。渡鮮以来「異民族接触による文化変容」の問題を中心に専ら朝鮮における国語問題の考察に牛の歩みを続けて居ります。〔9〕

という。この文章は、緑旗連盟の機関誌『緑旗』に掲載された「半島に於ける日本学教授に訊く」というアンケートへの回答である。これによれば、心理学を学んだあと、日本文芸学で注目を集めていた岡崎義恵のもとで学んだ、興味深い経歴の持ち主である。

ここで、『東北帝国大学一覧』各年度をみると、「村上広之（宮城）」は一九三四年三月に東北帝国大学法文学部を卒業、文学士の称号を授かっているものの、大学院生の名簿には掲載されていない。のちに確認する履歴書によれば、大学院には半年ほどしか在籍していなかったようである。

東京帝国大学で師事した桑田芳蔵は、ヴィルヘルム・ヴントの心理学を紹介した人物であるが、その著書『ヴントの民族心理学』（改造社、一九二四年）に「別論」として「文化と歴史」を立てて解説をしている。また桑田の「民族精神の発達」『岩波講座　教育科学』第三冊（岩波書店、一九三二年）では、社会の発展に従って文化も発達するというヴントの考え方を紹介している。こうしたことを通じて、「文化」について考えることに村上は親しんでいたと考えてよい。

村上が朝鮮半島に渡ったあとの「異民族接触による文化変容」といったテーマは、「文化」を一枚岩のようにとらえるのが一般的であった当時において、驚くほど現代的でもある。なお、文化人類学の入門書によれば、acculturationということばはアメリカで一九三〇年代にあってクローズアップされたというが、この訳語として「戦後まもなくのころ「文化変容」と訳されて以来、この訳語がなかば固定して使われてきた」という[10]。その意味では村上の用例はこれ以前のものになるのだが、「植民地における異民族接触による文化変容」などとすれば、いまでも通用するテーマだろう（もちろん、植民地という異民族接触の「場」のあり方やその登場の背景への考察が不可欠なのはいうまでもない）。そうした「文化変容」のひとつの事例として「国語問題」を位置づけているという点も、いまでいえば第二言語習得論にも関連するであろうし、社会言語学的な視点をもったものといえる。

こうした観点から、実際に村上は国語と朝鮮語とに関わる問題について論じた文章を残している（一九三六年から一九四〇年にかけて、確認できるだけで七本ある）。論文発表時に記された所属をわかる範囲で示すと以下のようになる。

一九三八年一月　崇実専門学校教授
一九三八年六月　平壌師範学校教諭
一九三九年八月　京城鉱山専門学校教授
一九四〇年七月　京城鉱山専門学校、淑明女子専門学校

また、韓国歴史情報統合システム（http://www.koreanhistory.or.kr）で「村上広之」を検索すると、一九四〇年六月六日までは京城鉱山専門学校教授と京城高等学校生徒主事を兼任し、以降は京城鉱山専門学校教授専任となり、一九四三年にも同校に在職していることが確認できる。

一方で、日本の『富山大学五十年史』によれば、富山高等学校に在職していた村上広之という人物がおり、旧制富山高校が新制富山大学文理学部となったときに国文学の助教授となった（一九五〇年三月三一日）が、翌一九五一年八月二八日に死去したという〔11〕。ちなみに『富山高等学校富山県立高等学校一覧』一九四三年度版には村上広之の名前は掲載されていない。

国立公文書館所蔵以外の文書でわかるのはここまでである。以下は、国立公文書館所蔵の文書をつかって、補足していくことにしたい。

村上広之に関する国立公文書館の公開文書のなかの「二級官進退（富山大学　村上広之）文理学部助教授に補す」（本館–3A 031-07 昭59文部–01874-100）に比較的詳細な履歴書が付されている。それによれば生年月日は一九〇四年七月三日。一九五一年八月二八日に死去しているので、四七歳の誕生日の翌月に亡くなったことがわかる。本籍地は宮城県刈田郡越河村《こすごう》（現在は宮城県白石市越河）。この履歴書は

一九二五年四月一日の第二高等学校文甲入学からはじまり、一九二八年三月五日の卒業、同年四月一日の東京帝国大学文学部心理学科入学、一九三一年四月一日の「同学修了の上」東北帝国大学法文学部への「転学」、一九三四年三月五日の東北帝国大学国文学科卒業「直に大学院入学」、同年一〇月一〇日の大学院退学、というように先に村上自身の書いた略歴に沿っている。その後、敗戦までの履歴は以下の通り。

一九三四年一〇月一五日　朝鮮平壌崇実専門学校教授
一九三八年六月一〇日　朝鮮平壌大同工業専門学校教授
一九三九年四月一〇日　朝鮮京城高等工業学校生徒主事兼京城鉱山専門学校教授
一九四〇年六月一五日　京城鉱山専門学校教授　専任
一九四六年五月三一日　官制廃止に依り京城鉱山専門学校教授を退官

ここには、村上の論文発表時に記された所属のうち、平壌師範学校と淑明女子専門学校が記されていない。その理由は不明である。ちなみに、崇実専門学校は、ミッション系であったが神社参拝を拒否して一九三八年三月に閉校となるが、李鍾萬が買収して大同工業専門学校となっている。村上はこの間、一九三八年七月一九日に教員免許状（国語）を取得している（高等学校高等科教員無試験検定合格）[12]。

京城鉱山専門学校を一九四六年五月三一日に退官（勅令二八七号（履歴書には政令とあるが勅令が正しい）

による自然廃官）となっていることがわかった。敗戦後日本に引揚げてきたことになる。

日付は一九四六年となっているがこれは書類上のことである。村上の没後の「故文部教官村上広之位階追陞の件」（本館―3A 035-00 平1総―00303-100。村上は位一級追陞され従五位に叙された）に付された履歴書によれば、一九四五年一一月二四日に博多港に引揚げており、勅令二八七号施行の一九四六年五月三一日時点で帰還後一ヶ月が経過しているため、この勅令の定めるところにより退官（自然廃官）となった。さらにこの履歴書によると、一九四六年に官職を失ったあと、同年一一月三〇日に富山高等学校講師を嘱託されている。一九四八年三月三一日に嘱託制度の廃止によりこの職も失うが、一九四八年七月二七日に教職適格と認められ、八月一八日に文部教官に任名され、同日に富山高等学校教授となる。そして一九四九年に設立された富山大学の助教授を兼任（六月三〇日）し、一九五〇年三月三一日に富山大学助教授専任となっている（文理学部古典文学第一講座担当［13］）。

一2―3一　村上広之論文の構成

村上の経歴は以上であるが、村上は前述のような認識のもとで、いくつかの論考を発表していった。これら論考の関連を自ら以下のようにまとめている。先にみたように「異民族接触による文化変容」を国語問題と連関させて議論するのが村上の研究テーマであるようなので、ある「民族」が別の「民族」の言語を使用することによる「文化変容」のあり方を探ることになる。その前提として村上は、「植民地における土着民が国語使用圏に入る仕方」を三つの動機に分類する。

外在的：教育語、公用語等の命令主体に対する服従
中間的：功利的目的のための手段として、国語に帰趨せんとする
内在的：本国的生活文化に対する渾然たる愛意識の下に、自ら喜び進んで、純粋精神的自発的に国語に帰依〔14〕

「国語使用圏」という用語も、同時期の他の論者にはみられないもので、言語使用の場のことを示していると考えられる〔15〕。内在的動機だけですべての植民地の人々が国語使用圏に入ってくるのであれば、言語政策上は何の問題もない。もちろんそういうことは考えにくいので、「命令」が出される。言語政策とは命令の集積だとすれば、外在的動機には「服従」という対応が示される。しかしそれでは内在的動機の喚起にはいたらない。たんに命令に従っているだけなのであるから。具体的に、高等教育になるほど国語を積極的には使用しなくなる、といった指摘がなされる。つまり、「国語使用の巧妙さにおいて普通学校生徒が最優秀であるといふ一見奇妙なる逆転現象は十目の一致せる所見」〔16〕だというのだ。

村上の議論は、上記の三つの動機に関するものに集約される。

まず、「外在的動機」による国語使用の現状については、

○「植民地における国語教育政策——主として朝鮮語方言化、国語標準語化の問題について」『教育』六巻六号、一九三八年六月

で若干論じられている。

また、「内在的動機」による国語の使用を「部分的自発的使用」（これをさらに「語的要素」と「文的要素」にわける）と「全体的自発的使用」に区分する。前者すなわち「部分的自発的使用」について、

○「朝鮮に於ける国語純化の姿――主として漢字による固有名詞について」『言語問題』二巻六号、一九三六年六月

○「朝鮮に於ける国語問題――主として日常鮮語に取入れられてゐる国語について」『国語教育』二二巻八号、一九三七年八月

○「朝鮮に於ける国語問題――日常鮮語の国語同化、特に数詞について」『国語教育』二三巻一号、一九三八年一月

で論じ（後二者はタイトルがおなじなので注意が必要）、後者すなわち「全体的自発的使用」については、先の

○「植民地における国語教育政策――主として朝鮮語方言化、国語標準語化の問題について」『教育』六巻六号、一九三八年六月

で主に論じられている。

そして「中間的動機」の検討が不可欠だと主張するが、それについては「功利性」という用語を用いて論じたのが以下である。

○「植民地国語同化における一契機としての「功利性」の問題について——主として朝鮮における国語政策と文化施設について」『教育』七巻八号、一九三九年八月

村上の議論の特徴は、実地調査にもとづいてなされている点である。たとえば、一九三七年の「朝鮮に於ける国語問題」を例にとると、「鮮語の漢字依存率は遙かに国語を凌駕する」ことを示すために、「朝鮮諺文新聞社説漢諺対比表」と「主要国語新聞社説漢字仮名対比表」をそれぞれ三紙を対象にして作成し、前者の表では漢字とハングルがほぼ一対一の比率であるのに対して、後者の表では漢字と仮名の比率が一対二であることを示す[17]。また男子高等普通学校の生徒の自由想起と指示判別法により、朝鮮語のなかで用いられる日本語の単語を取り上げて論じ[18]（本章末の資料一を参照）、そうした日本語が用いられる場面を列挙し分析していく[19]。有効性はともかくとして、こうした分類・調査への志向というものをまずは読みとる必要がある。

ところで、社会学者・田辺寿利（一八九四年〜一九六二年）は、明治書院の国語科学講座シリーズで『言語社会学』という巻を一九三三年に執筆した。これはフランスにおける言語社会学の沿革を記したものであるが、言語社会学とは「国語（langue nationale）」や「国際語（langue internationale）」の問題の解決が喫緊である今日の状況にあって必要な学問である、とする。なぜなら「これらの問題は

単なる論理に従つて処理すべき問題でなく、社会の現実そのものに基礎を置いて処理しなければならぬ問題だからである」という。しかしながら、「我々の国語すなはち日本語は、殆んど社会学的に研究されてゐない」と嘆いている[20]。村上がこれを読んだのかはわからないが、「社会の現実そのもの」から「国語」の問題を考えるという点において、村上は日本の社会言語学者の嚆矢とすることも可能だろう。

なお、「植民地における国語教育政策」と「植民地国語同化における一契機としての「功利性」の問題について」は、ともに岩波書店が刊行する雑誌『教育』に掲載されたものである。この『教育』とは、教育科学研究会（一九三七年〜一九四一年）の活動母体となり準機関誌的な役割を果たしたものとされている（機関誌は『教育科学研究』）。教育科学研究会とは、教育史学者・佐藤広美によれば、「戦前の教育学の主流である観念的思弁的教育学に対抗し、教育の実証的科学的研究を志し、教育現実の具体的実際的研究を基礎に教育政策への批判と提言とを行うことを運動の目標とした」組織である[21]。村上広之がこの組織とどのように関わっていたのかは明らかではないものの、教育科学研究会と東京帝国大学文学部心理学科の卒業生との関係は深いというので[22]、心理学科に在籍した村上とは何らかのつながりはあったかもしれない。また、村上の以下の議論は「実証的科学的研究」を志向したものともいえるので、この教育科学研究会の志向と一致している。佐藤は、『教育』に掲載された村上の議論を簡単に「朝鮮人のより高い文化・教養の享受のために「国語の標準語化と朝鮮語の方言化」を提唱」[23]したものとしてまとめている。もちろん、「雑誌『教育』には、植民地教育政策への批判論文が掲載されていたとはいえ、日本帝国主義の植民地統治を擁護・推進するものが多くを占めていた」[24]ことは否定できないが、以下、村上の議論、とくに「内在的動機」「中間的動機」についての議論に即して検討していくことにしたい[25]。

3　村上広之の論理[26]

3-1　「部分的自発的使用」に関して——漢字の読み方

国語使用圏への参入に関する「内在的動機」の下位区分として「部分的自発的使用」と「全体的自発的使用」を設けたことは先にふれた。この「部分的自発的使用」を調べる際に村上が注目したのが、漢字の読み方であった。

もちろん、朝鮮総督府発行の国語読本においては、漢字の音訓は日本語のものであった。しかしながら、それが日常においてどのような文脈でどのように発音されているのかを把握することで、言語政策の効果と対策を考えようとしたわけである。「朝鮮に於ける国語純化の姿」で村上は、朝鮮人が漢字音を朝鮮語音で読むことを「異常にも強靱な」個性であると定義する。その「個性による漢字及び漢字による国語の朝鮮的変貌」に注目し、それが「朝鮮に於ける国語教育に幾多の重要な問題を提起する」という[27]。つまりは、朝鮮人の話す日本語のなかの漢字語が、日本漢字音ではなく朝鮮漢字音で発音される、というのである。朝鮮漢字音で読まれる例として挙げるのは「小使」「算盤」「案内」などであり、「下駄」「羽織」など「彼等の生活から明かに遮断区別される物の多くは国語読の傾向が強い」とする。しかし、外来のものをその音に近く読むのか、というと必ずしもそうではなく、「麻雀」や「基督教」は朝鮮漢字音で読まれる傾向が強いという[28]。ここで村上は約千名の中等学校の朝鮮人男女学生へのアンケート調査を行なう。男女比率や年齢、出身地などの細かな情報はない。村上が平壌の崇実専門学校で教えていた時期のことであるが、ある程度の人数を対象にしたアンケートをどのようにしてあつめることができたのか、という点についても不明である。

ともあれ、これは日本の地名、人名を朝鮮語で書き話すなかでどう発音するのか、という調査であった。その結果、東京・京都・富士山・門司・仙台・熊本・福岡・大阪・横浜・下関などはたいてい朝鮮語で発音され、横須賀・箱根・熱海などは日本語で発音される。人名については、佐藤・斎藤・宇垣・高橋が朝鮮漢字音で（斎藤、宇垣は朝鮮総督の名でもある）、鈴木は日本語読み、佐々木は半々という傾向があるという。どの程度実証的なのかはわからないが、結論は「周知の度合」が増すと、朝鮮語読みになるという傾向があるという漠然としたものだった[29]。日本語の音として流入したとしても、漢字で書かれたものが浸透すると、朝鮮語漢字音によって日本語音は追いやられるということのようである。

翌年に公表した「朝鮮に於ける国語問題」でも、「国語との共通的要素として、一見国語化（国語的漢字音読化）の漸易を思はせる漢字が事実は、国語同化中にても難中の難と見なければならぬ事情におかれてゐる」[30]と、漢字を共有することがかえって日本語学習の障害になっていると指摘する。村上の描く構図は、日本語のなかの音読漢字は朝鮮漢字音読みになるが、日常会話では日本の固有名詞や数詞、特定の名詞などが、徐々に日本語読みへと移行しつつある、というものである。しかしながら、佐藤をサトウと発音し、補足として朝鮮語音を付すという傾向も生じており、ふたたび朝鮮語音読みへ戻る傾向もある、ということのようである〔31〕。一方、日本語の文脈での訓読漢字については、音読漢字が朝鮮語音として読まれることと比べれば日本語音のまま読まれることが多いという。ここでの村上の調査は、高等普通学校男子生徒四一二名を対象として、朝鮮語会話のなかに登場する日本語の単語を自由想起させた約二千語のうち上位三〇〇語から、再度使用度数の高いものを選ばせる、というものであった。自然談話からの採取ではないのでどの程度実態を反映しているのかわからないが、こうして選ばれた二五〇語のうち、音読のものは六八語、訓読のものは七四語（残りは音訓混淆やカタカナ語など）であったという。かかげられたリスト（章末の資料一）をみると、現在の韓国語でも使われている「アッサリ」などが入っており、興味深い。そしてさらに、こうした「日用鮮語化せる国語を、その語の属する社会的範疇に従つて分類」していく。社会的範疇というのは、たとえば、官庁・交通機関・郵便・電気水道・裁判・軍隊・職業などといったものである〔32〕。

こうした抽出方法（資料一、資料二参照）や分類の仕方は、村上が東京帝国大学で学んだ心理学の手法と通じるものがあるだろう。ここでも「国語の接収に対する選択意識即ち心理的志向〔……〕の本質の究明なくして、国語の同化影響を徒に激成することは角を矯めんとて牛を殺す憾みを招くものである」〔33〕と心理学的手法によるアプローチの重要性を説いている。具体的には「外来語収受に対する動因」を分類し、「鮮語化せる国語」を分析していく、というものである〔34〕。

ここでなされる議論を簡単に紹介しよう。まず村上は、口頭語的であるほど日本漢字音で読まれる傾向があるとする。たとえば、「算術」「代数」「英語」など、教科目のような口頭語から距離がある単語は朝鮮語漢字音で読まれ、「方程式」（これが口頭語的だという根拠は示されていないが）などは日本漢字音で読まれる傾向にあるといい、「機関銃」は朝鮮語音である一方で「鉄砲」「喇叭」などが日本漢字音で読まれる傾向にある、といった具合である。また、先にふれた自由想起で書かせた単語のなかで、漢字で書かれるべき語の九〇％近くが仮名書きであったという点に着目し、「金剛山」「世界的」「一米六十糎」「林首相」「十二時」「弁当」「華麗」といった単語を、朝鮮語の文章に、ハングルで日本語の読みを表記した形で挿入し、間違っているという意識がどの程度あるのかを調査している。数字や単位については七〇％以上が間違っていないと判断し、「金剛山」、「林首相」も八〇％以上がまちがっていないと判断している。つまり、「林首相」は朝鮮漢字音の「imsusang」ではなく「hayasisyusyoo」の発音で朝鮮語文脈のなかでも意識されている、ということである。「弁当」に至っては全員が「bentoo」という発音でよい、と認識している。ただし、先にみたように「富士山」を朝鮮語発音で読む傾向があることなどを勘案すると、「彼等の現下に於ける使用言語に対する帰趨の意識標準が、極めて動揺し易い、混沌の状態にある」[35]という現実認識から、明確な方針のもとでの言語政策がとられるべきだという主張にいたるのである。

次に、翌一九三八年発表で同名の「朝鮮に於ける国語問題」での議論を紹介する。まず、数詞が日本語読みの傾向にあることを指摘し、漢字の音は朝鮮語で読まれるといった強い原則にも強弱があるとする。「数詞は、品詞中最も非感情的な民族個性からは縁遠い、逆に言へば普遍性の強い性質の語」であるからそうした品詞が日本語読みで「自然に」流入することを、制度的に保証しなくてはならない、として外国語式に読むもの（米、糎、哩など）は「漢字をさけ、片仮名による」べきだとし、「外国式ならざるものも、可及的に漢字を離れることが妥当な方法でなければならぬ」〔36〕とする。

このように、漢字を共有するがゆえに日本語音・訓と朝鮮語音のあいだで混乱が発生し、なおかつ文字表記を経ない音声として受容していく日本語とのあいだでも混乱が生じているといった「現実」を村上は描きだしている。ひとつの漢字に日本漢字音、朝鮮漢字音、そして訓の三通りの読み方の可能性が生じ、なおかつ日本語と朝鮮語という二言語を文脈に応じて使い分けていくことが求められていたなかで（結局は混用になるのだが）、漢字の音をめぐる混乱があったことを具体的に示している点で、貴重な議論である。

村上は、教えている生徒たち（だけではないかもしれないが）を対象にして様々な調査を行なうことで、国語使用の実態をある程度ふまえた言語政策の必要性を訴えていた、といえる。

しかしながらそれは、徹底した朝鮮語の排除をめざす立場に立つものであった。つまり、原則が明確でないからこそ、生徒たちの国語使用が不安定な状態になるのだ、というのである。

調査にもとづいた話者の心理に着目した議論を展開してはいるものの、結局は「国語に対する愛を如何にして養成するか、これこそ終局的重大問題であり、〔……〕言語を中心に考へる時、国語の持つ有ゆる長所美点を、理智的にではなく、現実に即して認識せしめることであり、そのためには、国語の有ゆる長所、美点を生み又用ひざるを得ざらしめた日本民族の心根（言霊）を理解せしめることの必要に迫られる」〔37〕という結論に落ちついていくのである。

3-2 「全体的自発的使用」に関して——朝鮮語方言化論

「現実」を調査したということは、ある種の自信を村上にいだかせるようになったようである。たとえば、一九三八年の「植民地における国語教育政策」においては、日本語と朝鮮語のバイリンガルといった当時なされていた主張、あるいは「朝鮮は朝鮮語で」という主張[38]に対して、それこそ「現実」をみない暴論だと非難する。また、ユダヤ民族は共通の言語はなくても「歴然たる民族意識の現存」し、民族的一体感をもっていることを指摘しつつも、言語的不統一によって国家的統一がなされていないわけであるから、民族意識の存在は「国語統一強化の不要」を意味するものではないという。

つまり「朝鮮民族を国語によって統一し、朝鮮語を喪失せしめることによって、朝鮮民族性の喪失を期待することの不可能を歎くことの前に、民族性の如何は兎もあれ、国語への統一同化による、日本国民（日本民族ではない）への止揚の可能と重大とを思はねばならぬ」というのだ。その際には「国語使用への歩みは本国の指導文化を中心とする愛と精神的功利性（文化享受）を契機」とすべきだということになる[39]。この引用からわかるように、村上は民族と国民を区別し、また、複数国語制はスイスの例をひきながら否定していく。したがって、複数ではなく単一の国語のもとに、複数の民族語が存在することは許容される。「民族の国民への止揚同化が民族の否定を意味せぬ如く、民族言語の国語への止揚も亦民族言語の否定ではあり得ない」として、「朝鮮語方言化、国語標準語化」を提唱する。この意味では朝鮮語そのものの存在を否定するわけではない[40]。しかしながら、哲学、科学を朝鮮語で論じることの困難の理由を、哲学や科学が普遍の学であって、「方言としての鮮語とは凡そ縁遠い性格の学」だからだ[41]ということに求めるなど、「普遍」という名による差別をおこなっていく。

以上のような村上の主張を裏付ける「現実」とは以下のように抽出された。まず、「公私立男子専門学校、中等学校生徒一六二名」に対して場面ごとにどの言語を使用するのか、という意識調査をおこなった。そこから、かれらが日本語を使う場面と意識が、日本語方言話者が標準語を使う場面と意識とに相似するという主張に結びつける[42]（具体的には資料二を参照）[43]。

いまからみれば操作性の高い不十分なものであり、村上の主張は国語常用・全解運動を支えるものでしかないのではあるが、より威信があるとされる言語変種（標準語や国語）の当時における使用意識をとりだすことができ、社会言語学的な調査として興味ぶかい。

また、動機の「外在／内在」を、「量的ヘゲモニー／質的ヘゲモニー」[44]と置きかえ、朝鮮語話者が国語を使用する場面の「質的ヘゲモニー」（「国語に対する愛」の現れである「憧憬、進歩、優位、美感等」）が「量的ヘゲモニー」（「内地人との命令的接触」）によって阻害されて反動的感情を生まないようにするべきだ、と主張する。そのためにも「自発的共学を愛求するものに対する機会の開放が、その原則でなければならぬ筈である。そこには内地人子弟の、謙虚なる不断の向上が前提されなければならない」と提言していくのであった[45]。

以上をふまえて村上は、この論文の副題である「朝鮮語方言化、国語標準語化」を言語政策の基盤に据え、都市部や中流知識階級から重点的に、新聞・ラジオ・映画・デパートや教育令までもふくめて政策的にこの方向でおこなうことを堅持していくことを訴える。

そしてこの政策が達成されるとどうなるか、といえば「一人の朝鮮青年が、他の教養ある朝鮮青年間の国語会話によつて、国語に対する積極的感情を抱きはじめる時、はじめて暁をのぞみはじめたと言ひ得る筈である。そのきざしが幽か乍ら明かに見えはじめてゐる」というのだ〔46〕。

一3-3一「功利的目的のための手段」としての国語使用

「愛と文化享受」があれば、みな積極的に国語を使用するであろう、と村上はいう。しかし、ものごとはそう簡単ではない。村上にとってもっとも重要な問題が、功利的目的のための国語使用を、どのように「質的ヘゲモニー」のなかに取り入れていくのか、であった。一九三九年の論考では、「植民地における国語政策の放棄は〔……〕国家主体の放棄であり、土着民の国民的生活の放棄である」と位置づけ、自身を「「朝鮮は朝鮮語で」とか「国語と朝鮮語の適宜平等処置」の如き見解が、如何に民族同化の理想を傷つける偏見なるかをまのあたりに見る者」〔47〕だとするので、言語政策そのものを疑ってかかることはない。ここでの村上の立場は「文化におけるヘゲモニー確保の有無」が国語使用のあり方にも関わってくるとするものであった〔48〕。したがって、朝鮮語新聞が一部を除いて「内地関係固有名詞の国語読み」をおこなっていないことは「徒らなる民族意識の固執」のあらわれであって、一九二七年開始の朝鮮でのラジオ放送（JODK）が、のちに聴取率を上げるために朝鮮語による第二放送を設けていったことを、言語政策の目的を理解しない利潤追求行為だとする〔49〕。ラジオ、レコードなどでは、朝鮮語によってしか鑑賞のできないものだけを朝鮮語で流せばよいのであって、それ以外は日本語で十分であるという認識であり、これこそが「文化におけるヘゲモニー確保」なのであった。映画にしても、俳優がだれであれ「国語トーキー」でなされるべきで、朝鮮語トーキーは「功利」にすぎないとする。また食堂のメニューに、朝鮮語の単語をカタカナで表記したものがある（たとえば「キムチー」を村上は「国語的鮮語」とする）というが、それも「営業政策的精神（功利性）」によるものとしていく。しかしながら、一方的にこうした「功利性」を否定するのではなく、「功利性」もうまく言語政策にとりこみ、たとえば朝鮮語のカタカナ表記を確立することで「言語における内鮮一体を希求する上に一の障碍となる音韻の齟齬解決の一方途」とすべきだ、という議論も展開している［50］。

村上の「朝鮮語方言化論」とは朝鮮語の存続を否定するものではなかったが、ここに朝鮮語の音韻体系の破壊であるという判断ははたらかず、「国語、鮮語共通語彙の増大及び音韻の国語化等の努力」が必要なのだという議論もしている［51］。要するに、国語の音韻体系にあわせ、共通語彙を増やすことが「内鮮一体」なのであった。朝鮮語をカタカナで表記することで朝鮮語から漢字を切り離そうという意図がはたらいていたことは想像に難くない。カタカナの浸透から国語へと接続させようということである。これもまた「功利的」ではある。

なおちなみに、朝鮮語において漢字語の語彙を固有朝鮮語でいいかえていくことについては、「純粋鮮語使用への傾向は、国語との共通要素たる漢字よりの離脱であるから、国語同化より見る時逆行と言はねばならぬ」と否定的であった［52］。

4 おわりに

村上の議論は、現在の視点からすると調査手法や精度について疑問が少なくはない。また、調査対象が中等教育を受けた生徒に限られているので、そもそもの国語能力は高いはずである。したがって、社会全体の状況が反映されているわけではなく、「現実」の抽出の仕方にはそもそもの限界があったとはいえる。

一方で、村上は言語政策が有効にはたらいていないことを明確に指摘していたことは忘れてはならない。

〔……〕国語使用の面については、少くも当局者の意識的領域においては明かなる失敗であり、意外なる無為の足跡に今更の如く二十五年の過去を反省するの余儀なき窮地に立ちつゝあるのが、目下における半島の偽らざる現状ではないかと思ふ。[53]

そして「功利的目的のための手段としての国語使用」が存在することを明示した。とはいうものの、そこから言語政策の無効をいうのではなく、言語政策のよって立つ理念を否定的にとらえることもなかった。むしろ、この「功利的目的」を効果的にとりこむことが言語政策の成功であると示唆した。

くりかえすが、村上の一連の文章は、一九三七年一〇月に「皇国臣民の誓詞」が制定されるなど、皇民化期に国語普及政策が強化されだした時期に集中して書かれている。そうした政策との連動性を明確に見出すことはできないが、「功利的目的」の国語使用が「自発的」なものとして言語政策に巧妙にとりこまれたときに「日常の支配」が完成するとしたら、身体的動員が強化されていく一九四〇年以降はそうした悠長な議論は望むべくもなかったことは確かである。それこそ、「量的ヘゲモニー」（命令主体への服従）が増大していったわけであるから。村上の議論はそうしたことへの対抗理論には結局なりえなかった。

京城帝国大学の教授であった国語学者・時枝誠記は一九四三年に、国語には国家的価値があるから朝鮮人は主体的に朝鮮語を捨てて国語に帰一することが一番の福利だと述べて、村上流にいう「国語の全体的自発的使用」を導く議論を展開し、こうした観点がない総督府の言語政策を批判した〔54〕。村上は時枝の議論の前提を少し丁寧に説明したと位置づけることもできる。

一九四〇年以降に村上が書き残したものがもしあるとすれば、そこで何を語っていたのか興味ぶかいところである。わずかながら、「日本学と朝鮮について特に感じてゐること」というアンケートに答えるなかで「日本学は主体的実践の学ですから、若し半島の同胞が我々と主体を異にするといふ観念に立つとすれば、〔……〕無意味なことになります。内鮮一体といふことは、こゝでは寸分の仮借を許さぬ「行」の領域に入つて来ます」〔55〕と書いている。

村上は、朝鮮人にとって国語とは功利的に学ばれるものでしかない、とどこかで思っていたのではないだろうか。だからこそ、その「功利性」の取りこみ方を考えたのであろう。言語政策といえば村上のいう「外在的」な要素しか考えていなかった当時、あるいはそうした「外在的」な圧力が「内在的」な動機に当然のごとく転化していくものと考えていた当時、それだけではどうにもならない、と看破していた村上の議論は、その限界とともにやはり記憶されるべきであろう。日本に引揚げたものの若くして亡くなってしまった村上の書き残したものはさほど多くはない。もし何か敗戦後も書き残していれば、植民地の言語状況をとらえる枠組みの設定の仕方、もう少し大きくいえば、日本の社会言語学の「はじまり」のあり方も、いまとはことなるものになったかもしれない。村上広之の残した問いは多いといわねばなるまい。

【参考資料】

資料一

村上広之「朝鮮に於ける国語問題——主として日常鮮語に取入れられてゐる国語について」『国語教育』二二巻八号、一九三七年八月、七四頁

＊（　）内は原文の通り。

（四）自由想起法による日常鮮語会話に取入れられてゐる国語の調査表

乗換、お茶、葉書、切手、書留、弁当、赤帽、為替、踏切、飛降リ（乗リ）、待合室、切符、軍旗、振替、駅前、キザミ（煙草）、中折、座布団、鳥打、寝衣、袷、褌、鞄、猿又、羽織、袴、ヅボン、シヤツ、靴、襟、足袋、帽子、背広、上衣、地下足袋、袖、手拭、木綿、風呂敷、折襟、爪切り、羽

二重、縮緬、莫大小《メリヤス》、ボタン、タオル、ネクタイ、パンツ、洋服掛ケ、セル、サージ、靴直シ、マッチ、ポスト、痰壺、眼鏡《メガネ》、曹達、腕巻、電池、ネジ廻シ、セルロイド、ブリキ、カーバイト、蓄音機、魔法瓶、同類項、時計、額縁、工夫、銅板、黴菌、揮発油、ゴム管、数字（一、二、三）、針金、錐モミ、直径、円、三角形、地図、分度器、捕虫網、酸素、炭酸瓦斯、睡眠剤、蚊取線香、紫外線、太陽灯、編上ゲ、現金払渡、即時払、利廻、株、本立、筆立、机、給仕、小使、白墨、鉛筆、定規、襟章、早引、居残リ、算盤、絵具、油絵、消シゴム、黒板、教壇、楷段、物サシ、吸取紙、参考書、放課後、課外、単語帳、手本、字引キ、控室、筆、本棚、本箱、競走、試合、止レ、進メ、駈足、速足、綱引キ、縄飛ビ、逆立チ、肋木、高飛、巾飛、バスケット、バレー、掃除、呼鈴、頤ヒモ、日覆、小刀、ナイフ、槍投、棒高跳、ペン軸、砲丸投、円盤投、遅刻、三段飛、握リ飯、廊下、腰掛、硯、半紙、ザラ紙、窓掛、紙ハサミ、起立、気ヲツケ、着席、休メ、廻レ右、鉄砲、喇叭、時間割、夏休ミ、欠席届、放送番組、蒼氓、桜音頭、桜、畳、下駄、××さん（様）、アッサリ（副詞ノ）、サムライ、双六、尺八、ハイ（応答）、納豆、沢庵、三味線、車《クルマ》、押入レ、襖、ヒサシ髪、横笛、日本刀、箪笥、味の素、油揚ゲ、竹刀《シナイ》、神様、浪人、馬鹿、畜生、歌舞伎、日ノ丸、桜ンボ、花見、サヨナラ、オハヨー、勘定、おまけ、チリ紙、肩書、噴水、見込ミ、素見《ヒヤカシ》、歯刷子《ハブラシ》、胴上ゲ、鋏、豆本、按摩、鍬、ホミ（農具）、ヤクザ、仲居、球《タマ》、薬罐、丼、植木鉢、氷、袋叩キ、煙草《タバコ》、オカミサン、見習ヒ、素人《シロト》、玄人《クロト》、お土産品、漫画、ケチンボ、貸家、拳《コブシ》、ハイカラ、オイ（呼掛ケ）、朝顔、ボカス（動詞）、ワイロ、和製、舶来、生菓子、スキヤキ、スシ、ウドン、オモチャ、焼芋、煎餅、

以上は凡て公私立男子高等普通学校生徒による調査である。

実業学校、男、女の性別、年齢差、地方別職業別等により相当著しい差等生ずるがこゝでは一応、比較的中堅市民を代表すると見られる高等普通学校によることにした。
第四表は一応自由想起によつて現はれた二千余語（生徒は四百十二名）中指数の大なるもの三百語を取り上げ（最低指数一〇八）これを更に指示判別法により回答せしめ、指数の大なるものより二五〇を取入るゝこととした。外来語も彼等の意識に従つて国語として採用した。

資料二

村上広之「植民地における国語教育政策——主として朝鮮語方言化、国語標準語化の問題について」『教育』六巻六号、一九三八年六月、四三頁

A　方言人の標準語使用に対する意識感情
相手の標準語に対する自己の意識感情
1　相手が標準語人なる場合　優位、美、安定、進歩、憧憬
2　相手が方言人なる場合　浮華軽佻、軽蔑、わざとらしさ、美、進歩
自己の標準語使用に対する自己の意識感情
3　相手が標準語人なる場合　不安、羞恥、圧迫
4　相手が方言人なる場合　わざとらしさ、衒、美、優越

A'　朝鮮人の国語使用に対する意識感情
相手の国語使用に対する自己の意識感情
1'　相手が内地人なる場合　当然（優位、美、進歩、憧憬）
2'　相手が鮮人なる場合　浮華軽佻、軽蔑、わざとらしさ（進歩、美）
自己の国語使用に対する自己の意識感情
3'　相手が内地人なる場合　当然（不安、羞恥、圧迫）
4'　相手が鮮人なる場合　わざとらしさ、卑下、衒

第三者を意識しての標準語使用に対する意識感情	第三者を意識しての国語使用に対する意識感情
5　第三者が標準語人で相手も標準語人なる場合　圧迫、羞恥、不安	5’　第三者、相手共に内地人なる場合　当然（不安、圧迫）
6　第三者が標準語人で相手が方言人なる場合　浮華軽佻、わざとらしさ、不安、圧迫、羞恥	6’　第三者が内地人で相手が鮮人なる場合　親和（不安、圧迫、羞恥）
7　第三者が方言人で相手が標準語人なる場合　優位、美、進歩、圧迫、羞恥、不安	7’　第三者が鮮人で相手が内地人なる場合　当然（優越、進歩、不安）
8　第三者、相手共に方言人なる場合　優位、美、進歩、安定、衒、わざとらしさ	8’　第三者、相手共に鮮人なる場合　圧迫、浮華、衒、わざとらしさ（進歩、美）
B　或る特定の場合に於ける方言人の方言使用に対する意識感情	B’　或る特定の場合に於ける鮮人の鮮語使用に対する意識感情
相手の方言使用に対する自己の意識感情	相手の鮮語使用に対する自己の意識感情
9　相手が標準語人なる場合　滑稽、親和	9’　相手が内地人なる場合　侮蔑
自己の方言使用に対する自己の意識感情	自己の鮮語使用に対する自己の意識感情
10　相手が標準語人なる場合　羞恥、不安、卑下	10’　相手が内地人なる場合　困惑、羞恥（当然）
第三者を意識しての方言使用に対する意識感情	第三者を意識しての鮮語使用に対する意識感情
11　第三者が標準語人にして相手が方言人なる場合　圧迫、不安、羞恥	11’　第三者が内地人にして相手が鮮人なる場合　当然（圧迫、羞恥、卑下）

括弧内ハ二次的使用又ハ潜在的意識感情（註　国語及び鮮語に対する彼等の意識感情は正面的調査が不可能なので間接的、誘導的調査、回答によつた。）

注

1 たとえば、연세대학교 국학연구소편『일제의 식민지배와 일상생활』(혜안、二〇〇四)など。日本語では、韓哲昊・原田敬一・金信在・太田修『植民地朝鮮の日常を問う』(思文閣出版、二〇一二年)などを参照。

2 もちろん、朝鮮語学会が単純に「対抗」していただけではないことについては、たとえば김철「갱생(更生)의 도(道) 혹은 미로(迷路)——최현배의『朝鮮民族更正의 道』를중심으로」『민족문학사연구』(二八号、二〇〇五年八月)などを参照。この論考は、金哲(田島哲夫訳)『絶望と抵抗——植民地朝鮮の記憶を問う』(大月書店、二〇一五年)の第二章に訳出されている。

3 村上広之「朝鮮に於ける国語問題——主として日常鮮語に取入れられてゐる国語について」『国語教育』二二巻八号、一九三七年八月、七一—七二頁。

4 ちなみに、引用文中の「仮名遣法」云々は、普通学校の国語読本での仮名遣いが表音的なものからはじまり、学年があがると内地同様のいわゆる歴史的仮名遣いに変わることを指している。また同じく引用文中の「公用語、教育語」といった用語は国語学者・保科孝一が当時しきりに論じていた区分をそのままふまえたもの——たとえば保科孝一『国語政策論』(国語科学講座七三、明治書院、一九三三年)など——である。

5 村上広之「半島漫筆」『言語問題』三巻一号、一九三七年一月、三九頁。

6 村上広之「朝鮮に於ける国語問題——主として日常鮮語に取入れられてゐる国語について」『国語教育』二二巻八号、一九三七年八月、七二頁。

7 一九〇五年東京帝国大学文科大学卒。ライプチヒに留学。ヴィルヘルム・ヴント(一八三二年〜一九二〇年)の教えを受ける。一九一一年『霊魂信仰と祖先崇拝』で文学博士号。東京帝国大学教授を一九四三年に退官。一九四八年には新設の大阪大学法文学部教授、学部長。一九五四年退官(中島義明ほか『心理学辞典』有斐閣、一九九九年)。

8 一九〇八年東京帝国大学文科大学卒。アメリカに留学。動物の行動の研究に携わったことで知られる。日本心理学会設立に尽力。一九二二年東京帝国大学講師、助教授。一九三三年『心理学研究法――殊に数量的研究について』で文学博士号。同年に病死（中島義明ほか『心理学辞典』有斐閣、一九九九年）。

9 「半島に於ける日本学教授に訊く」『緑旗』五巻七号、一九四〇年七月、四四―四五頁。

10 祖父江孝男『文化人類学入門』中公新書、一九七九年、一八五頁。

11 富山大学年史編纂委員会編『富山大学五十年史　上』富山大学、二〇〇二年、三二五頁。

12 「二級官進退（富山高校　村上広之）文部教官に任ず」（国立公文書館本館―3A 031-05 昭59文部―01750-100）に「教員免許状」が付されている。

13 これに関しては、「二級官進退（富山大学　村上広之）文理学部助教授に補す」（国立公文書館本館―3A 031-07 昭59文部―01874-100）に付された「人事異動上申書」（発令年月日、一九五〇年三月三一日）によった。

14 村上広之「植民地における国語教育政策――主として朝鮮語方言化、国語標準語化の問題について」『教育』六巻六号、一九三八年六月、三四頁。

15 村上の用いる「使用圏」という用語は、現在の日本の社会言語学では、英語圏社会言語学のdomainの翻訳語である「領域」という用語に相当する。わざわざ「領域」などという翻訳語を作る必要はなかったのだが、これは日本の社会言語学の成り立ち（戦前との断続をどうとらえるか）とも関わってくる問題である。戦前期の日本における言語社会学および言語政策論については、安田敏朗『近代日本言語史再考――帝国化する「日本語」と「言語問題」』（三元社、二〇〇〇年）の第一章を参照。

16 村上広之「植民地における国語教育政策――主として朝鮮語方言化、国語標準語化の問題について」『教育』六巻六号、一九三八年六月、三六―三七頁

17 村上広之「朝鮮に於ける国語問題――主として日常鮮語に取入れられてゐる国語について」『国語教育』二二巻八号、一九三七年八月、七二―七三頁。

18 同前、七四頁。

19 同前、七五頁。

20 田辺寿利『言語社会学』(国語科学講座五)明治書院、一九三三年、一〇六―一〇七頁。

21 佐藤広美「植民地教育政策と教育科学」『人文学報・教育学』(東京都立大学)二九号、一九九四年三月、一一一頁。

22 心理科学研究会歴史研究部会編『日本心理学史の研究』法政出版、一九九八年、六一―六六頁。

23 佐藤広美「植民地教育政策と教育科学」『人文学報・教育学』(東京都立大学)二九号、一九九四年三月、一一九頁。

24 同前、一一八頁。

25 村上広之と教育科学研究会との関連については、本章のもととなった韓国日語日文学会二〇一一年夏季国際学術大会シンポジウムの指定討論者鄭駿永氏からいただいたコメントにより加筆した。記して感謝したい。

26 この節は、安田敏朗『「多言語社会」という幻想――近代日本言語史再考Ⅳ』(三元社、二〇一一年)の第九章第四節「混乱する漢字音――村上広之と国語政策論」での議論を基に加筆したものである。

27 村上広之「朝鮮に於ける国語純化の姿――主として漢字による固有名詞について」『言語問題』二巻六号、一九三六年六月、二一―三一頁。

28 同前、三一頁。

29 同前、四一―七頁。なお、一九三七年八月三〇日に、朝鮮語教授において「内地関係の固有名詞は其本来の読方に依らしむる」という方針が朝鮮総督府で定められた。学校教育での「朝鮮語」教科書でのことになるが、皇室関係の固有名詞の読みなどが、やはり問題とされたのであろう(安龍伯「朝鮮語教授に於ける内地関係固有名詞の国語読みに就て」『文教の朝鮮』一四八号、一九三七年一二月)。

30 村上広之「朝鮮に於ける国語問題――主として日常鮮語に取入れられてゐる国語について」『国語教育』二

二巻八号、一九三七年八月、七二頁。
31 同前、七三頁。
32 同前、七五頁。
33 同前、七六頁。
34 同前、七六―七七頁。
35 同前、七八頁。
36 村上広之「朝鮮に於ける国語問題――日常鮮語の国語同化、特に数詞について」『国語教育』二三巻一号、一九三八年一月、四一頁。
37 村上広之「朝鮮に於ける国語問題――主として日常鮮語に取入れられてゐる国語について」『国語教育』二二巻八号、一九三七年八月、七七頁。
38 たとえば法学者・穂積重遠（一八八三年〜一九五一年）の主張（穂積重遠『日本の過去現在未来』岩波書店、一九三七年、二五九―二六二頁）。この部分の初出は一九二六年だが、法廷の言語を朝鮮語にせよ、と明確に述べている。
39 村上広之「植民地における国語教育政策――主として朝鮮語方言化、国語標準語化の問題について」『教育』六巻六号、一九三八年六月、三七頁。
40 同前、三八頁。
41 村上広之「植民地国語同化における一契機としての「功利性」の問題について――主として朝鮮における国語政策と文化施設について」『教育』七巻八号、一九三九年八月、五九頁。
42 村上広之「植民地における国語教育政策――主として朝鮮語方言化、国語標準語化の問題について」『教育』六巻六号、一九三八年六月、四〇―四四頁。
43 村上広之や当時のほかの論者もふくめた「朝鮮語方言化論」については安田敏朗『植民地のなかの「国語

学」――時枝誠記と京城帝国大学をめぐって』(三元社、一九九七年)を参照。
44 「ヘゲモニー」という単語がこの時期に使用されていることに若干驚くかもしれないが、この数年後に発行された一般的な辞書には、「ヘゲモニイ〔独 Hegemonie〕(名)覇権。指導権」と立項・記述されている(金田一京助編『明解国語辞典』三省堂、一九四三年)。
45 村上広之「植民地における国語教育政策――主として朝鮮語方言化、国語標準語化の問題について」『教育』六巻六号、一九三八年六月、四六頁。
46 同前、四六頁。
47 村上広之「植民地国語同化における一契機としての「功利性」の問題について――主として朝鮮における国語政策と文化施設について」『教育』七巻八号、一九三九年八月、五七頁。
48 同前、六五頁。
49 同前、五九頁。
50 同前、六五頁。
51 村上広之「植民地における国語教育政策――主として朝鮮語方言化、国語標準語化の問題について」『教育』六巻六号、一九三八年六月、四六頁。
52 村上広之「朝鮮に於ける国語問題――主として日常鮮語に取入れられてゐる国語について」『国語教育』二二巻八号、一九三七年八月、七五頁。
53 村上広之「植民地における国語教育政策――主として朝鮮語方言化、国語標準語化の問題について」『教育』六巻六号、一九三八年六月、三五頁。
54 時枝誠記「朝鮮に於ける国語――実践及び研究の諸相」『国民文学』三巻一号、一九四三年一月。詳細は、安田敏朗『植民地のなかの「国語学」――時枝誠記と京城帝国大学をめぐって』(三元社、一九九七年)を参照。

55　「半島に於ける日本学教授に訊く」『緑旗』五巻七号、一九四〇年七月、四五頁。

第六章　「ひとつのことば」への道からみえるもの
――斎藤秀一編『文字と言語』をめぐって

I　はじめに――復刻にあたって

―I-I―　斎藤秀一の略歴をめぐって

本章は『文字と言語』全一三号（一九三四年九月～一九三八年五月）の復刻に際して付した解説に手を加えたものである。

この雑誌の編集・発行にあたった斎藤秀一（さいとう・ひでかつ、一九〇八年一二月二四日～一九四〇年九月五日）について、『日本エスペラント運動人名事典』では以下のように記している。

山形〔出身〕／鶴岡中、駒大〔文学部東洋文学科〕（一九三一〔卒業〕）／筆名森馥、野沢愛蘭、鳥海昇、北島〔北嶋〕三郎／一九三一年〔山形県東田川郡大泉村〕大泉高等小準訓導、三六年東北大

図書館勤務など。方言研究や国語改革運動に従事。石川達三『人間の壁』のモデル。父秀苗は曹洞宗僧侶。〔日本〕ローマ字会、カナモジカイ各会員。二八年ＪＥＩ〔現、日本エスペラント協会。一九一九年～二〇一二年、日本エスペラント学会〕入会。三二年八久和分校在職中、校長の密告により赤化教員として検挙され、五日後釈放されるも失職。三五年『文字と言語』を創刊し、地元の庄内方言の論考を執筆しつつ、東條操、石黒修、高倉テル、大島義夫らの寄稿も得て、自ら編集と謄写印刷をして一三号まで刊行。この中で「言語帝国主義」という用語を初めて使ったとされる。『東京方言集』（一九三五）で初めて本格的に東京方言を記述。三六年ポポーロ社の特別同人。三七年国際ローマ字クラブを組織し、葉籟士ら海外からの寄稿も掲載する全文Ｅ〔エスペラント〕誌"Latinigo"〔ローマ字化〕を創刊。また上海の『語文』（一九三七・七）に「日本における漢字制限」を寄稿。積極的な国際通信が怪しまれて、三八年一一月再検挙。〔『文字と言語』の〕購読者名簿（『特高月報』一九三九・四《ママ》）から大島、高倉、小久保覚三らの検挙につながる（左翼言語運動事件）。秋田刑務所内で看守らにＥとローマ字を宣伝したという。獄中で肺を患い、四〇年四月に責付釈放され病死。生家の泉流寺（鶴岡）に、二〇〇七年顕彰板が、一二年に顕彰碑が設置。鶴岡市郷土資料館に斎藤秀一資料《ママ》。〔著作、参考文献は略〕［1］

簡にして要を得た記述といえるが、筆名に「森馥」（もり・かおる）が入っているのはなぜだろうか。森馥は斎藤とおなじく日本ローマ字会会員であり、大阪で森馥法律事務所を開いていた弁護士である。ことばの改良を考えていたのは斎藤と同じで、「日本語をよくする会」の名で『法律語の建直し』

（一九三五年）という著作などを刊行している人物である。この『文字と言語』の購読者でもあり、さらに計七本の論考を寄稿し、『法律語の建直し』を森は斎藤に寄贈してもいる（『文字と言語』四号、一九三五年三月、二〇〇頁（通頁））。ついでに、『文字と言語』八号（一九三六年一月）の「赤インキ」（編集後記）には「森馥氏は大阪の弁護士さんで言葉直しの研究家・実行家として知られてゐます」と斎藤自身の言として記されている。

かりに斎藤が森馥の名で書いたとするならば、それは筆名ではなく、代筆である。それでもこれを斎藤の筆名とするには、なんらかの根拠が示されなければならない。

「森馥」以外の三つの筆名は、官憲資料（竹内次郎『プロレタリア、エスペラント運動に付て』（思想研究資料特輯第六九号、一九三九年一一月。復刻、社会問題資料研究会編『社会問題資料叢書 第一輯』東洋文化社、一九七八年［2］）の「附録」、二八〇頁）に記されている。官憲資料だから正しいというわけではないが、取り調べなどで得た情報にもとづくものと考えてよいだろう。

また、山形県立図書館文献目録検索（http://e-library.gprime.jp/lib_pref_yamagata/）の人物編の「斎藤秀一」のページには山形県内の図書館などで所蔵されている斎藤秀一の論考や関連文献がリスト化されていて大変便利であるが、ここでも森馥が斎藤秀一の筆名とされている。どういうことなのだろうか。最も参照されると思われるWikipediaでも現在（二〇一七年一一月）のところ状況は同じである。

そしてまた引用にもどるが、斎藤が『生きてゐる兵隊』（一九三八年）などで知られる作家・石川達三（一九〇五年〜一九八五年）の『人間の壁』（新潮社、一九五八―一九五九年、新潮文庫、一九六一年、岩波現代文庫、二〇〇一年）のモデルだというのも、はなはだ不正確である。この小説は、一九五六年から一九五七年にかけて佐賀県（小説ではS県）で実際にあった教職員組合のストライキを題材にとった長編であるので、どう転んでも斎藤は「モデル」になりえない。これはおそらく、大島義夫・宮本正男『反体制エスペラント運動史』（三省堂、一九七四年）の斎藤秀一に関する記述（二二〇頁）の誤りをふまえたものである。

実際に『人間の壁』を読むと、主人公の小学校教員・尾崎ふみ子が、夜間の補習学級で児童を待つ間に手に取って読んでいた「終戦後に新教育が実施されるよりずっと以前から、つづり方教育を通して新しい民主教育の根底をきずいた、若い貧しい教師達の苦難の歴史」[3]を描いた本のなかで以下のように登場するのみである。「昭和十四年、山形県庄内の言語学者斎藤秀一氏が中国の文人と文通しているということに疑いの眼をむけたのが、酒田警察の砂田特高係であった。たったそれだけのことから、いわゆる「生活主義綴方運動事件」あるいは「雑誌（生活学校）編集グループに関する事件」が特高警察によって捏造された。〔……〕言語学者斎藤秀一は秋田刑務所で病死し」[4]た（実際は、引用のように責付釈放後に病死）。石川達三が参考にした書籍が何であったかを探索する時間はないが、先の山形県立図書館文献目録検索の斎藤秀一の説明文では、ここを引用し、『人間の壁』のここを読んで「初めて秀一を知った人が、地元庄内でも多かった」と記すように、斎藤秀一の名を広く知らしめた小説だと、いえなくもない。

むろん、こうした些細なことで、『日本エスペラント運動人名事典』の価値がいささかなりとも下がるとは思わない。また、そうしたことを指摘するのが本章の目的でもない。

斎藤秀一の評伝は、佐藤治助（一九二二年〜二〇〇七年）による『吹雪く野づらに――エスペランティスト斎藤秀一の生涯』（鶴岡書店、一九九七年）がある[5]。生家である泉流寺から寄贈・整理された鶴岡市郷土資料館の一〇〇〇件におよぶ斎藤秀一史料（以下「斎藤史料」とする）や関係者からの取材にもとづいたもので、これを読めば解説はなくても十分である。本章の記述に際して大いに参照した。また、思想事案については斎藤を取り調べた警部補・砂田周蔵の視点から論じた、高島真『特高Sの時代――山形県社会運動史のプロフィール』（新風社、一九九九年）がくわしい。

さらに、二〇一七年には工藤美知尋『特高に奪われた青春――エスペランティスト斎藤秀一の悲劇』（芙蓉書房出版）が刊行された。斎藤の日記からの引用が多く、細やかな心情が伝わるものとなっている。

エスペランティストの精神科医でシャーロキアンでもあった小林司（一九二九年～二〇一〇年）は、萩原洋子とともに『エスペラントの世界』に「日本エスペラント運動の裏街道を漫歩する」を一九七五年四月号から一九七七年四月号まで連載し、そのなかで斎藤秀一をとりあげている（この連載は「人物でつづる運動の歴史」という副題をつけて二〇一七年にエスペラント国際情報センターから復刊された）。その後小林は『朝日ジャーナル』二〇巻五〇号（一九七八年一二月一五日）に「言語差別と闘った斉藤秀一――先駆的エスペランチスト」を掲載した。広く読まれる媒体であったため、斎藤を敗戦後に世に知らしめたものといってよいだろう。その小林は、一九八三年の著作で、自らが斎藤秀一のことを調べるようになったのが、この『文字と言語』にも寄稿したことのある大島義夫（一九〇五年～一九九二年、高木弘の筆名で寄稿）が一九五二年に書いた斎藤秀一の紹介文（「日本に輝いた三つの星――Esperantistのおもかげ8」『Samideano』一一号）を読んだときからであった、と述べ、「いま彼の伝記は四百字詰め原稿用紙で三千枚に近くなり、『雪降りしきる』というタイトルも決まって出版もま近い」としていた〔6〕。小林の没後、原稿の整理がなされつつあるとはきいたが、出版がいつになるのか、いまのところ定かではない。

―I―2― 『文字と言語』講読者一覧

まずはこの『文字と言語』のひとつの側面を知るために、官憲資料からみていくことにしたい。

先の引用にあるように、斎藤検挙の翌年、内務省警保局保安課『特高月報　昭和十四年四月分』（一九三九年五月二〇日発行）には「言語運動関係治安維持法違反事件の検挙と取調状況」が掲載されている。その冒頭では、

> 山形県当局に於ては、予てより東北帝大庶務課雇斎藤秀一を中心とする国語国字ローマ字化運動に付き鋭意内偵中に在りしが、各種出版物、国際労農通信、国内同志との連絡通信関係等仔細に検討したる結果、巧に合法を擬装せる共産主義運動の一翼たるの容疑濃厚となりたるを以て、客年（一九三八年）十一月十二日斎藤を検挙し、厳重取調べたる処本名を中心とする言語運動は、マルクス主義言語理論に立脚せる、所謂無産階級解放運動の一翼たるの任務を持つプロレタリア文化運動の一分野としての国語国字のローマ字化なること判明せり。〔7〕

として、斎藤の経歴や思想、執筆活動などについて述べていく。日本語のローマ字化がプロレタリア

文化運動である、というのは現在の感覚ではなかなか理解しにくいところもあるが、「マルクス主義言語理論」（本章では「唯物論言語理論」で統一する）については後述するとして、斎藤の執筆活動が「合法を擬装せる共産主義運動」であったとするのは、かなり強引である。

しかしながらこうした取り調べの結果、一九三九年一一月二八日に山形地裁で予審終結決定がなされる。その後は、先の引用のとおりである。

ともあれ、この『特高月報』には、『文字と言語』の購入者、寄贈先のリストが掲載されている［8］。よく調べたものだと思うが、部数は三五部〜五〇部とされている（『Latinigo』についてのリストもある）。煩瑣だが、『文字と言語』についてのリストを転載する（ただし、住所は省略）。どういった人びとの目に触れたのかを、まず確認しておきたい。

『文字と言語』読者一覧表（○印ハ購読号数、×印ハ寄贈号数を示す）

執筆	氏名（団体名）＼号数	1	2	3	4	5	6	7	8	9	10	11	12	13
	日本ローマ字会	×	×	×	×	×	×	×	×	×	×	×	×	×
●	菊沢季生	×	×	×	×	×	×	×	×					
	方言編輯部	×	×	×	×	×	×	×	×	×	×	×	×	
	土佐《ママ》〔土俗〕趣味社	×	×	×	×	×	×	×	×	×				
●	高木弘	×	×	×	×	×	×	×	×	×	×	×	×	
●	永田吉太郎	×	×	×	×	×	×	×	×					
●	梅木米吉	×	×	×	×	×	×	×	×	×	×	×	×	
	田中館愛橘	×												

『文字と言語』読者一覧表（○印ハ購読号数、×印ハ寄贈号数を示す）

執筆	氏名（団体名）＼号数	1	2	3	4	5	6	7	8	9	10	11	12	13
	歴史と国文学	×												
	国学院雑誌	×												
	国語と国文学	×												
	国語国文	×												
	教育国語教育	×												
	国語教育	×												
	牧	×		×	×	×								
	石	×	×	×	×	×								
	斎藤強三		×	×	×	×								
	永尾節郎		×											
	伊藤銀二		×	×	×	×	×	×	×	×	×	×	×	×
	鶴岡市立図書館	×	×	×	×									
	桂又三郎			×	×	×	×	×	×	×	×	×	×	×
	中国世界語書店		×	×										
●	鬼頭礼蔵	×	×	×	×	×	×			×	×	×	×	×
●	渡辺保信	×	×	×										
●	渡辺六郎	×	×	×	×	×								
●	河野誠恵	×	×											
●	近藤七郎	×	×	×										
●	橘正一	×	×	×	×	×	×	×	×	×	×	×	×	×
●	黒田居《マ》男《マ》〔辰男〕	×	×	×	×	×	×	×	×		×	×	×	
●	出口末吉	×	×	×	×	×								

『文字と言語』読者一覧表　（○印ハ購読号数、×印ハ寄贈号数を示す）

氏名（団体名）／号数	執筆	1	2	3	4	5	6	7	8	9	10	11	12	13
馬場守夫														
京都ローマ字会		×												
安原博純	●		×	×	×	×			×	×				
松川弘太郎	●				×	×	×	×	×	×	×	×	×	×
松坂忠則	●			×	×	×	×	×	×	×	×	×	×	×
マルシュ社					×	×	×	×	×	×				
青柳秀雄					×	×	×	×	×	×	×			
長井政太郎					×	×	×	×	×	×				
山口藍				×	×			×	×	×	×	×	×	×
藤本清一郎		×	×	×	×	×	×	×	×	×				
高島春雄	●				×	×	×	×	×	×	×		××	
藤井慶哉		○	○	○	○	○	○							
福原真幸		○	○	○	○	○	○	○	○	○	○	○	○	
田部井貢		○	○	○	○	○	○	○	○	○	○	○	○	
世良琢磨	●	○	○	○	○	○								
日下部富蔵	●	○	○	○	○	○	○	○	○	○	○	○	○	
阿部健雄	●	○	○	○	○	○	○	○	○	○	○	×		
後藤敏		○	○	○	○	○	○							
富谷賢吉		○	○	○	○	○	○							
森馥	●		○	○	○	○	○	○	○	○	○	○	○	
湯浅啓温		○	○	○	○	○	○	○	○	○	○	○	○	
斎藤義七郎	●	×	×	○	○	○	○	○	○	○	○	○	○	
鈴木和一		○	○	○	○	○	○	○	○	○	○	○	○	

『文字と言語』読者一覧表

（○印ハ購読号数、×印ハ寄贈号数を示す）

氏名（団体名）＼号数	執筆	1	2	3	4	5	6	7	8	9	10	11	12	13
吉川久雄			○	○	○	○	○	○	○	○	○	○	○	
石黒修	●	○	○	○	○	○	○							×
佐伯功介	●	○	○	○	○	○	○	○	○	○	○	○	○	
渡辺保信〔重複〕	●		○	○	○	○								
植田青夫		○	○	○	○									
青木英太郎		○	○	○	○	○	○	○	○	○	○	○	○	
鈴木泰助		○	○	○	○	○	○							
慶大図書館			○	○	○	○	○	○	○	○	○	○	○	
吹田好雄						○	○	○	○	○	○	○	○	
岡崎文次										○	○	○	○	○
松葉菊延												○	○	○
岡村理市												○	○	○
金井正								○			○	○	○	○
言語問題談話会（石黒修）		○	○	○	○	○	○	○	○	×	×	×	×	
大矢真一	●							○	○	○	○	○	○	○
国語学研究会									○	○	○	×	×	×
小久保覚三									○	○	○	○	○	○
今里博三	●								○	○	○	○	○	
岩倉具実									○	○	○	○	○	
中塚吉次										○	○	○		
平岡伴一										○	○	○	○	
河野巽											○	○	○	
足立直次														○

『文字と言語』読者一覧表　（○印ハ購読号数、×印ハ寄贈号数を示ス）

氏名（団体名）＼号数	執筆	1	2	3	4	5	6	7	8	9	10	11	12	13
小川尚義								×	×	×	×		×	×
鄭寧人	●							×	×	×	×	×		
松下秀男	●								×	×	×	×	×	×
平井昌夫	●									×	×	×	×	×
高倉輝	●								×		×	×	×	×
黒滝成至	●									×	×	×	×	×
国語協会									×	×	×	×	×	×
宝木武則（大阪市フラート社）								×			×	×	×	×
石川俊康								×	×	×				
徐沫	●								×		×	×		
渥丹											×	×		
久山専一郎	●									×		×	×	
栗栖継之進											×	×		
内田武志	●										×	×	×	×
中国文学研究会											×	×		
カナモジカイ													×	
葉籟士（S-ro Ĵelezo）								×	×	×	×	×		
石賀修	●												×	×
落合英雄（早大ローマ字会）	●												×	×
佐藤時郎（名古屋ポポーロ社）					×	×	×	×	×	×				
計		44	44	46	49	47	39	41	48	50	52	52	49	30

（●は執筆者。執筆者印および各号合計は引用者追加）

発送の記録などから調べたのであろうが、これが正確な数字ではないにせよ（たとえば鶴岡市立図書館には一～五号、七号が寄贈されているがこの表には正確に反映されていないし、あるいは黒滝成至から敗戦後にさねとうけいしゅう（実藤恵秀。中国語学者、一八九六年～一九八五年）が七冊借りた［9］というが、この表の黒滝所蔵は五冊となっている、あるいは『文字と言語』記載の読者便りに掲載されている人物が漏れていることなど）、特高の執念を感じざるをえない。この資料が『特高月報』に掲載される前月、一九三九年四月二六日、斎藤は山形地方裁判所に起訴され、予審がはじまっている。

この講読者の名前をみていてわかることは、一番身近なのは、鶴岡中学校の同級生であり、『小説晴れた町』（一九四二年、非売品）などの作品がある梅木米吉であるが、会員であったカナモジカイ、日本ローマ字会、手紙でやりとりをしていた方言研究者仲間、国内外のエスペランティストと、部数は多くなくとも広がりがあることである。

当時ソビエト大使館に勤務していたロシア文学者・黒田辰男（一九〇二年～一九九二年。一九四六年から早稲田大学で教鞭をとる）や、チェコ文学者・エスペランティストの栗栖継（本名は継之進、一九一〇年～二〇〇九年、ウルリッヒ・リンス『危険な言語――迫害のなかのエスペラント』（岩波新書、一九七五年）などを翻訳）、さらにエスペラントや言語問題にあまり関連がなさそうにみえる言語学者で台湾帝国大学を退官していた小川尚義（一八六九年～一九四七年）に寄贈されているのも興味をひく。

そうしたこともふまえ、各号の印刷・発行日、ページ数、定価をみてみると次頁の表のとおりである。前記の表からみると、寄贈（計三五三冊）が販売（計一三八冊）の約一・五倍となっており、この雑誌がもうけのでるようなものではないことは、とりあえずわかる。また、創刊以来一九四三年までは

号	印刷	発行	頁	値段
1	1934年8月25日	1934年9月1日	52	25銭
2	1934年10月25日	1934年11月1日	44	27銭
3	1934年12月25日	1935年1月1日	52	27銭
4	1935年3月4日	1935年3月7日	54	27銭
5	1935年5月4日	1935年5月7日	44	27銭
6	1935年7月7日	1935年7月10日	88	50銭
7	1935年9月17日	1935年9月20日	52	27銭
8	1935年11月25日	1936年1月1日	54	27銭
9	1936年4月7日	1936年4月10日	72	40銭
10	1936年10月28日	1936年11月1日	94	50銭
11	1937年2月26日	1937年3月1日	72	40銭
12	1937年9月17日	1937年9月20日	54	27銭
13	1938年5月12日	1938年5月15日	56	28銭

岩波文庫の星ひとつが二〇銭であった〔10〕というから、妥当な価格設定ではある。

ここからは、二ヶ月に一回発行という斎藤のペースが七号までは保たれていたことがわかる。それにしても毎号かなりのページ数になる原稿を依頼し（原稿集めには苦労していたようである）、あるいは自ら執筆し、ときには翻訳までもおこない、それをひとりで謄写版の原紙を切って（挿絵、さらに「漫画」〔11〕も！）、印刷、製本、そして郵送していたのであるから、驚くほかはない。

謄写版であるからこそ、どうしても伝えたいことを比較的手軽に伝えることができるという側面もある。「ガリ版」とも呼ばれたこの印刷機械が学校や労働運動、社会運動の現場で長く愛用されたのはそのためでもあろう〔12〕。

その一方で、原紙を切る手間や大量印刷には向いていないという問題もある。鶴岡市の「斎藤史料」には、斎藤秀一自身が鶴岡市図書館に寄贈した『文字と言語』六冊分は合冊となって所蔵（「斎藤史料」整理番号1–12。以下同）され、一三号も所蔵（1–13、5–1）されているものの、一二号（一九三七年九月）には、『文字と言語』の一号から九号まですべて売り切れていることが記されている（五二頁）。斎藤はより多くの部数を発行したいという思いがあったのであろう、一二号では「来年の一月号から月刊と活版刷りを断行する」と宣言し（三九頁）、一九三八年一月刊行予定の一三号から活版印刷をおこなうべく準備をすすめていたようである。しかしながら、活版印刷をおこなってくれるはずの建設社に原稿を渡しても一向にとりかかる気配がなく、あきらめてようやく原稿をとりもどして謄写版で五月に刊行したのが、最終号となってしまった一三号であった（「活版刷りについて」一六、二〇頁）。

—I-3— 『文字と言語』に通底するもの

『文字と言語』に掲載された多様な論文群は、いくつかの大きなテーマに分類できる。簡単にいえば、①方言〔13〕の問題、②表記・語彙簡易化の問題、③エスペラント・唯物論言語理論の問題、となろうか。多くの執筆者によるものなので、相互のテーマには関連性がないようにもみえるが、実は斎藤秀一のことばに関する研究の多層性を、そのままあらわしているように思われる。これは先の『文字と言語』の講読者リスト（執筆者の大半を占める）をみても、それぞれのテーマを論じうる執筆者を配していることがわかる。ただし、この三つのテーマすべてを論じていたのは、斎藤ひとりといってよいのであるが。

斎藤の関心のひとつである表記の問題は日本語にとどまらず、ローマ字化の主張を通じて当時の中国での文字問題への関心へといたる。文字と思想、ことばと階級といった問題群を通じて、方言と標準語そして世界共通語の思想へもいたる。唐突に登場する「唯物論言語理論」とは耳慣れない用語であるが、一九三〇年代に一部で流行した、発展段階論的唯物史観と言語のありようを結合させたソビエト連邦発祥の「理論」である。ソビエトではこれが主流となり甚大な被害が生じた、現実的にはありえない理論といってよいのだが（本書第九章参照）、なぜかこの理論にひかれた斎藤にとっては、特高に検挙と起訴の隙を与えることになってしまったものでもあった。

それはともかく、現実問題と理論への志向も共存しているといってよい。そうした意味では、一見多様で雑多にみえる『文字と言語』所収論文は、斎藤のなかでは相互にしっかりと関連があったといえるだろう。

こうした点を軸に議論をすすめていくことにしたい。

2 方言の問題について

―2-1― 方言雑誌隆盛の時代に――『文字と言語』以前

方言学者・東条操（一八八四年～一九六六年）は、一九五七年の論文「方言研究のあゆみ」のなかで、日本の方言研究の「三つの山」を設定している。第一の山が、一九〇二年に設置された国語調査委員会が中心としておこなった全国的方言調査、第二の山が、一九二八年以降、東京方言学会を中心として各地に方言研究会ができた時期、第三の山が、一九四八年の国立国語研究所設置にともなう研究の隆盛期としている［14］。

東条のいう「第二の山」にこの『文字と言語』の刊行を位置づけることができる。ちなみに、東条操『方言と方言学』の増訂版（春陽堂、一九四四年）におさめられた「方言論文目録」の「山形県」の部分に、『文字と言語』に掲載された斎藤秀一執筆の論考の書誌情報が記されている。しかしながら、東条自身一〇号（一九三六年一一月）に寄稿しているものの、『方言と方言学』の一九三八年初版には『文字と言語』の論文の記載はない。

ともあれ、この「第二の山」の時期は東京方言学会や方言採集を目的とする研究会が各地に作られ、専門誌もいくつか出されるようになった時期である。羅列してみれば一九二八年に柳田国男（一八七五年～一九六二年）の提唱で組織された方言研究会は一九三一年に東京方言学会となり、一九四〇年に日本方言学会となり、機関誌『方言研究』（計一〇号、一九四四年まで）を刊行した。また国学院大学内で一九三一年に方言研究会が組織され『方言誌』（計二三号、一九三一年～一九三九年）を出した。また盛岡の橘正一（一九〇二年～一九四〇年）が『方言と土俗』（計四五号、一九三〇年～一九三四年）を月刊で発行するなど、地方での研究も行なわれ各地に「方言研究会」が組織されるようになると、その連絡機関の必要と研究向上が痛感され、それを目的とした月刊誌『方言』（春陽堂）が一九三一年から一九三八年に財政難で廃刊するまで計七六冊刊行されている［15］。

方言研究に特化しないまでも、国語学者・菊沢季生（一九〇〇年～一九八五年）が仙台で主宰していた国語学研究会の機関誌『国語研究』（一九三三年一月～一九四三年四月）には、郷土研究の一環としての方言研究の成果がたびたび掲載されていた。

ただ、東京帝国大学を卒業し学習院大学で教鞭をとっていた東条操の目からすれば一九三〇年代は方言研究隆盛期となるのであろうが、これとはまたちがった見方をしていた者もいた。右記の『方言と土俗』を主宰していた橘正一は、盛岡出身で第二高等学校を卒業するものの肺を病み、一九三七年に半年ばかり商業学校などの国語教師として教壇に立ったが、療養生活を送っていた。そうしたなかでも方言研究を継続し、『方言学概論』（育英書院、一九三六年）、『方言読本』（厚生閣、一九三七年）を刊行、一九四〇年三月の病死――奇しくも斎藤秀一も同年九月に亡くなっている――のため未完に終わった『分類全国方言辞典』（四巻、一九三九年〜一九四〇年）が残された［16］。

その橘は、『方言と土俗』の終巻宣言のなかで、発行をはじめた一九三〇年時点では「土俗採集家」つまり民俗研究者が方言採集もおこなう場合が多く、かれらの手になる方言集が数多く刊行された、という。上記の月刊誌『方言』は方言研究者が中心となっていた一方で、数年後には「土俗学者」が方言研究から離れていってしまった、と橘はいう。各地の方言を比較して論じることに重点をおきたかった橘としては、ある地域の民俗事象のひとつとしてのみことばをとらえる「土俗学者」とは方向性がことなってしまったということだろう。自身も「柳田さんの勢力と努力とを以てしても、土俗学者を方言学者に変質することはできなかッた」と述べている［17］。あるいは、柳田や東条の影響で橘自身が「土俗学者」から「方言学者」に変わっていったのではないか、という評もある［18］のだが、橘は離れゆく「土俗学者」を追いかけることはせずに、国文学者や小学校の先生たちこそがあたらしい方言研究の担い手であるとみきわめ、かれらを対象にした形で再出発するためにも『方言と土俗』の廃刊を決めたという［19］。現場はかなり流動的であったともいえる。

廃刊にいたる前、「土俗学者」が『方言と土俗』から離れていくと、「土俗」ではなく「方言」が中心の雑誌になる。再度確認しておきたいのは、『文字と言語』にしてもそうだが、謄写版で印刷されるこの手の雑誌の刊行部数は決して多いものではないということである。「土俗学者」の講読が減った状態であるだろうが、『方言と土俗』の一九三三年九月二〇日現在の会員名簿がある。言語学者、国語学者、方言学者として知られる人物が目立ち、安藤正次・亀田次郎・菊沢季生・金田一京助・江実・東条操・橋本進吉・藤岡勝二・保科孝一・安田喜代門・山田孝雄・小倉進平・折口信夫といった大学教員や、宮良当壮・上野勇・斎藤義七郎、そして斎藤秀一といった在野の方言研究者の名前も見える。それでも、会員数は九六名、書店売りが一〇冊、寄贈交換が十数冊という規模、一二〇冊ほどのものであった[20]。

2-2 『山形県教育』への寄稿——方言とローマ字

そうしたなか、斎藤秀一の荘内方言に関する文章が『方言と土俗』に掲載されるようになる[21]。最初に掲載されたものが「荘内方言における長音」(三巻七号、一九三二年一一月)なのだが、その背景を考えてみたい。

一九三二年三月に駒沢大学文学部東洋文学科を卒業(卒業論文『片仮名の起こり、歴史及びその将来』)した斎藤は、帰郷して四月に山形県東田川郡大泉村尋常高等小学校準訓導となり、大平《おおだい》分教場に赴任する。児童にローマ字を教え、八月に「大泉羅馬字会」を結成(当初会員六八名)、一〇月までに機関誌『ローマ字の機関車』を三号発行している[22]。

この年に斎藤は山形県教育会の月刊誌『山形県教育』に「ローマ字と小学教育」（四九三号、四九五号、四九六号、一九三一年六月、八月、九月）と、「ヂ・ズの問題について」（四九九号、五〇〇号、一九三一年一二月、一九三二年一月）を掲載する。

前者では「国字の怖るべき欠陥」を指摘し、「二十世紀を特徴づけるものは機械文明の発達であるが、漢字は機械にかゝらない文字である」から、言語学の基本的な知識として「言語と文字とは別物」なので、日本語の表記文字としてのローマ字の採用を主張していく。しかし「文化の中断を恐れる」ので「急激な改良を欲しない」、まずは「校長なり、同僚なりの同意を得て児童にローマ字を教へてやることは是非共必要であらう」と述べる〔23〕。大泉ローマ字会結成直前の文章であり、こうした思いをいだいてローマ字教育をおこなっていたことは想像にかたくない。

後者は、文部省の臨時国語調査会が一九三一年五月に発表した「仮名遣改訂案に関する修正」でいわゆる四つ仮名（ジ・ヂ・ズ・ヅ）の表記を改訂案に復活させたことに関する論評であり、一見ローマ字とは関係がなさそうにみえる。

斎藤は、発音上、ジとヂ、ズとヅの区別が残っている地域があることは認めつつも、ほとんどの地域はこの発音上の区別を失なっているのだから発音どおりの表記であるべきだ、とはする。しかし、表音表記をめざす仮名遣改訂案自体の実施のためには、保守派が反対しそうな四つ仮名表記の廃止を棚上げにするのは「時宜に適した」ものであると評価する〔24〕。先の「急激な改良を欲しない」という斎藤の態度を示したものであろう。それをふまえ、音韻として四つ仮名を表記するには、漢字でもかなでもなく、ローマ字表記では、ヘボン式だとジ・ヂはひとしくjiと表記し、ズ・ヅはひとしくzu

と表記するので、区別ができない一方、日本式（日本ローマ字会の採用する方式）ではジ・ヂ・ズ・ヅはzi,di,zu,duという形で区別が可能なことを示し、「ローマ字では日本式がヘボン式より優れてゐることが読者諸君に分つて頂ければこれに越す仕合せはない」と論じていく[25]。

さらに国際連盟知的協力委員会で一九三〇年七月に決議された「ローマ字の国際的採用に関する件」の決議文中に「夫々の国語の性質に適合した綴り方に統一すべき事を慫慂する」とあったことにもふれ、それこそ日本式ローマ字のことを指すのだ、と記してもいる。国際連盟知的協力委員会には、日本式ローマ字提唱者で日本ローマ字会会長の田中館愛橘（一八五六年〜一九五二年）が委員として参加しており、日本語のローマ字表記は日本式で、ということが国際的にも認められたとみなされた。この決議文は東京帝国大学ローマ字会編輯『ローマ字年報1932年版』（日本ローマ字会出版部、一九三二年）に紹介されており、これを通じて得た情報であることはまちがいないだろう（「斎藤史料」（3−40）にあり）。

こうしたゆるやかな文字改革の意図を秘めてローマ字を教えていた斎藤であったが、校長に目を付けられ、一九三二年四月に大泉小学校八久和分教場という山深い場所に配転される。さらに同年九月一三日、「赤化教員」という嫌疑で検挙、一日さかのぼって一二日付で準訓導を解職される。このときは五日後に釈放されるが、山形県教育会の発行する『山形県教育』という掲載の場は失われてしまう。

とはいえ、一九三二年九月（五〇八号）から一一月（五一〇号）まで三回にわたる「荘内方言の特徴について」は掲載された。これは「鶴岡市附近の農村の言語」つまりは斎藤の母語の「音韻・語法」

について記述していくものである〔26〕と冒頭で宣言されるが、「音韻」のうち「母音」を論じたあと、「子音」の途中で掲載が終了している。上記の事情に関わるものと思われるが、中断された論考の発表の場を、『方言と土俗』などに求めていくことになる。

未完となった「荘内方言の特徴について」以降、斎藤は『方言と土俗』と『土の香』（土俗趣味社、一九二八年〜一九三七年、一九四六年。愛知県中島郡起町三条（現・一宮市三条）在住の小学校訓導・加賀治雄（一八九三年〜一九五八年）の編集による〔27〕）に集中的に寄稿し、『国語研究』や『方言』にもいくつか寄稿し、もちろん『文字と言語』でも荘内方言について論じている。しかしながら内容としては、基本的には語彙を採集したものが多く、当初構想していた「発音、語彙、文法」といった体系的な記述にはいたっていない。

—2-3— 『文字と言語』へ——方言研究と文字理論の希求

さて、失職した一九三二年の一一月に斎藤は日本プロレタリア作家同盟山形県支部準備会鶴岡地区委員会の組織部長兼調査部長となる。この組織は機関誌『庄内の旗』を発行し、斎藤も「北嶋三郎」の筆名で一九三三年五・六月号に「石川啄木の正しき評価について——啄木を愛する詩人たちに」（未完）を寄稿する。一九三二年は計三回検挙され、一九三三年にも検束された斎藤であったが、同年末に執行猶予処分をうける。

その翌年から発行をはじめたのが、『文字と言語』である。創刊号（一九三四年九月発行）の編集後記にあたる、「文字理論の確立へ」をみると、「根本的な文字理論」の確立がなされていない状況にあって、「進歩的な立ち場から研究」し、「文字だけを切り離さないで、言語との不断の結合の姿に於いて把握されること」を目標に文字理論の確立をめざすことがうたわれている[28]。たんなる方言研究誌ではないことを宣言しているようなものでもあるが、方言研究者の寄稿を拒んでいるわけでもなく、たとえば『方言と土俗』廃刊後の橘正一は、もちつもたれつなのだろうか、この『文字と言語』に、斎藤に次ぐ計八本の論考を寄せており、重要な発表媒体としてとらえていたことがわかる。

刊行がすすむにつれて、方言に関する論考は、なくなりはしないものの、そしてときおり「方言特集号」が出されるものの、斎藤自身一二号（一九三七年九月）の「アカインキ」で「言語理論と言語運動の雑誌を我々は目ざしている」（五四頁）と記しているように、方言研究誌であることから重点を移動させていることがわかる。

また、一九三五年七月には、斎藤にしては珍しい文芸評論といえる「石川啄木の思想」（ローマ字文）を、日本ローマ字会の機関誌『Rômazi Sekai』に発表している（したがって、原文は日本式ローマ字でつづられているが、引用に際しては便宜上漢字かなまじり文にした。以下同）。これは『庄内の旗』に寄稿した「石川啄木の正しき評価について」に加筆したものと考えられるが、そこでは啄木が自然主義から社会主義へ思想的転換をおこなったことを、「啄木が文学が社会の進歩をうながすひとつの誘いになりうるとの思想に到達したことを物語る」とし「芸術がイデオロギーの組織者として社会の闘争に逆に影響しうることを見破ったのであった」と論じる[29]。そして、

啄木が嘆いた「時代閉塞の現状」はかれの時代から二〇年以上をへだたる現代において少しも

解決されないばかりか、かえってそのころとは比べものにならないほど深まっており、現在なお底知れず深まりつつある。本当に啄木を慕い、かれの芸術を愛する人びとは、文学を手だてとしてあすの打ち立てにむかってたゆまざる歩みをつづけなければならない。この際活動の土台は、反動的な階級にではなくて、必ず進歩的な階級の上に置かれることが要求される。これ啄木の志を継ぐただ一つの道である。[30]

と、しめくくる。『文字と言語』刊行後のこの文章をどうとらえるべきか、明確な判断はつかないもののの、より深まりつつある「時代閉塞の現状」をこの雑誌を通じてなんとかして打破したい、という斎藤の願いを読みとることは可能であろう。

それはともあれ、橘以外にも『文字と言語』に寄稿した『方言と土俗』の会員は以下の通りである（五十音順）。

上野勇　「東武地方に於ける植物方言二三」六号
「幸手方言形容詞抄」一〇号
民俗学者。一九一一年〜一九八七年。『方言地理学の方法――赤城南麓方言分布』広川書店、一九四一年など。東京出身。群馬県の国語教員のかたわら、方言と民俗研究。上毛民俗の会。

内田武志　「足半草履の方言（静岡県）」六号
「田植時に苗を運び配る役の方言（静岡県）」一〇号
菅江真澄研究。一九〇九年〜一九八〇年。
大矢真一　「大泊で採集した樺太方言」六号
「続樺太の方言」一〇号
数学史研究。一九〇七年〜一九九一年
菊沢季生　「国民精神と文字教育」二号
斎藤義七郎　「山形県村山地方の俚諺」三号
「山形県村山方言の副詞」九号
「山形県の村山方言における語腹挿入音節の考察」一二号
一九〇八年〜一九九一年。山形県村山方言研究を主。一九三七年〜一九四六年、在台湾（宜蘭高等女学校で教える）。一九四九年、国立国語研究所地方調査員。『神奈川県方言辞典』（共編、一九六五年、神奈川県立博物館）、『山形方言辞典』（共編、一九七〇年、山形県方言研究会）など[31]。
杉山正世　「南伊予方言の一断想（二段動詞の遺存か）」六号
東条操　「霜柱と氷柱」一〇号
永田吉《きち》太郎　「漢字の古韻について」三号
「中母音の史的意義」六号

「相（Voices）の区分について」七号

一九〇八年～一九三五年。東京麻布生まれ。『方言資料抄　助詞篇』（一九三三年）、『南島語法稿　前編』（土俗趣味社、一九三五年）など[32]。『文字と言語』九号（一九三六年四月、二二頁）に追悼文。

能田太郎　「感動詞の一考察」六号

大矢真一は方言研究者としては認識されていないが、一九二五年から一九三七年まで樺太で小学校教員をしていたときに民俗学に興味をもち、その一貫として樺太方言を採集している。その報告が、『文字と言語』に二回掲載されている。大矢はその後、東京物理学校に入学、数学者・小倉金之助（一八八五年～一九六二年）の助手となり、日本科学史とりわけ和算研究をおこなう。富士短期大学教授（一九六三年～一九八三年）、日本数学史学会会長（一九六八年～一九八三年）。若いころの大矢が樺太で方言採集をしていたことは、年譜や業績一覧[33]にもないので、『文字と言語』掲載の論文は貴重な資料といえるだろう。そもそも、樺太には近代になってから日本人が移住し、そこでは各地の方言が話されていた。大矢の報告によれば、東北地方のことばが多いようである。一九四五年以降、ほとんどの日本人は引きあげてくるので、現在日常的に使用される「樺太方言」を設定することは困難である。戦前でも方言学者の平山輝男（一九〇九年～二〇〇五年）が一九三八年に「樺太方言」の調査をしているが、アクセントに重点を置いたもの[34]なので、語彙の資料は必ずしも多くない。橘正一は大矢の報告をもとに、『文字と言語』七号（一九三五年九月）に「樺太方言の系統」を掲載する。さらにこれは『国語研究』八巻六号（一九四〇年六月）に転載され、ある程度の読者の目にはふれたことになるだろう。

―2-4― 『文字と言語』と『東京方言集』

斎藤は、『文字と言語』の編集と並行して『東京方言集』の編集をおこなっていた。これは一九三五年一月に鶴岡で刊行された約三〇〇頁におよぶ謄写版のものであるが、右記のうち、東条操と永田吉太郎が論考を寄せている。もっとも、東条は論考というよりも三頁半ほどの概説であって、具体的な語彙・音韻などの考察ではない。

この『東京方言集』は、東京のことば＝標準語という図式をはなれて、東京の地のことばを記していくことにあった。『文字と言語』の創刊号に予告文が掲載されているのだが、そこでは「この方言研究の盛な時代に、内地で一番研究のおくれた府県は、政治・経済・文化の中心地東京だとは何といふ皮肉な現象であらう！　東京方言は単に一箇の方言としての重要性ばかりでなく、標準語の発生・発展を究明すべき鍵を含む点に於いて二重の重要性を持つてゐる」とある（一号、一九三四年四月、裏表紙）。

目次を掲げる。

東京方言と標準語／東条操
東京音の仮名表記法／音声学協会委員案
東京方言音韻考／石黒魯平

旧市域の音韻語法／永田吉太郎
旧市域の語彙／永田吉太郎・斎藤秀一
東京の幼児語／永田吉太郎
旧市域の訛語／斎藤秀一
東京市に於ける単語の変遷二、三／外山高一
江戸川区の方言／福里栄三
多摩方言／村田鈴城

斎藤は永田と「旧市域の語彙」を共同執筆し、単独執筆の「旧市域の訛語」も永田から教えてもらった一〇〇語ほどの単語をふくみ、ほかにも二編の原稿を依頼するなど、東京麻布うまれの永田は力強い協力者であったといえるだろう。むしろ、永田の「旧市域の音韻語法」と「東京の幼児語」だけで全体の三分の二の分量を占め、「旧市域の語彙」も約一〇〇頁であり、永田がいなければ成立しない内容であった。したがって、『日本エスペラント運動人名事典』でいうように、斎藤が「初めて本格的に東京方言を記述」したというよりも、その功は永田吉太郎にも帰すべきことを忘れてはなるまい。また、「旧市域の語彙」に関しては、「東京御出身の上野勇氏が動物と植物の方言を沢山教へて下すった」し、のちに『文字と言語』に寄稿することになる「東京の動物学者高島春雄氏が、上野氏が御報告下すったとんぼの方言の本名をお教へ下すった」[35]とあるように、方言研究者のつながりは、手紙のやりとりなどで機能していたといえる。そしてまた佐藤治助によれば、斎藤はまったく面

識のない東条操に一九三四年六月一〇日付で手紙を送り、原稿依頼をおこなっているという[36]。なお、謄写版であった『東京方言集』は、一九七六年に国書刊行会から、斎藤義七郎の「刊行にあたって」を付して、活字版として再度刊行された。方言研究者としての斎藤および永田の業績が広く知られるひとつの契機になったといってよい。

3　斎藤秀一の言語観——唯物論言語理論の影響

—3-1—　方言と標準語・国語との関係——生産諸関係のなかで

ここで少し時間を戻して、『文字と言語』創刊以前、『山形県教育』にまだ発表の場があった時期に、斎藤は「方言の矯正」（五〇一号、一九三二年二月）、「方言の単一の国語への発展」（五〇五号、五〇六号、一九三二年六月、七月）という論考も寄稿していることにふれておきたい。斎藤の言語に対する考え方がすでにここにあらわれているので、簡単に紹介しておく。

前者において斎藤は、方言の差異は、地理的な要因よりも「生産諸関係」の差異による方が大きいとして、「日本の標準語は東京の中流階級の人間が日常使用する言語を基礎として、これを洗練したものだと云はれてゐる」としたうえで、「山形県人の大部分を占めるものは勿論農民であつて、東京の中流階級の人間とは甚だしく彼等の経済的地盤の性質が異つてゐる。それ故にたとへ山形方言を総て標準語に改めようとしてもそれは絶望に終ることが明かであり、又そんなことをする必要も認められない」と断言する。したがって標準語が必要なのは「他地方の人々と会話をする必要がある時、或は演説でもするやうな改まつた場合等に正確に標準語を語り、他人の標準語を聞きとることが出来れば充分だと信ずる。それは必ずしも流暢であることを要しないだろう」ということになり、学校の教室では標準語を用いても、それ以外は「堅固な地盤と伝統とを持つてゐる方言で話すことこそかへつてすゝむべきことではあるまいか」と主張していく[37]。大変明確な主張であるが、

要するに標準語は生産の、従つて交通機関、印刷術、電信、電話、ラヂオ等の発達に伴ふ必然的な産物として生れたものであるから、我々はそれらの機関を利用して相互に意思を疎通し得る程度にまで標準語を操り得れば十分なので、それ以上であることを要しない。[38]

と近代的生産関係のなかで必要な手段として標準語をとらえる。すると、人びとの生産のあり方が変化すれば、標準語との関係も変化していくことになる。斎藤は単語、発音、アクセントの順で「矯正」をしていくことを主張するが、そもそも標準語は成立してから日が浅く日々変動しているので、そしてさらに「余りに東京方言を偏重し過ぎる」ので、「標準語が日本人全体のものであるならば、もつと〳〵各地の方言を取入れて、一地方に偏せざる、真に全国民的言語を作るべき〔で〕はないか！」と述べ、最後にこうしめくくる。

我々は徒らに標準語を絶対至上のものとして、これに盲従せず、あく迄自己の言語としてそれ

が改良、発達を計らうではないか！〔38〕

標準語への絶対的な同一化ではなく、必要に応じて使えればよいし、場合によってはこちら側から「改良」していくべきだ、という方言話者を主体的にとらえた主張となっている。この認識はのちも変化しない。たとえば一九三七年の文章では、「今の標準語は東京方言の偏重に傾いてゐるから、新口語文はこの不公平な傾向をなくする為に、全国の方言から必要な要素を吸い取らなければならない。吸い取りの方法には、方言をその侭採入れる方法と方言を飜訳して採入れる方法とが考えられる」としている〔40〕。

3-2 方言認識における唯物論言語理論の受容

3-2-1 「民衆語」と「文章語」そして「国語」と「国際語」

さて、後者の「方言の単一の国語への発展」は、「方言の矯正」での「云ひ足りなさを補ひ、併せて、方言の矯正は究極に於いて方言の単一の国語への発展を促進するものでなければならない所以を論ずる」ことを目的として書いたものであった〔41〕。ここでは明確に、階級方言ということばが使用される。つまり、「地域的方言」が成立したあとに「階級的並びに層的方言」ができあがる、としたうえで「我々は具体的に単一な日本語といふ言語を持つてはゐない」と述べる。斎藤がくりひろげるのは、生産関係の変化にしたがったことばの変化という議論である。つまり、原始時代の厳密な意味での自給自足経済社会に於いては各々の人間群が相互に孤立して生活するから自己の方言で用が足りるが、多少とも交換経済の時代に踏み込むと、甲の集団と乙の集団との意思疎通機関が必要となる。この時甲集団の言語と乙集団の言語と完全に融合すれば別に問題はないがそれが完全に行はれる程両者の経済的基礎が一致しないで、而かも甲乙いづれにも了解される言語が必要なことがある。この時甲言語の要素と乙言語の要素とが人為的に結合させられて、甲言語でもなければ乙言語でもない新語が造り出される。この中甲乙言語は民衆語で、第三の言語は文学語である。[42]

としたうえで、「民衆語」は親たちから無意識のうちに学んだことばで、「文学語」とは学校や読書を通じて獲得することばであるとする。これは「方言」と「標準語」の関係でも同様であるが、斎藤はさらに議論をすすめて、「民衆語」を「国語」とすれば「文学語」は「世界共通語、即ち国際語であつて、現在の社会ではエスペラントが正にこれである」と述べ、「文学語」は固定的であるから、「生産諸関係に変化が起これはまづ民衆語が変化し、次いで文学語が影響される」としていく[43]。

—3-2-2— 「国際語」としてのエスペラント

ここで、方言と国語の問題を論じた文章のなかで、やや唐突にエスペラントが登場してくることに注目したい。その注で斎藤はこう記す。「エスペラントに就いて詳しく知りたい人は東京市牛込区新小川町日本エスペラント学会又は神田区北神保町一一ポエウへ御問ひ合はせになると便利である」

と[44]。ポエウとは、一九三一年一月に結成されたプロレタリア・エスペラント運動の全国的組織「日本プロレタリア・エスペランチスト同盟」のことである[45]。

斎藤はさらに「方言の単一の国語への発展」をこえた議論を、このプロレタリア・エスペラント運動の議論――唯物論言語理論のこと――にもとづいて展開していく。つまり、この言語理論は、「一つの国民の各種の方言は単一の国語へと統一され、遂には各々の国語が唯一の世界語にまで統一されることが理想である」とするものである。

もちろん、「方言の国語への全き統一、更に世界語への統一は決して一片の空想ではないけれども、そこに迄到達するにはそれだけの極めて長い、且非常に困難な道程がある」と留保はつける。「方言が単一の国語へ統一される」ためには、その前提として「それぞれの方言を使用する人々の依つて立つてゐる生産諸関係が総ての地域に於いて同一になり、階級及び層の区別が失はれなければならない」と、「生産諸関係」の同一化が方言の統一の条件とする。そしてそのためには「当分の間方言は方言として自由な発達を許す態度を取りたい」としているように、標準語の強制的な使用は避けるべきであるという主張にいたる[46]。「自由な発達を許す」というところが重要である。

こうして標準語が徐々に完成し、国民すべてに正確に理解されるようになると、並行して「各国語の世界語への発展も相並んで進行するであらう。そして或程度まで標準語が発展すると、もはや方言の必要のなくなる時代が来る。ここに於いて方言は革命的に単一の国語への発展を成就して、それ自らは死滅する。今の標準語は不完全ではあるけれども遠い将来に出来上る単一の国語の核である。これの核に実をつけ皮を張るのが正に我々の任務である」としめくくる[47]。一九三二年四月二六日の日付が記されたこの文章であるが、いったいどこからこうした議論を斎藤は仕入れたのか、検討する必要がある。

3-2-3　エスペラントを通じた唯物論言語理論――ドレーゼン『世界語の歴史』

斎藤が学生時代をすごした駒沢大学では、一九三〇年の日記にあらわれるだけでも、駒沢大学教授であった言語学者・金沢庄三郎（一八七二年～一九六七年）の講義を熱心にきき、その著作『国語学通論』（早稲田大学出版部、一九〇〇年）、『国語の研究』（同文館、一九一〇年）、『日本文法新論』（早稲田大学出版部、一九一二年）などにも親しみ、国語学者・安藤正次（一八七八年～一九五二年）の著作『古代国語の研究』（内外書房、一九二四年）、『小さい国語学』（広文堂、一九二四年）にも接するなど、国語学への興味をもっていたことがうかがえる[48]のだが、大学の講義でこうした唯物論言語理論が紹介されるわけではなく、エスペラントの学習を通じてのことであった。

斎藤の「方言の単一言語への発展」には、注がいくつかあり、エルネスト・ドレーゼン（Ernest Drezen、一八九二年～一九三七年、ソビエト・エスペランティスト同盟会長などをつとめたが、スターリンにより銃殺）の『世界語の歴史』（エスペラント版、*Historio de la Mondolingvo*, 1931, EKRELO）の記述からの引用もある。ドレーゼンの論旨への直接的な言及はないものの、「方言↓単一の国語↓世界語」という言語統一の流れはドレーゼンのそれをふまえている。斎藤は「生産諸関係」ということばしか用いていないが、ドレーゼンは、

〔……〕世界経済が完全に国際化し、プロレタリアートが権力お獲得する時に、エスペランティストの数わ増加しつゞけるであろう。絶えず豊富化しながら、またヨリ以上に発展した民族語からすべて価値ある要素お吸い取りながら、Esperanto 語わ次第に、絶えずヨリ高い程度で、人類の国際語となるであろう。社会主義時代においてわ、全世界的諸関係のために言語に対する増大した要求と制限的な、一民族にのみ用いられる言語お使用する必要の漸次的消滅とわ他日、すでに長いこと前から用意された言語革命お行わしめる原因となる。[49]

としているように、プロレタリアート独裁がなることと、エスペラントが民族語の消滅のうえに世界語となることとを連関させて論じている。一九二九年の四・一六事件で日本共産党が事実上壊滅している以上、プロレタリアート独裁などといったことばを斎藤が用いなかったのは当然といえるかもしれない。『世界語の歴史』は一九三四年に高木弘が日本語訳を出すが、それ以前に斎藤はエスペラント版で内容を咀嚼していることがわかる。

―3-2-4― スピリドヴィッチ『言語学と国際語』を通じた受容

こうした言語統一過程と社会体制とを連関させて論じる唯物論言語理論は、大島義夫と山崎不二夫（一九〇九年〜一九九四年、農学博士。戦後、東大教授）が訳したE・F・スピリドヴィッチ『言語学と国際語』[50]にまとめられたものが、指針となっていた。一九三二年に大島・山崎の筆名である高木弘・井上英一名で日本エスペラント学会より翻訳刊行された同書では、

〔……〕次のように言語の歴史のピラミッドお図式的に示すことができる：

1) 自然経済時代—口言葉（俚語と方言）の時代：
2) 交換時代（資本主義がその最高段階）—民族的文語：
3) 共産主義えの過渡期—民族的文語＋国際補助語：
4) 共産主義時代—普遍語：〔51〕

という形が示されている。翻訳は一九三二年九月刊行なので、斎藤がこれを読んでから「方言の単一の国語への発展」を書いたわけではない。原文もロシア語であり、こちらまでは手が回らなかったと思われる。斎藤たちの認識としては、現在は「共産主義えの過渡期」であって、「民族的文語と国際補助語」が使用されるべきであり、そのために民族的文語の改良もなされるべきだ、との立場であったと考えられる。そのうえで、将来的には「共産主義時代」にいたるのだ、ということになる。

なお、一九三九年一一月二八日の山形地裁予審終結決定書（「斎藤史料」（3–57））では、斎藤は一九三一年ごろにはプロレタリア・エスペラント運動を認識したもののその運動に積極的に関与していなかったが、『世界語の歴史』や『言語学と国際語』の高木による翻訳などを読んで、理論を把握し積極的に運動するようになった、としている。『世界語の歴史』を斎藤がエスペラントですでに読んでいたことは把握していなかったようである。

また、学生時代には、ニコライ・ブハーリン（一八八八年〜一九三八年）の『唯物史観』（広島定吉訳、白揚社、一九二九年、「斎藤史料」（17–11））を読んでいることが日記からわかる〔52〕。この本の「第六章社会の諸要素間の均衡」の「三八、上層建築とその構造」の一部分を『文字と言語』二号（一九三四年一一月）で「言語と思惟」として翻訳している。ロシア語原文からの翻訳で、上記広島定吉訳を参照したとのただしがきが付されている（広島定吉訳の三五五頁最後の段落から三六三頁の第二段落までに相当）。二号は、ソ連成立一七周年を記念してソビエトに関する論考をあつめたものだが、ブハーリンの、言語と思考がいわゆるイデオロギー上部構造に属するものであり、上部構造の変化は生産技術の変化に依存するとしている、という指摘は、先にふれた斎藤の方言論──「生産諸関係」の同一化が方言の統一の条件である──に影響をあたえたといってよい。

─3-2-5─　理論への希求と国際主義の主張

このように斎藤には「理論」なるものへの希求があったことがわかるのだが、唯物論言語理論はひとつの世界観にすぎない。言語が将来的にひとつになるにせよならないにせよ、それと政治体制とを結びつけて論じる世界観が妥当なものなのか、八〇年以上経過した現在では答えを出すのは簡単かもしれない（あるいはそうでないかもしれない。「グローバリゼーション」だからみな英語を使おう、という植民地根性は根強いのであるから）。

しかし、自由な発達のもとで、民族も国家もこえて「ひとつ」をめざす、という考え方は、「国民主義」への批判の視座を手に入れることになった。

それが如実にあらわれたのが、第二次共産党の中央委員長であり、獄中で転向声明を出した佐野学（一八九二年〜一九五三年）への批判のなかであった。斎藤は「国際主義のまことの意味をたずねて」という全編日本式ローマ字でつづった文章を一九三三年一一月、一二月号の『Rômazi Sekai』に連載した。そこでは、鍋山貞親（一九〇一年～一九七九年）とともに発表した「共同被告同志に告ぐる書」（『改造』一九三三年七月）につづけて佐野が発表した「コミンターンとの訣別」（『改造』一九三三年八月）が批判の対象となっている。

佐野の「コミンターンとの訣別」の議論は「国際主義の名前を語りとった国民主義」の喧伝であると斎藤は喝破し、「ほんとの国際主義は、民族的なちがいをなくすることによって、あらゆる民族を完全な一体にむすびつけるための条件に関わる教え」なのであって、「人類がすみやかに民族のない社会へむかって溶け合い、進歩することが実際できるためには、まずもってあらゆる民族が等しい権利をもち、強制的な多民族化にもとづくあらゆる悪い感情が取り除かれた状態が築きあげられなければならない。このためには民族的な独立、民族的な文化の発展、もっとわかりやすくいえば植民地、半植民地の民族の完全な独立と、かれらがおのれの文化をよそから干渉されないで自由に発展させることが必要だ」と主張していく[53]。ここに斎藤の志向をみることはたやすい。

『Rômazi Sekai』という読者が限定される雑誌ではあるが、こうした論調が掲載されていたことにも注目したい。もちろん、佐野の転向を肯定するような論調も掲載されており（安原博純「国際主義のゆくえ――形式の国際化と内容の国民性」（ローマ字文）『Rômazi Sekai』二三巻九号、一九三三年九月）、斎藤は安原の文章も批判していく（一九三三年一二月号）。なお、のちに安原は『文字と言語』を講読、寄稿するようになる。

―3-3―『文字と言語』のなかの唯物論言語理論

斎藤のこうした志向は、『文字と言語』を順を追って読んでいるだけではわかりにくい。たとえば、先にもふれたが『文字と言語』の一号（一九三四年九月）には高木弘の「言語学研究の新しい方向」が寄稿されているが、そこでは「唯物論言語理論」とか「スピリドヴィチによる言語発展体系」とかいった用語が出てくるものの詳細な説明はなく、これだけ読んでも読者には何のことやらわからない。当然斎藤は理解していたといえるのだが、一九三五年九月に『Rômazi Sekai』に発表した「外国の固有名詞の本質」（ローマ字文）には、やや脈絡もなく「近ごろソベート同盟のあたらしい言語学は世界単一語の可能性を証明した」という文が挿入されており（「けれども、それは遠い将来のことで」とつづくのではあるが）[54]、唯物論言語理論に信を置いていた傾向をうかがうことができる。

―3-3-1― つよまる唯物論言語理論への志向

そして『文字と言語』も号がすすんでいくと、その傾向がつよくなっていく。たとえば九号（一九三六年四月）には、中国の『世界語之光』九三号（一九三五年四月）に掲載された衛綏の文章を翻訳、「言語発展の歴史」として載せている。階級社会から発展して到達する「未来の社会」では、「各国の大衆語が溶け合つて世界大衆語――真の世界語」となり、それがまさにエスペラントなのだ、という唯物論言語理論そのものの図式が示されている[55]。

唯物論言語理論は、ニコライ・ヤコヴレヴィチ・マル（一八六五年～一九三四年）の「ヤフェート理論」につながる。すべての言語を四つの構成要素から説明しようとするこの奇妙な言語理論は、ソビエト言語学のなかで主流を占めてしまう。マルの議論に手を加えたのが、スピリドヴィッチである。しかし、一九五〇年のスターリンによる「言語学におけるマルクス主義について」でマルの理論は完全に否定されることになる［56］。

3-3-2 エスペラントとローマ字化の関係、言語帝国主義批判の視座

斎藤が一九三六年七月に、高木弘が発行する『国際語研究』に発表した「エスペラントとローマ字化の関係」は、斎藤の唯物論言語理論の理解を示すものであり、それに基づく日本の言語政策への批判が展開されたものとして、大変貴重なものとなっている。

唯物論言語理論を応用すれば、将来的に民族語がエスペラントに合一していくためには、エスペラントが表記されるローマ字によって民族語が表記され、そのうえで「自由な発展」が保証されなくてはならないということになる。したがって、植民地や「満洲国」において日本語や「国語」を強制し、民族語を抑圧するような日本の言語政策、あるいは日本語をローマ字化してかれらに教育することを主張するローマ字論者に対して、明確に異をとなえることができた。たとえば、斎藤は『Rômazi Sekai』に書かれた高柴金一郎（福岡高校教授）という人物の「弟民族と日本語」（ローマ字文）を痛烈に批判する（「弟民族」とは朝鮮や台湾などの民族のことを指している）。高柴は、

しからばいまニッポンの弟民族に対する日本語教育をどうすべきか？　それには日本語をもっとも合理的にあらわすところの日本式ローマ字をもってすべきである。そしてこれらの母

国語をほとんど忘れさせるほどにわが日本語をつぎこまねばならない。ひとつの民族のことばを文化的にほろぼすということは罪悪でもなんでもない。〔……〕そこに住む民族たちのあいだに永久の平和が花咲くならば、それはなにものよりも尊いものであるのだ。〔57〕

と述べる。これに対して斎藤は「実に驚くべき言語帝国主義だ!」と一喝し、「こーゆう乱暴な議論にたいする斗争としてわ植民地語のR.化運動こそ最も効果的である」と、植民地言語のローマ字化を提唱する〔58〕。ローマ字化されることで「本国語」と「植民地語」との支配・被支配という関係は解消され、相互の交流はエスペラントによって、同等な形ですすむのだ、という信念をよみとることができる。したがって、その際に「esp. に民族語から必要な要素お吸収することおたやすくさせるために、民族語の正字法とesp. の正字法とお一致させることが望ましい」〔59〕ことになる。日本語のローマ字化に際しては、ヘボン式ではなく日本式の方がより日本「民族語」の音韻にのっとっているので好ましいとするのは、すでにふれたように「ヂ・ヅの問題について(承前)」(『山形県教育』五〇〇号、一九三二年一月)で斎藤は論じていた。したがって、

民族語の音韻とesp. の音韻とがある程度まで歩み寄れば、esp. 式R. によつて総ての民族語の正字法おesp. の正字法に統一することもあながち空想でわなかろー。それの近ずきお早めるために、いわば、〈過渡期〉における日本式の採用わ真のesp. 式R. の採用のために欠くべからざる前提でわなかろーか?〔60〕

ということになる。

―3―3―3― 単一を希求することがもたらすもの

ここにみられるような、単一のものへの統一という志向は、結局は以下のような帰結をもたらすことになる。つまり、高木弘の『言語学』(三笠書房、唯物論全書、一九三六年)からの引用のあとで、斎藤は「新しい言語学わそれの最後の目的お世界単一語の打建てと規定したが、〔……〕要するにR.化もesp.も世界語の打建てえの欠くべからざる準備的な段階なのである」[61]としているが、「本国語」と「植民地語」間がエスペラントによって同等の交流がなされるにしても、それは、世界語に「止揚」する一段階前の状態にすぎない、ということになる。したがって帝国主義的な言語政策への批判にはなりえても、「植民地語」、「民族語」、あるいは方言を保護する理論で完結することにはならない。多言語を架橋するものとしてのエスペラントという発想から行きすぎてしまっているということはいえるだろうし、それがエスペランティストすべての願いであるとはとうてい思えない。

また、ローマ字化を主張する際には漢字の不合理を説くことも不可避になるのだが、たとえば一九三七年五月に発表された「新口語文について」では「新口語文は、国民の大部分を占める生産点にある大衆の口語を元にして、これに十分な磨きをかけるべきものと信じる」とし、「本当の口語文の発達をこいねがうならば一思いに漢字を全廃して、カナモジ又はローマ字を国字にする方がよいという主張がある。私もこの主張には大賛成だ」[62]と、生産者大衆のことばを起点にせよ、という高倉テル(一八九一年~一九八六年)のような主張をしている(高倉は「日本国民文学の確立」『思想』一七一、一七二号（一九三六年八月、九月）で同様のことを述べている[63]）。漢字についてはは別のところで同時期に「漢字は民衆に対する思想的抑圧のOmosiであり、愚民政策の武器である」とも断言し[64]、文字の呪物性を日本の習俗にみた文章も残している[65]。

ついでながら高倉とのつながりを考えてみたい。斎藤は東京での学生時代に黒滝成至との交流があったことが一九三〇年の日記からわかる[66]。黒滝はローマ字論者であり、当時は小学校の訓導であったが、一九三二年に共産党に入党、検挙・起訴され執行猶予四年の判決をうける。その後塾経営をしていたが、一九三六年から高倉と面識をもつようになったという[67]。黒滝は本名のほかに筆名・青江有因をふくめて計四本の『文字と言語』への寄稿があるが、学生時代からのつきあいによるものであろうし、おそらく黒滝を通じてであろうが、高倉には八号から寄贈し、一一号から三号つづけて高倉の原稿を掲載している。

「新口語文について」にもどれば、斎藤は、日本語の「新口語文」の形成には、ローマ字論者、カナモジ論者だけではなく、エスペランティストの協力も歓迎する、と述べる。つまり、「エスペランチストは日本語の改良には直接何の関係もないと考える向きがあるかも知れないが、エスペラントを通して弁証法的言語理論を紹介し、また外国の言語改革の経験を紹介すると同時に、エスペラント創造の経験を提供する事によつて、新口語文の打建てに大きな貢献をする事が出来る」[68]と。これは自ら編集する雑誌の基本方針をそのまま述べたものといってもよいが、「弁証法的言語理論」（唯物論言語理論）を重視する姿勢が明確にうかがえる。

―3―3―4― どの程度共感されたか

斎藤起訴後も特高はかつての『文字と言語』講読者や、後述する国際ローマ字クラブのメンバーの内偵をつづけ、ときに検挙をおこなっていた。『特高月報 昭和十四年九月分』に掲載された「文字と言語運動(ローマ字運動)関係者取締(内偵、検挙)の状況」をみると、『文字と言語』を講読していても、唯物論言語理論に対する「認識極めて薄弱」(福原真幸)とか、「認識無く」(藤井慶哉)、あるいは「平素の言動等より考察するに、左翼思想を抱持し居るものとは認め難」い(佐伯功介)などの文言がならぶ。みながみな、斎藤の主張を理解していたわけではないことが(当然といえばそれまでだが)、わかる[69]。

―3―4― 方言研究とエスペラント

遠い将来とはいえ、形はともあれ方言が標準語に収斂し、さらに世界語になっていくとするならば、現在方言を研究する意味はどこにあるのか、という問いが残る。

この問いの答えになるのか判然とはしないが、斎藤が書いた一九二三年から一九三三年までの日記が「斎藤史料」(1―1〜1―10)のなかに残されている。そのうち、ローマ字でつづられた一九三三年三月二一日には以下のような記述があるという。

方言が次第に統一されつつあることは明らか。何がその原動力であるのか。いわゆる標準語が、方言に対しどんな地位にあるのかを考え、方言の変化の奥底に横たわっているもの、それが社会的・物質的な生産力であるところまで、研究を掘り下げていかなければウソだろう。その力は、世界中のありとあらゆるものを、すべて統一へと押し向けていることは、間違いない。世界中の言葉も遠い将来は、必ず統一されるであろうことは、言いうる。そのとき方言は絶滅する。しかし、これではすこぶる抽象的であるから、こういう予言を基礎づけるため、言語を、特に方言を歴史的に研究することが、ぜひ必要である［70］

言語統一の道筋を説得的に示すために、方言の歴史的研究をおこなう、ということのようである。この翌年から『文字と言語』の刊行をはじめる。くりかえしになるが、そのことと、資本主義から社会主義、共産主義へと生産関係が単線的に進んでいくという唯物史観とが結びついていく。斎藤にとって言語の統一と共産主義社会にいたることとどちらを心から願っていたのか簡単には判断できないけれども。

日記に書いたようなことを直接表明するのははばかられたのであろうか、『文字と言語』一〇号（一九三六年一一月）には方言研究への要望として以下のようなことを述べている。

方言研究が方言研究の為の方言研究に終るならば殆ど無意味に近いでせう：我々の現実の言語生活を豊かにし、活発にし、進んではその不合理さを解決する為のものでなければならない——と私は信じます。方言研究によつて得られた成果を我々の現実の言語生活に実地に応用する方法を、方言学はそれ自身の内には持つてゐません。これを与へるのが即ち国語・国字論で

はありますまいか？〔71〕

「現実の言語生活を豊かにし」「不合理さを解決する」ということが具体的にどういうことを示すのかは明示されていない。しかし、日記のことばとあわせ考えると示唆的である。

さらに、一九三六年には、「日本語の大衆化」のためのエスペランティストの任務として、以下の三点を掲げている。

(1)弁証法的言語理論の紹介。
(2)esp. 創造の経験の提供。
(3)方言の研究。〔72〕

方言の研究は、「将来のローマ字化の準備」のため、「むずかしい単語に代るべきたやすい言い代え言葉お求めるためと、標準語の全国性の確保の立場から要求される」のだという。唯物論言語理論が根底にあることは、明白である。

4 中国のローマ字運動への関心

4-1 ラテン化新文字への理解

4-1-1 注音字母・注音符号と国語ローマ字

くりかえしになるが、一見関係がないように思われる、①方言の問題、②表記・語彙簡易化の問題、③エスペラント・唯物論言語理論の問題、という『文字と言語』を構成する三つのテーマは、斎藤のなかでは一連のものとして認識されていた。

この点について、中国大陸での中国語のローマ字化運動、とりわけ「ラテン化新文字」による運動を、斎藤が理解し共感を示していたことを抜きにしては論じることができない。

中華民国建国後、一九一三年に読音統一会が組織され、中国語の音声表記のための文字作成のための会議がつづけられた。その後北京音を標準として表記する「注音字母」が一九一八年に公布された。これは漢字の一部を用いた方式であり、一九三〇年には「注音符号」と名称を変更する。これによって漢字の読みを示す補助的な記号という意味あいを帯びることになる。

また、一九一九年に中華民国政府の教育部に設置された国語統一籌備会ではローマ字による表記法も検討していたものの、中華民国政府公認の方式にはならなかったので、一九二六年に会の名によって公布した。これが「国語ローマ字」と呼ばれるものである。一九二八年になって公認の方式とされた。注音字母が「国音字母第一式」とされたのに対し、国語ローマ字は「国音字母第二式」となった。

これも北京音を基礎としており、また声調表記のための特別な符号を用いないとしていた。そのかわりに、斎藤の表現によれば「たとえば同じaという音でも陰平だけをaとし、陽平はar、上声はaa、去声はahと綴るといった風で、椅子はyiizi、出去（出て行く）はchuchiuh、規則はgueitzerと長ったらしく書く」ように、つづりのなかにいれこむ方式であった［73］。

―4-I-2― ラテン化新文字と方言・大衆

これに対し、ラテン化新文字とは、ソビエト連邦において非ロシア民族に対する言語のラテン文字化の一環として考案され、のちに中国に広められたものである。一九二八年にレニングラードの科学アカデミー付属東洋学研究所で研究がはじまり、中国人の瞿秋白（一八九九年〜一九三五年）が中心となって考案した。一九三一年九月に、ソ連のウラジオストックで「中国文字拉丁《ラテン》化第一次代表大会」が開催され、一三条からなる「中国拉丁化新文字的原則」が出されるにいたる［74］。

なお、中国共産党政治局常務委員であった瞿は訪ソ中に失脚、ソ連にも居場所がなくなり、帰国して一時魯迅（一八八一年〜一九三六年）たちと左翼作家連盟を指導するなどしており、ラテン化新文字の普及には関与してはいなかったが、国民党にとらえられ処刑されるという運命をたどる。瞿の考えていた文字革命について、藤井久美子は以下のようにまとめる。

〔……〕一般民衆にとって漢字は難しすぎるので「ラテン化新文字」を用いて漢語〔中国語〕を表音化し、漢語を数億の民衆の身近なものにして、自由に使えるようにすることであった。そうすることで、民衆も高度な学術文化生活に参加できると考えたのである。「国語ローマ字」のような規則の厳密さはなくとも、一般民衆の生活に役立つのであれば、それを許容した。また、北京音に基づく「国語」では、方言区の民衆にとっては習得が困難であると考え、方言をも認知した。[75]

「方言をも認知する」、「一般民衆の生活に役立つ」、そしてそのうえで統一されたことばをつくりあげていく、そして外国人のための表記法ではなく、人口の八割をしめる漢字を知らない中国人が自身のことばをできるだけ簡単に書けるようにしていこうという、このあたりの志向が、つまりは上からの単一変種の一方的なおしつけではなく、多くの人びとの口によって、そして手によって徐々に形成されていくべきだ、という志向が、斎藤の考える方言と標準語との関係、そして唯物論言語理論とも合致したのではないかと思われる。

4-1-3 斎藤秀一と葉籟士

さて、このラテン化新文字の中国での普及に尽力したうちの一人に、葉籟士(一九一一年〜一九九四年)がいる。葉はエスペランティストでもあり、斎藤との接点がここで生じる。

まずは、翻訳された著書に付された葉の経歴を引用する。

一九一一年、江蘇省呉県に生まれる。本名包叔元。上海立達学園と東京高等師範学校で学ぶ。

一九三二年、革命運動に参加、一九三八年、中国共産党に入党。一九二八年、東京留学中に〝世界語〟（エスペラント）運動を知り、一九三二年、上海事変後上海へ戻り、中国左翼エスペラント連盟に加入、中心人物の一人となる。一九三四年、大衆語論争に参加、〝拉丁化新文字〟（ラテン化新文字）の普及に努める。一九四五年～一九四九年、新四軍政治部宣伝部、山東新華書店などで宣伝活動に従事。一九四九年の新中国成立後は、人民出版社副社長兼副編集長を経て、中国共産党中央宣伝部に所属し、中国科学院語言研究所副所長、中国文字改革委員会秘書長、副主任などを歴任、文字改革推進につとめた。全国人名《ママ》代表大会代表、全国政治協商会議委員にも選ばれている。一九九四年病気のため死去。[76]

日本語も当然できた葉籟士は、エスペランティストで中国に渡って反戦・抗日運動をおこなった長谷川テル（一九一二年～一九四七年）の活動を援助したことでも知られている[77]。一九三一年九月一八日に「満洲事変」が起きると、「多くの愛国主義的な中国人留学生は学業を放棄して、つぎつぎに帰国していった。そのなかには東京高等師範学校英文科で学んでいたエスペランティストの葉籟士もまじっていた」[78]という。それまでは東京におり、一九二八年にエスペラントを知ったということは、同時期に東京で大学生生活をおくり、同年にエスペラント学会に入会した斎藤秀一とはエスペラント学会を通じて知りあっていたかもしれない。その後の葉は、上記の紹介のようにエスペラント運動にくわわり、上海世界語者協会を結成して、機関誌『La Mondo』（エスペラントで、「世界」）や『言語科学』を創刊している[79]。これらの雑誌から斎藤が翻訳したものが『文字と言語』に掲載されてもいる（たとえば、「ソヴェート同盟に於けるローマ字運動」（ウィソエフ、二号、一九三四年一一月）、「スペイン政府軍におけるエスペランチストの活躍」（湯克、一一号、一九三七年一月）など）。ともあれ、少なくとも、佐藤治助によれば中国帰国後の葉籟士とは「書簡による交流があった」[80]。

五号（一九三五年五月）には『言語科学』に掲載された「支那語ローマ字化の正しい理解のために」（ルーモ）を中国語から翻訳して掲載しているので、このあたりから斎藤は中国語のローマ字化について関心をもっていたことがわかる。後述のように、一九三五年春から斎藤は中国語の学習を開始しているると述べているので、発音はともかく、辞書をひきつつある程度の意味は理解できたということになる。

なお、斎藤は一貫して「支那語」「支那人」と表記している。原文が「中国」であっても、斎藤の訳文では「支那」になっている。当時日本では「支那」が一般的であり、エスペラントでも「Ĉinio」ということもあったかと思われる。ただ、一九四一年のことになるが、大政翼賛会東亜局を中心に「支那」「支那人」という呼び方をあらためるべきではないかという議論がなされたことがあった。これは「支那」ということばは「邦人がこの語を用ひる場合習慣的に一種の蔑視的感情を伴ふのが常なので支那人の支那或は支那人といふ呼称に対する悪感情は想像以上のものがあるといはれてゐる」から、「中華民国」「中華人」などにすべきだ、という提案であった。もちろんそれは「東亜共栄圏の有力な構成民族として日本の指導の下に新秩序を形成」するためのものではあったのだが[81]。しかし、この提案は批判的にとりあげられることが多かったようである。たとえば、『カナノヒカリ』では、世界のたいていの言語では「china」が基本になっているから「支那」むしろ「シナ」と書くべきであり、「日本ガ 大東亜ノ 盟主トシテタツトキニアタッテイタズラニ シナニタイシテ ゴキゲンヲトル 必要ワ モウトウ ナイ」〔82〕というこれ自体が蔑視の構図にあるような反対論をかかげている。こうした議論と同一視されないような配慮が多少は斎藤にも必要であったかもしれない。

―4-2― 中国語学習・『支那語ローマ字化の理論』・ラテン化新文字の紹介

―4-2-1― 中国語学習の動機と方法

葉籟士が斎藤宛にラテン化新文字関係の資料を頻繁に寄贈していたことは、『文字と言語』各号に記されている、本の紹介や寄贈リストなどからうかがえる。

この葉籟士が中心になって編んだものが、中文拉丁化研究会編輯『中国話写法拉丁化――理論・原則・方案』(上海新文字書店出版、一九三五年四月)であった。斎藤はこれを大阪のエスペランティスト吹田好雄(一九一〇年~一九七八年)〔83〕からおくられ〔84〕、上述のようなラテン化新文字の理念に共鳴したのであろう、中国語を学習し、翻訳をおこなうようになる。

中国語の学習については、以下のような記録がある。

先に斎藤義七郎についてふれたが、おなじ山形県人で同年うまれでありながら、庄内地方に住む斎藤秀一と、村山地方に住む斎藤義七郎とは会ったことはなかった。しかし書いたものを送りあうなど、文通はしており、斎藤秀一が斎藤義七郎に宛てた手紙によれば、「私はオトトシの春ヤット支那語の勉強を始めたばかりの初学者で、これから大いに研究を積む必要を感じています。反訳〔翻訳〕をするなどは全くガラにもない話なのですが、今の支那には、言語方面の有益な論文があんなにあるのに、それを日本に紹介する人が殆んどいないのを見ると、ツイ手を染めて見たくなるのです」（一九三七年五月三日消印）とか「支那語はラジオの講座で勉強したので独習書は持っていません」（一九三七年六月二五日消印）とあるという〔85〕。これによれば、一九三五年の春にラジオで中国語の独習をはじめたということになる。井上翠編著『井上支那語辞典』（文求堂、一九三四年（一九二八年初版））は持っていた（「斎藤史料」（13–23））。駒沢大学の学生であった一九三〇年にも、中国語は辞書を買えば論文は読めそうであると日記に記している〔86〕が、このときはそれだけでおわったようである。

「斎藤史料」にはほかにも『実用満洲国語講座』（日本放送協会、一九三五年、（7–37））や『実用満洲語講座』（内之宮金城、一九三五年、（13–41））などがみられるので、独習書をもっていなかったわけではなさそうである。ここでいう「満洲語」とは、「満洲国」で話されている中国語のことで、日本側が積極的に用いていった用語であり、満洲族の母語であった満洲語とはまったく関係がない。斎藤も、一九三二年の「満洲国の建国」後に、「支那語学習書は続々看板を塗り変へて「満洲語〇〇」とする〔……〕ラヂオは「実用満洲語講座」を設けるといふ有様である（ちなみにラヂオの「実用満洲語講座」は今年〔一九三五年〕の四月ＪＯＡＫに開設されたものから「実用満洲国語講座」となつて「国」といふ言葉がふえた）」〔87〕と違和感を記している。ここから、一九三五年四月にはなんらかの形でラジオ講座『実用満洲国語講座』に接していたことがわかる。

ともあれ、『文字と言語』の編集作業をおこないつつ、エスペラント経由だけでなく中国の文字改革について知るために、中国語を学習していたことがうかがえる。

—4-2-2— ラテン化新文字の理念の紹介へ

斎藤が入手した中文拉丁化研究会編輯『中国話写法拉丁化——理論・原則・方案』のなかには、「中文拉丁化的原則」が掲載されていた。これは先にふれたウラジオストックで一九三一年に開催された「中国文字拉丁化第一次代表大会」で定められた一三条からなる「中国拉丁化新文字的原則」を、一〇条にまとめたもので、中国国内でのラテン化新文字運動の原則にしようとしたものであった。

斎藤は、めぐまれた学習環境とはいえないなか、この原則を中国語で読み、さっそく、

(1)「満洲国に於けるローマ字化の一般的方針」『文字と言語』七号(一九三五年九月)

に一部を引用している。ここではさらに「満洲国」でのローマ字書き運動も、ソ連における中国語ローマ字化運動に学ぶべきことを述べ、「植民地・半植民地の民族語をローマ字化するといふ精神は、その言語の解放をも要求する」とし、解放された結果「すべての民族語が等しい権利を以て互に融け合ひ」、「将来世界単一語が形づくられる」と論じていく(三九頁)。「中国拉丁化新文字的原則」は、漢字は封建社会の産物であるから、大衆的で現代科学の要求にかなった文字をつくらなければならない、という原則からはじまり、大衆の口語を書記化しそれを文章語に発展させる、また一つの方言を全国標準語にするのではなく「北方音、広東音、福建音、江浙音、湖南および江西一部の口音」にわけ、それぞれ文字化をおこない、それぞれの地方のことばを用いて自由に文化を発展させる、といったような内容であるが、斎藤はこれを「支那文ローマ字化の原則」(第一回支那文字ローマ字化代表大会)とし

て、後述の『支那語ローマ字化の理論』（一九三六年八月）に訳載している。

この『文字と言語』七号は、堀亮三・今里博三「満洲国に於ける文字及び言語の概観」を掲載して「満洲国」の言語状況を紹介する一方で、高木弘「方言と民族語」、ドレーゼン「民族語と国際語」を並べて、タイトルからして「方言→民族語→国際語」という唯物論言語理論を連想させる論考を配置し、さらに具体的な方言に関する論文を置くという、斎藤の志向を具現化した編集がなされている。

つぎに、中華民国の注音符号、国語ローマ字と比べてラテン化新文字がすぐれていることを示そうとしたのが、

⑵「支那におけるローマ字運動の波」（ローマ字文）『Rômazi Sekai』二五巻一二号（一九三五年一二月）

である。これは斎藤が獲得したラテン化新文字に関する情報をまとめたもので、日本ではおそらく最初の紹介となるのではないだろうか。また、注音符号や国語ローマ字とのちがいを明確に記してもいる。ラテン化新文字は、先に記したようにソビエト連邦発祥のものである。したがって、藤井久美子が指摘するように中国では一九三六年ごろには、「「ラテン化新文字」関係の出版物を持っているだけで逮捕され、共産党員であるとされたという」〔88〕ような事態になる。それでも斎藤のもとには関連資料が寄贈されていくのだが、この論考の末尾で斎藤は以下のように述べる。

このように活発な支那のローマ字運動が日本よりもはるかに困難な社会情勢のうちで行われ

ていることは特に記憶されなければならない。国民党政府は「ローマ字化」ということばさえも差し止めようとしたし、『支那語書き方のローマ字化』〔『中国話写法拉丁化——理論・原則・方案』のこと〕という本は非合法的に出版され、日本人の営む内山書店から売り出されているありさまである、また『ローマ字化概論』〔拉丁化概論〕の書き手〔葉籟士〕は厳しい検閲を通るために中身の趣旨がゆがめられるまでに大きな手心を加えなければならなかったという二つ三つの例によってもそれは窺われる。それにもかかわらず支那のローマ字論者が常に目覚ましい運動を続け、絶えずローマ字化の旗をおしすすめていることは心強い。[89]

—4-2-3— 魯迅・葉籟士の翻訳——『支那語ローマ字化の理論』

そして、理念への共鳴と連帯の志と、中国語と得意のエスペラントとによって獲得した情報とをもって、中国語独習一年ばかりで、

(3)「日本語で発表された支那の国語・国字運動に関する文献の目録」〔平岡伴一と共著〕、葉籟士・魯迅そのほか『支那語ローマ字化の理論』反訳・編集・印刷兼発行人・斎藤秀一、一九三六年八月

がふくまれる、『支那語ローマ字化の理論』を編集発行する。まず、(3)自体は標題どおり、日本語の雑誌や新聞に掲載されたこのテーマに関わる文章二七篇の内容紹介になっている。『文字と言語』で斎藤が書いたり翻訳したもののもふくまれている。これを文献目録と位置づけて編集した『支那語ロー

マ字化の理論』は、中国語を学んだ斎藤がぜひとも翻訳紹介したかった資料であった。

先の(2)の末尾で斎藤は、「限られた紙数のうちに大きな問題を無理にまとめようとして十分にこころもちをつくせなかったうらみもあるが、来る一月にでる『文字と言語』第九号を一冊全部「支那におけるローマ字運動の特集号」にあてるはずになっているから、詳しいことはそれにゆずってひとまずひきさがろう」と述べていた[90](『文字と言語』八号(一九三六年一月)の「赤インキ」でも同様の宣伝をしていた)。しかしながら、一九三六年四月に刊行された『文字と言語』九号ではそうした特集をくむことができず、斎藤が「支那のローマ字運動を助けよう!!」という主張を半ページ分掲載し、こうした運動を日本語で紹介したものを論評する「「支那の国語・国字運動」の研究熱」を二ページ分掲載するにとどまった。

とすれば、この『支那語ローマ字化の理論』を、予定されていた特集号のかわりとみなすことも可能であろう。ともあれこれは、先にもふれた、ラテン化新文字を中国で広く紹介するために刊行された中文拉丁化研究会編輯『中国話写法拉丁化——理論・原則・方案』(上海新文字書店出版、一九三五年)やその他の雑誌などの論考の翻訳からなるものであった。

小林司や佐藤治助はこれを葉籟士『拉丁化概論』(天馬書店、一九三五年、葉籟士から寄贈)の翻訳であるとしており[91]、高杉一郎も「抄訳」であるとしているが[92]、『中国話写法拉丁化』『拉丁化概論』はそれぞれ具体的なつづり方を記した部分も多く、日本の読者にはすぐに関わる内容ではないので、この二著の内容もふくんだいくつかの媒体から「理論」の部分を選んで翻訳したものとなっている。大島義夫が正確に「翻訳編集」したと記述している[93]のは、斎藤から寄贈されていたからにちがいないだろう。

謄写印刷で四〇部ほど印刷されたもので、『文字と言語』一一号（一九三七年三月）にはすでに「売切れ」た旨が記されている（六九頁）[94]。日本では現在は国立国会図書館のデジタルコレクション（館内限定閲覧）でしかみることができないが（魯迅に寄贈した二冊のうちの一冊は北京の魯迅博物館の収蔵庫で厳重に保管されているという[95]）、デジタル化されているため、うすく消えかけた文字の判読がむずかしいところがある。

目次に対応させて斎藤が翻訳した出典を可能なかぎり記すと以下のようになる。

『支那語ローマ字化の理論』目次	出典 『中国話写法拉丁化』＝『拉丁化』と略 『拉丁化概論』＝『概論』と略 ＊は原文未見
葉籟士「はしがき」（pp.II-III）（かきおろし）	
扉：ローマ字化は東洋の偉大な革命である！■Lenin を追記、ラテン化新文字および漢字による中国語表記も。	『拉丁化』、扉：Latinxua sh dungfang weidadi geming
葉籟士「支那国字改良運動史」（pp.1-6）	「中文改造運動」（『概論』）
「《文字おぼえ運動》について――識字運動」（p.6）	「再版前記」抄訳（『拉丁化』）
雷雨「ローマ字化北支那語の歴史」（pp.7-8）	＊『拉丁化号外』より
「支那文ローマ字化の原則――第一回支那文字ローマ字化代表大会」（pp.9-11）	「中文拉丁化的原則」（『拉丁化』）
葉籟士「支那文ローマ字化概説」（pp.12-16）	「中文拉丁化概説」（『拉丁化』）

魯迅「ローマ字について」(p.17)	魯迅「関于新文字」、『門外文談』（一九三四年）
魯迅「支那文章語のヨミガエリ」(pp.17-18)	魯迅「中国語文的新生」、出典同右。
葉籟士「方言から統一語へ」(pp.20-23)	「従方言到統一語」（『概論』）
「ハバロフスク通信」（ローマ字北支那語の一つの例）(p.23)	＊不明
黄郁「《声《セイ》》の書き表しは必要か?.」(pp.24-28)	＊『拉丁化号外』三号（一九三六年三月）より。
景輝「教会方言ローマ字の歴史」(pp.29-32)	＊同右。
魯迅「新しいローマ字化と国語ローマ字」(pp.33-34)	魯迅「論新文字」。斎藤は『新文字』七号（一九三六年三月）を参照[96]。
水土「注音字母とローマ字」(pp.35-36)	＊『新文字』三号（一九三五年一〇月）
之光「民族解放とローマ字」(pp.37-38)	＊『Beiping Sin Wenz（北平新文字）』一〇号（一九三六年一月）[97]
葉籟士「ローマ字化と知識分子の使命」(pp.39-41)	「拉丁化和知識份子的使命」（『拉丁化』）
平岡伴一・斎藤秀一「日本語で発表された支那の国語・国字運動に関する文献の目録」(pp.42-49)	
斎藤秀一「編輯を終へて」(p.50)	

―4-2-4― 魯迅の翻訳五編

この『支那語ローマ字化の理論』のなかに魯迅の文章が三編あることも特徴的である。既述のように、この『支那語ローマ字化の理論』を齋藤は魯迅に寄贈している。一九三五年八月八日の魯迅の日記に斎藤秀一より二冊届いた旨が記されている[98]。

ここに訳載された魯迅の随筆のうち二編は、『門外文談』(天馬書店、一九三五年九月)におさめられていたものである[99]。これは葉籟士から斎藤に寄贈されている(『文字と言語』九号、一九三六年一一月、六八頁。ただ「斎藤史料」にはみあたらない)。『門外文談』は「素人の文字談義」と『魯迅全集』などでは訳されているが、斎藤の「文字涼み話」も味わいがある[100]。

ともあれ、ラテン化新文字を推す魯迅の姿勢に斎藤は共鳴しており、このほかにも『文字と言語』九号(一九三六年四月)に魯迅の「あて字について」を翻訳掲載している。この原文は、「従「別字」説開去」というもので、一九三五年四月二〇日、上海の『芒種』一巻四期に「旅隼」の筆名で発表されたものであるが、斎藤は『門外文談』におさめられたものから訳している。現在では『魯迅全集 八』(学習研究社、一九八四年)にある「「うそ字」から話がそれて」と訳されたもので日本語訳が読めるので、独学開始一年少々の斎藤の中国語翻訳力を確かめてみることもできる(もちろん、ほかのものも——ただ、俗語や上海語などの正確な翻訳までは期待できないが)。完璧な翻訳ではないにしても、文字改革に対する保守派を批判し、現状維持は事なかれ主義でしかない、という魯迅の主旨は正確に押さえられている。

魯迅の『阿Q正伝』は、斎藤の紹介にもあるように(『文字と言語』九号、一九三六年四月、二二頁)、日本語に翻訳されていた(たとえば、一九三一年には『支那プロレタリア小説集』の第一篇として、松浦珪三訳で白楊社から、おなじく一九三一年に『国際プロレタリア叢書』の一冊として、林守仁訳で四六書院からも刊行されている[101])。また日本語による全集も、『大魯迅全集』として改造社から刊行中であった(全七巻、一九三六年四月〜一九三七年八月)。『文字と言語』九号は一九三六年四月刊行なので、全集の第一回配本(第二巻)を斎藤が目にしていたかはわからない。この全集には、「支那文章語のヨミガエリ」として訳した「中国語文の新生」（『大魯迅全集』第五巻、一九三七年八月）を除いて斎藤が訳した文章は掲載されていない。「支那文章語のヨミガエリ」にしても、これが掲載された『支那語ローマ字化の理論』の刊行は一九三六年八月であるので、それぞれ日本初訳といえるだろう。

『大魯迅全集』五巻には「中国語文の新生」がおさめられた随筆集『且介亭雑文』などから、胡風（一九〇二年〜一九八五年）が選んだ文章が鹿地亘（一九〇三年〜一九八二年）により翻訳されているのだが、胡風がいうには、魯迅は斎藤が注目したような「拉丁化運動、詰まり中国の文字革命運動に大に力を注いだが、日本の読者に親しめないために此の訳本には省略する事にした」とされてしまった[102]。逆にいえば、文字改革論者としての魯迅に注目していた数少ない日本人として、斎藤を位置づけることもできるだろう。

また斎藤は魯迅を「現代支那の最も偉大な作家で、「現代支那文学の父」又は「支那のゴリキー」[103]と呼ばれ、中国左翼作家連盟に属してゐる」とも紹介しているが、九号が刊行されたのが一九三六年四月、そして同年の一〇月一九日に、魯迅は没する。斎藤は急遽、一〇月二八日印刷、一一月一日発行の『文字と言語』一〇号の片隅に、一一号を「魯迅追悼号」にする旨を刷り込んだ。そして一一号（一九三七年三月）には、魯迅の論考「大衆語について――曹聚仁氏に答えて」（原文「論大衆語――答曹聚仁先生」、『門外文談』におさめる[104]）をふくむ四編の文章を訳出、「魯迅をとむらうページ」として特集をくんだ（以下参照）。魯迅への思いのつよさをうかがうことができるだろう。

徐沫「魯迅と支那語のヨミガエリ」かきおろし

湯河「魯迅氏と言語革命」『北平新文字』(Beiping Sin Wenz) 二巻三号
阮烽「言語革命の指導者を紀念して」『時代文化』一巻二号

この、徐沫によるかきおろしの原稿は、中国語で書かれ斎藤宛に送られたものである。エスペランティストのつながりから『文字と言語』を斎藤は送り、徐からもさまざまな資料が斎藤に送られてきている。そのなかでの寄稿であろう。実際に「斎藤史料」(1-65)に「魯迅和中國語文底新生」と題された原稿が残されている[105]。簡潔な内容であるが、言語問題に先見的な関心をもって関わった魯迅の紹介として、貴重なものである。

著者の徐沫は以下のような経歴である(呂美親氏による)。

徐沫、本名は何増禧(一九一六年〜一九六六年)、中国銀行本店の職員。一九三三年に上海世界語者協会の通信教育を通じてエスペラント学び、エスペラント運動やラテン化新文字運動に力を注いだ。『普羅世界語通信』、『世界』などを編集。訳書に『世界共通語史』、『新興言語理論』(原著:Ernest K. Drezen)、著作に『資本主義国家的国際結算方式』がある。上海世界語者協会会報『人民世界』を編集。中華全国世界語協会理事を務め、『世界語新詞典』の編集に参与。文化大革命時期に殺害された。

『新興言語理論』とは、ドレーゼンの『世界語の歴史』の抄訳に、A・P・アンドレーエフのヤフェテド言語理論（本書第九章参照）の紹介をエスペラントから中国語に翻訳したものである。斎藤は徐から寄贈をうけ、簡単に紹介している（『文字と言語』一一号（一九三七年三月）、六九、七一頁）。ラテン化新文字運動も、エスペラントと唯物論言語理論とのつながりのなかで展開された側面があることを、徐沫の経歴は示している。なお、一九五〇年のスターリンによるマル批判は、中国にも影響をあたえた。ドレーゼンたちの議論にも親しんでいたラテン化新文字推進者たちが、スターリンのマル批判をかわしつつも、方言のローマ字化と共通語の形成をめざそうとしていたことについては、松本昭による紹介がある[106]。

4-2-5 下瀬謙太郎への批判

ともあれ、ラテン化新文字の実践をしている中国の友人からさまざまな資料を送られ、それをもとに日本で紹介していた斎藤にとって、不確かな知識でもってこの運動が非難されることは、たえがたいことであった。それは以下にあらわれる。

(4)「支那の新しいローマ字運動——下瀬氏の「支那の漢字拉丁化運動」を読んで」『言語問題』二巻八号、一九三六年八月

(5)「支那の新しいローマ字運動(2)——下瀬氏の「支那の漢字拉丁化運動」を読んで」『言語問題』二巻九号、一九三六年九月

この文章は、副題にあるように、下瀬謙太郎（一八六八年～一九四四年）によるラテン化新文字の紹介を、きわめてつよい調子で批判したものである。

下瀬については本書第七章で詳述するが、東京帝国大学在学中に陸軍の依託学生となり卒業後の一八九六年任官、一九〇一年から東京帝国大学大学院医科学生として内科学とりわけ肋膜炎をテーマに研究、その後陸軍軍医学校教官となる。一九〇六年六月から清国駐屯司令部附として一九一二年九月まで勤務、私費によるドイツ留学後の一九一三年から一九二〇年まで陸軍軍医学校校長、一九一六年に陸軍軍医監（軍医少将）となる（ちなみに森鷗外（一八六二年～一九二二年）はさらに上の階級である陸軍軍医総監、陸軍省医務局長になる）。一九二〇年に現役引退。翌年から台湾総督府医院医長、一九二三年から関東庁旅順医院長となっている[107]。医学用語の簡易化をとなえていた人物でもあり、矢来里人（「矢来」は自宅のあった牛込区矢来町（現・新宿区）、「里人」は、よみ方はわからないが、かりにリヒトだとすればドイツ語のLicht＝光を意味するか）の筆名による文章も残している。カナモジカイや国語協会（理事）といった日本の言語運動団体にも所属していた。

中国の文字運動に関して下瀬は、以下のような文章を残している。

「新しい支那の国字ローマ字の問題」（日本式ローマ字）『Rômazi Sekai』一八巻一二号、一九二八年一二月（本書第七章末に掲載）

「支那ノ国字問題」『カナノヒカリ』八八号、一九二九年四月

「支那に於ける国語国字運動」『学士会月報』五七四号、一九三六年一月

「支那ニオケル国語国字ノ運動」『カナノヒカリ』一七〇号、一九三六年二月
○「支那ニオケル漢字ラテン化運動トソノ運動発生ノ源地」『学士会月報』五七八号、一九三六年五月
「国語羅馬字を語る」『中国文学月報』二四号、一九三七年二月

これがすべてではないが（よりくわしいリストは本書第七章を参照）、斎藤は少なくとも右記のものは目にしているはずである。

斎藤が(4)で批判するのは、○をつけた下瀬の論文である。要するに、中華民国政府と同じ立場にたってラテン化新文字をおとしめようとしている、と下瀬を批判しているわけであるが、下瀬の批判の仕方はかなり感情的である。たとえば、

ラテン化運動ヲ　ソビエット・ロシヤ　ガ　国内問題トシテ　熱狂シテ　居ルコトハ　モトヨリ当然ノ話デアルガ、四境ノ他民族ニマデモ　怪腕ヲ伸バシテ　ソノ国語ノラテン化ニ誘イ、ヤガテ　ソレ等ノ諸民族ヲ　意ノママニ　引ズリ廻ワソウトスル　御親切振リニツイテハ　人ヲシテ　聊カ奇異ノ感ヲ催サシメルデアロウ。（七六頁）

などと書いているのであるが、斎藤はこの部分を引用し、以下のように述べる。

「熱狂」だとか、「怪腕」だとか、「誘ふ」「意のまゝに引ずり廻す」「御親切振り」など、総て憐むべきセンチメンタリズムだ、絶対に冷静な紹介者の態度ではない。邪推もこゝまで来ると徹底してゐる。ソ同盟の政府は自国内の支那人のローマ字運動には助力したかも知れないが、中華民国のローマ字運動に対してかれこれ云ひはしなかつた。北支那語のローマ字化の方案を本国に紹介したのはエスペランチストの焦風氏で（一九三三年）、その後の本国での運動は全く支那人自身の手で行はれてゐるのである。支那以外の外国のローマ字運動に「怪腕を伸ばした」といふ話も一度も耳にしない。〔……〕しかし、ソ同盟が外国のローマ字運動に手を貸すやうな場合があつたと仮定しても、それは非難さるべき理由がないではないか？

〔……〕

要するに下瀬氏の紹介は、それの批評的な部分に殆んど頷くべきものがなく、事実の紹介の部分にも少くない誤りが見出される。支那の新しいローマ字運動がまだ充分には我が国に紹介されない今日、かういふ悪意のある紹介（!?）は国字運動の国際的な提携に一沫の暗い影を投げかける。〔……〕私は、かういふ紹介を鵜呑みにすることなく、かの国の運動の真相を充分研究した上で、国境を越えて正しき運動への助けを惜しまないやうに望む。――1936, VI 16――〔108〕

右記の下瀬論考リストの最後にある「国語羅馬字を語る」以外の四本は先の(3)でも紹介されているのだが、「下瀬謙太郎氏の如き悪意のあるデタラメな紹介（!?）」〔109〕、「厳密に云へば「研究」ではなく、たゞの「紹介」に過ぎない」〔110〕と批判してきた斎藤の本心がここに表明されている。斎藤より四〇歳年長であろうが、陸軍軍医少将であろうがそんなことは関係のない、まっすぐな批判である。最後の、「国字運動の国際的な提携」もまた、斎藤の願いであった。

ちなみに、下瀬が矢来里人の筆名で書いた「言葉についての医界人の声」(『学士会月報』五六四号〜五六六号、一九三五年三月〜五月)がパンフレットとなったものを斎藤は入手している。『文字と言語』七号(一九三五年九月)で紹介しているのだが、「この人はカナモジ論者として知られてゐるが、ローマ字とエスペラントにも理解があり、近頃での読みごたへのある文章である」(四二頁)と比較的好意的であった(下瀬は第一高等中学校在学中に人工言語ヴォラピュクに接し、一八九二年ごろにエスペラントの名前をきいたという〔111〕。エスペラントの発表は一八八七年)。その後に出た下瀬の文章を読んで、失望したということになる。

翌年、竹内好(一九一〇年〜一九七七年)が編集をしていた中国文学研究会の『中国文学月報』が「言語問題特輯」をくんだときに、おそらく斎藤に原稿を依頼したのであろう(『文字と言語』一〇号、一一号が中国文学研究会に寄贈されている)、それが

(6)「ラテン化運動について」『中国文学月報』二四号、一九三七年三月

である。ラテン化新文字の歴史を概観し、それが中国人エスペランティストによってもたらされたこと、国語ローマ字とのちがい、大衆の表現手段として中国の民族運動に欠かせないものとなっている

こと、これにより文学作品もうまれていること、そして魯迅もこの運動に尽力したことなどを記している。

しかし皮肉なことに、おなじ特集に、先にあげた下瀬謙太郎の「国語羅馬字を語る」も掲載されている。(4)と(5)で展開された斎藤の批判をおそらくは読んだのであろう、下瀬はこう述べる。

例の拉丁化運動、新文字運動〔ラテン化新文字運動〕は、政府の国羅拼音〔国語ローマ字〕並に標準国音による国語統一に対立する民間の熱烈なる運動ではありますが、私はその方面にとんと不案内であり、誤り伝へても面白くないのみならず、問題外でもありますからわざとそれには触れずに置きます。〔112〕

さすがにソ連の陰謀、とまではいわなくなったが（一九三六年八月には、はっきりと「背後にソビエットの手が伸びてゐることも否めない事実である」と書いているのだが〔113〕）、突然「とんと不案内」と述べるのは、いかがなものだろうか。下瀬は漢字擁護論者ではなく、ローマ字論者からカナモジ論者となった人物のようだが〔114〕、ただやはり、中華民国政府のいうことを「鵜呑み」にして紹介していたということにはなるかもしれない。

下瀬は、これより前、一九三六年七月に『支那語のローマ字化をめぐって——民国政府国字国語運動のあらまし（略字とルビ付漢字の強制を前に）』（日本のローマ字社）を刊行している。これは一三〇頁におよぶこれまでの下瀬の論調の集大成といえるが、「支那の国情に精通したものでなければ、容易に批評を下し難い」としながらも、ラテン化新文字運動を「民間における反政府の策動とも見るべく」[115]と評したうえで、その「附録」で論じている。内容は斎藤が批判するようなものであるが、注目したいのは下瀬が『文字と言語』の斎藤の言説を把握していた、という点である。時期的に斎藤の⑷⑸の批判を目にしてはいないが、斎藤が『Rômazi Sekai』に書いた⑵や『文字と言語』九号（一九三六年四月）でのラテン化新文字運動へのカンパを求める記事などを紹介したあとに以下のように述べていく[116]。

ラテン化新文字運動が「中央政府との対立に在るのであり、政府から公けに示した標準音を斥けて、わざわざ方言本位に進まうとすることであり、その背後に蘇聯邦の触手が伸びて居ることが分って見ると、単に言語文字への関心、若くは同胞の義気からとのみは取られず、知らず識らず民国現政府に反対する勢力を後押しすることにも解せられはせぬか」と。そしてまた、「自然の溶け合ひからの真の国語統一を望むのは、極めて穏当の議論のやうにも見えるが、〔……〕まことに悠長な理想論で、真面目な国語統一論としては、余りにも迂遠であらうといふ批評もある」[117]とも。

陸軍軍医少将は、やはり統一国家のひとつの言語を求めたのであろう。そしてまた、医者であれ軍人であったということは、ソビエトへの見方を規定していった側面もあるだろう。時間がどれほどかかってもかなわない、ただしその間は話者の主体性は保護せよ、という主張とはあいいれない。下瀬の論調をみていると、中華民国の政策であれ、どこか他人事として論じる雰囲気も感じる。あるいはこうした点が、ラテン化新文字につよく惹かれていた若い斎藤をいらだたせたのかもしれない。下瀬の『支那語のローマ字化をめぐつて』を読んだ斎藤は、『文字と言語』一〇号（一九三六年一一月）の

「紹介」のなかで、「ラテン化運動の悪口を添へてある」との感想を書いている（八七頁）。

斎藤と下瀬とのあいだできちんとした論争にならなかったことが残念ではある。

―4-2-6― 斎藤秀一とさねとうけいしゅう

ちなみに、さねとうけいしゅうは、この斎藤の『中国文学月報』の文章によってはじめて斎藤秀一の名を知ることになった、と一九六六年に述べ、さらにこうつづける。

> 戦後になって、われわれは　中国語教育にラテン化新文字を利用することになり、このときはじめて　斎藤の先見に　敬服した。そこで、中国語研究の面からも、日中友好の面からも、かれをとりあげる義務があるように　おもえてきた。［118］

中華人民共和国が、ラテン化新文字とは異なる「漢語拼音方案」を制定したのは一九五八年である。これを指針となす以前の時期、外国語として中国語を教育するときに発音指導をどのようにおこなうか、という問題に直面するなかでさねとうはラテン化新文字の利用を考え、斎藤の先見性に気がついた、ということである（斎藤の寄稿した『中国文学月報』二四号の編輯を担当したのが、さねとうであったのだが、その当時さねとうは「出来上ったものは編輯者自身を満足させてない。なぜ問題的に提上《とりあげ》なかったか」と不満を述べているのだが［119］）。具体的には一九五〇年に「中国における〝拉丁化新文字〟は、過去二十余年間の、研究と準備と苦闘とをへて、それはもはや単なる、〝新文字の良否〟といふ観念的段階ではなく、すでに〝新文字〟の実用的段階に入りつつある」という一文からはじまる「中国新文字学習」をあらわすなど、中国語学習にこの表記文字を活用しようとしていた[120]。中国語学者・倉石武四郎（一八九七年〜一九七五年）も、一九四〇年には注音符号を中国語教育に導入すべきだと述べていたものの[121]、一九五〇年には「拉丁化による中国語教育の試み」（『中国語雑誌』五巻七号、一九五〇年一二月）をあらわし、一九五三年六月には『ラテン化新文字による中国語初級教本』（岩波書店）という教科書も刊行する[122]。

ちなみに、斎藤が書いた(2)を、さねとうは読んでいるのだが、記憶に残っていなかったようである。つまり、さねとうが一九三五年から早稲田大学第二高等学院で漢文を教えていたときの教え子・松下秀男（一九一四年〜？ 早稲田ローマ字会関連で一九三八年一一月に検挙。のち、ローマ字教育に携わるようになる。『文字と言語』一一号（一九三七年三月）に寄稿）が斎藤に宛てた手紙が『文字と言語』九号（一九三六年四月）に掲載されているのだが、漢文教師で「支那の国語・国字運動の熱心な研究家」の「実藤恵秀」に意見を求めたところ、すでに「注音字母」ではなく「注音符号」となっている点と、四声をつづりに込めている点で「支那がローマ字を採用するとすれば、この国語ローマ字以外にはあるまい」といわれたという（七一頁）[124]。これを読んだ下瀬謙太郎は、実藤恵秀の発言である「支那がローマ字を採用すれば国語羅馬字の外はあるまい」を、自著の一節のみだしにしている。

さらにちなみに松下は、急速に唯物論言語理論に傾斜していったようで、冒頭でふれた官憲資料・竹内次郎『プロレタリア、エスペラント運動に付て』では、検挙された松下の取り調べの内容に基きつつ、言語発展の図式を説明している（四四―四五頁）。

一九五八年の「漢語拼音方案」は、ラテン化新文字と同様、一般民衆の習得に重点をおいたものであったが、方言の記述は放棄している。このことを、藤井久美子は「中国の社会は、近代国民国家成立のために国家語たる「一言語」を必要としていたのである」〔125〕と説明している。この点については、さまざまな評価がありうるだろう。

―4-2-7― 日中戦争の衝撃

次に、斎藤が鳥海昇の筆名で執筆したのが、

(7)「上海のローマ字運動」『文字と言語』一二号、一九三七年九月

である。これは上海におけるラテン化新文字の運動の紹介で、雑誌や書籍の出版状況や上海語のローマ字化、普及活動などについて述べているのだが、冒頭で「この新ローマ字の運動が最近幾分下火に向つていたことは事実だ」と指摘しているところに注目したい。斎藤はその原因を、方言のローマ字化を徹底しすぎたため、「統一語の打建てという問題を具体的に掴み得なかつたこと」、人的・経済的資源を考えずに雑誌などを出しすぎたこと、中華民国政府による圧迫、そして「この度の戦争」によって上海や北京での運動が一時停止されるにいたったことにある、としている（四四頁）。

「この度の戦争」とはいうまでもなく、この年の七月の盧溝橋事件からはじまった日中戦争のことである。親しく文通をした中国人のことが気にならないわけがない。戦争という試練にかれらが耐え、

あたらしく出発をすることを望む斎藤は、日本のローマ字運動、国字運動に関わる者にも苦言を呈する。それまで教育の効率ばかりを根拠に運動をおこなってきたが、その教育の中身について議論をしてきたのか、と。「こういう無方針なローマ字運動、国字運動が非常時、特に戦争に際してどんな無力だかを、心あるローマ字論者は今痛感している。我々は、支那のローマ字論者に学びつゝ、戦争を機会としてローマ字運動を吟味し直し、新しい方針に基づいて運動を建て直す必要に迫られているのではなかろうか?」（四五頁）。斎藤の指摘のとおり、ローマ字運動、カナモジ運動などは、基本的には国策に逆らうことなく、国力増進、高度国防国家建設などといった国家目標に沿う形で、漢字制限や廃止を主張してきた〔126〕。

斎藤は明言しない（あるいは、したくてもできない）ものの、かなりふみこんで書いてしまえば、戦争をしないような教育、人びとが自由で平和に暮らせるような社会をつくりだすような教育をおこなっていくことを、言語運動の側からも積極的に主張していくべきではないのか、ということではなかっただろうか。

この文章の最後に、魯迅が登場する。前年一〇月二二日の葬儀の際、

上海のローマ字仲間たちで、この偉大な指導者、ローマ字運動の仲間へのトワの別れを惜んで、彼の葬式に馳せ加わらない者は殆んどなかつた。支那ローマ字研究会、上海ローマ字研究会、上海アモイ語ローマ字化研究会はみんなで、ローマ字でタムケの言葉を記した一つの大きな横額を作つて贈つた。葬式のその日にはローマ字仲間がこのローマ字の額をさゝげて行列のまつ

先に立ち、非常に人目を引いた。（五一―五二頁）

この文章自体が、鳥海昇の名をかりた、斎藤秀一の魯迅へのたむけのことばであるともいえよう。

―4-2-8― 日本からの発信

日本で中国のラテン化新文字の運動を紹介ばかりして、斎藤から中国に向けて発信しないのでは「交流」にならない、と思ったのかはわからないが、以下の二編を中国で発行されている雑誌に寄稿している。

「La Historieto de Japana Latiniga Movado」（日本ローマ字運動小史）『言語科学』（中国世界語書店（上海）、エスペラント誌『世界』付録）一九三六年七月号

「日本的漢字限制」（日本の漢字制限）『語文』（新知書店）二巻一期、一九三七年七月

前者は、『文字と言語』一〇号（一九三六年一一月）に自ら紹介している（九〇頁）ので斎藤の手元にあったと思われるが、「斎藤史料」では確認できない。

後者は、斎藤義七郎宛（一九三七年六月二五日付）の手紙に「〈語文〉の七月号には僕の〈日本に於ける漢字制限〉が出ます。ちょっと長いものです」[127]とあるものだが、「斎藤史料」で確認できない。大原信一が紹介する葉籟士の回想によれば、葉が中国語に翻訳し、『語文』の七期に掲載したが、日

中戦争の勃発により七期で刊行が停止になったという〔128〕。

この『語文』は、日本では京都大学文学部に一期から五期（一九三七年一月～五月）、東京都立中央図書館実藤文庫に一巻一、五、六期が所蔵されているが、斎藤の論考の掲載号はない。そこで、中華人民共和国の人民大学図書館に一橋大学附属図書館経由でといあわせたところ、二巻一期に斎藤秀一「日本的漢字限制」があり、複写が届いた。一巻六期に引きつづき二巻一期となったとすれば、葉がいうように通巻で七期となる（ただ、人民大学図書館には二巻二期までの所蔵があるとされているので、あるいは八期まで刊行されていたことになる）。「日本的漢字限制」は葉籟士の筆名「索原」の翻訳となっている。

内容は、前島密の漢字廃止論から、臨時国語調査会や国語審議会などの漢字制限案におよび、運動団体として国語協会、国語愛護同盟に言及、漢字制限の方法について述べたあと、カナモジカイの漢字五〇〇〇字制限案を紹介するものとなっている。特徴的な部分をあげれば、ローマ字論者として言論の場で活躍している人物として「進歩的作家」高倉輝・「教育家」黒滝成至・「新進語言学者」高木弘の名前をあげていることや、「旧的漢字限制」は資本主義生産能率を高めるために、現行の文字組織をある程度合理化し、労働者・大衆に生産のために必要な若干の知識をあたえ、事務処理能率を高めるものだ、とする一方、「新的漢字限制」は、漢字全廃の手段であり、文章語を読みやすく書きやすくして大衆の文化水準を高めるためのもの、事務能率を高めるためのもの、文章語の口語化を促進するためのもの、文字拝物主義を打ち壊すためのもの、ローマ字採用を準備するためのもの、としている点であろう〔129〕。この文章の末尾に付された葉籟士による斎藤の紹介は以下のようになっている。

斎藤秀一氏は日本の進歩的言語学者、ローマ字論者、エスペランティスト、『文字と言語』（日本語）と『LATINIGO』（エスペラント）の編者、中国語ラテン化理論と方法の日本における熱心な紹介者である。上に訳した文章は、作者が本誌のために特に執筆したもので、日本のことを論じているが、われわれが参考するに値するものである。文章中で中国の読者に向けていくつか意見を述べているが、訳者としては、読者のみなさんの注意をひくことを望んでいる。[130]

このように、斎藤の側から中国にも発信ができるようになってきた矢先、高杉一郎のことばをかりれば、「完全な形での相互的な交流」[131]がはじまった矢先での日中戦争である。斎藤の失望は大きかったにちがいない。日本軍が侵攻した一九三七年八月一三日の第二次上海事変後、葉籟士や長谷川テルたちはそれぞれ上海をはなれていくことになる。

―4-2-9― 相互理解と統一戦線の結成へ

最後になるが、

(8) 「支那語教育におけるローマ字の利用」『綜合国語教育三十講』厚生閣、一九三九年二月、二三三―二四九頁これは、ラテン化新文字の説明をおこないながらも、日本の中国語教育への導入（従来のウェード式と並行する形で）も考えるべきである、という内容になっている。これは、先にふれた、さねとうけいしゅうが、中国語教育のためにラテン化新文字を導入しようとしていたことの先取りになるといえるだろう。また、外国人に学びやすいものにするために、四声の記号を付してもよいのでは、とも述べている。中国語学者・魚返善雄（一九一〇年〜一九六六年）が同時期に「この拉丁化といふのは、支那人自身の問題であつて我々外国人が支那語を学習するには用のない物である。まして拉丁化の転写方式には幾多の欠陥が指摘されるに於てをや」[132]と、当初から外国人の学習への導入を考えていなかったのとは好対照をなし、「支那人自身の問題」とする観点は、運動への連帯と共感を惜しまなかった斎藤の態度とも対照的である。

ともあれここでは、(8)の冒頭の文章に注目したい。唐突にこうはじまる。

東洋の二つの大きな民族はこの度の悲劇を二度と繰返してはならない。その為には提携しようといふ善い意思が根本条件だ。だが次には相手方を十分理解することが欠くべからざる条件になる。[133]

としたうえで、相互の言語学習の必要性を説いていく。「この度の悲劇」とはもちろん日中戦争のことである。斎藤がどれほどこの戦争に心痛めていたかは先の(7)でも明らかである。そしてまた、言語学習が斎藤にとってどのような意味をもつのかを、十分に示しているといえる。とりわけ論集である

この(8)の「序」が、

現在、日本語の勝利が叫ばれ、躍進する日本文化の符牒として日本語熱が国際的に昂揚されてゐる時、日本語を各国語に比べて言語としての優劣を調べるまでもなく、歴史あつて以来、日本語をもつて東西文化を吸収し醇化しここに押しも押されもせぬ独自の文化的水準に到達し得たといふ事実が、何よりも雄弁にその卓説性を実証するものであらう。［134］

という勇ましい口調ではじまるものだ、ということを勘案したうえでの斎藤の言明は記憶しておくべきであろう。この論集には高倉テルも寄稿している（高倉テルは一九三九年六月に「左翼ローマ字運動事件」で検挙されるが、出版後のことである）ので、一概にひとつの傾向を見いだすことはできないが、この論集が出る前年の一九三八年一一月に治安維持法違反容疑で検挙され、出版時は取り調べ中であったであろう斎藤の論考であることは指摘しておきたい。

なお、一九三八年五月から検挙前日の一一月一一日まで斎藤は東北帝国大学庶務課雇となり図書館で勤務していた。佐藤治助によると、東北帝国大学のローマ字クラブの会報に七月から九月までの間に以下の文章を寄せていたという。

「シャムに於ける支那人のローマ字運動」（一八七号）
「クズノネを読んで」（一八七号）

「シャムのローマ字運動はすすむ」（一九一号）
「マレー地方のローマ字運動」（一九四号）
「しかも彼らは行く最近の支那のローマ字戦線」（一九六号）
「ローマ字運動とその背景」（一九六号）

検挙の直前まで、中国などの地域でのローマ字化運動への関心を持ちつづけていたことがわかり、さらに「ローマ字運動とその背景」では、この運動の背景に共産主義運動があると指摘するカナモジカイの松坂忠則（一九〇二年〜一九八六年）の発言を「デマ」と断じ、「文字と思想の間には必然的な関係はちっともない」としたうえで、「要は文字を使う人にある」と述べているという[135]。

斎藤が批判する松坂の文章はおそらく「支那新国家ニ オケル 国字問題」（『カナノ ヒカリ』二〇三号、一九三八年九月）であろう。陸軍衛生准尉として一九三七年九月に第二次上海事変後の上海に入った松坂は、街中の看板や印刷物をみて、注音符号の普及について蒋介石政権が「想像以上ニ 遠大ナ 不動不抜ノ 方針ト 熱意トヲ モッテ イタラシイ」ことに驚く。一方でローマ字は、宣教師などが用いていたウェード式も、国語ローマ字もあまりみあたらないとする。これはローマ字運動が共産主義運動とみなされないためではないかと推測し、「事実 ラテン化運動ト 共産運動トワ 相当ニ ハッキリト 同一線上ノ モノデ アッタラシイ コトモ、ホボ タシカメ 得タ」と、日本軍が占領した復旦大学に残された学生のノートや書籍を分析して「ラテン化即 共産ヲ 証明スル モノガ 意外ニ 多ク アッタノニ、反共産ノ ラテン化 ナドト ユウ モノワ ヒトツモ 見アタラナカッタ」と断言している。そして、一九三八年三月に成立した日本の傀儡・中華民国維新政府においても注音符号普及の徹底を希望していく[136]。

これを斎藤が「デマ」とする根拠は確たるものではないであろう。ラテン化新文字はそれとしてみなければならないということなのだろうが、「文字と思想の間には必然的な関係」がないとはいうもののの、必然的ではない関係は生じることが、やはり問題となる。そのために斎藤は検挙されるわけであるから。

この『綜合国語教育三十講』出版の二ヶ月後である一九三九年四月に斎藤は山形地裁に起訴、予審がはじまり、同年一一月に予審終結決定となり公判に付されることとなる。

先の(7)において斎藤は「戦争を機会としてローマ字運動を吟味し直し、新しい方針に基づいて運動を建て直す必要に迫られているのではなかろうか？」と述べていた。その「運動の建て直」しのために斎藤はおなじ『文字と言語』一二号（一九三七年九月）で、「言語運動の提携」という特集をくみ、「言語運動の統一戦線の特集号」（五四頁）とした。

斎藤がこの号に書いた「国字論者とエスペランチストの提携」のなかで、両者の提携によって、

(1)弁証法的な言語理論の紹介と発表。
(2)外国の言語運動を日本に紹介し、日本の言語運動を外国に紹介する。
(3)esp. の創造と発達の過程における経験を日本語の合理化に適用する。

ことができると論じる〔137〕。これは『国際語研究』一六号（一九三六年七月）掲載の「エスペラントとローマ字化の関係」の主張と相似している。さらにつづけて、

⑴外国の言語運動者とesp.で通信すること。
⑵esp.で言語運動を扱う雑誌を発行すること。
⑶言語理論や言語運動に関するesp.書きの本を発行すること。

と述べ、国字論者とエスペランティスト相互間の緊密な関係を構築していくべきであるとする〔138〕。この⑵にもとづいて後述の『Latinigo』を発行していくことになったので、これらは斎藤の行動指針とみてもよいだろう。

不幸にもはじまってしまった戦争に、言語運動を通じてどう対峙し、どう乗り越えていくことができるのか、ということを真剣に考えていたことはまちがいない。その実践が深められる前に、この雑誌は終わることになる。

この点について、日中戦争の直前一九三七年六月ごろに「国際ローマ字クラブ」を斎藤が結成していたことにも言及しておきたい。これは、官憲資料によれば「無産階級解放運動の一翼としての革命的ローマ字理論に立脚して内外の言語運動関係者を啓蒙し、将来之を国際エスペランチスト同盟と併行してコミンテルンの国際的外廓団体に迄発展せしむる意図の下に」、ドレーゼンやイサエフや葉籟士などの「国外共産主義的言語運動者」や『文字と言語』を中心にあつまった「国内同志十数名」の

賛同をえて結成されたものとされている。そして、全文エスペラントの『Latinigo』を二号発行する（一号、一九三七年六月、二号、一九三八年三月、各四〇部程度、「斎藤史料」（3―58））〔139〕。ちなみに、官憲資料によれば、以下のような内容となっている。

〔……〕日本の現制文字は不便なるのみならず人民大衆を暗愚化する支配階級の道具にして極めて有害なり、との趣旨を記述せる「日本文字の現状」〔一号〕と題するエスペラント論説を〔斎藤が〕執筆したる外、徐沫の「支那文字のローマ字化言語革命の必然的過程」〔一号〕ノヴァンキン〔『Latinigo』講読者名簿から、Nguyen Van Trinh〕の「印度支那における文字」〔二号〕イサエフの「ソ聯ローマ字運動の概要」〔二号〕其の他蘇聯及支那に於けるローマ字運動の理論及経験の紹介、我国及東洋諸国の言語文字組織の実情に関する報告等をエスペラントにて執筆掲載し、之を喜安善一外三十余名のクラブ会員及蘇聯、支那、暹羅、満洲国等の海外言語運動者に配布すると共に、蘇聯の同志との新連絡及び蘇聯ローマ字化特別中央委員会との連絡に奔走する等組織の拡大と主義の宣伝に狂奔せり。〔140〕

特高の主観的判断を除いていけば、雑誌の内容と刊行の意図をおしはかることができる。

―4―3― 外国の固有名詞表記の問題

長くなったが、斎藤が中国のローマ字運動を学んでいくなかで微妙に変化した論調について最後に指摘しておきたい。固有名詞表記の問題である。

日本ローマ字会の機関誌『Rômazi Sekai』で、一九三四年ごろから外国の固有名詞表記に関する論争があった。これに斎藤も関わっていくことになる。

日本ローマ字会では、日本語ローマ字文においては外国の固有名詞は国や州の名前は日本風につづり、そのほかの地名と人名はすべてもとの通りにつづることにしていたのだが、田沼俊男「外国の地名や人名の書き方について」（ローマ字文、『Rômazi Sekai』二四巻九号、一九三四年九月）で日本風につづる範囲の拡大を訴え、これをふまえた斎藤は『文字と言語』二号（一九三四年一一月）の「外国の地名・人名の呼び方とローマ字書き」で、外国の固有名詞はすべて日本風につづるべきだと主張した。そうなると日本の固有名詞が外国では外国風に表記されてしまう、と岩倉具実（一九〇五年〜一九七八年）が反論した（「外国の地名人名の書き方に就て」（ローマ字文、『Rômazi Sekai』二四巻一一号、一九三四年一一月）。

これに対して斎藤は『文字と言語』四号（一九三五年三月）の「外国の人名に関する統計とそのローマ字日本文への適用」で、外国の固有名詞はもとのつづりでは一般の日本人はほとんど読むことができないことを示し、日本風に書くことを再度強調した。

一方、佐伯功介（一八九八年〜一九八〇年）は「固有名詞の書き方に就て」（ローマ字文、『Rômazi Sekai』二五巻四号、一九三五年四月）で、時と場合によってさまざまにつづるべきだとした。さらに浅田一は「名前の書き方に就て」（ローマ字文、『Rômazi Sekai』二五巻六号、一九三五年六月）で、いかなる文章のなかにあっても日本人の名前はすべて日本風につづるべきことを主張した。

斎藤は、「外国の固有名詞の本質」（ローマ字文、『Rômazi Sekai』二五巻九号、一九三五年九月）で、みたび、ローマ字日本文のなかの外国の固有名詞はすべて日本風に書くべきことを主張した。「世界単一語」にいたるのは遠い将来であるし、さしあたって各言語の音韻組織は別々につづくと考えられるからだ、としている。なによりも、ローマ字運動の目的が「働く人民の文化運動に加わる力」を高めることにあるのならば、ローマ字の書き方もこの「大衆」を基準としなければならないという斎藤の考えが根底にあった。台湾や朝鮮の固有名詞はどうするのか、という問いはないけれども。『文字と言語』九号（一九三六年一〇月）には、斎藤の主張をあとおしする里野博男「外国の固有名詞のローマ字書きに関する論争の階級性」が掲載される。

斎藤のこうした主張に変化がみられるのは、『文字と言語』一二号（一九三七年九月）の「ローマ字日本語における支那の固有名詞の書き方」である。日本文での中国語地名人名の読み方は、ものによって現地音あるいは日本漢字音での読みが混在している状況であり、並記する方式なども考えられるが、「私は、支那の固有名詞は全部現代支那の呼び方によつて日本人に知られることを理想の状態と考える」[141]と明言した。日本風につづることを原則とした二年前の主張を撤回したことになるのだが、その点について明記はされていない。

ここまでみてきたように、この二年間、斎藤は中国語の学習を通じて中国のラテン化新文字の運動の理解を深めてきた。そのなかで「自由な交流と発展」という唯物論言語理論の一部を構成する原則の実践ということに思いいたったのではないだろうか。できるだけおなじ音で呼びあうこと（斎藤は「元の音を（幾分日本化して）日本風に綴る」としている）[142]、それが実践の第一歩と考えたのであろう。

5　斎藤秀一の情報網

『文字と言語』には、斎藤が購読あるいは寄贈された書籍、雑誌の論考に対する「紹介」の欄がもうけられている。ここからは、手紙のやりとりといった限定された手段ではあったであろうが、斎藤の交流範囲をうかがい知ることができる。

通信・紹介欄をみていくだけでも、斎藤の「情報網」がたちあらわれてくる。たとえば、何度も登場した『中国話写法拉丁化』は吹田好雄から寄贈されたものであったが、『文字と言語』七号（一九三五年九月）の「アンテナ」欄（読者の声）に、吹田からのはじめての便りが掲載されている。そこには、「大阪の一印刷植字工」である吹田が、友人から贈られた『マルシュ』（神戸のマルシュ社が一九三四年一〇月から計一一冊刊行したエスペラント雑誌）に『文字と言語』が紹介されているのをみて興味をもったこと、エスペラントを一年学習し、中国の書店員と文通していること、中国語を学びはじめたことを知ったその書店員が、『中国話写法拉丁化』をおくってくれたものの自分の手にはおえないと思っていたところ、五号に「支那語ローマ字化の正しい理解のために」の見出しがあることを知り、一部購入したいので連絡をした旨が記されている（四九頁）。仔細はわからないが、斎藤が五号を送り、吹田が『中国話写法拉丁化』を寄贈したのであろう。

中国からはラテン化新文字に関する資料が八号（一九三六年一月）前後から急増し、各地の方言研究者から謄写印刷のものが送られ、日本国内の言語改良団体関連の資料があつまってきている。それと同時に斎藤が各種雑誌や書籍を購入していることもわかる。ちなみに、一一号（一九三七年三月）のプロレタリア、エスペラント運動に付て』をあらわした竹内次郎と同一人物かと思い、想像をたくましくするが、この資料の附録によれば『文字と言語』の読者・栗栖継之進の筆名である（二八〇頁）。

また、本や論文の紹介からは、斎藤の志向をうかがうことができる。辛辣な記述が混じることもある。たとえば四号（一九三五年三月）で鬼頭礼蔵「朝鮮語のローマ字化問題に触れて!」（『RÔMAZI NO NIPPON』一九三五年一月、三頁）に関して、「殖民地におけるローマ字運動の成功は、「国語政策」及びその背後にある力（これが一番重要）の排除の為の運動と緊密に結びついた時にのみ成功するであろう」（一九七頁）と述べる。鬼頭が「台湾に於ける台湾語ローマ字書きの問題は既に三百年の昔から根強い根底を持ちながら、現在は総督府の「国語政策」にはゞまれて進展し得ない状態にある」と書くだけでは不十分だというのである。すでにふれたように植民地言語のローマ字化は唯物論言語理論の実践のためには欠かせないことがらであったのだが、そのためには「国語政策」の背後にある「力」を排除すべきだ、ということである。要するに植民地権力の排除、ということであるが、斎藤の言辞はまっすぐにすぎる。また、千種達夫（一九〇一年～一九八一年）[143]の「法および法文の口語化」（『法曹会雑誌』一一巻一一号、一二号、一九三三年一一月、一二月）をとりあげ、法律用語の平易化をうったえる千種の議論に対し、用語のみの簡易化では意味がなく、「法文の真の平易化は「人民の為の法」の実現の後にのみ行はれる」と指摘（二〇二頁）、国語愛護同盟の機関誌『国語の愛護』の「扉に明治天皇の御製を5首並べてあるのは国語愛護同盟の凡そのイデオロギーを計るバロメターとするに足りる」として「この同盟に多きを期待することは困難でないかと思はれる」と明快である（二〇二―二〇三頁）。

斎藤は国語愛護同盟には批判的であり、たとえば五号（一九三五年五月）でも、教育の能率化のための国語愛護、国字改良という国語愛護同盟教育部の主張について、「現在の教育組織は人民全体の幸福ではなしに、それ以外の或利益を守る為に作られて」いるのであり、あるいは経済面から国語愛護をとなえる経済部の主張も「商工業に関係ある者で真に国字・国語の合理化を要求するのは一体誰であるかをまづ最初に見極める必要がある」として、「国民を一色に塗りつぶして幾ら国字・国語の不合理を訴へても何程のきゝめがあるかは疑はしい」と明快である（二四四―二四五頁）。

特高もこうした記述に着目した。そして、たとえば、斎藤の鬼頭への評は「共産主義運動との提携を示唆」したとみなされ、千種への評は「暗に民主々義革命の必要をアジプロ」したことにされてしまうのであった[144]。

6　おわりに

―6-1―　母語への回帰

斎藤は、最後の検挙のあと、起訴が決定して公判を待つあいだに肺結核が悪化して自宅療養となった一九四〇年四月以降、亡くなる同年九月五日までに「勘定からカンジョへ――山形県東田川郡山添村の方言の一つの考察」と「助詞のサとエ――山形県東田川郡山添村の方言」を書き、それぞれ『国語研究』八巻七号（一九四〇年七月）、八巻九号（一九四〇年九月）に発表している。後者は遺稿である。

そのために起訴された身ゆえ書くわけにはいかなかったにせよ、晩年の論考が唯物論言語理論や中国のラテン化新文字に関するものではなく、自身の母語についてのものであったことは、何を意味するだろうか。

もちろん、唯物論言語理論について書いたとしても発表の媒体はなく、読者も想定できなかった。つまり、斎藤が取り調べをうけているあいだの一九三九年六月に「左翼ローマ字運動事件」によって、大島義夫（高木弘）・平井昌夫・黒滝成至・高倉テルの四名が起訴されていた（一九四一年一二月二六日に執行猶予のついた有罪判決が下る）〔145〕。ほかにも、検挙されたが起訴されなかった七名のうちには鬼頭礼蔵、安原博純といった『文字と言語』の講読・寄稿者がいた。運動は壊滅状態にされていたのである。

ときに、文部省の外郭団体として国語協会（近衛文麿会長）が設立されたのは一九三六年六月のことであった〔146〕。翌年八月に機関誌『国語運動』が刊行される。斎藤はこれにふれ、「我々が前から要望していた言語運動の統一戦線が一まず実現された」とするものの、内容としては「あらゆる方面の活動家が筆を執つているが、書いてあるのは大部分我々の常識になつていることばかりで、新興の意気に燃えてよい筈の雑誌にどうも活気がない。〔……〕〔漸進＝無方針〕に陥らないよう希望してやまない。〔……〕我々に本当に役立つ雑誌にして頂きたい」と論じている（『文字と言語』一二号、一九三七年九月、五三頁）。斎藤の願う「統一戦線」が国家と近いところで、なおかつ斎藤が批判していた国語愛護同盟も国語協会へと発展的解消をするなかでこれが結成されたことに案外無自覚であるとは思うが、それでも結成されたことに意味をみいだそうとしていることはわかる。斎藤自身、『国語運動』に「横書における数字の書き方」（二巻一号、一九三八年一月）を掲載している。会員数は二千人規模にもなり、『文字と言語』の関係者の多くがこちらにも論考を書いている（高倉テル、平井昌夫、黒滝成至、鬼頭礼蔵、石黒修、日下部富蔵、森馥、宮武正道、若葉椰子など）ように、「統一戦線」の様相を呈してはいた。しかし高倉らが「左翼ローマ字運動事件」で検挙されると、さっそく国語協会から除名されている（『国語運動』三巻八号、一九三九年八月、六一頁）ように、なんのための「統一戦線」であるかは明白であった。「統一戦線」であるから、たとえば下瀬謙太郎なども頻繁に寄稿し、また『文字と言語』終刊後もかつての執筆者で『国語運動』に寄稿していたものも少なくない。言語改革を通じて帝国日本をまもるための「統一戦線」であるとしたら、もとよりそこに斎藤の居場所はなかったといってよいだろう。

こうしたなかで斎藤は、ふたたび方言の研究から、みずからの建て直しをはじめようとしたのではないだろうか。その先に何をみようとしていたのかは、永遠にわからなくなってしまったのではあるが。

また、斎藤が共感をもって紹介していた中国のラテン化新文字は、中華人民共和国成立後の一九五八年に漢語拼音方案にとってかわられ、葉籟士のようなラテン化新文字推進者だった人物も関与していく[147]。先にも指摘したが、ここでは「ひとつ」の「普通話」を上から押し広めようとする、国語ローマ字的な志向があった。それは国民国家建設のために不可避なものであったのかもしれないが、もしも、かれらに「戦争の試練」をのりこえてあたらしく出発してほしいと切望していた斎藤秀一が生きていたら、どう考えたであろうか。

しかし一方で、既述のように敗戦後日本の中国語教育においてラテン化新文字の導入がこころみられた時期があった。こころみた人物のひとり、倉石武四郎を会長として一九四六年一〇月に発足した中国語学研究会（現・日本中国語学会）の会誌『中国語学』一五号（一九四八年）には、鈴木擇郎「ラテン化新文字について」とコマ マサハル「魯迅と葉籟士──ラテン化運動の真の意味について」が掲載された。鈴木擇郎（一八九八年〜一九八一年）はかつて上海の東亜同文書院大学で教鞭をとり、同院の刊行する『華語月刊』にも「拉丁化中国新文字（1〜3）」（八五〜八七号、一九四〇年四月〜六月）、「拉丁化新文字か注音符号か」（八八号、一九四〇年七月、『申報』からの翻訳）という紹介記事を書いていた人物である（敗戦後は愛知大学教授として東亜同文書院時代から編纂をおこなってきた『中日大辞典』を一九六八年に完成させる）。『中国語学』で鈴木は「もしこれによつて方言が統一される（今はむしろ数ヶ所の方言に分けて書くが）ことができたら大成功といえよう」（二頁）としているのだが、戦前の『華語月刊』では、ラテン化新文字は「注音符号に較べて余程非科学的であり、用法も複雑してゐる」とし、「各方言にその独立の文字をすら持たしめ、自由な発展をなさしめれば、数十年乃至数世紀後は支那は欧州のやうな小国家に分裂するまでに至らないと保証することは出来ない」と述べ、さらに「その陰に行はることあるべき陰謀には注意を怠つてはならぬ」と暗にソビエトからの影響を指摘していた[148]。時代を読むに敏だったのであろう。

一方のコマ マサハルについての詳細は不明だが、その文章では、魯迅や葉籟士に続く「青年ラテン化論者の熱意の存する限り、私は固くその成功を疑わぬ」と熱く語り、「一九三六年五月十八日附ラテン化新文字日本語訳序文に書かれた、この〔葉籟士の〕歴史的科学的見透しの正確さを見よ」と声高に叫ぶ。これは斎藤の翻訳編集した『支那語ローマ字化の理論』に葉籟士が寄せた序文のことであるが、その一節、つまり、この運動は「既に数限りない支持者を獲得した」をふくむ部分を引用している。これこそが「歴史的科学的見透し」なのである、と。そして一番最後に、「われわれはこの運動の良き理解者、幇助者であり、また葉籟士君の親友だった日本の優れたエスペランチスト「サイトウ　シウイチ」氏を戦争中の暗黒な牢獄の中に失つた哀しみを伝えなければならない」との一文を付している（三頁）。

斎藤が中国語を学び『支那語ローマ字化の理論』を編集したからこそ、ラテン化新文字を媒介としてこのような形で（名前の読み方がちがっているものの）、無念の死から八年後にせよ、それを知らせる場が準備されたのである。

6-2　忘却されないために

本章冒頭で、斎藤秀一と交流のあった大島義夫（高木弘）が一九五二年に書いた文章を読んだことが、小林司が生涯をかけて斎藤秀一の研究をおこなうきっかけとなった、ということを書いた。大島にとって、そして小林にとっても、斎藤は忘れさられてはならない存在であったのだと思う。

斎藤義七郎も、おなじ山形県人でありながら生前会ったことがなく、一九四六年に台湾から引きあげたあとに訃報を知り、鶴岡にある斎藤秀一の実家・泉流寺に行ったという。その斎藤義七郎は斎藤秀一の編集した『東京方言集』の復刻に尽力した。やはり斎藤は忘れ去られてはならない存在だと思っていたのだろう。

大学時代の斎藤と面識があった黒滝成至は、ラテン化新文字を中国語教育に導入しようとして斎藤の先見性に気づいたさねとうけいしゅうに、『文字と言語』を貸している〔149〕。黒滝も斎藤のことを忘れてほしくなかったのであろう。

さねとうは、不十分な資料(『支那語ローマ字化の理論』が未見であったのは残念であっただろう)ながら「中国語の友 斎藤秀一」を書き、斎藤と中国との交流を世に知らしめた。

エスペランティストで英文学者、翻訳家として知られる高杉一郎[150](本名・小川五郎、一九〇八年~二〇〇八年)は一九六〇年に、ローマ字論者で歌人、国語審議会会長を歴任した土岐善麿(一八八五年~一九八〇年)を団長とする「中国文字改革学術視察団」に参加し訪中した[151]。そこではじめて斎藤秀一の名を知ることになる。一行九名を出迎えた、当時中国文字改革委員会の委員であった葉籟士との雑談のなかであったという[152]。

葉籟士がどのような思いで斎藤について語ったのかはわからない。雑談の席に同席していたかは不明だが[153]、視察団一行のなかには、さねとうけいしゅうがおり、また『文字と言語』一一号に「ジ、ヂ、ズ、ヅの問題――区別廃止論への疑問」を寄稿したローマ字論者の松下秀男(先にも述べたが、さねとうには、早稲田大学第二高等学院在学中に漢文を教わっていた)もいた(ほかのメンバーは、有光次郎・倉石武四郎・原富男・宮沢俊義・村尾力・村岡久平)。そういう縁で葉籟士は斎藤について語ったのかもしれないにせよ、葉にとっても斎藤は忘れがたい存在であったはずだ。高杉は、一九六六年に「日中エスペラント交流史の試み」をあらわし、長谷川テルたちとならべて斎藤秀一の紹介をおこない、これをさらに加筆して『中国の緑の星――長谷川テル反戦の生涯』(朝日選書、一九八〇年)におさめている。

唯物論言語理論は、先にふれたように、スターリンによるマル批判を経て、完全に過去のものとなった。共産主義社会を理想の社会と考えるのも、いまや説得力をもたなくなっている。この破綻した理論に拘泥していた斎藤秀一という描き方は、後知恵的で安易だろう。それよりも、近年は「反戦僧侶」として斎藤秀一を位置づける動きもある[154]。斎藤秀一を忘却させずに広く知らしめるには、こちらの方が強い力をもっているともいえる。

それでもなお、以下のことだけは記しておきたい。

「ひとつの言語」という到達点はともかく、そこにいたるためには民族も国家もこえた平等で自由な交流が保証されなければならないという考え方は、目に見える国境を建設して自由な交流を阻害しようとし、他者を排除し「われわれ」こそが一番優れていると公言してはばからない人物が国家の指導者となっている（あるいはなりつつある）いま現在こそ強調されてしかるべきなのではないだろうか。

【付記】

『文字と言語』は小林司氏がコピーをして収集していたものを荻原洋子氏のご厚意により借りうけることができた。御礼申し上げる。また、中国人エスペランティストの略歴を調べてくれた呂美親氏、鶴岡市郷土資料館、斎藤秀一を考える会、斎藤秀一師に学ぶ会のみなさま、斎藤秀雄泉流寺住職に大変お世話になった。御礼申し上げる。

注

1　柴田巖・後藤斉編『日本エスペラント運動人名事典』ひつじ書房、二〇一三年、二一八頁。算用数字は漢数字にした。

2　竹内次郎（一九〇四年〜一九六三年）は東京帝国大学を卒業し、福岡や熊本各地裁検事などを歴任。一九三三年に東京地方検事局思想部に派遣され、一九三九年に司法省思想特別研究員として四ヶ月で執筆したのがこの資料だという。極秘とされたこの資料はウルリッヒ・リンス（『危険な言語――迫害のなかのエスペラント』（栗栖継訳、岩波新書、一九七五年）などの著者）によって東大で発見され、小林司が少部数で復刻、さらに一九七八年に東洋文化社から復刻された（「竹内次郎」、柴田巖・後藤斉編『日本エスペラント運動人名事典』ひつじ書房、二〇一三年、二九八頁）。

3　石川達三『人間の壁』中巻、新潮文庫、一九六一年、六一頁。

4　同前、六四―六五頁。

5　佐藤治助は、中学校教員でもあり、詩作をおこない文芸サークルを主宰した。一八七四年から庄内地方でおこった農民一揆をえがいた『ワッパ一揆――東北農民の維新史』（三省堂、一九七五年）、ワッパ一揆で活躍したのち庄内自由党をつくった森藤右衛門をえがいた『自由民権の先駆者――森藤右衛門』（鶴岡書店、二〇〇二年）などがある。

6　小林司『出会いについて――精神科医のノートから』NHKブックス、一九八三年、三七頁。

7　内務省警保局保安課『特高月報　昭和十四年四月分』、一九三九年五月、七―八頁。

8　同前、一四―二〇頁。

9　さねとうけいしゅう「中国の友――斎藤秀一」『大安』一二巻三号、一九六六年三月、二頁。

10　週刊朝日編『値段史年表――明治・大正・昭和』朝日新聞社、一九八八年、九頁。

11　「漫画」といっても、一点だけである。これは一九三七年に台湾総督府が学校教育における漢文科を廃止したことを描いた、少飛の筆になるもの（『立報』一九三七年一月一八日掲載）を、斎藤が模写したものであり、擬人化された教科書を通じ、「支那語がだんだんと日本語に圧さえつけられて行く有様を三つの段階に分けて描いてある」と評している（『文字と言語』一一号、一九三七年三月、六七頁）。少飛の経歴については、「本名は魯少飛（一九〇三年～一九九五年）、上海出身、中国で強い影響力のある漫画家。『時代漫画』編集長を務め、中国現代漫画の先駆と言われ、多くの新人漫画家を育て上げてきた。中国漫画家協会を創設、雑誌『救亡漫画』を創刊、『国家総動員画報』を編集。『改造博士』、『魚我所欲也』、『晏子乎？』などを出版。一九九三年に中国漫画金猴奨を受賞」（呂美親氏より）とのことである。

12　ガリ版の歴史、文化史的意義については、田村紀雄・志村章子編『ガリ版文化史――手づくりメディアの物語』（新宿書房、一九八五年）、志村章子『ガリ版文化を歩く――謄写版の百年』（新宿書房、一九九五年）、志村章子『ガリ版ものがたり』（大修館書店、二〇一二年）などがある。『ガリ版ものがたり』では斎藤秀一の紹介もなされている。

13　「方言」ということばには、歴史的または政治的にさまざまな意味がこめられてきている。そうした前提があることを示すためにカッコをつけて表記すべきであるが、ここでは省略することにする。

14　東条操「方言研究のあゆみ――国語調査委員会と東京方言学会と雑誌『方言』」『国語学』三五集、一九五七年、九一頁。

15　同前、九八―九九頁。

16　橘正一「略歴と回顧」、菊沢季生「橘正一著書論文目録」『国語研究』八巻五号、一九四〇年五月。

17　橘正一「過去四年間を顧みて」『方言と土俗』四巻七号、一九三三年一一月、四頁。

18　太田栄太郎「橘君を懐ふ」『国語研究』八巻五号、一九四〇年五月、三二頁。

19　橘正一「過去四年間を顧みて」『方言と土俗』四巻七号、一九三三年一一月、四頁。

20　「会員名簿」『方言と土俗』四巻七号、一九三三年一一月、三七―三八頁。

21 「荘内」と「庄内」に明確な使い分けはなさそうである。
22 大泉ローマ字会の活動について、日本ローマ字会の機関誌『Rômazi Sekai』に紹介されている(「Rômazi Dayori」『Rômazi Sekai』二一巻一〇号、一二号、二二巻二号、四号、一九三一年一〇月、一二月、一九三二年二月、四月)。
23 斎藤秀一「ローマ字と小学教育」『山形県教育』四九三号、一九三一年六月、二六、二八、二九頁。
24 斎藤秀一「ヂ・ヅの問題について」『山形県教育』四九九号、一九三一年一二月、三一頁。
25 斎藤秀一「ヂ・ヅの問題について(承前)」『山形県教育』五〇〇号、一九三二年一月、五三頁。
26 斎藤秀一「荘内方言の特徴について」『山形県教育』五〇八号、一九三二年九月、二四頁。
27 『土の香』は、第九巻(一九三三年)のみ、活字版で翻刻されている(小林弘昌監修『土の香 土俗趣味雑誌 第九巻 復刻版』樹林社、二〇一三年)。巻末に解説と所蔵図書館一覧がある。
28 「文字理論の確立へ」『文字と言語』一号、一九三四年九月、五一—五二頁。
29 Saitô-Hidekatu「ISHIKAWA-TAKUBOKU NO SISÔ」『Rômazi Sekai』二五巻七号、一九三五年七月、二六、二七頁。
30 同前、二八頁。
31 遠藤仁「斎藤義七郎氏の歩みをふりかえって」『山形方言』二四号、一九九二年二月。斎藤義七郎が台湾で残した論考として、「台北市児童の方言」『国語研究』七巻一号(一九三九年一月)、「台湾に於ける言葉をめぐって」(国語文化学会『外地・大陸・南方日本語教授実践』国語文化研究所、一九四二年)、「本島人の国語訛音について」『民俗台湾』三巻二号(一九四三年二月)などがある。安田敏朗『かれらの日本語——台湾「残留」日本語論』(人文書院、二〇一一年)参照。
32 東条操「永田氏の方言研究」、大岩正仲「永田氏の事ども」、太田栄太郎「永田吉太郎氏の著作目録」など参照。ともに『方言』六巻二号(一九三六年二月)の「永田吉太郎追悼の頁」にある。

33 板倉聖宣「雑学の中から日本の科学史を浮かび上がらせた人」『数学セミナー』（三一巻二号、一九九二年二月）、「大矢真一名誉会長追悼集」『数学史研究』（一三三号、一九九二年四月〜六月）など。
34 平山輝男『日本語音調の研究』明治書院、一九五七年、四三七—四四八頁。
35 永田吉太郎・斎藤秀一「旧市域の語彙」、斎藤秀一編『東京方言集』一九三五年、一四五頁。
36 佐藤治助『吹雪く野づらに——エスペランティスト斎藤秀一の生涯』鶴岡書店、一九九七年、二三一—二三二頁。「斎藤史料」（3-19）に、東条操・永田吉太郎宛の手紙の下書きが残されている。
37 斎藤秀一「方言の矯正」『山形県教育』五〇一号、一九三二年二月、二九頁。
38 同前、二九—三〇頁。
39 同前、三一頁。
40 斎藤秀一「新口語文について」『科学評論』二巻五号、一九三七年五月、四五頁。
41 斎藤秀一「方言の単一の国語への発展」『山形県教育』五〇五号、一九三二年六月、二〇頁。
42 同前、二四頁。
43 同前、二四—二五頁。
44 斎藤秀一「方言の単一の国語への発展（承前）」『山形県教育』五〇六、一九三二年七月、一三頁。
45 プロレタリア・エスペラント運動については、大島義夫・宮本正男『反体制エスペラント運動史』（三省堂、一九七四年、一五九—一七二頁）、初芝武美『日本エスペラント運動史』（日本エスペラント学会、一九九八年、七〇—七五頁）などを参照。
46 斎藤秀一「方言の単一の国語への発展（承前）」『山形県教育』五〇六号、一九三二年七月、一〇—一一頁。
47 同前、一三頁。
48 鈴木良春解訳『斎藤秀一『大学時代の日記［一九三〇年五月十八日〜十二月三十一日］』』二〇一五年八月、非売品。

49 ドレーゼン著（高木弘訳）『世界語の歴史』日本エスペラント学会、一九三四年、四三八頁。
50 原著はレニングラード国立歴史言語研究所とソビエトエスペランティスト同盟言語委員会の共同出版、一九三一年刊行。
51 E・スピリドヴィッチ（高木弘・井上英一共訳）『言語学と国際語』日本エスペラント学会、一九三二年、一三九―一四〇頁（復刻は、同会より一九七六年）。
52 鈴木良春解訳『斎藤秀一『大学時代の日記〔一九三〇年五月十八日～十二月三十一日〕』』二〇一五年八月、非売品。
53 Saitô-Hidekatu「Kokusai-syugi no makotono Imi wo tadunete」『Rômazi Sekai』二三巻一一号、一九三三年一一月、一一七―一一八頁。
54 Saitô-Hidekatu「Gwaikoku no Koyûmeisi no Honsitu」『Rômazi Sekai』二五巻九号、一九三五年九月、九頁。
55 衛綏「言語発展の歴史」『文字と言語』九号、一九三六年四月、三三頁。
56 詳細は、田中克彦『「スターリン言語学」精読』（岩波現代文庫、二〇〇〇年）を参照。本書第九章も参照。
57 Takasiba-Kin'itirô「Otôto-minzoku to Nippongo」『Rômazi Sekai』二六巻三号、一九三六年三月、五頁。
58 斎藤秀一「エスペラントとローマ字化の関係」『国際語研究』一六号、一九三六年七月、一一七頁。ちなみに、引用中にある「言語帝国主義」という言葉は、小林司も指摘するように（「言語差別と闘った斉藤秀一――先駆的エスペランチスト」『朝日ジャーナル』二〇巻五〇号、一九七八年一二月一五日、九〇頁）、日本語での初出に近いものではないかと思われる。
59 斎藤秀一「エスペラントとローマ字化の関係」『国際語研究』一六号、一九三六年七月、一一九頁。
60 同前、一二一頁。
61 同前、一一八―一一九頁。
62 斎藤秀一「新口語文について」『科学評論』二巻五号、一九三七年五月、四四、四六頁。

63 この高倉テルの論文は、高倉から斎藤に寄贈されている（『文字と言語』一〇号、一九三六年一一月、三九頁）。

64 斎藤秀一「漢字と思想」『RÔMAZI NO NIPPON』一九三六年八月一五日、一四五頁。

65 Saitô-Hidekatu「Mozi to Byôki――Mozi no Maryoku ni tuite」『Rômazi Sekai』二六巻一二号、一九三六年一二月。

66 鈴木良春解訳『斎藤秀一『大学時代の日記［一九三〇年五月十八日〜十二月三十一日］』』二〇一五年八月、非売品。

67 「高倉輝等に対する（唯研、言語運動関係）治安維持法違反被告事件第一審判決」、司法省刑事局『思想月報』九〇号、一九四一年一二月、七八―七九頁。

68 斎藤秀一「新口語文について」『科学評論』二巻五号、一九三七年五月、四六頁。

69 内務省警保局保安課『特高月報　昭和十四年九月分』、一九三九年一〇月二〇日、四―八頁。

70 高島真『特高Sの時代――山形県社会運動史のプロフィール』新風社、一九九九年、二五三―二五四頁。日記には暗号めいた部分もあり、「山大教授石島庸男ご夫妻の訳文」を参考にしているという（二五一頁）。

71 「赤インキ」『文字と言語』一〇号、一九三六年一一月、九四頁。

72 斎藤秀一「エスペラントとローマ字化との関係」『国際語研究』一六号、一九三六年七月、一一五頁。

73 Saitô-Hidekatu「Sina ni okeru Rômazi-undô no Nami」『Rômazi Sekai』二五巻一二号、一九三五年一二月、二七頁。

74 藤井（宮西）久美子『近現代中国における言語政策――文字改革を中心に』三元社、二〇〇三年、六九―七一頁。

75 同前、七四―七五頁。

76 葉籟士著・神田千冬訳編『簡化漢字一夕談――中国の漢字簡略化』白帝社、二〇〇五年、二六五頁。（算用

数字を漢数字にかえた）

77 『長谷川テル』編集委員会編『長谷川テル――日中戦争下で反戦放送をした日本女性』（せせらぎ出版、二〇〇七年）など参照。

78 高杉一郎「日中エスペラント交流史の試み」『文学』三四巻二号、一九六六年二月、六三頁。

79 同前、六三頁。

80 佐藤治助『吹雪く野づらに――エスペランティスト斎藤秀一の生涯』鶴岡書店、一九九七年、二四二頁。

81 「〝支那〟の呼称廃止／翼賛会東亜局で先づ提唱」『朝日新聞』一九四一年六月六日（夕刊）、二面。

82 ヤマモトアキラ「「支那」トユウヨビナニツイテ」『カナノヒカリ』二四〇号、一九四一年八月、一一頁。

83 吹田好雄は、斎藤が発行した全文エスペラントの『Latinigo』の配布に協力、一九三九年に検挙され、鶴岡におくられるが起訴猶予（「吹田好雄」、柴田巌・後藤斉編『日本エスペラント運動人名事典』ひつじ書房、二〇一三年、二六三頁）。

84 斎藤秀一「編輯を終へて」、葉籟士・魯迅そのほか『支那語ローマ字化の理論』反訳・編集・印刷兼発行人・斎藤秀一、一九三六年、五〇頁。吹田からの寄贈の記録もある（『文字と言語』七号、一九三五年九月、四一頁）。『中国話写法拉丁化』は「斎藤史料」（2―18）にある。

85 斎藤義七郎「斎藤秀一に関することども」『山形方言』一〇号、一九七二年二月、四頁。

86 一九三〇年九月二七日の記述による。鈴木良春解訳『斎藤秀一『大学時代の日記［一九三〇年五月十八日～十二月三十一日］』』二〇一五年八月、非売品。

87 「満洲国に於けるローマ字化の一般的方針」『文字と言語』七号、一九三五年九月、三二頁。別のところでも、「標準語をどう改良するか」という問題提起のうちで「一部の人たちの政策的な呼び方に対する反対」をすべきだとしているが、その例として「満洲（国）語→支那語、又は北京官話　赤露→ソヴエート同盟」をあげている（斎藤秀一「新口語文について」『科学評論』二巻五号、一九三七年五月、四五頁）。

88 藤井（宮西）久美子『近現代中国における言語政策――文字改革を中心に』三元社、二〇〇三年、七五頁。

89 Saitô-Hidekatu「Sina ni okeru Rômazi-undô no Nami」『Rômazi Sekai』二五巻一二号、一九三五年一二月、三一頁。

90 Saitô-Hidekatu「Sina ni okeru Rômazi-undô no Nami」『Rômazi Sekai』二五巻一二号、一九三五年一二月、三八頁。

91 小林司「言語差別と闘った斉藤秀一――先駆的エスペランチスト」『朝日ジャーナル』二〇巻五〇号、一九七八年一二月一五日、九〇頁。佐藤治助『吹雪く野づらに――エスペランティスト斎藤秀一の生涯』鶴岡書店、一九九七年、二四二頁。

92 高杉一郎『中国の緑の星――長谷川テル反戦の生涯』朝日選書、一九八〇年、七一頁。

93 大島義夫・宮本正男『反体制エスペラント運動史』三省堂、一九七四年、二一九頁。

94 官憲資料によれば、四〇部ほど印刷されたもののうち「国内に於ける国語国字問題改良論者岩倉具実外二十四名、日本ローマ字会外四団体及支那に於ける革命的ローマ字運動者魯迅外三名に配布せり」とある（内務省警保局保安課『特高月報　昭和十四年四月分』一九三九年五月二〇日、一二頁）。

95 佐藤治助『吹雪く野づらに――エスペランティスト斎藤秀一の生涯』鶴岡書店、一九九七年、二四六頁。

96 この「論新文字」について、魯迅全集底本は『且介亭雑文二集』（上海三閑書屋、一九三七年）にとる。些細なことになるが、『魯迅全集一九』（学習研究社、一九八六年）におさめられた日記の訳注で、『支那語ローマ字化の理論』に訳された魯迅の文章三編が指摘されているが、三つ目を「漢字とラテン化」（全集第七巻『花辺文学』所収）としている（二一一頁）。しかしこれは「論新文字」の誤。「新文字のこと」の訳で、『魯迅全集 八』におさめられている。初出は一九三六年一月一一日、『時事新報』の「毎週文学」に掲載。「旅隼」の筆名。

97 この雑誌は鄭寧人から寄贈をうけており、之光の論文の短い紹介も『文字と言語』九号（一九三六年四月）

でおこなっている（六八頁）。
98　『魯迅全集 一九』学習研究社、一九八六年、二〇七―二〇八頁。
99　日本語訳は『魯迅全集 八』（学習研究社、一九八四年）で読めるが（今村与志雄訳）、全集が底本とする『且介亭雑文』（上海三閑書屋、一九三七年）にもおさめられた「関于新文字」との校合を訳注（一八五頁）で確認したうえで、斎藤訳をみると、『門外文談』所収の文章からほぼ正確に訳していることがわかる。
100　これについて、斎藤はこう述べている。「門外文談」には「（a）暑い夏の夕方、門の外で涼みながらする文字・文章の話という意味と、（b）しろうと（門外漢）の文字・文章の話――この両方をかけたもので、日本語に反訳することはむずかしい。編集者は〔……〕《文字涼み話》と訳したが、これでは僅かに一面の意味を伝えるだけだ」（『文字と言語』一一号、一九三七年三月、五六頁）というのだが、謙遜のようにも思える。
101　ちなみに、「斎藤史料」（4－22）には、鍾憲民がエスペラントに訳した『阿Q正伝』（上海、Eldona Kooperativo、一九三〇年）が所蔵されている。日本語訳のものは見当たらない。
102　胡風「解題」、『大魯迅全集』第五巻、改造社、一九三七年、四〇五頁。
103　次の一〇号（一九三六年一一月）には、「マクシム・ゴリキーをとむらふ」という文章を斎藤は執筆し、同年六月に亡くなったゴーリキーがローマ字運動、エスペラント運動の理解者であったことを記している。
104　初出は、「答曹聚仁先生信」として一九三四年八月、『社会月報』第一巻第三期に掲載、『門外文談』掲載ののち『且介亭雑文』におさめる（『魯迅全集 八』学習研究社、一九八四年、九三頁）。
105　この原稿を中国人留学生に翻訳してもらったものと、斎藤の訳文とを両方読んだ佐藤治助は「単語そのものの違いは若干あるものの、内容はまったく一致していたのである」としている（佐藤治助『吹雪く野づらに――エスペランティスト斎藤秀一の生涯』鶴岡書店、一九九七年、二五二頁）。
106　松本昭「スターリン言語学説の中国における反響」『文学』一九巻九号、一九五一年九月。

107 『陸軍軍医学校五十年史』（陸軍軍医学校、一九三六年、五六五―五六六頁）、『東京帝国大学一覧』（東京帝国大学、当該年版）などを参照。

108 斎藤秀一「支那の新しいローマ字運動（2）――下瀬氏の「支那の漢字拉丁化運動」を読んで」『言語問題』二巻九号、一九三六年九月、二二一―二二三頁。

109 葉籟士・魯迅そのほか『支那語ローマ字化の理論』反訳・編集・印刷兼発行人・斎藤秀一、一九三六年八月、四六頁。

110 「ローマ字論の近頃」『文字と言語』九号、一九三六年四月、六〇頁。

111 「下瀬謙太郎」、柴田巌・後藤斉編『日本エスペラント運動人名事典』ひつじ書房、二〇一三年、二五二頁。

112 下瀬謙太郎「国語羅馬字を語る」『中国文学月報』二四号、一九三七年三月、一四頁。

113 下瀬謙太郎「支那に於ける国字改良運動」『日本評論』一一巻八号、一九三六年八月、一五一頁。

114 「カナモジ ナカマ ノ イサオシ［4］　シモセ ケンタロウ シ」『カナ ノ ヒカリ』一二四号、一九三二年四月、二二頁。

115 下瀬謙太郎『支那語のローマ字化をめぐつて――民国政府国字国語運動のあらまし』日本のローマ字社、一九三六年、九頁。

116 下瀬は、法律家で法令の口語化を主張していた金沢潔から『文字と言語』を貸与されたと書いている（同前、一二六頁）ので、国語協会に寄贈されたものを読んだと思われる。

117 下瀬謙太郎『支那語のローマ字化をめぐつて――民国政府国字国語運動のあらまし』日本のローマ字社、一九三六年、一一一、一一三頁。

118 さねとう　けいしゅう「中国の友　斎藤秀一」『大安』一二巻三号、一九六六年三月、二頁。

119 「後記」、『中国文学月報』二四号、一九三七年三月、二〇頁。

120 さねとう・けいしゅう「中国新文字学習――使用文字と綴り方」『中国語雑誌』五巻七号、一九五〇年一二月、九頁。

121 たとえば、倉石武四郎「支那語教育の新体制」『改造』二二巻八号(一九四〇年一〇月)、『支那語教育の理論と実際』(岩波書店、一九四一年)など。

122 倉石武四郎「ラテン化新文字文献の解説・目録」『中国研究』一四号(一九五一年六月)には倉石の所蔵する関連文献リストがついている。ここに斎藤秀一編の『支那語ローマ字化の理論』もあげられている。

123 さねとうの略歴については、「実藤恵秀先生略歴」『国文学研究』(早稲田大学国文学会)三六号(一九六七年一〇月)などを参照。

124 どうでもよいが、さねとうが「中国の友 斎藤秀一」(『大安』一二巻三号、一九六六年三月)を執筆する際に、松下秀男のこの便りが掲載された九号も参照しているはずである(四頁)が、言及はない。

125 藤井(宮西)久美子『近現代中国における言語政策——文字改革を中心に』三元社、二〇〇三年、九〇頁。

126 詳細は、安田敏朗『漢字廃止の思想史』(平凡社、二〇一六年)を参照。

127 斎藤義七郎「斎藤秀一に関することども」『山形方言』一〇号、一九七二年二月、四頁。

128 大原信一『近代中国のことばと文字』東方書店、一九九四年、二五一頁。

129 斎藤秀一(索原訳)「日本的漢字限制」『語文』二巻一期、一九三七年七月、四—五頁。

130 同前、九頁。安田訳。

131 高杉一郎『中国の緑の星——長谷川テル反戦の生涯』朝日選書、一九八〇年、七一頁。

132 魚返善雄編『支那語読本』日本評論社、一九三八年、一二三頁。

133 斎藤秀一「支那語教育におけるローマ字の利用」、『綜合国語教育三十講』厚生閣、一九三九年二月、一三三頁。

134 『綜合国語教育三十講』厚生閣、一九三九年二月、「序」、一頁。

135 佐藤治助『吹雪く野面に——エスペランティスト斎藤秀一の生涯』鶴岡書店、一九九七年、二七五—二七六頁。

136 松坂忠則「支那新国家ニオケル国字問題」『カナノヒカリ』二〇三号、一九三八年九月、一、二、三頁。

137 斎藤秀一「国字論者とエスペランチストの提携」『文字と言語』一二号、一九三七年九月、二四頁。

138 同前、二五頁。

139 内務省警保局保安課『特高月報　昭和十四年四月分』一九三九年五月二〇日、一三頁。

140 同前、一三頁。

141 斎藤秀一「ローマ字日本語における支那の固有名詞の書き方」『文字と言語』一二号、一九三七年九月、四二頁。

142 同前、四三頁。

143 千種達夫は早稲田大学を一九二六年に卒業後、一九三二年に東京地方裁判所判事。法律用語や判決文の口語化を主張していた。一九三八年に満洲国司法部参事官となり、日本語口語文での法案起草を実行していた。一九四六年引揚げ後に東京地裁、高裁判事を歴任、国語審議会委員にもなる。千種達夫の法文口語化の議論については、安田敏朗『脱「日本語」への視座——近代日本言語史再考Ⅱ』（三元社、二〇〇三年）の第一〇章「法律文口語化のばあい」を参照。

144 内務省警保局保安課『特高月報　昭和十四年四月分』一九三九年五月二〇日、一一頁。

145 安田敏朗『漢字廃止の思想史』（平凡社、二〇一六年）を参照。

146 国語協会についても、安田敏朗『漢字廃止の思想史』（平凡社、二〇一六年）を参照。

147 松岡栄志『漢字・七つの物語——中国の文字改革一〇〇年』三省堂、二〇〇〇年。

148 鈴木擇郎「拉丁化中国新文字（三）」『華語月報』八七号、一九四〇年六月、一三、一六頁。

149 さねとう　けいしゅう「中国の友　斎藤秀一」『大安』一二巻三号、一九六六年三月、二頁。

150「高杉一郎」、柴田巌・後藤斉編『日本エスペラント運動人名事典』ひつじ書房、二〇一三年、二八七頁。

改造社の雑誌『文芸』の編集主任だった高杉は、改造社解散後、一九四四年応召し満洲へ。敗戦後抑留されるも、一九四九年復員。静岡大学、和光大学で教鞭をとる。著書に、『極光のかげに』（目黒書房、一九五〇年ほか）、『盲目の詩人エロシェンコ』（新潮社、一九五六年）、『中国の緑の星——長谷川テル反戦の生涯』（朝日選書、一九八〇年）、『大地の娘——アグネス・スメドレーの生涯』（岩波書店、一九八八年）、『スターリン体験』（岩波書店、一九九〇年）、『征きて還りし兵の記憶』（岩波書店、一九九六年、岩波現代文庫、二〇〇二年）など。

151 「中国文字改革学術視察団」については、小田切文洋「土岐善磨と中国（一）」『国際関係学部研究年報』三四集（二〇一三年二月）を参照。

152 高杉一郎「日中エスペラント交流史」『文学』三四巻二号、一九六六年二月、六三頁。

153 高杉の回想では、中国側の歓迎会で葉を紹介され（高杉とは東京高等師範学校の同窓となる）、長谷川テルについて調べていた高杉は、パーティーがおわったあとに「葉籟士を私の部屋に誘って」、長谷川テルなどについてあれこれ話したという（高杉一郎『中国の緑の星——長谷川テル反戦の生涯』朝日選書、一九八〇年、五三頁）。この場でだけ斎藤秀一の話が出たのであれば、さねとうや松下はきいていないことになるが、断定はできない。

154 成澤宗男「たった一人で戦争に立ち向かった「エスペラントの星」」『週刊金曜日』一〇五〇号（二〇一五年七月三一日）、別府良孝「十五年戦争期の反戦僧侶——斎藤秀一師などの事績」『東海佛教』六一輯（二〇一六年三月）など参照。

第七章　「ことのはのくすし」は何をみていたのか
——陸軍軍医監・下瀬謙太郎をめぐって

I　はじめに

下瀬謙太郎（一八六八年〜一九四四年）の名を知る人はそう多くないだろう。しかし、陸軍軍医学校校長にまでなった軍医・下瀬は当時「有数の支那研究者」[1]あるいは「相当の支那通として紹介」[2]されることの多い人物であった。

陸軍軍医学校とは、一八八六年に陸軍省に設置された陸軍軍医学舎を前身とし、一八八八年に設立された医学系教育機関である（詳細は、『陸軍軍医学校五十年史』（一九三六年）を参照。一九四五年廃止）。その校長在任中に、下瀬は軍医監となる。この当時は、軍医の最高位である軍医総監に次ぐ階級であり、陸軍少将に相当した（ちなみに森鴎外は軍医総監であった）。

下瀬は、後述するように清末の中国に軍医として駐在し、退役後は台湾や旅順の病院長を歴任するなど、「支那通」といえなくもない。

もちろん、戸部良一が『日本陸軍と中国——「支那通」にみる夢と蹉跌』(講談社選書メチエ、一九九九年、ちくま学芸文庫、二〇一六年)で論じているような、日本陸軍参謀本部のいわゆる支那課や在中国公使館・大使館附武官や駐在武官などとして勤務し、中国の情報を収集・分析し、陸軍の中国政策に影響をあたえた「支那通」と、下瀬は、立場もあたえた影響力もことなり、重要な位置をしめているわけではない。したがって、同列に「支那通」として論じるべきではないのかもしれないし、下瀬自身もそう呼ばれることは積極的には望んでいなかったように思われる節もある。しかしながら、こうした「支那通」が中国ナショナリズムに理解を示しながらも結局は日本の中国大陸侵略のお先棒を担ぐ結果になっていったのと、相似した言説を下瀬も展開していくことになる。

下瀬は、医療関係者として中国における近代医療の受容に関する議論をおこなう一方、言語問題一般にも関心をもっていた。たとえば、前章でふれたように中国での文字問題に注目して積極的に日本で紹介していたことなどがある。その関心は日本の医学用語の簡易化や、日中間での医学用語の統一などといった議論にもむかっていった。一九三〇年代は専門用語のあり方をめぐって医学界でもさかんに意見が表明されており、当時の国語簡易化運動の一角をなしていた。総力戦の時代ともなると、医学教育における外国語の問題なども熱心に議論されていく。下瀬自身も、カナモジカイの評議員・理事や、国語愛護同盟(のちに国語協会)の理事になるなど、積極的に活動していた。

本章では、中国語学者でも中国研究者でも言語学者でもない一元軍医の「ことば」に対するみかたを追っていくことにしたいのであるが、基本的には日本語の簡易化をめざしていたとはいえる。そして若かりしころの中国勤務もあって、中国での文字運動にも興味をいだくようになる。ただ、一九二〇年代までは下瀬が中華民国の文字改革の話をしても興味を示す日本人はいなかったようで、「同文の国柄として我国は隣邦の国語問題に関心を持つのは当然だらうと、わたくしは常に考へてゐましたにも拘はらず世間では之に関する批評もなく、新聞雑誌上の紹介もなかつた」という[3]。のちにみるように一九二〇年代末から下瀬は積極的に紹介していくようになるのだが、たしかにそれまで日本で刊行されている日本語の書物でこの問題について読めるものはなかった。たとえば、一九二八年に下瀬がはじめてこの話題について日本ローマ字会で講演をしたとき、話をきいた田中館愛橘（一八五六年〜一九五二年、日本式ローマ字を考案）は、こう下瀬に語ったという。

支那にローマ字運動がそれほど進んでゐることを聞いて大いに驚いた。実は、かねて支那に行つてローマ字問題を提起して見ようと思つてゐたが、今は全くその必要のないことが分り、一面大きに安心したよ[4]

それほどに知られていなかったということであり、下瀬は日本の国語国字運動において中国の具体的な言語運動を参照軸とするさきがけといってもよい人物である[5]。

中国語学者・倉石武四郎が、一九五二年に「日本の漢字は中国の漢字とその運命をともにするであろうか。いかにも漢字そのものの性格として近代化に抵抗し封建性を擁護するものを含む以上、それは世界史の大勢からいってついに亡び去るものと思われる。日本とか中国とかいった小さな区別はこの強い力の前にはまったく無意味である。たゞ問題はそれがいつ亡びるか、またどちらが先に亡びるかだけである。その点、日本には日本の運命があり、日本の漢字には日本の漢字の運命がある」〔6〕というような断言はやや大げさではあるにしても、「運命」という形ではあれ、連関させてみるという観点は、その後も「国語政策というのは、もとよりそれぞれの国のなかの問題で、中国がどうしたからといって、日本がさわぐ必要はない。しかし、中国がなぜこんな思いきったことをするか、ということを少しでも考えてみたら、日本もうかうかしてはいられまい」と一九五八年にも述べているように（「日本の国語政策」『東京新聞』一九五八年二月一九・二〇・二一日、夕刊〔7〕）継続していくのだが、こうした観点は下瀬の方がはやい。

そしてまた、たとえば日中戦争前後で蒋介石政権に対するみかたが変化したり、前章でみたようなラテン化新文字を「背後にソビエットの手が伸びてゐる」〔8〕ものと断じたり、「政府（国民政府）の方針に取つては難関であり、癌でもある」〔9〕とするなど、時どきの政治状況に左右されている部分が少なくないこともみてとれる。

ところで、下瀬が亡くなったあと、下村宏（海南、一八七五年〜一九五七年）が追悼文を書いている。官僚、新聞人、政治家として活躍し、日本放送協会会長や敗戦時には情報局総裁を経験した下村はまた言語問題にも関心をもっていたのだが、一九一五年から台湾総督府民政長官、一九一八年から一九二一年まで総務長官（総督に次ぐ地位）を歴任しており、陸軍軍医学校校長を退任して台湾総督府病院医長として赴任した下村とはこのとき面識を得ている。日本の国語国字問題へのとりくみという共通の課題を通じてのちに親しくなったという。中国の地名人名を現地音に近くカナガキすべきであるという下村の持論に下瀬も同意するなど、相通じる考えをもっていた［10］。下村がカナモジカイの会長になると、下瀬に理事を頼んだということである。下村は、「故人は只に我国字国語の簡易と正確とを念としたばかりでない。漢字の不便不利につき中華民国がいかに自国の国字国語運動に留意してゐるかといふ事を紹介」したことも指摘する［11］。

この下村による追悼文のタイトルは「言の葉のくすし」（薬師）である。医者でもある下瀬が、文字をふくめた「ことのは」の何が「病」であると認識しそれをどのように「治療」していこうとしていたのかを考えてみたい。それはまた、前章であつかった斎藤秀一と漢字制限ないし廃止、よりわかりやすい日本語へ、という点で表面上は類似している両者の根本的な相違——経歴や職業のちがいをこえたもの——を明示することにもつながり、ある意味では斎藤の特異性をきわだたせることにもなると思われる。

2　下瀬謙太郎略歴

―2-1―　『陸軍軍医学校五十年史』から

陸軍軍医学校が一九三六年に刊行した『陸軍軍医学校五十年史』（以下『五十年史』）の「歴代学校長略歴」のなかで下瀬謙太郎の略歴は以下のように記されている。

明治元年〔一八六八年〕十二月大分県西国東郡玉津町〔現・豊後高田市玉津〕ニ於テ呱々ノ声ヲ挙グ。二十六年〔一八九三年〕選バレテ陸軍衛生部医科大学依託学生トナリ二十九年〔一八九六年〕五月任官、三十三年〔一九〇〇年〕八月ニハ医務局課員兼陸軍衛生会議事務官ヲ拝命シ大ニ其ノ敏腕ヲ振ヘリ。三十四年〔一九〇一年〕五月東京帝国大学大学院ニ入学シ研鑽ヲ加フルコト二年、内科学ノ蘊奥ヲ極メテ帰ルヤ直ニ陸軍軍医学校教官、戦時衛生事蹟編纂委員等ヲ命ゼラル。日露戦役間〔一九〇四年〜一九〇五年〕軍医学校ニ在リテ皇軍衛生部ノ中枢ニ参画シテ偉勲ヲ樹テ、其功ニ依リ功四級金鵄勲章ヲ賜ハル。三十九年〔一九〇六年〕六月清国駐屯軍司令部附仰付ケラレ爾後大正元年〔一九一二年〕九月マデ彼地ニ在リテ驥足ヲ伸セリ〔才能をさらにのばした〕。同月私費ヲ以テ独逸国へ留学シ蛍雪ノ功ヲ積ムコト一年余、翌二年〔一九一三年〕十一月帰朝スルヤ間モナク陸軍軍医学校長兼同校教官トナリ、同時ニ日本赤十字社看護婦人会講師ヲ嘱託セラル。四年〔一九一五年〕八月ニハ大正三年戦役衛生史編纂委員長ヲ命ゼラレ、五年〔一九一六年〕十二月累進シテ陸軍軍医監トナル。九年〔一九二〇年〕四月職ヲ岩田〔一〕軍医監ニ譲リテ現役ヲ退キシモ、校長在職中「ペスト菌検査場、参考館、伝染病予防液製造室及毒瓦斯研究室新築落成ノ事アリテ為ニ軍医学校ハ著シク面目ヲ改ムルニ至リ其功績尠カラズ。退職ノ翌年台湾総督府医院医長次デ十二年〔一九二三年〕ニハ関東庁旅順医院長トナリ、辞職後ハ国語愛護同盟幹事トシテ活躍シ、特ニ医学用語ノ統一ニ全力ヲ注ギ、学界ノ為貢献スル所尠カラズ。〔12〕

また、『朝日新聞』(一九四四年四月三日付、二面)に下瀬謙太郎の死亡記事が掲載される。

下瀬謙太郎氏（陸軍軍医少将）狭心症のため三月二十九日午後八時二十六分牛込区矢来町四七の自宅で死去した、享年七十七、葬儀は同三十一日執行された

戦時下の紙面ということもあってか、これだけの短いもので、事績などの記載はない。

下瀬は、前章でもふれたが、その居住地名からとった「矢来里人」という筆名ももっていた[13]。両方の名前で書き残したもの、あるいは講演記録、座談会での発言などが発表されるのは、退役後の一九三〇年代に集中している。分量もかなりのものになり、また六〇歳を過ぎてからの活発な言論活動は、やや中庸をいくような表現が多くなっているので下瀬自身の明確な主張をとりだしにくい側面はあるのだが（前章であつかった斎藤秀一とはことなる）、本章では『五十年史』にいう、「辞職後ハ国語愛護同盟幹事トシテ活躍シ、特ニ医学用語ノ統一ニ全力ヲ注ギ、学界ノ為貢献スル所尠カラズ」とされている言語問題への関心を軸として、軍での経歴・経験などにも目を配りつつ論じていくことにしたい。

―2―2―　軍医と言語問題――鷗外・戦史・中華民国

『五十年史』で記されている、「陸軍医科大学依託学生」とは軍医養成制度のひとつであり、大学の医学部学生を選抜して手当をあたえたうえで、卒業後は陸軍衛生部所属の軍医として任官するというものであった。

第一高等中学校（のちの第一高等学校）から東京帝国大学に入学した下瀬は、父を早くに亡くし

た〔14〕こともあったのであろう、この制度を利用した。大学院でも、陸軍の経費で研究ができたことがわかる。前章でも少しふれたが、内科学とりわけ肋膜炎を研究のテーマとしている。なお、鷗外森林太郎は陸軍軍医学校校長を一八九三年から一八九九年までつとめていた。下瀬が直接教えを受けたかは分明でないが、おそらく依託学生のころ、軍医学校の寄宿舎にいたときに「屡々教官室からの読書の声が洩れてゐた。耳を澄まして聴けば紛れもないドイツ語で、しかも歯ぎれのよい、舶来の調子、声の主は鷗外先生であることが分つた」〔15〕というような回想を残しており、のちの議論とも関わるが、鷗外が医学用語の簡易化を早くから主張し、医学用語に「和語を拾上げることの必要をも常に高調してをられた」〔16〕と記している。また、鷗外の『心頭語』（一九〇〇年二月一日から翌年二月一八日まで八七回にわたって『二六新報』に連載されたエッセイ）を引用しつつ、後述する医学用語調査会の用語整理委員会の方向性も、「知らず識らずこのやうな空気を作り出し、偶然にも〔鷗外〕先生の所見に一致し」たとも述べている〔17〕。ちなみに鷗外からの下瀬宛の手紙も一通残っている〔18〕。

また、鷗外は陸軍省医務局長時代の一九一五年に全五編からなる『大正三年戦役衛生史』の編纂を発案し、当時陸軍軍医学校校長であった下瀬を編纂委員長として編纂をおこなわせている。編纂委員は下瀬のほか七名であったが、下瀬の役割は「全般ノ統轄、定稿ノ審査」となっている〔19〕。「大正三年戦役」とは第一次世界大戦のことである。

戦史の編纂に下瀬は縁があったようで、日露戦争時には、『五十年史』にいうように戦地には赴かず、本人の回想によれば東京予備病院戸山分院の院長（一九〇四年一二月より）として負傷者の治療などをおこなっていた。このときはスタッフが次々と戦場に送られ人手不足となって多忙を極めたようだが、それまでは陸軍軍医学校で「専ら日清戦史の編纂をしてゐたので、まるきり戦争の事情を知らなかつた」という[20]。ここでいう「日清戦史」とは、おそらく参謀本部編『明治廿七八年日清戦史』（東京印刷、一九〇四年〜一九〇七年）を指すものと思われる[21]。

戦争、ということでいえば、下瀬が校長の時期にこの第一次世界大戦から、ロシア革命にひきつづくシベリア出兵があった。シベリア出兵時には乾燥血清などの製造に関して「平時ニ三倍セル人員ヲ以テ活動ヲ続ケ」た、と『五十年史』には記されている[22]。下瀬自身も一九一九年に、陸軍獣医学校長、陸軍経理学校長とともにチタに出張している。その折に出会った画家（カザンの美術学校出身）がのちに亡命ロシア人として軍医学校を訪ねてきた、という回想を残している。帝国美術院院長となった森鷗外に紹介するなど、なにくれと気にかけていたようである[23]。帝展に入選したというので調べてみると、第二回帝展（一九二〇年）の西洋画出品目録のなかに、「ピョートル・イリイン　露西亜の春の夕日」があった[24]（下瀬は「イリン」と記すのみ）。この絵「露西亜の春の夕日」は、『東京朝日新聞』（一九二〇年一〇月一七日朝刊、三面）に掲載されている。同日の五面に「官展評判」があるからだろうが、そこでは「風景の入選した露国画家イリイン君がダブダブの古いモーニングに鳥打帽で見物してゐるのが亡命者らしくて如何にも気の毒」などと書かれている。その後入選の記録はなく、下瀬のことばによれば「弟子も段々に出来て、この向ならどうにか暮しが立ちさうに見えた。然し、遂に日本の画界に容れられなかつたのである」[25]。次に新聞記事にあらわれるのは、「露国画家の展覧会　内乱の本国を後に一昨年来朝した露国画家イリイン一家は近々米国に向けて出発する事となつた」との記事で、二年間にうけた厚意へ報いるため、ピョートル画家三兄弟が駿河台のニコライ堂で展覧会を開く、というものであった（『東京朝日新聞』一九二二年七月五日朝刊、六面）。この展覧会に下瀬が行ったかは不明であるが、アメリカに渡ったあとの消息は絶えている、とつけくわえ、「祖国のない流浪の民の寂しさ」を思う[26]。

この一事でなにかをいうことはできないが、前章でみたような下瀬のソビエトへの警戒心は、個人的な事情もからんでいたのかもしれない。

また、一九〇六年から一九一二年まで、清国駐屯軍司令部附として清末民初（中華民国政府は一九一二年一月一日に南京において成立）の中国に滞在していたことは、下瀬の中国の医学状況への関心と、中国の文字改革への関心へのきっかけとなったと考えてよい。中国の医学状況への関心は多岐にわたったが、医学用語のあり方、とりわけどの程度まで日本の医学用語と共通化がはかれるか、といった問題関心もふくんでいた。それはさらに医学用語の簡易化を考えることにもつながっていく。

なお、中国からの帰国とドイツへの私費留学は、本人の回想によれば「医学勃興期の6・7年をあたら北京に暮して、進歩に後れた頭脳を養ふためで、此際ぜひ欧米の視察を遂げたい」と思ったからであったが、「ドイツ滞在中わたくしはとかく多病で、僅か一年ばかりの後、すべての予定を切り上げ、再びシベリヤ経由で帰つて来ました」という結果になる[27]。

―2-3― 陸軍軍医学校校長（一九一三年〜一九二〇年）として

そして、『五十年史』にあるように、下瀬が陸軍軍医学校校長になる三ヶ月前、一九一四年五月に「ペスト菌検査室」が開設され、二年後には各種標本など軍医学上の研究資料を保管展示する「参考館」が落成する。一九一七年には化学兵器研究室設置の査定を得た。これは「本邦ニ於テ率先シテ毒瓦斯研究ニ著手スルノ端ヲ拓キタルハ本校ノ誇ナラズンバアラズ」とされ、翌年に衛生学教室から分離する形で化学兵器研究室が新設され、「此年〔一九一八年〕初メテ化学兵器研究ノ基礎確立」とあいなる。これは第一次世界大戦時にドイツ軍が毒ガスを使用したことを契機に軍医学校の小泉親彦（一八八四年～一九四五年）がはじめた研究のひとつの到達点といえる〔28〕。

下瀬の退任後であるので直接は関係がないが、この小泉が関わったもののひとつとして指摘しておかねばならないことがある。『五十年史』の「満洲事変ニ関スル陸軍軍医学校ノ業務」の「第九　建物、給水施設等ノ施設改善」の「第三　防疫研究室ノ新設」から引用する。

設立ノ主旨　防疫研究室ハ国軍防疫上作戦業務ニ関スル研究機関トシテ陸軍軍医学校内ニ新設セラレタルモノナリ。此新設ニ関シテハ昭和三年〔一九二八年〕海外研究員トシテ滞欧中ナリシ陸軍一等軍医石井四郎ガ各国ノ情勢ヲ察知シ我国ニ之ガ対応施設ナク、国防上一大欠陥アル事ヲ痛感シ、昭和五年〔一九三〇年〕欧米視察ヲ終ヘ帰朝スルヤ、前記国防上ノ欠陥ヲ指摘シ之ガ研究整備ノ急ヲ要スル件ヲ上司ニ意見具申セリ。爾来陸軍軍医学校教官トシテ学生指導ノ傍ラ余暇ヲ割キ日夜実験研究ヲ重ネツツアリシガ、昭和七年〔一九三二年〕小泉〔親彦〕教官ノ絶大ナル支援ノ下ニ上司ノ認ムル処トナリ、軍医学校内ニ同軍医正ヲ首班トスル研究室ノ新設ヲ見ルニ至リシモノナリ。

防疫研究室開設　昭和七年〔一九三二年〕八月陸軍軍医学校ニ石井軍医正以下五名ノ軍医ヲ新

ニ配属セラレ防疫研究室ヲ開設ス。〔29〕

石井四郎（一八九二年～一九五九年）は、いうまでもなく、関東軍第七三一部隊を率いた人物である〔30〕。防疫研究室は突然できあがったわけではなく、そこにいたる過程に下瀬も関わっていなかったとはいいきれない（一九二九年に軍医学校は麹町区富士見町（現・千代田区）から牛込区戸山町（現・新宿区）へ移転している）。もちろんそれが下瀬の言説に何か影響をあたえたことはないにしても。

3　中国と医学

3-1　駐清国公使館附医官として

下瀬の陸軍軍医学校教官時代の医学に関する講演としては、

○「膝蓋腱反射検査法ニ就テ」『神経学雑誌』一巻二号、一九〇二年六月
○「摩擦《ストライヒ、》聴診法《アウスクルタチオン》」『中外医事新報』五五六号、一九〇三年五月二〇日（東京医学会総会講演）
○「摩擦《ストライヒ、》聴診法《アウスクルタチオン》」『済生学舎医事新報』一二五号、一九〇三年五月（前掲の要旨）
○「病的漿液ノ細胞診断ニ就テ」『済生学舎医事新報』一二七号、一九〇三年七月
○「二十七八年日清戦役ト日本軍隊及ビ内地ニ於ケル赤痢」『中外医事新報』五八三号、一九

〇四年七月五日（第二回内科学会講演）

これらの内容について残念ながら論評する能力はないが、研究・教育にいそしんでいたことはわかる。

その後、『東京朝日新聞』一九〇六年七月三一日朝刊（二面）に「下瀬軍医正の清国赴任」という記事が掲載された。そこでは「下瀬謙太郎氏は清国公使館附を命ぜられ来月中旬を以て北京に赴任する由右は［……］大に我医術の精英を示して以て清国啓発の先駆たらしめんとするに在りて特に敏腕の聞えある氏を派遣せらるゝ事となりたる次第なりと」とされている。医学において啓発する、という意図がどの程度達成されたのかはともかく、抜擢されたことはわかる。

なお先の『五十年史』では、「清国駐屯軍司令部附仰付ケラレ」とある。清国駐屯軍とは、一九〇〇年の義和団事件後に清国が列強各国と一九〇一年に結んだ北京最終議定書にしたがって駐屯が認められた軍隊である。北京公使館に護衛兵をおき、天津に駐屯兵営を設けた。日本の場合は、義和団事件の際に出兵した軍隊と入れ替わりに、一九〇一年六月に編制されて駐屯した（当初は約四〇〇〇名）［31］。

「清国駐屯軍職員表」（国立公文書館アジア歴史資料センター所蔵）によれば、下瀬は天津の清国駐屯軍司令部附となっているが、天津の駐屯軍病院で勤務していたのではなく、北京の日本公使館附として勤務していた。同時期の公使館附武官に、明治を代表する「支那通」のひとり、青木宣純がいた。

この時期に下瀬が残した文書は少ない。この当時駐清公使であった伊集院彦吉（一八六四年〜一九二四年。駐清公使・駐華公使は一九〇八年一〇月～一九一三年七月)、の公開された日記(一九一一年一〇月～一九一二年三月)[32]をみても、「下瀬軍医」は登場するものの、回数は少なく、具体的な仕事内容をうかがうことはできない。

数少ない文書のうちで、各国公使館附医官の仕事について下瀬自身がまとめた「在清各国公使館附医官ノ事業一般」(一九〇八年四月、国立公文書館アジア歴史資料センター所蔵)によれば、「公使館ノ医務」以外に医官の仕事は四点あるという。列挙すると、「清国王侯大臣以下大小官憲等ノ需ニ応ジ診療ニ従事シ日新医学ノ進歩ヲ知ラシムルコト」「小規模ナル施療処ヲ経営スルコト」「医学堂及大病院ノ経営若クハ補助勤務ヲナスコト」「清国官衙学校ノ医事衛生顧問トナリ若クハ教習トナリ学校医トナルコト」となる。第四点に関して日本はかつておこなったことはあるが、他国は経験がないとしている。下瀬のこの報告書はフランス・アメリカ・イギリス・ドイツ・イタリア各公使館附医官の業務について述べたものなので、肝心の下瀬の業務の詳細はわからない。ただ、第一点をみれば、緊張を強いられる場面もあったことであろう。現に、下瀬の追悼文のなかで、飯島茂(陸軍軍医中将、一八六八年～一九五三年)は、「君が明治三十三、四年北京に居た頃陸軍軍医としてよりも単に日本老医大夫下瀬先生として清朝の大官巨臣の間に重んぜられ、日支の親善に裏面側面からの功のあつた」と評している。「明治三十三、四年」とは義和団事件のことであるが、のちにふれるように下瀬は北京に軍医として従軍しており、その際にすでにこうした経験は積んでいたということになる[33]。

この日本の清国駐屯軍の特徴は、「常時外国に駐屯する部隊であるという点から、〔……〕部隊が国際軍の性格を有し、各国との関係上、国家の体面を傷つけてはならないということは、編成当時の司令官の特に強調し気をつけた点であった」[34]と指摘されているように、編制に際しては各連隊から選りすぐられた兵員があてられたとのことであるので、清国高官と接する可能性もありかつ「医学ノ進歩ヲ知ラシムル」医官として抜擢されたのは、下瀬がたかく評価されたためといえる。ただしこの後中国情勢の変化にともない兵員の増減がくりかえされると、連隊の中隊がまるごと補充されるなどして、こうした性質は変化し、ついには一九三七年七月の盧溝橋事件の引き金を、この支那駐屯軍が引くことになっていく。

ともあれ、下瀬のいう「公使館ノ医務」に関しては、たとえば北京の日本人のなかで「公使館病」と呼ばれていた「クヰンケ氏限局性浮腫」（クインケ浮腫：唇や皮膚が突然腫れる）の治療について日本の学会（一九一〇年四月、第三回日本医学会内科部会）で報告している[35]。

なお、この「在清各国公使館附医官ノ事業一般」では各国の宣教活動と医療活動とが結びついていることへの言及もある。下瀬はこの後も各国の中国における医療事業・宣教活動について言及していくことになる。その前に、日本の対中国医療事業を担い、下瀬ものちに評議員として関わった組織、財団法人同仁会について簡単にふれる。

—3-2—　同仁会について

同仁会は一九〇二年六月に、近衛篤麿・片山国嘉・北里柴三郎・岸田吟香らを中心として設立されたもので、「清韓及び其他東洋諸国に我日進医学を注入し、其人衆をして均しく斯学の恩沢に浴せしむ」ことを綱領にかかげていた。規約ではこれら地域に「医学校及医院設立」し、日本から医師や薬剤師を派遣、日本への留学生をうけいれるなどの事業が計画されていた[36]。中国での活動が中心的なものとなっていったが、病院を設立・経営し、医師の派遣などもおこなわれた。また雑誌『同仁』や、この記事を抜粋して中国語に翻訳した『同仁会医学雑誌』なども刊行していた[37]。下瀬も『同仁』にはたびたび寄稿していた。確認しておくが、欧米の宣教医療活動とはことなり、「宣教」はふくまれていない。

同仁会は、敗戦後の一九四六年一月にGHQの解散命令をうけ解散する。同仁会については末永恵子の研究がまとまったものであるが、そこでは日中戦争を境として、「外国における医院経営から、戦時下で組織を飛躍的に拡大させ、占領地における宣撫医療・防疫の中心的存在となった」[38]と論じている。このあたりが「超国家主義団体」として解散を命じられた原因であろう。同仁会の事業についての詳細は紹介しきれないが、末永がいう日中戦争以降の変容は、以下にみていく下瀬の論調の変化とも軌を一にしているといえる。

―3-3― 「メディカル・ミッション」と中国ナショナリズム

さて、下瀬が欧米の宣教医事業にはやくから関心をもっていたことはすでに記したとおりであるが、具体的に論じるようになるのは、公職を退いてからになる。たとえば、以下のようなものがある。

○「上海旅中の見聞」全一二回（矢来里人）『日本医事新報』四三五、四三七、四三九、四四一、四五〇、四五一、四五三、四五四、四五八、四六〇、四六一、四六三号、一九三〇年一二

月一三日〜一九三一年六月二七日
○「上海医事一端」『日本之医界』二一巻二〇号、一九三一年五月一六日
○「宣教事業として見たる支那の近代医学」『中外医事新報』一一七五号、一九三一年九月
○「対支医療事業につき——医科連盟の諸君へ」『開拓者』三四巻三号、一九三九年三月
○「事変前の支那に於ける近代医学と宣教医事業」『開拓者』三四巻五号、一九三九年五月
○「ドイツの対支文化事業の計画を回顧して」『日本医事新報』八八四号、一九三九年八月一九日
○「支那に於けるドイツの医科大学経営（上）（下）」『日本医事新報』八八五号、八八六号、一九三九年八月二六日、九月二日

一番目の文章は、一九三〇年に上海にでかけた下瀬の見聞録であるが、宣教師の医療事業について断片的な記述がある。印象的なのは、中国に派遣された日本の医師たちが欧米の「メディカル・ミッション」つまり医療活動をおこなう宣教師たちのように無報酬で中国に骨を埋める覚悟でいるのか、と問うていることである。そして宣教師たちのような「堅志を持続けて、ずつと其の位地に安んじて居たら、支那全国に漲る反日思想や、排日運動などは起り得なかつたかも知れぬ」と指摘する[39]。日本人の自覚を問うていたわけである。

自覚を問うという点では、四番目の文章も関係がある。これは、日本基督教青年会（YMCA）に結成された医科連盟（一九三九年一月結成、事務局は京都[40]、現・日本キリスト者医科連盟）の学生を前にし

た講演であるが、中国における「メディカル・ミッション」に関して、「由来、邦人の間に於ては支那に於ける宣教医の医療事業については、遺憾ながら余りにも看過され勝ちであつた。〔……〕現在の進歩した日本の医学に比較して、事業と医学との程度を余りに低く評価し勝ちであつた」として、欧米の「メディカル・ミッション」の事業のあり方や歴史から学ぶべきことが多い、ということを主張していく。そして、「支那事変」により発生した「難民」への医療支援をおこなおうとする学生に対して、矢内原忠雄の翻訳で一九三八年に岩波新書として刊行されたデュガルド・クリスティー『奉天三十年』を薦める。原著は奉天（現・瀋陽）で一八八三年から一九二二年まで医療伝導をおこなったクリスティーが一九一四年に刊行したものである。宣教医と軍医、奉天と北京、と身分と場所はことなるが、同時期の中国を経験した下瀬としては共感をもって読めたのであろう。クリスティー本人とも何度か会ったこともあるという〔41〕。

そうした欧米の「メディカル・ミッション」について簡単に紹介したのが三番目と五番目の文章であるが、一九三〇年代の中国の「国民精神の勃興」、ナショナリズムのたかまりについてふれ、「メディカル・ミッション」からの中国医学の独立にもつながることを願っている。ただ、その書き方なのだが、たとえば三番目の一九三一年の文章では以下のようになっている。

〔……〕多年「ミッション」の据膳のみに依て日新医学の御馳走になつて来たのであり、依頼心のみが余りに助長されたといふ事実は、支那人とても明らかに認めて居る。今度はその依頼心を「サラリ」と振棄てゝ、健気にも一大飛躍を企てゝ居るのであるから、善隣の友邦として日本はその成功を神かけて祈るの外はない。若し万一其処に尚ほ一挙手一投足の労を添へて其壮挙を助成する力が必要だとあれば、夫これ疑もなく日本医学の力でなくてはなるまいと思はれる。[42]

一見、ナショナリズムに理解を示しているようではあるが、いつでも介入の準備がある、という解釈も可能である。一九三〇年に、日本人の意識の低さが「排日運動」を招いたのではないかと指摘していた下瀬はどこにいったのだろうか。

先に述べた同仁会の設立三〇年を記念して刊行された『同仁会三十年史』（一九三二年）に寄せた文章では、同仁会の病院が日本人に便利な場所に設置され「其の点が夫の宣教師の同種事業と特に著しい差異の有る所で、彼の成功し、我の不成功を見る主なる原因ともなつて居る云々、と曲言する者がある」のだが、それは誤解であり、実績をみれば「我が同仁会が如何に一視同仁に徹底して居るかゞ判る」と擁護、「同仁会事業の如きは徹頭徹尾、宗教家の態度を以て終始すべきものであらう」とする[43]。要するに、同仁会も「メディカル・ミッション」だというのである。「宗教家」というのは比喩的に用いているのかもしれないが、これではもともとの同仁会の目的から逸脱しているといわれてもいたしかたない。さらに、日本が伝導すべき「宗教」とは一体何であったのだろうか、という疑問が残る。「一視同仁」は宗教原理になりうると下瀬は考えたのであろうか。とすればそれは自己満足にすぎない。この疑問は中国のナショナリズムが日本にとって都合の悪い場合（「一視同仁」をうけいれてくれない場合、である）に、よりふかまることになる。中国のナショナリズムは、簡単に無視されてしまうのである。

この点が明確になるのが、日中戦争がはじまった後である。五番目の一九三九年の文章は「蒋〔介石〕政権の侮日、抗日、排日教育はもとより今日の問題外としておくのであるが」とはじまる。ではどのナショナリズムを評価するかといえば、

〔「支那事変」後の〕真の立直しは全く新しい地盤の上に行はるべきであり、それは又新政府の企てつゝある新秩序建設の事業と当然併行しなければならず、更に此点に於て帝国の協力、指導に待つところ多かるべきは勿論の話である。医学並に医療の大陸進出が盛に叫ばれてゐる今日、私のこの談話が、何れかの点に於て多少とも当事者諸君の参考になる事があるならば、まことに私の本懐とする所であります。〔44〕

とあるように、「新政府」のナショナリズムには理解を示し、一九三一年と比べると、介入への躊躇はみられなくなっていることがわかる。

4　言語問題の前線へ

4-1　ことばへの興味——ローマ字・カナモジ・エスペラント

さて、ようやく下瀬と言語問題を論じる下地が整った。下瀬は幼いころからことばに関する興味があったようである。

下瀬の回想によれば、西南戦争（一八七七年）が終わった一、二年後、小学生であった下瀬は、多忙な開業医であった父から、ローマ字とオランダ語の初歩を教わったという。父はかつて長崎で蘭医学を学んだと思われる。下瀬は地元で「少年オランダ学者」と呼ばれるようになり、東京で大学予備門に通っていた一八八五年に組織された羅馬字会が刊行した『ローマ字雑誌』創刊号を買い求めたという。このようにローマ字論に興味をもってはいたものの、一九二八、九年ごろ、ようやく日本ローマ字会（ヘボン式を主張する羅馬字会から、日本式をつくった田中館愛橘らがわかれて結成されたもの）の会員になったという[45]。一方で、中国赴任中に漢字の弊害を感じ、日本に帰国後に熱心なローマ字論者となったものの、一九二八年三月のカナモジカイ講演会をきき、まもなく会員（のちに評議員、一九三八年から理事）になり「コクジ カイリョウ ワ ムシロ カナモジカイノ ウンドウ ニ ヨッテナシトゲラレル コトヲミトメラレ、マズモッテ カナノ ペンガキヲ ベンリニ スル コトヲ ケンキュウ サレタ」ともされている[46]。日本ローマ字会機関誌『ローマ字世界』には一本、カナモジカイ機関誌『カナ ノ ヒカリ』には一七本の記事があり、『支那語のローマ字化をめぐって』は日本のローマ字社（日本ローマ字会の出版部門）刊行ではあるが、カナモジカイの活動の方に重点をおいていたようである。むしろ、一九三一年の講演では、『漢語整理が完全に行はれて、「カナモジ」専用の時代が果して我が国語の上に来るか』の質問に対しては断じてその可能性を確信する」と述べ、漢語の整理から漢字の廃止、カナモジ化――それは「国語の国民への解放」「国語の純化」「国外進出」「国際化」などもともなう――ができるとしているように、熱烈なカナモジ論者でもあったといってよい〔47〕。

さらに、言語問題を論じる際にもエスペラントへの言及がしばしばみられるが、一九三六年にエスペラント学会の『ラ・レヴオ・オリエンタ』に寄稿した文章では、下瀬の人生のさまざまな局面で「共通語」の必要性が痛感されたことが述べられていく〔48〕。順に追っていくと、人工言語にであったのは第一高等中学校在学中の一八八九年ごろで、エスペラントではなくヴォラピュクであった。これは神田明神近くの古書店で入門書を入手し、東京帝国大学在学中に友人にこのヴォラピュクの話をしたところ、近年エスペラントというものが発表されたことをきき、興味をもったものの学習方法がなくそのままになっていた。

一八九六年に大学を卒業し軍医として熊本衛戍病院で、日清戦争で負傷して後送されてきた重病者の治療を担当していたのだが、その際、歴戦の軍医からきいた経験談に「支那の傷病者を取扱つた時支那語の素養ある者がなくて同文とは云ひながら筆談でも十分に意味が通ぜず急仕込の支那語でも間にあは」なかったとき、「その時共通語あればどれほど便利だらうかといふことを一層深く考へさせられました」という。一八九九年秋からの陸軍省医務局での勤務でも「外国文書の保管や取扱」の際に、これらが「国際中立語でかかれてをればどんなに便利だらうかと思ひました」。

一九〇〇年の義和団事件の際にも福島安正少将が指揮をとった派遣隊の衛生予備員として従軍、衛生状況に関する七カ国の派遣軍間での折衝交渉もあったのだが、用語は英語かフランス語であったもの の、通訳官が必ずしも医学用語にくわしいわけではないので不便であった、さらに「エスペラントに就いて多少の知識をもつてゐたのは露国と墺国〔オーストリア〕の軍医一両名で其他は全く不案内の様でありました」。

一九〇一年から下瀬は東京帝国大学大学院で研究をするが、「専門語の発表が皆エスペラントになつたならどの位むだが省けるだらう」と医局の同僚と話した、というのはややご愛敬だが、この同僚のひとり岡田栄吉がドイツに留学した際にミュンヘンからドイツ語によるエスペラント独習書を送ってもらったという。これは一八九一年に刊行されたLudwig Meier著の“Vollständige Methodische Grammatik, Formenlehre und Syntax der Internationalen Sprache Esperanto”というものであった。

前述した一九〇六年からの駐清公使館勤務の際にもこの独習書などを持参したものの、「支那語」の学習が優先されてあまり学習は進まなかったようである。「北京の駐在は7年許でありますが、其間外交団区域の伝染病予防問題、特にペスト、天然痘のことに就ての会議、又衛生上に関する協議等が常に開催されますので各国の言葉の異なる所から意外の不便不自由を感じて、会議用語がエスペラントになつて共通する日は如何に愉快だらうかなどの矢張夢幻を逐ふ様な心持は離れませんでした」としている。

第一次大戦時も共通語の必要性を感じ、日本でもエスペラント熱が高まってきたが、陸軍軍医学校長として多忙であったためであろう、「親しく之に参加する程の境遇に居りませんでした」という。退役後、台湾総督府医院医長として台湾にわたるものの、当地でも盛んであったエスペラント講習などには病気のため参加できず、辞任後赴任した旅順できいた大連放送局のエスペラント講座ではじめてエスペラントの音声に接したと述べていく[49]。

さまざまな現場での経験から共通語の必要性を感じたのは確かであろう。ただ、基本になるのは利便性を求めているという点であり、エスペラントをつくったザメンホフのとなえた人類人主義への言及はでてこない。このあたりが、斎藤秀一との大きなちがいになる。

4-2 一九二八年の転機

一九二八年は下瀬にとってひとつの契機になっている。退役し、旅順での勤務もおわって公務が終わったということが大きいだろう。ちなみに、『職員録』（内閣印刷局）によれば、一九二一年七月現在のものに、台湾総督府医院医長として下瀬の名前があるが、翌一九二二年七月現在のものにはない。次に『職員録』に名前があらわれるのが、一年あいだをおいて一九二三年七月現在の関東庁旅順医院医長としてであり、これは翌一九二四年七月現在も同じであるが、一九二五年七月になると名前はなくなる[50]。一九二四年度いっぱいで、公職を退いたものと思われる。

それからしばらく経てからのカナモジカイへの入会は象徴的なことであったのかもしれないが、一九二八年一二月の陸軍軍医団総会で「医文医語の過去及現在と国字国語の問題」という題で講演をおこなっていることにも注意したい（ただし、一二月二七日に開催された東京研究会総会の報告題目のなかに記載はない[51]）。軍医団とは、現役・後備役の衛生部将校相当官で構成される組織で、希望すれば退役後も所属することができた。

次節以降は、中華民国の文字改革の下瀬の論じ方についてふれる。一九二八年以降積極的に紹介をするようになるのだが、前章でもふれたラテン化新文字運動の紹介の仕方の問題、さらに一九三七年七月の日中戦争開始後の論調の変化、「満洲国」で制定にむかっていた中国語をカナモジで書きあらそうという動きのとらえ方などをとりあげる。

そして、節をあらため、日本の医学用語の統一にむけた活動をとりあげる。近代日本医学の成立と漢語とは不可分の関係にあるので、用語の統一（一九三〇年代の時代背景を考えると簡易化の流れも不可避であった）は、脱漢字化をともなうべきだと下瀬は考えていた。それは一面では中華民国での文字改革と軌を一にするものであり、下瀬の興味関心の重なるところではあったのだが、日中の医学用語の統一とは方向がことなっていく。そこでもまた、一九三七年の日中戦争が論調に変化をあたえていく。

5　中国の文字改革への興味

5-1　中国文字改革関連論文リスト

以下に下瀬があらわした中国の文字改革（「満洲国」のものもふくむ）を紹介した文章のリストを列挙するが、この問題に興味をもつきっかけについてふりかえった文章をまず引用しておきたい。前出の駐清公使館附軍医としての赴任と関連がある。

一九三六年の回想を、長くなるが引用する。

　余が北京に居たのは、全国に革命気分の張りつめた晩清の頃であり、文字の上では既に、王照・労乃宣氏等の主倡に係る切音運動が起りかけた当時であつた〔……〕。そこで王氏の簡字、労氏の官話字母は、どちらもわが片仮名に類したもので、当時北京市内諸処に簡字伝習所、官話字母講習所などいふ看板を見受けたのであつた。余は遂に之を見学する機会を得なかつたのであるが、在留邦人の中にはボツ〳〵その講習に参加するものもあり、支那語を正しく学ぶには、この音標符号に頼るに限るといふ声が、自然われ〳〵の耳にもは入るやうになつてゐた。

余の思出は、三十一、二年の昔に溯るのであるが、その頃の外交部ちやき〳〵連の中に、他日駐日公使となつた汪栄宝君が居た、君は曽て日本に留学したために、だいの仮名文字党であつたが、もともと文字学者を以て認められた位の人であつたから、漢字学についての造詣はよほど深いものがあつたと見える。

或日汪宅を訪問した所用の後、余談にくつろぐひまがあつた時、汪氏はやをら口を開いて『近頃、支那で国語問題が盛に議論されるやうになつたのは、全く日清戦争や、北清事変の失敗に懲りて。今後はどうしても国民の識字運動を起さねばならぬと、上下官官民が始めて大いに覚醒し来つたのだ』云々と、極めて沈痛なる面持で熱心に余に話しかけられた。それは全く彼我の差別を超越しての意義深き感想談の一つであつた。

その後幾度も『支那が日本のやうに他日は漢字に振仮名をつける必要がある』といはれた氏の話は、いつ聴いても突飛な意見だとのみ思はれて、余は之をさほどに重視せず。寧ろ懐疑の念を以て、軽く聞流してゐたのであつた。[52]

藤井久美子『近現代中国における言語政策』(三元社、二〇〇三年)によって補足をすれば、中国人ではじめて文字改革にとりくんだのは、一八九二年に『一目了然初階』で厦門方言を表記した盧戇章であった。この文字改革案は一八九八年に光緒帝に上奏されることになっていたが、戊戌変法の失敗によりかなわなかった。この失敗により康有為や梁啓超は日本に亡命することになるのだが、康らとともに亡命したのが、下瀬の引用にある王照（一八五九年〜一九三三年）であった。王照は科挙で進士になった人物でもあったが、一八九八年から一九〇〇年までの亡命中に、漢字の偏と旁からなる文字を考案、一九〇〇年に『官話合成字母』を発表した（このときひそかに天津にもどっていたという）。一九〇四年に自首、三ヶ月後に釈放され、一九〇五年に北京に「官話字母第一号義塾」を設立、これが二四カ所に増えると、王の字母を知る者は数万にもおよんだという。その後清朝政府に一九一〇年に禁じられるまでに、この字母は一三省にひろまり、六万冊におよぶ書籍が印刷されたという。一九〇六年に赴任した下瀬がいう「官話字母講習所」を北京で目にしたころは、全盛期であったと推測される。科挙で進士となった労乃宣（一八四三年〜一九二一年）は、北京語の音韻をもとに考案した王照の字母をふまえ、方言にも適用させるためにあらたな字母をつけくわえ、『増訂合成簡字』（南京付近・安徽省）、『重訂合成官話字母』（蘇州から浙江省）を作成、ほかにも福建・広東用の合成簡字もつくった。労は、方言の表記から「官音」にいたらせるという方針であったという[53]。

下瀬がきいた汪栄宝（一八七八年〜一九三三年）のことばは、のちにつながる中華民国の文字改革への下瀬の見方を規定しているようにも思われる。汪はなにか文字をつくったわけではないものの、一九〇一年に日本に留学、早稲田、慶応などで歴史、政治学などを学んだ人物である。帰国後は京師訳学館で教鞭をとるなどし、清国政府の民政部右参議に一九〇八年になり、以後、左参議、左丞を歴任、修訂法律館と憲政編査館を兼職、一九一一年には憲法の編纂、法令全書の編纂を任される。辛亥革命後の中華民国では国会議員となり一九一五年の中華民国憲法の起草委員にもなる。下瀬がいうように、一九二二年から一九三一年まで駐日本中華民国公使をつとめている[54]。一九一三年に中華民国教育部が開いた読音統一会に委員として参加しており、知人の汪の動向から、あるいは「わたくしが支那でそれ程に感じてゐなかつた」[55]という国語統一・文字改革への興味関心がふかくなったのかもしれない。

ちなみに、汪が書き残した日記が翻刻されている（汪栄宝（趙陽陽・馬梅玉整理）『汪栄宝日記』鳳凰出版社、二〇一四年）。宣統元年正月から三年末（新暦では一九〇九年一月二二日から一九一二年二月一七日。以下新暦を記す）までのものであるが、右記のように汪は公務多忙であり、文字改革に関する記述は少ない。それでも、労乃宣が主催した「簡字会」において文字と言語との関係や音韻について講じている（一九一〇年三月一三日）。下瀬は「下瀬学士」「下瀬」「下瀬医学士」などとして登場する。汪の妻が流産してしまったときの往診（一九一〇年二月一〇日〜一二日）、その後も「下瀬医院」を妻と訪ねて妻が「腎臓病」の診断をうけたり（五月二六日）、あるいは汪の姪が赤痢にかかり往診をうける（八月一九日。治療の甲斐なく八月二二日に亡くなる）など、おそらく汪は通訳も兼ねていたのであろうが、家族・親戚の治療を下瀬に依頼している。これは先にふれた下瀬の報告「在清各国公使館附医官ノ事業一般」（一九〇八年四月）にある、「清国王侯大臣以下大小官憲等ノ需ニ応ジ診療ニ従事」していたことをうらづけるものである。一九一一年後半以降は、汪の憲法草案の件だけではなく武昌蜂起からはじまる辛亥革命の記述が当然あらわれるなど、興味ぶかい日記となっているのだが、文字改革について下瀬と論じあった、という日々は復刻された日記よりも少し前のことだったのかもしれない。ただ、「下瀬医院」で下瀬と中国語の発音および学習方法について議論した、という記述が残されている（一九一〇年六月六日）。

ともあれ、下瀬は前節でふれたように公職を退くまで公的な発言は控えていたのだが、逆に一九二八年以降になると、この問題について矢継ぎばやに紹介をはじめていく。

以下に発表順のリストをかかげる。

○「Atarasii Sina no Kokuzi, Rômazi no Mondai」（新しい支那の国字、ローマ字の問題）『Rômazi Sekai』一八巻一二号、一九二八年一二月

○「支那ノ国字問題」『カナノヒカリ』八八号、一九二九年四月（前掲の要約に近い）

○「同仁会の漢文医学雑誌のことから――日本、支那の漢字、片仮名問題と医学用語、文体等のこと」『中外医事新報』一一四八～一一五〇号、一九二九年六月～八月

○「同仁会医学雑誌を読む（一）（二）」『同仁』三巻一〇号、一一号、一九二九年一〇月、一一月（前掲と同文）

○「中国の簡体字並に国語運動一般　附同仁会の漢字刊行物との関係」『同仁』一〇巻一号、一九三六年一月

○「支那に於ける国語国字運動」『学士会月報』五七四号、一九三六年一月

○「支那ニオケル国語国字ノ運動」『カナノヒカリ』一七〇号、一九三六年二月

○「支那ニオケル漢字ラテン化運動トソノ運動発生ノ源地」『学士会月報』五七八号、一九三六年五月
○「漢字廃止を国論とする支那」『日本医事新報』七二二号、一九三六年七月一一日
○『支那語のローマ字化をめぐって――民国政府国字国語運動のあらまし』（国字問題研究叢書第二）日本のローマ字社、一九三六年七月
○「漢字論について今日の支那をながめる」『国語教育』二一巻八号、一九三六年八月
○「支那に於ける国字改良運動」『日本評論』一一巻八号、一九三六年八月
○「日満支ノ同文ワドコエ行ク」『カナノヒカリ』一八〇号、一九三六年一一月
○「何仲英氏漢字改革の歴史観」『国語教育』二二巻二号、一九三七年二月
○「国語羅馬字を語る」『中国文学月報』二四号、一九三七年二月
○「支那に起つている文字革命の話」『国語の愛護』八号、一九三七年五月
○「支那に於ける国語国字運動の其後――黎氏の簡体字論から」『学士会月報』五九〇号、一九三七年五月
○「雑誌「国語週刊」ニ黎錦熙氏ガ カイタ 注音符号ノ ハナシ」『カナノヒカリ』一八七号、一九三七年六月
○「支那国語国字運動ノ側面観」『国語運動』一巻一号、一九三七年八月
○「漢字 抗日、カナ 親日」『カナノヒカリ』一九三号、一九三七年一一月
○「支那語ハ　カナデ　書ケルカ」『国語教育誌』三巻二号、一九四〇年二月

○「満洲国語ノカナガキ案2ツヲ前ニ」『カナノヒカリ』二二四号、一九四〇年四月
○「漢字・カナの問題と支那・満洲」『日本医事新報』九四一号、一九四〇年九月二一日

これ以外にも別の論考のなかでこの問題に言及しているものも多く、下瀬の中心的関心のひとつであったことは明確である。

右記リストをみると、一九二九年から一九三六年までとくに発表したものはないが、一九三六年一月から急速に増加している。これは、下瀬によれば、中華民国教育部から資料交換の目的でカナモジカイに寄贈された資料を大量に参照することができたためであるという。さらにラテン化新文字関連の資料などの提供を日本人、中国人から個人的にうけることもできたとしている[56]。ちなみに中華民国教育部からの資料交換の目的でおくられてきた資料の写真は、カナモジカイ機関誌『カナノヒカリ』一六八号（一九三五年一二月）の扉を飾っている。中華民国教育部という国家機関と、カナモジカイという民間団体がどのような経緯で連絡をもつようになったのかは不明であるが、国語簡易化をめざした文部省国語審議会は一九三四年に官制公布されており、カナモジカイもその重要な一角を担っており、一定程度の影響力をもつまでに成長していた[57]。その意味では、資料交換先としては妥当であったともいえる。

たしかに、一九二八年から一九二九年にかけて発表されたものは、読音統一会の設置（一九一三年）、「注音字母」の制定（一九一八年）、国語統一籌備会による「国語ローマ字」の制定（一九二六年）の紹介が中心であり、談話の記録であるからか、参考資料がきちんと示されたものではなかった。なお、本

章末に参考資料として、リスト冒頭の「Atarasii Sina no Kokuzi, Rômazi no Mondai」（一九二八年一二月）を漢字かなまじり文に変換したものを掲載した。

5–2　遅れる日本での紹介

中華民国で一九一三年に読音統一会が開催されたが、この時期にこの問題に関して日本語で読めるものはほぼなかった。

前章でとりあげた斎藤秀一編集の『支那語ローマ字化の理論』に付された斎藤と平岡伴一作成「日本語で発表された支那の国語・国字運動に関する文献の目録」でとりあげられた文献のなかでももっとももはやいものが、奥中孝三「Shinago no Rômaji-tsuzuri」（支那語のローマ字綴り）『RÔMAJI』二三巻八号（一九二八年八月）であった。下瀬のこの問題に関する最初の論考（リスト冒頭）はこの四ヶ月後の発表となる。ヘボン式ローマ字を採用するローマ字ひろめ会（『RÔMAJI』）、日本式ローマ字を採用する日本のローマ字社（『Rômazi Sekai』）と刊行母体は異なるが、ともにローマ字運動のための雑誌に、ほぼ同時期に紹介されたことは、表記問題への関心の高さを示すものといえるが、多くの読者を得るような媒体ではない。奥中孝三のこの文章は、下瀬のものよりは詳しいものの概説の域を出ていない。ただ、奥中はこの五年後『教育研究』（初等教育研究会編）に「支那に於ける国語国字改良略史」（四一一号、四一四号、一九三三年一二月、一九三四年二月）を連載している。こちらは関連年表や中国語の資料、論文も紹介されている。

ともあれ、一九二〇年代において日本語で読めるものといえば、例外的に、上海にあった東亜同文書院教授の清水董三（一八九三年〜一九七〇年）があらわした「支那の国語統一問題」（東亜同文書院研究部、一九二二年二月）、おなじく「支那に於ける国語統一問題」（『上海公論』一九二二年一月、のちに『新支那の断面』禹城学会〔東亜同文書院内〕、一九二九年におさめる）があげられる。ただこれらは日本国内で多く流通する媒体ではなく、本章冒頭の田中館の発言は妥当なものといえるだろう。そして、これらは「国語ローマ字」公布以前のものではあるが、清水は東亜同文書院卒業生で母校の中国語担当教授をしていたこともあり、中国語の資料を読んだうえでの論考であった（清水はのちに外交官となり中華民国北京大使館に勤務、一九五五年には中華民国公使をつとめる）。

とりわけ後者は一般向け雑誌掲載ではあるものの、みだしは「労乃宣氏の簡字採用建議／注音字母の制定／国語統一籌備会の設置／国語教育の実施／北京音を標準とす／国語統一問題の背景」となっており、簡にして要を得たものとなっている。さらにいえば、中国語学の専門家による紹介は、魚返善雄編『支那語読本』日本評論社（一九三八年）、倉石武四郎『支那語教育の理論と実際』（岩波書店、一九四一年）などまで待たなければならなかった。

そうしたなかで注目したいのは、下瀬の論じ方が、日本に向けての紹介であるからか、たとえば「コウシタ〔胡適などの〕支那ノ文芸革命論ワ 日本ノ言文一致論ノ勃興カラ 強イ刺激ヲ ウケテ イルト思ワレル。同時ニ、国音字母制定ノ問題モ日本ノ カナモジ 及ビ其他ノ国字改良論ノ 影響ヲ受ケテイルモノト思イマス」[58]としているように、日本からの影響に注目している点である。下瀬の論じている内容は、そのタイトルにもかかわらず、文学革命などといった言語あるいは言語表現としての中国語について論じる視点よりも、表記文字をどのようにしていくか、つまり日本でいうところの国語問題よりも国字問題により注目していた。そのことはたとえば、日本の漢字廃止論あるいは制限論を論じるときの参照項としてとりあげている傾向がつよい点からもうかがえる。たとえば、日本眼科学会で一九二八年におこなわれた「国字ニ関スル眼科学的研究」の諸議論へのコメントのなかでこれらの議論においては「支那民国の現在並に将来の漢字問題に論及したる者は無かつたやうだ」と指摘し、読音統一会や注音字母などへの簡単な言及をおこなっている（右記リストには入れていない）[59]。くりかえし指摘するが、中国での動向が日本の漢字論のあり方のひとつの参照軸になる、という観点を提示しているのである。

ちなみに、清水董三の「支那の国語統一問題」は日本では広く手にとられるものではなかったが、この内容をほぼそのまま踏襲した（というよりも典拠を示していないので盗作に近い）ものが、渡辺末吉「革命前後に於ける支那の国語・国字問題」（『国語教育』一八巻六号、一九三三年六月）である（革命とは辛亥革命）。清水の論考とほぼおなじなので、資料によって読音統一会や国語統一籌備会の設置が示されたものとなっており、皮肉なことに下瀬のものよりも資料的な充実感はある。これは発表媒体が『国語教育』という日本の国語教育関係者むけの月刊誌（国語学者・保科孝一主宰）であったので、どのくらい印象に残ったかはともかく、中華民国の言語問題が広く人目にふれるひとつの契機となったとはいえるだろう。

東亜同文書院関連の日本語文献には、中国の言語問題は頻繁ではないが、登場する。この清水董三のものがその嚆矢といえるが、奥中孝三が「支那に於ける文字革命及国語統一に関する論文索引抄」で唯一紹介する日本語文献は、影山巍「支那の国語統一問題」（『支那研究』二七号、一九三一年二月）であった[60]が、この『支那研究』は東亜同文書院支那研究部発行の雑誌であり、著者の影山巍は同校教授であった。清水董三のものより一〇年近く経っているがその間の推移ももりこまれ、かつ全体的に詳細な記述である。もう一点が、鈴木擇郎によるラテン化新文字の紹介である。鈴木は東亜同文書院教授で、同院刊行の『華語月刊』に「拉丁化中国新文字(一~三)」(八五~八七号、一九四〇年四月~六月)、「拉丁化新文字か注音符号か」(八八号、一九四〇年七月、『申報』からの翻訳)を掲載したことは前章でふれた通りである。

下瀬がこのテーマで論じたもののなかでおそらく一番人目にふれたのは、掲載媒体を考えると、『日本評論』に掲載された「支那に於ける国字改良運動」であろう(一九三六年八月号)。そのほかの掲載媒体は、それぞれ特定の分野(たとえば『同仁』は同仁会発行で医療関係者むけ)や読者(たとえば『学士会月報』は学士会会員むけ、など)に特化しているものであり、社会科学一般をあつかい、小説も連載していた『日本評論』への掲載は、普段この問題に関心のない読者の注意をひくことになった。

直接的には、哲学者で当時法政大学教授であった谷川徹三(一八九五年~一九八九年)が下瀬のこの文章を読み、『東京朝日新聞』(一九三六年七月二六日朝刊、九面)の「文芸時評(1)支那に於ける国字改良運動」としてその内容を紹介している。「支那に於ける国字改良運動の沿革が相当古いことを私は最近初めて知つたくらゐこの問題についてはうとい」と素直に認めている。こうした意識があったためであろうか、台湾出身で上海の復旦大学を卒業し、法政大学で教えていた陳文彬が谷川のもとを訪ねて「中国の新文字」について話がおよんだときに、谷川は雑誌『思想』にこの問題について書くようにすすめたという。しかし陳は論文ではなく、童振華『中国文字的演変』(生活書店、一九三七年)を翻訳し、中央公論社から『中華の国字問題』として刊行した(一九四一年)。漢字の歴史をふまえ、最後の二章で漢字改革派の主張、注音符号、国語ローマ字、ラテン化新文字の簡単な紹介がなされている〔61〕。下瀬の一文が、めぐりめぐって日本語で読める文献がふえることにつながった、ともいえる。ちなみに、一九三七年以降の動きをくわえた改訂版が一九四七年におなじ生活書店から童振華の本名、曹伯韓の名で刊行されている。

―5-3― 集大成としての『支那語のローマ字化をめぐって』

ともあれ、このテーマにかぎらず下瀬が書いたものは大量にあるが、一冊にまとまったものは『支那語のローマ字化をめぐって』のみといってよい。これは前章でふれたような一九三〇年代からのラテン化新文字運動にも、そして斎藤秀一の書いたものにも「附録」という形で言及しつつ、参考文献も豊富に示しており、よくまとまったものである。

目次を列挙すると「概説／略字〔簡体字〕の強制／仮名〔注音符号〕の強制／ルビ付活字〔注音漢字〕の強制／漢字制限の実況／識字教育の運動／支那に漢字廃止が行はれるか／支那に仮名文字時代が実現するか／支那にローマ字時代が来るか」が本文であり、「附録」は「漢字拉丁化の運動／世論の一斑／文献の一部」となっている。これは副題の一部に「略字とルビ付漢字の強制を前に」とあるように、中華民国教育部が簡体字と注音符号付活字の使用を小学校教育や新聞雑誌にまで使用させようとしていたことをふまえている〔現実には実行まではいたらなかったようである〕。この『支那語のローマ字化をめぐって』の要約版が先の『日本評論』の内容となる。

下瀬の見通しは以下のようになる。

何れにしても、簡体字、注音漢字の強制せらる今年以後、注音符号専用時代に入ることは前章に記載せる通りであるが、斯様に展開し来つたその後に来るものが、斯くまで完全に準備の整ひたるローマ字時代でないと、誰が断言し得るであらうか。[62]

このように、国語ローマ字への移行がなされるであろう、と述べる。この点、斎藤秀一によって「筆者がたゞ主観的にさう思ふだけで、政府にさういふ意思があるといふ動かせない証拠は何も挙がつてゐない」[63]と批判される。前章でみたように、斎藤自身、漢字が制限・廃止にむかうこと自体は歓迎するはずなのだが、「それだからと云つて、支那の政府があくまで人民の利益を計つてゐるやうに早合点するわけにも行くまい。封建的な支那を資本主義的な支那に発展させる為には、人民に資本主義的な産業に参加し得るだけの知識を持たせなければならないから、その限りで政府は国語・国字の合理化を企てる。しかし人民が今の社会組織の批判者たり得る程賢くなることは望ましくない」と、政府の意図を解釈する。だからラテン化新文字を圧迫するのだ、と。そして下瀬のこの論考を「彼の国の政府の国字運動を全体的に窺ふには便利なものと云へよう」（傍線原文）[64]と皮肉まじりに紹介するのであった。何のために漢字を廃止するのか、という解釈の相違が明瞭にあらわれているともいえる。

下瀬が中華民国政府寄りの立場にあることは確かであるから、中華民国政府が警戒するラテン化新文字について、これが「各地方言のローマ字化を主張することであり、綴方に四声を取入れぬ点」が国語ローマ字とことなるということを指摘したうえで「要は政府の方針として、標準音を定めて、全国に国音統一を強制せんとすることに全面的反対を標榜するものであり、現在之を支持するものは、学生、青年、其他蒋政権に反対する者であり、尚ほ背後にソビエットの手が伸びてゐることも否めない事実である」という判断を下している[65]。斎藤秀一はこうした判断をきびしく批判するほかはないだろう。

その後は、先のリストをみると、言語学者で国語ローマ字制定に関わった黎錦熙（一八九〇年〜一九七八年）の文章を紹介した「支那に於ける国語国字運動の其後――黎氏の簡体字論から」『学士会月報』（五九〇号、一九三七年五月）、「雑誌「国語週刊」ニ黎錦熙氏ガカイタ注音符号ノハナシ」『カナノヒカリ』（一八七号、一九三七年六月）が目立つところであろう。なお、黎の著作は『支那語のローマ字化をめぐって』の参考文献には、『国語学講義』（一九一九年）、『新著国語文法』（一九二四年）、『国語運動史綱』（一九三四年）、『建設的〝大衆語〟文学』（一九三六年、以上すべて商務印書館刊行）などがかかげられている。黎らが創刊した雑誌『国語週刊』を下瀬も参照しており、重要な人物として認識していたことがわかる。

中華民国政府の政策を肯定的に祖述している下瀬であったが、日中戦争以降日本との関係が悪化していくと、それにあわせるかのようにその主張にも変化がみられるようになる。以下この点を確認していくことにしたい。

―5-4― 「満語カナ」への反応――日中戦争後の論調の変化

最後に、前掲リストの最後の四本を中心に考える。これらは「満洲国」の中国語をカタカナで書きあらわそうとする動きを論じたものなのだが、一九三七年七月にはじまる日中戦争が下瀬の論調にあたえた微妙な変化をここからよみとることができる。次に述べる医学用語の問題だけでなく、中国語の表記文字問題に関しても同様であった。

こうした変化は正確にいえば日中戦争という契機よりも前、「満洲国」でカタカナによる中国語表記について研究がなされている、という話をきいたころにさかのぼるといってよいかもしれない。「満洲国」で話される中国語をカタカナで表記しようという動きは、一九三四年七月に「満洲国」大同学院教授・曽恪が発表した『満洲国語音標全表』にはじまるといってよい。曽は京都帝国大学法学部を卒業しているが[66]、一九三六年四月に大同学院修学旅行引率の際に大阪のカナモジカイを訪問、カナモジカイ有志と国字改良問題について論じあった。のちにふれるが、「満洲国」政府はこれを政策化していくのだが、その背景にはカナモジカイの河野巽が代弁するかのように、「当時 上海ニワ 抗日政府ガ アッテ サカンニ 反日抗日ヲ センデン シテ イタ オリデモ アリ、注音符号ワ 政策的ニモ 採用ワ コノマシク ナカッタ」[67]という点があったと思われる。

ともあれ、曽恪の『満洲国語音標全表』を紹介した『カナ ノ ヒカリ』では、サ行に半濁点をつけたカナをくわえるなどの工夫もあり、日本人がこれをならえば中国語の発音がはやくおぼえられること、漢字識字率がひくい「満洲国」(そして中華民国)にあって、漢字をまなばずに中国語の表記ができるという利点が強調されている[68]。この記事の四ヶ月後の『カナ ノ ヒカリ』で下瀬は、「キバツナ意見」と早速反応する。「コレニ ヨッテ 日満ノ 間ワ カナニ ヨル 同文、満支ノ 間ワ 注音符号ニ ヨル 同文ガ 成立ツ」とするのだが、中国語がカタカナで書かれるからといって「満洲国ノ 言葉ガ 日

本人ニ通ズル コトデワ ナク、仮リニ 日本ガ 注音符号ノ 教育ヲ 奨励シタトシテモ、ソレデ 支那語ガ ワカル ヨウニ ナルノデワ ナイ」と当然の意見を述べたあとで、「ソレナラバ 満洲国語〔支那語〕ノ カナ表記ワ ナンノ ヤク ニモ タタヌ カト ユウニ アチラノ 人々ガ 日本語ヲ 学ビ、ワレワレガ 満洲国語ヲ マナブ手続ノ 非常ニ 軽便ニ ナルト ユウ 一点カラ デモ、ワレワレワ 大イニ コノ運動ヲ タスケテ 行カネバ ナルマイト 考エマス」と、カナモジ化がそれぞれの言語学習の手がかりになるとし、「両国関係ノ 親密ワ 永久ニ 固ク 保タレル モノト 思ウ コトガ デキマス」〔69〕と「満語カナ」の効果をたかく評価する。下瀬のこのときのみたてでは、「〔中華民国〕政府ノ 理想案ワ 支那語ノ 音標化 デアリ、少クトモ 10年20年ノ ノチニワ 注音符号ノ 時代ヲ 出現スル テハズニ ナッテ オル ノデ アリマス」〔70〕というものであったから、日本と中華民国で脱漢字化がなされたとしても、「同文」にはなりえない。その可能性があるのは、日本と「満洲国」なのだ、ということである。

日中戦争がはじまると、下瀬は一九三七年一一月に「漢字 抗日、カナ 親日」という一文を発表する。なかなか論旨がとりにくいのであるが、ここでは「満語カナ」にはふれず、「満支」は注音符号で「同文」になる、という予測が示され、日本側の根拠ない漢字による「同文」の幻想が指摘される。そして、「今次 事変ノ 結果トシテ 暴戻軍閥ノ 撃退ヲ オワッタ アトニ 来ル モノワ 目下 北支ノ 大部分ニ ミル ゴトキ 治安維持会ノ 成立デ アリ、ヤガテワ ソコニ 親日ヲ 基調トスル 新政権ノ 建設ヲ ミル ノデ アロウ」として、「親日政権」下での日本語学習熱に期待する。その際に「日本語ナル モノガ 漢字ニ 依存シテ ハジメテ 学ビウル 言葉ダト ミラレテワ、ソレワ 根本的ノ 誤解デアル。漢字ワ ムシロ 日本語ノ 学習ヲ 複雑 有害ナラシメル モノト ミタ ホウガ 本当デ アリ、漢字ト 縁ヲ 切リテコソ、ソコニ ハジメテ 日本語ノ マコトノ 姿ヲ ミル コトガ デキル ノデアル」と、漢字があっては日本語学習熱がそがれると主張する。そういう意味で「漢字抗日」となり、「カナ親日」ということになるのだろう[71]。

「満語カナ」について下瀬が次にふれるのは、一九四〇年二月の文章である。少し長いが引用する。

注音符号ノ数ハ僅カニ四十字ニ過ギナイニ拘ハラズ、複雑ナル支那音ヲ精密ニ表記シ得ルトイフ訳ハ、即チコノ切音式綴方〔声母（頭子音）と韻母で文字をわける方式〕ニ依ルカラデアリ、民国政府ニ於テハ之ヲ完全ナルモノトシテ既ニ制定発表シタノデアルガ、同ジ支那語ヲ国語トスル満洲国ノ意見ハ、必シモ民国政府ト一致シタモノデハナカツタ。新興満洲国政府モ亦国語音標化ノ問題ヲ重視シテ、当初カラ盛ンニ講究ヲ進メ、一時ハ民国政府ニ倣ヒ、注音符号採用ニ傾イタノデアツタガ、時ノ〔「満洲国」〕総理鄭孝胥氏ノ強キ反対意見ニヨリ、中止トナツタ。其後協和会〔「満洲国」の国民教化のための団体〕企画部ハ新タニ研究ヲ起シ、尚又大同学院教授法学士曽恪君ノ独自ノ研究モ出テコノ両者ハ期セズシテカナ文字表記ノ案ニ一致シタノデアツタ。[72]

として、「満洲国」民生部（教育行政をあつかう）の国語調査委員会が発表した、松川平八が中心となってまとめた『東亜カナ一覧表』と、曽恪が先の『満洲国語音標全表』（一九三四年）を改定した『仮名切音満華語』とを紹介していく（ともに一九三九年六月発表）。ともに、声母、韻母にそれぞれカナをあてるので（つまり、たとえば「バ」を子音の「b」にあてる）、下瀬は「カナノ音節文字タル本質ヲ犠牲トシテ、之ヲ切音式ニ用ヒヨウトスル点」を問題とし、さらに「新タニ考案サレタ符号ノ選択、四声表記法ノ適否等ニ関シ、私ニモ多少ノ意見ハアル」とするものの、「支那語ハカナヲ以テ完全ニ表記シ得ルコトノ確実ナル根拠ヲ得タトイフコトハ、両国ノタメ何トモ喜バシイ限リト申サネバナラヌ。〔……〕日満支ノ将来ニ係ハル意義ノ深サ、大イサニ至ツテハ殆ンド想像ニ余リアル次第デアル」とほとんど手ばなしで喜ぶ。そして「日満支三国文化ノ将来ニ関スル重大問題デアルカラ、先決事項ハ先ヅ三国ヲ代表スル斯道権威者ヲ招集スルコトデアリ、ソレ等ヲシテ慎重審議ヲ重ネシメ、万代ニ悔ヲ遺サヌヤウナ適正且ツ無謬ノ東亜カナ制定ニ当ラシメルコトガ、当面ノ対策ダラウト考ヘル」とこの文章を閉じる[73]。

おなじ一九四〇年だが九月に発表されたものになると、楽観的な表現がみえる。

〔……〕カナの使命は更に他民族国語のカナ表記までに進展しようとする形勢に在るのだよ。これは言ふまでもなく将来極めて重大なる意義を持つて来るのだ。

現に画策されてゐるのは、満洲国民生部における「国語カナ表記法」の制定のことだ。満洲の国語は支那語で漢字から成立つものなのだが、漢字教育の困難を見越して、一躍カナモジ本位の国語にしやうとするのだ。支那語がカナで書ける事は、支那満洲一流識者の立証済み試験済みになつて居り、今は満洲国政府案の発布を待つばかりとなつてゐるのさ。〔……〕君、見給へ、満洲国のこの成功は直ちに移して支那大陸にも応用が出来るぢやないか。満支悉くが（無論蒙疆も含まれる）いや東亜が、全世界がカナの光を仰ぐ日も、さう遠い未来の夢物語ではあるまいよ。[74]

気楽な文章のつもりなのだろうが、やや妄想がつよくなっている感がある。一九四二年にも、医学用語をふくめた科学用語を和語・方言・俗語・古語などのなかから探していくべきだ、という主張をおこなったあとで、「カナノ優秀性、能率性ノウチ、コノ際ワトクニ、ソノ簡易ナ形体ニモノヲイワセナケレバ ナラヌ。簡易ナレバコソ モロモロノ 民族ノ アイダニ ハイリヤスイ 資格ヲ モツ」と述べ、以下のようにつづける。

カナ コソ マコトノ ニッポン文字デ アル。コレガ 大共栄圏ニ 共通スル 大東ア文字 デナケレバナラヌ。大東ア諸民族ノ 新生命ワ カナノ イブキニ ヨッテ フキコマレ、タチマチニシテ 文化100年ノ 飛躍ガ トゲラレル。[75]

まったく根拠のない主張である。かつて、中国語のラテン化新文字について、ソビエト・ロシアが「四境ノ他民族ニマデモ　怪腕ヲ伸バシテ　ソノ国語ノラテン化ニ誘イ、ヤガテ　ソレ等ノ諸民族ヲ　意ノママニ　引ズリ廻ワソウトスル御親切振リ」[76]などと下瀬は批判していたが、この「ソビエト・ロシア」を「大日本帝国」に、「ラテン化」を「カナモジ化」におきかえたことをみずから述べていることに気がついていただろうか。

それはともかく、カナで正確に中国語が表記できる、というように下瀬が確信していっている点に注意したい。

一九四二年でも、この表記案を、

> 満洲国政府が近く発表する手筈ですが、漢字に拠らずして仮名文字のみを将来公に使ふとすれば、余りに功を急ぎ過ぎると相当に反動が起るかも知れません。そこには適当に政治的なやり方を考へて徐ろにその時代を準備すべきだと思はれます。
>
> 今の問題は満蒙《ママ》語の音韻をどういふ風に表はすかといふ点で、いろいろな研究が進められ、今既に成案が出来てをるのであり、これで支那語（即満語）の音韻を正確にあらはすカナ表記法が定まつた訳であります……［77］

と、ここでも中国語の音韻を正確にあらわす表記法ができた、としている。「満語カナ」の制定過程については、かつてまとめたことがあるが［78］、一九四一年一〇月に「満洲国」での注音符号の使用を禁止する［79］などの地ならしをし、満洲国国語調査委員会は一九四三年に『「満語カナ」趣意書並に解説書』（別表として『満語カナ拼音表』を付す）を公表した。これらが「委員会の手を離れ、文教部（民生部から分かれる）に制定方を申請する運び」［80］となり、「満洲国」文教部により一九四四年二月一五日に公表された［81］。どの程度普及したのかは不明であるが、下瀬はこの公表の直後に世を去る。

『「満語カナ」趣意書並に解説書』によれば、

〔……〕漢字音の表記を主眼としたものであるから、決して、漢字廃止を企てるものではない。むしろ、これに依つて、漢字を習得しやすく、漢字に親しみ得ることを、主なる目的としてゐるのである。と同時に、他の一面に於て、文盲大衆や国民学校の低学年は、このカナだけを使用して、自分の思想を表はすことができるのである。〔82〕

とあり、これはあくまでも漢字の補助であるという位置づけとなっている。そしてまた四声の声調符号も使用することとなっている。これは下瀬がいったように「適当に政治的なやり方を考へ」た結果なのかはわからないが、それなりに精緻な分、おぼえやすいのかどうかは判断のわかれるところである。

6 医学用語統一への道

6-1 医学界・国語愛護同盟のうごき

東京医事雑誌協会が医学用語の訳語の統一を日本医学会に求めたのが、一九二六年の第七回日本医学会総会の場であったが、これは結局お流れになったという〔83〕。

その二年後、下瀬が言語問題について発言をはじめた一九二八年、先述のように「医文医語の過去及現在と国字国語の問題」と題する報告を陸軍軍医団総会でおこなったとされる。ただその内容は、一九三一年の本人の回想によれば、「指定された十分間ではとても陳べ尽せないと思ひ、其の頃初めて見ることを得た「カナ・タイプライタ」実演に就ての感想を述べて、纔《わず》かにお茶を濁した」ものだったという。『軍医団雑誌』に掲載された東京研究会総会（一九二八年一二月二七日）の報告題目に下瀬のものがないのはそのためかもしれない。その後は医学用語の問題が「大きい事、関係の広い事、責任の重い事に想到つて、実は最近に至り余程控へ目の態度を取るやうになり、何等か具体的の案が熟するまでは、当分此の問題に就ては黙して居ようと考へて居る」とつづける[84]。ちなみに、アメリカのアンダーウッド社で製造されたカナタイプライターが輸入されたのは一九二三年のことであった。

当分黙しているはずの下瀬であったが、一九三二年九月に国語愛護同盟（機関誌『国語の愛護』全八号、一九三五年四月〜一九三七年五月）が広い視野での国語改良をめざした団体として発足、毎月一回の研究会合を経て、翌年一〇月に法律部・医学部・教育部・経済部がもうけられると、医学部世話人（当初四人、一九三五年九月時点では一三人）となり第一回医学部会（一九三三年一一月二八日）から参加、第二回医学部会（一九三四年一月三〇日）では、「医学用語を選ぶ方針」全一九条を決定している[85]。

こうした流れを背景に下瀬は医学用語みなおしの提言をおこなうようになる。

中華民国の文字改革運動についての言及が一九三〇年代前半にほとんどみられないことを指摘したが、その空白の時期に、医学用語の統一問題に力を入れはじめていたとみることもできる。

『日本医事新報』が一九三四年二月に「日本医学確立の基礎　医学用語の整理統一問題」を特集したときも下瀬は寄稿し、「ラジオ時代」なので、耳できいてわかりやすい用語にすべきであり、それは決して通俗化ではないと主張している［86］。これと関連して、下瀬は「ラジオ言葉の問題」という文章のなかで、「文章を易しくするたゞ一つの方法は、使う漢字、漢語の程度を引下げることであり、漢字制限に従うなども同じ意味から効能のあることである、しかしそれを順おしに論じつめると結局漢字を使わなくするまで進まねば、この難問題は解決つくまいと考えるのである」［87］と述べており、漢字廃止を肯定的にとらえていたことがうかがえる。

そして、国語愛護同盟の機関誌『国語の愛護』に、下瀬は医学用語とからめて「外来語について（1）（2）」（七号、八号、一九三六年一一月、一九三七年五月）を掲載し、「外来語はどこまでも国内限りのもの国語として用うるもの、日本人の口にかない、耳に快く、国語とシックリ調和して、所謂バタ臭さを脱却するようにありたい」［88］として、「漢語の崇拝をやめること／外国語の崇拝をやめること／質のよい外来語のみを採入れること／和語をひいきにすること」を外来語採用の方針としたいと述べる［89］。なお『国語の愛護』八号には、下瀬は講演抄録「支那に起つている文字革命の話」も載せている（当初一九三六年二月二六日の教育部と経済部の連合例会で講演の予定であったが、当然延期となった）。この国語愛護同盟は、一九三〇年発足の国語協会（会長・近衛文麿）が一九三七年再発足する際に吸収されるが、一九三六年一二月に国語協会から合同の提議をうけたのが下瀬であったという［90］。

医学用語の簡易化・統一の動きが生じる背景を考えてみると、ひとつには一九二〇年代からのローマ字論、カナモジ論の流行がある。また、帝国大学出身者で構成される学士会の機関誌『学士会月報』でも一九二六年から国語国字問題がしきりに論じられるようになる。医学関係では、一九二八年四月の日本眼科学会で、「国字ニ関スル眼科学的研究」をテーマとした一七の講演がおこなわれている[91]。縦書き、横書きの優劣、活字の大きさ、形状の問題などを通じて、どのような文字の配列が教育をうける側（の眼球）にとって負担が少ないかを討議したものであった。縦読み、横読みの速度の測定など実験にもとづいた科学的な側面もあるが、なにか決定的な結論がでているわけではない。この日本眼科学会は盛会であったようで、参加した下瀬は発言する時間がなかったため、諸議論へのコメントを筆名・矢来里人で「国字論に対する一年半後の追想」を一一回にわたり『日本医事新報』に掲載している（三六八号〜三七八号、一九二九年八月〜一一月）。そのなかで「漢字制限、漢語整理に関してはまだ〳〵前途遼遠」であり「現状維持の外は無い」としながらも、将来のために「平素研究しあ」ることは不可欠である、と述べている[92]。下瀬の望む方向性を示すものであろう。日本眼科学会はこの大会のほかにも用語統制の提議や眼科学会内の標準語彙を協議などし、解剖学会や産婦人科学会もこの暫定的な用語統一案を出すようになったという[93]。

内閣資源局においても一九三〇年から各分野での用語の統一に着手し、ラジオ放送をはじめた日本放送協会も一九三四年に放送用語改善のための調査委員会を設置、同年には国語審議会が官制公布される。こうしたことを指摘し、下瀬は「物には勢といふものがある」、「転石はころがつて往くところまで往つて落着くのである。大勢は既に国語の上に働きかけた。医学用語も亦この大勢につれて、一日も早く改善の途に就き、統一の理想に到達せんことを万望して已まざるものである」[94]と一九三五年発表の文章で述べている。要するに日本語の整理統一の動きが全体として生じているのだから、医学界もそれにきちんと乗っていくべきだ、ということであり、こうしたことが「当分黙して居る」はずだった下瀬の背中を押したものとも考えられる。

そうした思いの一環として、「医学用語の統一は、謂はゞ医学にとりての生命線、五万医人の直接に痛痒を感じつゝある重要事実に一日を緩うしがたい緊急問題である」という一文を冒頭に付し、医学雑誌などにあらわれた医学用語に関するさまざまな議論を、矢来里人「医学用語に関する世上の声」『学士会月報』五五三号（一九三四年四月）としてまとめた。さらに同様に「言葉についての医界人の声」『学士会月報』五六四号（一九三五年一月）としてまとめる。

そして、雑誌『教育』の「漢字と教育」特輯号（一九三六年八月）に下瀬は「医学の言葉」を寄稿する。そこでは医学用語には書きあやまりやすいもの、みてもわからないもの、きいてわからないもの、同音異義のもの——要するに漢字語が多く、さらに外国語（とりわけドイツ語）も多用されているという現状を述べる。外来語を排斥はしないものの、表記は日本語式でよいし、和語もとりいれていくべきであると主張する。日本医学会では各分科会、また医学教育機関、専門雑誌などでも用語の改善、整理統一のうごきがあることを指摘し、以下のように記す。

> 中にも眼科学会、解剖学会、産婦人科学会は、各その科内の学術語彙の協定を終り、何れも小字書にまとめて会員の間に配布したのである。其他には近く成案を見るべき生理学会、生化学会、病理学会、耳鼻咽喉科学会があり、尚最近に至り、内科学会、細菌学会、精神神経科学会、皮膚花柳病学会、結核学会、循環器学会、整形外科学会、外科学会等においてもそれ〴〵用語協定委員の編成に着手したやうである。〔95〕

具体的な内容は紹介されていないが、「既に発表された各分科の語彙はすべて従前通りの漢語本意と見るべきものであるが、多数の要望は、漢字制限にあり、特に簡易化にあり、国語、中にも俗語までを採入れようとするにある。従つて遠き将来において国語本位の用語に統一される時代の現出は、今より期して待つべきものであらう」[96]と希望を述べていく。

6-2 日本医学会総会の決議とその後のうごき

こうしたうごきが学会レベルでまとまっていくのが、一九三八年の日本医学会総会の場であった。以下、一九四二年一二月の下瀬の講演「医学用語協定の現段階」(『軍医団雑誌』三五九号、一九四三年四月掲載)をもとに、日本医学会における用語問題の推移と、医学用語の統一のあり方についての下瀬の考え方をまとめておく。

一九三八年四月一日から五日間にわたり、京都で開催された第一〇回日本医学会総会の決議(「日本医学会は継続事項として医学用語調査委員会を設け、各学会協力の下に医学用語を調査し、その整理を行ふ」[97])によって、医学用語調査会委員会が成立した(委員長は木下正中東京帝国大学教授、一八六九年〜一九五二年。下瀬の義弟)。京都帝国大学で開催された総会は、ナチスドイツ陸軍軍医総監ケイファ中将ほか四名、「満洲国」大使ほか四名などが来賓として招待された。「ナチス敬礼をなしつゝドイツ代表以下来賓名残りの拍手に送られて」などは、いかにも時代を感じさせる[98]。

ともあれ、その後、四〇近い分科会において、漢語本位である医学用語の整理がおこなわれ、一九四〇年六月には用語整理委員会で座談会が開催され、医学界以外の分野における用語整理の実情をきき、用語整理委員会では各分科会の案の再検討をおこなったという。漢語中心ではあるものの、和語や俗語、「方言」が採用される傾向もみられ、「従来ノ行方トワ甚シイ相違ガ目立ツヨウニナッタ」と下瀬は一九四〇年に述べている〔99〕。

こうして、第一次用語として約一万語の協定案が四年後の一九四二年三月の第一一回日本医学会総会（東京帝国大学）において示された。この総会はさらに戦時色を増したもので、開会挨拶では「大東亜戦争の結果東亜の地域から完全に英米色を一層した、同時に吾々の医学も真に東亜民族に即した東亜医学でなければならぬ、東亜医学の建設に就ては東亜人の心からなる提携を必要とする」などといった具体性に乏しい言辞が弄され、その延長で「大東亜医学の確立には吾が日本が中枢たらざる可らず、其の為めに医学用語の統一と云ふことは必要である。第十回日本医学会の決議に基き医学述語《ママ》統一を完成して之を採用することゝした」と、医学用語の統一が位置づけられている〔100〕。

この第一次用語の協定案の一例として下瀬が掲げるのは、「蟲様突起」（旧字で示した）が解剖学会側のつよい主張にもかかわらず、臨床側の「蟲垂」が全国的に広まっているということで、こちらが採用されたものなどである。下瀬はさらに第二次用語以下の統一案が提示されていくであろうとしている〔101〕。一九四二年一二月、アジア太平洋戦争開戦一年後という時局も手伝ってか、「皇国医学が進出して大東亜共栄圏の建設に参加」し、かつ「これ等諸地方から我が国に迎へんとする留学生の教育」のためにも、「われ等の医学はどこまでも日本的、自主的のものでなくてはならず、例へば医育用語の如きも絶対に日本語本位たるべき」であるとする。したがって、ドイツ語の単語を日本語の助詞などでつなげて話す「てには（てにをは）ドイツ語」はかつて「医界人の強いアコガレを持つてゐた」

がこれは「国辱以外の何物でもない」とされる。さらに「医学上の著書、論文、医学雑誌の文字、文章は、大東亜共栄圏内の要求を考慮に入れて、将来如何なる心構へを要すべきや」も考慮しているという[102]。ちなみに、「てにはドイツ語」はすでに明治三〇年（一八九七年）前後から「極端に行はれた」が「ドイツ語全盛の余波を受けてをり、医界の元老、指導階級の人々がまだ〳〵それを黙認した」し、実際に文章にする際には普通の日本文に直されていたという[103]。

日本語で医学教育をおこない、研究成果も日本語で発表していく、ということがさかんに唱えられるようになったのは、第二次近衛文麿内閣に東京帝国大学医学部教授の生理学者・橋田邦彦（一八八二年〜一九四五年）が文部大臣に就任（在任：一九四〇年七月〜一九四三年四月）したことと無関係ではないだろう。橋田は、就任以前の第一次近衛文麿内閣のときに組織された諮問機関である教育審議会（一九三七年〜一九四一年）の答申のひとつである国民学校制度を施行（一九四一年四月）するなど「橋田文政」と称される一連の「教学刷新」をおこなった。これにあわせるかのように、日本医事新報社主催で「転換期に於ける「医育刷新問題」座談会」が計三回開催された（一九四〇年一一月六日、一二月四日、一九四一年二月八日）。大学医学部の教授を中心に一〇名前後が参加、下瀬も毎回参加していた。座談会の記録は『日本医事新報』に掲載されているが（第一回：九五六号、一九四一年一月四日、第二回：九六〇号、一九四一年一月二五日、第三回：九七一号、一九四一年四月一二日、九七四号、一九四一年五月三日）、論題が、「高専校及び大学に於ける外国語の取扱ひ方を語る（第一回）」、「医学教育の目標を何処におくべきか（第二回）」、「補習教育具体案、国家試験施行の可否、学位存廃論、自由主義時代と高度国防国家時代に於ける医育の根本的相違、国家はどんな医師を要求すべきか、大学・医専に於ける医育刷新具体案

（第三回）」となっており、戦時下の医学を考える際に重要な座談会と思われるが、第一回目の議論からは、医学教育における外国語教育の全廃を唱えるものがおり（元大阪癩療養所〔外島保養院〕長・村田正太）、研究成果は日本語で発表すべきであると主張するもの（東京慈恵医大教授・浦本政三郎）、必要な外国の研究成果は翻訳局をつくって翻訳をすればよい（村田）、外国語を必要としない日本の医学の存在を認めるべきだ（東京帝大助教授・緒方富雄）など、日本医学への自信がたかまっていたことがうかがえる。下瀬は司会に徹している感があるが、一九二九年にすでに日本の医学は東西医学（東洋医学と欧米の医学）を「同化」させたものだ、と絶賛する文章を残している[104]。

こうした姿勢は結局のところ、自らの位置をみえなくすることでもあった。こうしたうぬぼれと、アジア・太平洋戦争中の捕虜への生体実験がまったく別の土壌でなされたことだとは思えない。関東軍七三一部隊の軍医、そしてそこに人材を供給した大学医学部の責任の所在を追究した常石敬一はこう述べる。

> 国内的な仲間うちの視野しか持っていない学界の科学者は、どんな姿勢で論文を書くだろうか。国際的に通用する論文を書こうとするだろうか。普遍的価値、新しい知見を世界の研究者と共有しさらに発展させるような論文を、あくせくして書こうとするだろうか。〔……〕こうした状況では、科学者が学問的成果を社会的人類的財産と考えずに、個人的達成であり、個人の所有物のように錯覚しても不思議ではない。[105]

ともあれ、こうした日本医学への自信にともない、日本語で医学を教育することが「自主的」とみなされるようになったとしても、それではどのような日本語の医学用語で教育するのか、が次の問題となる。そこで用語統一の必要性がさらに叫ばれることになるのだが、用語調査委員会では、「医学用語となつた外来語」は「完全に国語化されたもの」に最小限にとどめるべく努力し、必ずしもドイツ語式にこだわることもしなかった。下瀬によれば「原語の発音に忠実ならんとする一派の論者」もいたものの、「委員会の表記法は相当思ひきつたものであり、ここにも終始自主的の態度があらはれてゐた」とする。たとえば、Vitamin には「ヴィタミン」「ヰタミン」「ヴァイタミン」などとあったものを「ビタミン」に、Vactin には「ヴァクチン」「ヴクチン」などとあったものを「ワクチン」に定め、語尾にある ia は「ヤ」ではなく「ア」に統一（「マラリア」「ジフテリア」など）している。

また、医学用語は漢字語に翻訳されてきた歴史もあるのだが、委員会では「直訳主義、原語第一主義を排して出来るだけ自主的造語法に意を用ふること」にしたというが、具体的例示はされていない[106]。ただ、おなじ漢字でも音が複数あるものもあり、慣用読みもあるが、なるべくふりがなをつけるようにする一方、「漢字、漢語に対する現代人の知識、即ち漢語力の低下」にも対応できねばならない、という立場から用語簡易化がはかられた。

ただ、学問の権威を守るために簡易化は不要だという意見もねづよい。下瀬はいう。

> 昔しから学問といふものは、どこまでも平凡や、通俗であつてはならぬ、用語、文章の如きは寧ろ難解、難読で大衆などに分らぬほどその学問の高さ、深さ、貴さが認識されるといふ風

であつた。

　岡本一抱が医学知識を普及せしめたい一念から、漢方古典たる素問、霊枢などを通俗文に書き直し、所謂諺解を出すことを企てた当時、その兄近松門左衛門が、『医書が難解であればこそ、医学の品位が貴とく、医師も世の中に重んぜられるのだ、諺解などの企ては学者にとり全く無用の沙汰ではないか』と甚だしく之を面責したため弟一抱の諺解は半成のまゝに阻止されてしまつた。[107]

と、近松門左衛門（一六五三年〜一七二五年）の実弟の医師・岡本一抱（一六五四年〜一七一六年）が漢文で書かれた医学書を仮名まじり文にして医学知識を広めようとしていたのを、近松が医者と学問の権威を守るために道なかばでやめさせた、という話を紹介し[108]、こうした意識が継続していることを指摘しつつも、頓挫したものの岡本一抱の精神こそが「今次の事変並に大東亜戦以来、科学普及の強調される今日、用語簡易化の必要が独り医界のみの叫びでないことを見ても、勢の趨くところは大凡想像されるであらう」とし、重点が漢字・漢語の問題、とくに委員会の議論では同音異字への変更が目立つとする。たとえば、「薦骨」を「仙骨」、「繃帯」を「包帯」にといった具合である[109]。また、訓読語彙が増えたことも指摘する。（一）訓読（「耳鳴」「鼻血」「鳩胸」など）、（二）漢語を主とし和語も可とするもの（「鼾声・イビキ」「褥瘡・トコズレ」「感冒・カゼヒキ」など）、（三）その逆（「カタヨリ・偏向」「アクビ・欠伸」「スリキズ・擦創」など）、（四）カナだけの語彙にしたもの（「マバタキ」「ハギシリ」「コムラガヘリ」など）に分類する。

このように紹介してきた下瀬は、医学用語を豊富にするには「今まで棄てゝ顧みなかつた、古語、雅語、俗語方言、その上擬声語の如きをも厭はずもつと〳〵掘り出し、撰み出して医学用語とすること」の必要性がでてきた、と述べる。そこでさらに森鴎外の『心頭語』から、「国語改良の法は唯だ一あるのみ。そは我国古今の詞もて表現せらるべき意義をば、必ずこれに由りて表現し、濫りに漢語洋語などを借り来らざること即ち是れなり。〔……〕古き好き詞の再び世に出でたるは、〔……〕現社会に流通することを得べきこと、金銀等に同じからん。この志を達せんと欲せば又、市井閭巷の俚言を棄てず、捞《さぐ》り出し揀《え》り来りて、文章に入るべからしめ詩句に上すべからしめざるべからず」（引用は『鴎外全集　第二五巻』（岩波書店、一九七三年、一三九頁）による。初出は『二六新報』一九〇〇年二月一九日）、さらに「今の仮名をそへものたる地位より救ひ出して、米を貴むと同じからしめよ。国字改良を行ふに堪へたるものは此一途あるのみ」（引用は、同前、一三九―一四〇頁、初出は『二六新報』一九〇〇年二月二〇日）を引用し、この考え方は医学用語の選定にも共通するものであり、実生活に即した用語にすべきなのに、近松門左衛門のような「日常の言葉で十分に表現し得るものを、ワザ〳〵難かしく言ひ替へ」て「医学（用語）をことさらに国民の実生活から引離すかと思はしめるものが多いのではないか」と苦言を呈している〔11〕。

医学用語の統一および簡易化は、科学的でありつつも、簡易な漢字をもちい、和語を活用、実生活に即したことばとしていくべきである、という下瀬の考え方をくみとることができる。

6-3　敗戦による断絶

さて、「皇国医学」により「大東亜共栄圏」建設に貢献するために医学用語の統一と簡易化がめざされたものの、敗戦によりこの事業は中断を余儀なくされた。

その後、簡易化への意思がどの程度継続したのかは、医学史家の研究領分になるかとは思うが、この時期ほどつよくはなかったのではないだろうか。たとえば、二〇〇八年にあらわされた「医学用語の標準化をめざして」という文章では、「医学用語の問題が医学界でとりあげられたのは、大変古く一九四〇年の第一一回日本医学会総会のときであった。このとき長与又郎会頭の提唱によって医学用語整理委員会が発足し、一九四三年一月に第一次医学用語集の一部がまとまり印刷公表されたが、第二次世界大戦のためにこの仕事は継続不可能となり中絶された」とまとめられ、一九五二年にあらたに日本医学会医学用語委員会が組織され、一九九一年四月に『医学用語辞典　英和』の初版が完成したとしている[112]。

一九四〇年が「大変古い」という時間感覚はともかくとして、戦前の用語集がどのように活かされたのか判然としないが、とくに戦前に関して微妙に正確でないこの記述（第一一回日本医学会総会は一九四二年であるし、医学用語整理委員会が発足したのは第一〇回、一九三八年である）そのものが、戦前との断絶を示しているように思われる。「皇国医学」「東亜医学」の功罪は医学史のなかでこそ冷静に論じられるべきではないだろうか。

この点とむりやり関係をつける必要はないのかもしれないが、こうした議論の欠如によって、たとえば近年になって外国人介護士、看護師の受けいれといった課題に直面するようになるまで、医学用語のむずかしさ――いいかえれば、近松門左衛門的な考え方をよしとする心性――に焦点があたることがないような構図ができあがってしまったのではないだろうか。

医学用語の統一問題に関連する下瀬ならではの視点は、中国の医学用語とからめて論じていることである。下瀬は、一九二八年の講演で以下のように述べている。

―6‐4― 日中医学用語統一論

さもあれ漢字共通丈明々白々の事実であります。それ丈の同文を基礎として日支共通の医学用語を制定する可否は、多少論議されたことがあつたと記憶いたします。少くも私は今より二十年程前同仁会幹部の為に、医学用語共通の必要を述べたことがあり、其時の聴き手側からは、日支の医学的提携、延いては、又日支親善の良案として相当迎へられたことも記へて居ります。[113]

中国赴任時にこういったことを考えたのであろう、さらに「用語共通の速進を望むならば、日支両国の間に委員を選任し、其方針に向て協定を進め、実績を挙ぐることは、さして難事ではありますまい」とはするものの、用語を漢語として同じにしても、発音がことなってくるのであるから、それはどの程度意味があるのか、と考えを訂正していく[114]。そのうえで日本と中国の漢字制限・廃止運動へ筆をすすめていくのであるが、少し時代をくだって、一九三七年一月の文章では、中華民国における医学用語統一の動きをおっている。当然日本と歩調をあわせたものではないので、特に同文の国柄として日華医学用語の共通を企てよとの声も聞えてはをるが、同文とは只視覚上のことのみであつて、聴覚上では互に『チンプンカン』の不利不便があり、更に民国政府最近二十年来の国語改革運動の状勢を見ては、今遽《にわ》かにこの目的に向て勢力を傾倒することは疑問であらう。[115]

と、日本と中国での医学用語の共通化にはあきらかに否定的であった。さらに一九三七年六月の文章でこの点をみてみよう。下瀬はこう述べる。

日支両国の医学用語を共通にするといふ意見には、之によつて日支親善に資せんとする付帯的希望のある事は、否み難いのでありますが、之に関し慎重に考慮を要する事は、両国に起つてゐる国語運動の方向であります。それは日支同文論の基礎を為す漢字その物の運命で、やがては支那全国が漢字を捨てゝ国語を音標化することであります。我国も亦国語純化の一路をたどつて居り、漢字に対する考方には、目下著しい変化を生じかけて居るのであります。[116]

おなじ漢字語で医学用語を統一してみても、漢字そのものの廃止、制限への動きが日本と中国で起こっているので、音声・表記のことなる用語になってしまう、ということである。

ただ、別のところでは、「隣国から支那語音標化の大波が押寄せても我が国の漢字尊重論には何らの影響をもたらすものとは思われぬ。学術上の用語統一に関する運動状況から見ても、漢字勢力の惰性はまだ〳〵非常に強大なものであり、〔……〕医学の各分科会が最近熱心に用語整理の運動を起しているが、やはり一と先昔ながらの漢語々彙に纏まるものかと思われている」[117]とやや悲観的である。ただし、生理学会で比較的和語が採用されていることを特筆している[118]。

そこで一九三七年六月の文章にもどるが、「同文」が幻想であるならばいっそのこと、「学問に国境なしと認めてゐる今日、特に国際補助語の価値を認めて、エス〔ペラント〕語による共通の術語を世界に普及せしむることは当然の考でなければなりませぬ。しかも私は「エス」語の普及が早晩可能となることをどこまでも信じたいのであります」[119]と、エスペラントへの期待が語られていた[120]。

しかし、一九三七年七月から日中戦争がはじまると、論調に変化が生じる。

まず、一九三八年五月に発表した医学用語の統一について論じた文章では、前述したように同年の日本医学会で医学用語調査委員会が設置されたことをうけ、用語整理は日本医学会が一元的におこなうことを前提としたうえで、

（一）医学以外の専門諸学科との連絡統制を図るべく、
（二）支那事変後に処する策として、日支医学の用語の共通可否論にも立入り、
（三）東洋漢字圏に於ける用語の将来を検討することも出来るのであり、
（四）東西両洋に於ける医学用語の国際的意義等々、研究を要すべき事項も多々あるものと考える。[121]

と、日本での統一をあしがかりに、漢字圏さらに全世界での統一をと話を広げた課題をみずから設定するのだが、これへの回答を下瀬は別のところで示していくことになる。

一九三九年九月に北京で中華民国医学会の設立大会（来会者約三〇〇名、うち日本人約五〇名）があった。その話を伝えきき、「日支を一丸としたもの」としてよろこぶ下瀬であったが、そこでなされた研究報告がすべて通訳なしで「支那人は支那語、日本人は日本語でやったこと」に問題をみる。例外的に英語や、日本人で中国語をもちいた場合もあったが、これもふくめて「ともかく一人の質問、一回の応答もなかったそうである」。つまり、おたがいまったく理解ができていない、というわけである。ただ、「英語でやったものは、日・支人双方に相当判った様である。そしてはからずも英語が日支医学の共通語であるかの印象を与えたと聞く」と述べ、「それでいゝだろうか」と疑問を呈していく。「東亜の共通語をめざすわが日本語の問題として、今一段とこれに関心をはらわずには居られない。世人の注目を求めずには居られない」と、エスペラントより後退して、日本語の普及をほのめかす[122]。これは国語協会機関誌『国語運動』の巻頭言という短い文章なので詳細は記されていない。しかし、「日支医学用語を共通にすることの可否」という文章を『学士会月報』に書いた、と下瀬がここで述べているので、内容をみてみたい。

そこではまず、「同文」が幻想であることを明確に指摘する。

実は両国の言葉といふものが根本的に異なつたものであり、いくら多数の漢語を我々が交へ用ひても、或は仮りに純粋の支那文を書けたとしても、それが日本式の読方である限り、皆目支那人に分る筈はないので、同文の名は有りながら遂に何等の利益を享けるといふ事実は生じ得ないのだ。だから如何に漢字の組合はせを同じものに定めても、それで共通用語が出来たとは言はれない。医学用語にはかぎらずそこに日支の用語共通論にとり大きな悩みがあるのである。[123]

あるいは「同文」という幻想こそ、治すべき「病」であると下瀬は考えていたのかもしれない。さらに、中華民国の文字改革に触れ、「斯ふいふ事実は、支那をどこまでも同文の国と見てゐた日本の考方とまるきり反対の方向を示し、寧ろ益々不同文の時代を現出することを物語つてゐるのである」[124]とする。そうしたなか、下瀬は「医学用語を共通せしむる運動を余りに徹底的、積極的に進めるべきではなく、寧ろ自然の推移に任せておくべきだと私は考へて居る」とはするものの、日本に留学した中国人が日本の医学用語をそのまま中国でも用いる傾向があるので「恐らく日本語彙は、彼等の必要に応じて自然に採入れられるので、すべては今までの通り支那から自発的に歩み寄るのを迎へて居れば好いのである」[125]と「自然の推移」が「自発的な歩み寄」りへとなぜかすりかえられ、高飛車な論調になっていく。さらに、

新支那がその医育体形を如何に整へて行くか、いやその用語問題を如何に処理して行くか、更に根本の国語関係の解決は如何なる方向を取るか、ここ暫くは予断を容さぬものがあらう。

何かにつき重圧を感じつゝあるこの際であるから特に医学用語の共通などを提議することは、支那側をして更に我等の真意を誤解せしめる虞もある。だから余りその問題を重視して、わざ〳〵運動を起すことはどうかと思はれる、だから現状はたとへ半通状態に過ぎぬとしても、これ位の不便を忍ぶことは、過渡期に於てさしたる事ではあるまいと考へる。[126]

「新支那」とは「中華民国臨時政府」（一九三七年一二月に北京で成立）・「中華民国維新政府」（一九三八年三月南京で成立）の日本の傀儡政権を指すと思われる（ともに一九四〇年に汪兆銘の南京国民政府に統合）が、英語が共通語になることへの「それでいゝだろうか」という問いへの積極的な答えにはなっていない。医学用語の共通を提議することが誤解を生むかもしれない、という配慮がみられるにしても、つづけて、「事変以来支那に勃興し来つた日本語熱の将来」を指摘したうえで、

特に新秩序の建設に当り、我国が指導的立場に居ることは当然であり、それと共に我国語がありのままの姿を以て大陸に植付けらるることも自然の勢と見なければならぬ。[127]

としているように、要するに日本語が広まることをよしとしているわけである。

袁世凱によって天津に設立された北洋軍医学堂は、当時の天津駐屯軍病院長の平賀精次郎の建言により、平賀をふくめた教員は日本語で講義をおこなっていたという。当時の下瀬は中国人学生相手なのだから中国語で教授するのが本筋と思っていたのだが、「三十年後の今日時勢の大いに変つた昨今

から見て、果して何れが善かつたか。今としては恐らく平賀説に手を挙げるものが圧倒的に多いのであらう」として「学生が完全に日本語を解すれば日本語で」教育をすべきであると主張していく[128]。しかしながら、と下瀬はつづける。

しかし今後新支那の基礎が定まつた暁、国家意識の発動と共に国内の教育は本来の支那語を以て統制せよといふ、時節の再び到来せないものでもない。その時に及んで日本語の普及は当然の事実と思はれるが、日本人教授が果して曽て英米人教授の為したる如く支那語を先づ我物として、即ち支那語を以て医育一切を指導すべきであるとの信念と勇気と深切とを持ち得るであらうか。[129]

言語ナショナリズムへの言及は注目すべきであるが、主張としてはやや焦点が定まっていない感をあたえる。ともあれ、一九三七年に、医学用語をエスペラントに、と述べていた方向性が失われていることは確かである。

ここで、日中戦争がはじまったあとの、斎藤秀一の発言を思い起こしておきたい。斎藤と親しく文通をした中国人のことが気にならないわけがない。戦争という試練にかれらが耐え、あたらしく出発をすることを望む斎藤は、日本のローマ字運動、国字運動に関わる者にも苦言を呈する。それまで教育の効率ばかりを根拠に運動をおこなってきたが、その教育の中身について議論をしてきたのか、「こういう無方針なローマ字運動、国字運動が非常時、特に戦争に際してどんな無力だかを、心あるローマ字論者は今痛感している。我々は、支那のローマ字論者に学びつゝ、戦争を機会としてローマ字運動を吟味し直し、新しい方針に基づいて運動を建て直す必要に迫られているのではなかろうか？」[130]と。日本の傀儡政権を「新支那」として受容し、その場における日本語の普及を当然のこととして議論を進めていく下瀬たち（こちらが大勢であったのではあるが）といかに距離があるかがわかる。そこにまた斎藤の孤独があったともいえるだろう。

7　おわりに

中国語学者・倉石武四郎がカナモジカイに招かれて東京神田の学士会館で「支那学ト国字問題」という講演をおこなったのは、一九四一年六月二九日のことであった。「漢字ガ国語ノスコヤカナ発達ヲ害スル トワ マコトニ モットモナ コトト 感ゼラレル」と述べ、「ワタクシドモ支那学者トシテ漢字ワ 奨励 シタクナイ ノデ アリマス」とする倉石は、カナモジカイの主張にも共感しえたのだろう。ただ、「満語カナ」については、「コレワ ナント モウシテモ 系統ガ チガウ コトバ デ アリマスカラ、カナデ 表記スル ノワ 不可能デ アリマス」と批判している[131]。なおちなみに、倉石は一九四五年にカタカナをもちいたり、注音符号などでもなく、音節文字としてあたらしい「満語かな」をつくるべきだ、との主張をおこなう文章を発表している[132]。

ここで倉石がいう文字と系統とは関係がないと思われるが、それはともかく、下瀬謙太郎と倉石はこれ以前から面識があったようである。下瀬はこう倉石を紹介している。

実ワ ワタクシモ 倉石教授トノ オツキアイワ マダ ヒナオ アサイ ノデ アリマシテ、2―3回オメニ カカッタ バカリデアリマスガ、タダ マエ カラ 著書ナド ヲ トウシテ 御意見ワ 承知イタシテ オル ノデ アリマス.〔133〕

ほぼ三〇歳年下である倉石の著書『支那語教育の理論と実際』が岩波書店から刊行されたのは、この年の三月のことであった。下瀬はこれを読んだのであろう。これは中国語教育の書であり、注音字母・注音符号の紹介もなされている。しかしながら、こうした動きを紹介してきた下瀬への言及はない。それは、漢文式学習法を否定し、一外国語として中国語を学習すべきことを主張し注音符号などを紹介した倉石武四郎「支那語教育の新体制」『改造』二二巻一八号（一九四〇年一〇月）でもおなじである。もちろん、文章のスタイルというものがあるから、言及がなくてもめくじらをたてる必要はないかもしれない〔134〕。

ただ、このカナモジカイでの講演が『倉石武四郎著作集第二巻　漢字・日本語・中国語』（くろしお出版、一九八一年）に再録されたときには、初出の『カナノヒカリ』にはあった、下瀬たちカナモジカイ会員の発言は削除されており、下瀬と倉石のつながりを推測させる情報が消えてしまっている。深い詮索は不要かもしれないが、中国語学の専門家ではなかったにせよ、中華民国の文字改革の動きを積極的に紹介していた下瀬謙太郎という名前だけは、記憶しておくべきではないだろうか。

一九四四年三月二九日に世を去った下瀬の遺稿といえるものは、同年二月二六日に刊行された『日本医事新報』に載せたエッセイ「「西洋の没落」から「我が闘争」まで」である。オスヴァルト・シュペングラー（一八八〇年～一九三六年）の『西洋の没落』（第一巻：一九一八年、第二巻：一九二二年）が松村正俊によって日本語に翻訳されたのは一九二七年のことであったが（批評社）、一九四四年にもおなじ訳者によって桜井書店から刊行される。その新聞広告を目にした下瀬は、この著作とアドルフ・ヒトラーの『我が闘争』とを以下のようにむすびつける（一九二五年、一九二六年に刊行、すぐに評論家・室伏高信（一八九二年～一九七〇年）により翻訳され（第一書房、一九二六年）、その後も翻訳がくりかえされる）。

〔ドイツにおいて〕スペングラーの影響による絶望的雰囲気の中から段々復興的な思想が芽生え来つたことは前記の通りの事実で明かであるが、最後に出たヒットラーの「我が闘争」それは所謂第三帝国に就いての予言、同時にまた世界政策についての予言でもあり、あの卓抜雄渾な迫力によつて、さしも国内を掻き乱した没落魔による最悪の夢現も、一挙にして雲散霧消してしまつた観がある。

尚こゝで今一度ふり返つて見ると、スペングラーが、過去の事実に対する物の見方、また国民の頽廃、堕落に陥いつた原因の探求などが、不思議なほどナチスのそれと殆ど軌を一にしたものであり、「独逸国家の建直し」の中に挙げられた論策は、寧ろナチス的思想の母胎、否、生みの親とでも云ひたいほどであり、現在のナチス政策に対しては多分に予言的示唆を与へたものかとも想像されるのではないか。〔135〕

ナチスの政策の背景をシュペングラーに求めているわけであるが、その蛮行を下瀬は知らないと思われる。陸軍軍医学校校長時代に毒ガス研究室を開設した下瀬がもう少し長生きをしていたら、何を思っただろうか。

冒頭で「ことのはのくすし」下瀬謙太郎が何を治そうとしていたのか、という問いをたててみた。問いに答えるとすれば、漢字あるいは漢語の存在がひとつの「病」であるという認識をもっていたことは確かである。また、日本と中国が「同文」であるという幻想もひとつの「病」であるととらえていたといってもよいだろう。そして、中華民国の文字改革運動、カナモジ運動、医学用語統一などの問題を通じて、その「病」の治療法を探っていた、ときれいにまとめることもできる。しかしながらその治療法が、最終的に日本語をカナモジ化し、中国にも日本語を普及させ、カナで中国語を表記せよ、という身も蓋もないものであるとしたら、治療の効果があがるとは、考えにくい。

そしてまた、斎藤秀一とくらべてみて、下瀬にとって「ことば」とは何なのかということ、「ことば」が使用されるときにさまざまな力がどのように作用しているのかということ、がどうもみえていなかったのでは、と思わざるをえない。医者、とりわけ軍医が社会変革を考えることはあまり例のないことではあるだろうけれども、斎藤のようにたとえ賞味期限のある思想の枠組みのなかであったにせよ、言語使用の可能性、社会変革の可能性に賭けた生き方が、後世からすれば魅力的にみえてしまうのは、仕方のないことなのかもしれない。

【参考資料】

Atarasii Sina no Kokuzi, Rômazi no Mondai（新しい支那の国字、ローマ字の問題）（Simose Kentarô）『Rômazi Sekai』一八巻一二号、一九二八年一二月、八—一一頁

＊原文日本式ローマ字。（）は原文、〔〕は安田

日本ローマ字会の総寄合に支那の話などをひきあいに出すことはいかがと、さしひかえておりましたが、ご指名にあずかりましたので、できるだけ手短に述べてみましょう。

支那が政治、経済の上にながらく苦しんでいることは、よく知られておりますが、国字国文のうえにも産みの苦しみをやっておることは、それほど知られていないかと思います。

清朝の末、今より二〇年ばかりまえにわたくしは北京に六—七年ほどおりましたのですが、そのときすでに新人（あたらしいひとびと）のあいだには、さかんにこの問題が、論ぜられていました。

文字のあきめくらがいわゆる文字の国たる支那に一番多いということは、なんたる皮肉でしょう。それは支那の文字（漢字）が災いの元だとわかってきましたので、そこに対応策として〝文学革命論〟が起こってきたのであります。文学革命論はいろいろの範囲にわたっておりますが、まず昔からおこなわれている難しい文章を改めてだれにもわかりやすい口語体にあらためることを第一として、大学（北京）では口語体の機関雑誌を出して、哲学、心理、自然科学、その他の論説を一切口語体でやろうとしてきております。

次に支那でこまっておるのは、あの広い国におなじ文字がおこなわれておるにもかかわらず、その発音が北と南では外国語ほどの違いのあることで、そのうえところなまりの違いが大きいので、議会がひらかれた当時などはいかなる名論を述べても、馬の耳に風のたぐいで、極端な例は通訳を用いたということでありました。

そこで全国の発音を統一することの非常に必要であることが認められてきました。しかるに漢字は音をあらわすに絶対不適当であるから、ここにあたらしく音標文字をつくる必要ができたのです。

ローマ字論はそのあいだに相当さけびをあげたのであります。いったい支那音をローマ字にうつす試みはすでに明朝の末にもあったらしいのですが、清朝時代には宣教師の手によって相当用いられていたと思われます。しかしこれは支那のためというよりは宣教師のためでありましたろう。とにかく四角な漢字づくめの文章（支那訳のBible）がローマ字にうつされて、すこしも実用にさまたげがないのみならず、外国人は漢字をはなれて、すなわちローマ字だけで完全に支那語をまなび、完全に支那語を使いこなすようになることが立派にうらがきされたのです。

それのみならず、漢字を一字も知らない支那語を覚えた外国人のことばは、しばしば漢学の素養ある日本人の支那語よりよほど本式だとおもわれた事実にも沢山であっております。支那語が音標文字（ローマ字式）で完全にあらわされて、完全な実用に適することのわかったうえは、支那人が昔から命よりも大事にしてきた（?!）漢字をすっかりやめて、国民の災いを除くために、音標文字に頼る考えをつくるようになったのは、確かにほめたたえてよいと思います。しかるに我が国で漢字をやめても、そこには使い慣れた仮名があるというのと違って、支那にはそれがない。いきなりローマ字国字論を実行しないかぎり、なんとかしてあたらしいカナモジを作り出さねばならぬことになったのであります。

この音標文字の政策がいつごろからはじまったか、だれだれの手によって試みられたか、どのように移りかわってきたか、その詳しいことをいまお話ししがたいのでありますが、支那が民国にかわってまもなく教育部（文部省にあたる）は他の省の代表をみんな集めて、ひとつの準備会を組織したときから、はじめて官と民が力をあわせた国字改革運動の基礎ができたとみてよいのであります。

はじめに南と北、昔と今の読み方の違いを調べて、それらのうちの一番普通の音を選んで、それを標準として音標となる字母三九を定め、民国九年〔一九二〇年〕にさらに一字母をくわえて四〇字となし、これを注音字母と名づけた。前にあった数十のあたらしい試みはみなうちけされてまったくこのひとつの式に統一されることになってしまった。

つまり我が国の仮名ににたものができあがったのです。これで昔からの反切はまったく廃ることになり、国音統一の事情がいよいよその糸口を見出すということになりました。

民国九年（大正九年にあたる）には全国の小学校に命じて、かならず注音字母を教えさせることになり、さらに国音字典を配り、読み方、発音の標準を示したのである。

このときから中学校より下の学校では、国文といったものを国語とあらため、注音字母といったものを〝国語字母〟とあらためたのである。

その結果として、ただ読み方や発音を統一するというにとどまらず、やがて（時の問題ではあるが）このカナモジが二―三〇〇〇年のあいだ使われてきた漢字にとってかわるという勢いをも示しておるのであります。

タイプライタもすでに実用の時代になっております。機械の値は七―八〇円ぐらいときいております。

順序として日本の仮名にあたるもののことを述べましたが、ローマ字のことは国語統一準備会の第五回、すなわち民国一三年〔一九二四年〕九月一三日に正式に通過したものがすなわち国音字母第二式となって、第一式のカナモジとならんで国定のものとなったわけであります。

ローマ字を用いて支那本国の教育を促したいという考えもあるのですが、それは、まだ、どの程度までにいたっておるかを知りません。しかし一方国際の了解をますに都合がよいものとみており、それがまた時代の要求に応ずるはかりごとだと考えているらしいのであります。

支那でこれまでもちいておったローマ字つづりはイギリスの公使であったWade〔トーマス・ウェード、一八一八年～一八九五年〕の式が一番広くおこなわれたものです。それは四声をあらわすためにローマ字つづりの肩に小さく1、2、3、4の印をつけておくのです。漢字はこの四声だけで区別がつくものですから、ウェード式のつづり方は支那語を学ぶ外国人にはよほど便利なものとなっていたのです。

ほかにいまひとつ郵政式というのがありました。これはあちらの逓信省だけで外国向きの公の文章に用いたものです。

今度いよいよ用いられることになったものは、なかなかふるったもので、徹頭徹尾支那式に研究を尽くしたもので、発音もよほど全国のを考えあわせたものと思われます。ことに四声をあらわすのに、1、2、3、4などの数字を書き加えることをやめて、つづりのなかに決まったAlphabetの一字を書き込むことになったのです。

とにかく支那のことばを外国人の考えにしたがってつづることは、絶対によくないという議論から研究されたものなのであり、まったく支那式のローマ字であるのです。

漢字全廃がさていつおこなわれるか、だれしも予言はできませんが、いずれにしても、支那ではまぁ、

国民向きには……カナモジ（国音字母）

外国向きには……ローマ字

を使うというやり方かと思われます。

なにはともあれ日本ではまだまだ漢字崇拝熱が大部分に盛んであるのに、漢字の本家本元ではその災いに懲りはてて、惜しげもなくさらりと思い切ろうとしている。この事実は漢字崇拝家のよほど深く顧みるべきことだろうと思いまいす。

ついでに支那人HUTI（胡適）の文学革命の八則のひとつとして、その第八の〝俗字、俗語を嫌わず、用いること〟について、ちょっと述べましょう。

昔インドから輸入された仏書を翻訳するのに、これまでの硬い文章では十分の意味を尽くしがたいので、なるべく平口（白話）に近いことばを用いた。なお、仏書の講義録はもっともわかいやすいように、たいてい平口風に書かれている。

そののち発達して白話文には例の水滸伝、西遊記、三国志……そのほかさまざまの小説類が沢山ありましょう。あれが支那人には一番わかりよく、おもしろく……いまでもいたるところの大道店にさ

えでておるくらい広くゆきわたっておるのであります。

白話（平口のことば）は文章のうえのみならず、韻文のなかにも入り込んで、唐宋時代からすでに沢山の白話詩（口語詩）がおこなわれております。われわれにわかりやすい漢詩はおおむねこの口語詩に属するもののようです。

支那の新人たちはいま多く口語詩をつくっておるので、昔の平仄などにはしばられずに自由なことばでさかんにうたっております。それを思うと、われわれ日本人がいまでも平仄にしばられた、やかましい漢詩に憂き身をやつしているのは、ずいぶんこっけいではありませんか？ 胡適一派の主張は、よろしく俗字、俗語を用いようといっておるので、五〇〇〇年まえの死文学をもって二〇世紀の活文学とすることはできないことだと叫んでいるのであります。

しかし支那の文芸革命論は日本の口語体の文章、すなわち言文一致の勃興から強い刺激をうけているると思います。

カナモジの政策といい、またローマ字の支那式といい、いずれも我が国の影響でないとは考えられぬのであります。

注

1 下瀬謙太郎「対支医療事業につき――医科連盟の諸君へ」『開拓者』三四巻三号、一九三九年三月、三二頁（談話筆記者による付記での表現）。

2 下瀬謙太郎『支那語のローマ字化をめぐって――民国政府国字国語運動のあらまし』日本のローマ字社、一九三六年、一二七頁。
3 同前、一二五頁。
4 同前、一二九頁。
5 同様のことは、「支那と日本とは国情を異にするのであるが、常に同文の関係を唱へ来つた間柄であるだけに、彼の国字革新の機運に対し、全然無関心では居られぬのである」(下瀬謙太郎「医学の言葉」『教育』四巻八号、一九三六年八月、六三頁)といったところにもうかがえる。
6 倉石武四郎『漢字の運命』岩波新書、一九五二年、一八二頁。
7 『倉石武四郎著作集 第二巻 漢字・日本語・中国語』(くろしお出版、一九八一年)におさめる。
8 下瀬謙太郎「支那に於ける国字改良運動」『日本評論』一一巻八号、一九三六年八月、一五一頁。
9 下瀬謙太郎「漢字廃止を国論とする支那」『日本医事新報』七二二号、一九三六年七月一一日、三九頁。
10 下村宏「支那ノ 地名ワ 支那音デ」『カナ ノ ヒカリ』二〇九号(一九三九年三月)、下瀬謙太郎「外来語、その取入れ方、書き方」『日本医事新報』五九七号(一九三四年二月三日、一五頁)、または、「座談会 昭和十三年における国語・国字問題を語る」『国語運動』二巻一二号(一九三八年一二月)など。
11 下村海南「言の葉のくすし」『同仁会報』一七号、一九四四年四月、四九頁。
12 陸軍軍医学校編『陸軍軍医学校五十年史』陸軍軍医学校、一九三六年、五六五―五六六頁。
13 確実な証拠として、「漢詩和読の話から東西医学の将来に」というまったく同一の文章を、下瀬謙太郎の名で『同仁』三巻八号(一九二九年八月)に、矢来里人の名で『日本医事新報』三五六号、三五七号(一九二九年六月八日、六月一五日)に掲載していることをあげておく。
14 飯島茂「下瀬謙太郎君の長逝を悼む」『同仁会報』一七号、一九四四年四月、四六頁。
15 下瀬謙太郎「鴎外先生の横顔」『日本医事新報』一〇九二号、一九四三年九月四日、一七頁。

16 同前、一八頁。
17 下瀬謙太郎「医学用語協定の現段階」『軍医団雑誌』三五九号、一九四三年四月、四七三頁。
18 一九〇九年二月一四日。内容は、当時中国にいた下瀬が上海の博医会（一八八六年に中国で布教する宣教師が組織した団体）が編纂した『医学辞彙』（一九〇八年刊）を、同じく中国にいた軍医・田村俊次の一時帰国に託して鴎外におくった際の礼状となっている（『鴎外全集』三六巻、一九七五年、三一一頁）。ただし、『医学辞彙』は東京大学の鴎外文庫では所蔵確認ができない。この内容について、下瀬によれば「当時は殆んど日本の医学用語といふものを眼中に置かなかつたと見えて、辞彙中には珍らしい術語ばかりがあり化学や解剖の名称には康熙字典にもない様な新作の漢字が多数用ひられてあつた」という（下瀬謙太郎「日支医学用語を共通にするの可否」『学士会月報』六一七号、一九三九年八月、三頁）。
19 陸軍省編『大正三年戦役衛生史　第五編』陸軍省、一九一七年、二三九頁。
20 「日露戦役回顧　衛生部の活躍を語る」『日本医事新報』六五四号、一九三五年三月一六日、二〇頁。
21 第八巻（一九〇七年刊行）の「第十二篇　軍ノ後方及内地ニ於ケル施設」に「第四十七章　野戦衛生　附馬匹衛生」がある。執筆者名はあきらかではないが、内容としてはこのあたりと思われる。
22 陸軍軍医学校編『陸軍軍医学校五十年史』陸軍軍医学校、一九三六年、九四頁。
23 下瀬謙太郎「吾が肖像画のロマンス」『日本医事新報』五六三号、一九三三年六月三日、一三頁。ここにはこの画家が描いた下瀬の肖像画の写真が掲載されている。
24 日展史編纂委員会『日展史資料Ｉ　文展・帝展・新文展・日展　全出品目録　明治四十年–昭和三十二年』日展、一九九〇年、一八五頁。
25 下瀬謙太郎「吾が肖像画のロマンス」『日本医事新報』五六三号、一九三三年六月三日、一四頁。
26 同前、一四頁。
27 下瀬謙太郎『支那語のローマ字化をめぐって――民国政府国字国語運動のあらまし』日本のローマ字社、

一九三六年、一二四頁。
28 陸軍軍医学校編『陸軍軍医学校五十年史』陸軍軍医学校、一九三六年、八四―八五、八七―八九頁。
29 同前、一八四頁。
30 陸軍軍医学校防疫研究室を軸に石井四郎と七三一部隊について論じたものとして、常石敬一『医学者たちの組織犯罪―関東軍第七三一部隊』(朝日新聞社、一九九四年)がある。
31 詳細は、櫻井良樹『華北駐屯日本軍――義和団から盧溝橋への道』(岩波現代全書、二〇一五年)を参照。
32 社団法人尚友倶楽部・広瀬順皓・櫻井良樹編『伊集院彦吉関係文書 第一巻 辛亥革命期』芙蓉書房出版、一九九六年。
33 飯島茂「下瀬謙太郎君の長逝を悼む」『同仁会報』一七号、一九四四年四月、四七頁。
34 櫻井良樹『華北駐屯日本軍――義和団から盧溝橋への道』岩波現代全書、二〇一五年、四七頁。
35 下瀬謙太郎「所謂北京公使館病に就て」『燕塵』四巻七号、一九一一年七月。
36 『同仁会三十年史』同仁会、一九三二年、五―六頁。
37 大里浩秋「同仁会と『同仁』」『人文学研究所報』(神奈川大学人文学研究所)三九号、二〇〇六年三月。この論考には資料として『同仁』の目次が掲げられている。
38 末永恵子「日中戦争期における対中国医療支援事業の変容――同仁会の医療支援について」『宮城歴史科学研究』六八・六九合併号、二〇一一年三月、五五頁。
39 矢来里人「上海旅中の見聞(一)」『日本医事新報』四三五号、一九三〇年一二月一三日、一七頁。
40 新藤英夫「日本基督教青年会医科連盟の結成」『開拓者』三四巻二号、一九三九年二月、五六―五九頁。
41 下瀬謙太郎「対支医療事業につき――医科連盟の諸君へ」『開拓者』三四巻三号、一九三九年三月、二八―二九頁。
42 下瀬謙太郎「宣教事業として見たる支那の近代医学」『中外医事新報』一一七五号、一九三一年九月、四四〇頁。
43 下瀬謙太郎「同仁会事業三十年の回顧」『同仁会三十年史』同仁会、一九三二年、三七三―三七五頁。
44 下瀬謙太郎「事変前の支那に於ける近代医学と宣教医事業」『開拓者』三四巻五号、一九三九年五月、二五頁。
45 下瀬謙太郎『支那語のローマ字化をめぐって――民国政府国字国語運動のあらまし』日本のローマ字社、一九三六年、一二九頁。
46 「カナモジ ナカマ ノ イサオシ〔4〕 シモセ ケンタロウ シ」『カナ ノ ヒカリ』一二四号、一九三二年四月、二一頁。
47 下瀬謙太郎「医学用語と「カナモジ」（下）」『日本医事新報』四七四号、一九三一年九月一二日、一九頁。
48 前章でもふれたが、柴田巌・後藤斉編『日本エスペラント運動人名事典』（ひつじ書房、二〇一三年）に「下瀬謙太郎」の項目があり、この文章はその参考文献としてあげられている。
49 下瀬謙太郎「明治25年エス語について聞く」『ラ・レヴオ・オリエンタ』一七巻六号、一九三六年六月、一九―二一頁。
50 『職員録』については、『旧植民地人事総覧』（日本図書センター、一九九七年）を参照した。
51 『軍医団雑誌』一八九号、一九二九年二月、五〇三頁。
52 下瀬謙太郎「支那に於ける国字改良運動」『日本評論』一一巻八号、一九三六年八月、一四一頁。
53 藤井（宮西）久美子『近現代中国における言語政策――文字改革を中心に』三元社、二〇〇三年、三七―三八頁。なお、両人の小伝である倉石武四郎「王照と労乃宣」『漢学会雑誌』一二巻一・二合併号（一九四四年二月）も参照（のち『倉石武四郎論文集　第二巻　漢字・日本語・中国語』（くろしお出版、一九八一年）におさめる）。
54 汪栄宝（趙陽陽・馬梅玉整理）『汪栄宝日記』鳳凰出版社、二〇一四年、「前言」一頁。

55 下瀬謙太郎『支那語のローマ字化をめぐって――民国政府国字国語運動のあらまし』日本のローマ字社、一九三六年、一二四頁。
56 同前、一二六頁。
57 詳細は、安田敏朗『漢字廃止の思想史』(平凡社、二〇一六年)を参照。
58 下瀬謙太郎「支那ノ国字問題」『カナノヒカリ』八八号、一九二九年四月、二頁。
59 矢来里人「国字論に対する一年半後の追想(一)」『日本医事新報』三六八号、一九二九年八月三一日、一五頁。
60 奥中孝三「支那に於ける国語国字改良略史(二)」『教育研究』四一四号、一九三四年二月、一四二頁。
61 陳文彬の娘、陳真はながく北京放送の日本語放送アナウンサーやNHK中国語講座の講師を担当していた。陳真の生涯をおった野田正彰『陳真――戦争と平和の旅路』(岩浪書店、二〇〇四年)では陳文彬についてもふれられている。
62 下瀬謙太郎『支那語のローマ字化をめぐって――民国政府国字国語運動のあらまし』日本のローマ字社、一九三六年、八七頁。
63 「紹介」『文字と言語』一〇号、一九三六年一一月、八七頁。
64 「ローマ字論の近頃」『文字と言語』九号、一九三六年四月、五九頁。
65 下瀬謙太郎「支那に於ける国字改良運動」『日本評論』一一巻八号、一九三六年八月、一五一頁。
66 曽は「春秋思想と漢民族との関係」『大亜細亜』三巻五号(一九三五年五月)、「儒教の忠孝説」『大亜細亜』三巻一二号(一九三五年一二月)などの日本語論考もあり、政治思想史が専門であったようである。
67 「支那学ト国字問題」『カナノヒカリ』二四〇号、一九四一年八月、一五頁。
68 イナガキ・イノスケ「満洲国語音標」『カナノヒカリ』一七六号、一九三六年七月。
69 下瀬謙太郎「日満支ノ同文ワドコエ行ク」『カナノヒカリ』一八〇号、一九三六年一一月、一三、一四頁。

70 同前、一一―一二頁。
71 下瀬謙太郎「漢字抗日、カナ親日」『カナノヒカリ』一九三号、一九三七年一一月、四頁。
72 下瀬謙太郎「支那語ハ　カナ　デ書ケルカ」『国語教育誌』三巻二号、一九四〇年二月、一一頁。
73 同前、一一頁。なお、下瀬謙太郎「満洲国語ノ カナガキ案 2ツヲ 前ニ」『カナノヒカリ』二二四号（一九四〇年四月）でもほぼ同様の主旨のことを論じている。
74 下瀬謙太郎「漢字・カナの問題と支那・満洲」『日本医事新報』九四一号、一九四〇年九月二一日、三二頁。
75 下瀬謙太郎「「大東ア文字ト 科学用語」ヲヨム」『カナノヒカリ』二四六号、一九四二年二月、四頁。
76 下瀬謙太郎「支那ニオケル　漢字拉丁化運動ト　ソノ運動発生ノ源地」『学士会月報』五七八号、一九三六年五月、七六頁。
77 下瀬謙太郎「地名人名の語源から医学用語に及ぶ（下）」『日本医事新報』一〇三二号、一九四二年六月二七日、二四頁。
78 安田敏朗『帝国日本の言語編制』世織書房、一九九七年、第三部。
79 那須清「満洲における中国語の教育・研究関係事項略年表」『文学論輯』一三号別冊、一九六六年、四九頁。
80 林雪光「満洲方音に関する覚書　附『満語カナ』について」『大連高商論輯』第五号、一九四五年二月、二五頁。
81 同前、一頁。
82 国語調査委員会（満洲国民生部）『「満語カナ」趣意書並に解説書』一九四三年、二頁。
83 下瀬謙太郎「用語問題から見て日本医学会に対する回顧と希望」『週刊医界展望』一七〇号、一九三八年三月、四三頁。
84 下瀬謙太郎「医学用語と「カナモジ」（上）」『日本医事新報』四七三号、一九三一年九月五日、一六頁。
85 詳細は、『国語の愛護　第三号　国語愛護同盟医学部の趣意と方針』（国語愛護同盟、一九三四年七月）を参照。
86 下瀬謙太郎「通俗化に非ず」『日本医事新報』五九九号、一九三四年二月一七日、一七頁。
87 下瀬謙太郎「ラジオ言葉の問題」『国語運動』一巻五号、一九三七年一二月、二八頁。
88 下瀬謙太郎「外来語について(1)」『国語の愛護』七号、一九三六年一一月、三三頁。
89 下瀬謙太郎「外来語について(2)」『国語の愛護』八号、一九三七年一月、一六頁。
90 「国語協会との合同近し」『国語の愛護』八号、一九三七年一月、一二頁。
91 「宿題『国字ニ関スル眼科学的研究』講演録」『日本眼科学会雑誌』三三巻五号、一九二八年五月。なお、一九三〇年代の眼科学界と近視予防事業については、ホワニシャン・アストギク「戦争と「眼」――一九三〇年代から敗戦にかけての日本の近視予防事業」『言語社会』(一橋大学大学院言語社会研究科)一〇号(二〇一六年三月)を参照。
92 矢来里人「国字論に対する一年半後の追想(二)」『日本医事新報』三六九号、一九二九年九月七日、一四頁。
93 下瀬謙太郎「用語問題から見て日本医学会に対する回顧と希望」『週刊医界展望』一七〇号、一九三八年三月、四四頁。
94 下瀬謙太郎「医学用語に因みて」『週刊医学展望』六号、一九三五年一月、二七、二八頁。
95 下瀬謙太郎「医学の言葉」『教育』四巻八号、一九三六年八月、六三頁。
96 同前、六三頁。
97 下瀬謙太郎「日本医学会と用語調査委員会の新設について」『国語運動』二巻五号、一九三八年五月、四八頁。
98 「盟邦独・満代表らを迎え 事変下第十回日本医学会総会開く」『関西医学』三七八号、一九三八年四月九日、一五頁。
99 下瀬謙太郎「医学用語ノ整理ト最近ノ動キ」『カナノヒカリ』二三一号、一九四〇年一一月、一九―二一頁。

100 「第十一回日本医学会　大東亜戦争の真唯中に揺ぎなき日本医学の精粋」『治療医学』五一四号、一九四二年五月、二頁。

101 下瀬謙太郎「医学用語協定の現段階」『軍医団雑誌』三五九号、一九四三年四月、四七七頁。

102 同前、四六七―四六八頁。

103 下瀬謙太郎「用語問題から見て日本医学会に対する回顧と希望」『週刊医界展望』一七〇号、一九三八年三月、四三頁。

104 下瀬謙太郎「漢詩和読の話から東西医学の将来に」『同仁』三巻八号、一九二九年八月（同文を矢来里人の名で『日本医事新報』三五六号、三五七号（一九二九年六月八日、六月一五日）に掲載）。

105 常石敬一『医学者たちの組織犯罪――関東軍第七三一部隊』朝日新聞社、一九九四年、二九一―二九二頁。

106 下瀬謙太郎「医学用語協定の現段階」『軍医団雑誌』三五九号、一九四三年四月、四六八―四六九頁。

107 同前、四七一頁。

108 この話は、下瀬謙太郎「岡本一抱の医書諺解」（『中外医事新報』一二一七号、一九三五年三月）でも紹介され、これを枕に、医学用語の統一および簡易化の必要性を述べ、日本医学会の用語調査委員会の活動や国語愛護同盟の紹介をしている。

109 下瀬謙太郎「医学用語協定の現段階」『軍医団雑誌』三五九号、一九四三年四月、四七一頁。

110 同前、四七二頁。

111 同前、四七三、四七五頁。

112 日本医学会医学用語管理委員会「医学用語の標準化をめざして――『日本医学会医学用語辞典（英和）』第3版の編集方針」『医学教育』三九巻一号、二〇〇八年二月、五五頁。

113 下瀬謙太郎「同仁会の漢文医学雑誌のことから（承前）」『中外医事新報』一一四九号、一九二九年七月、三六二頁。

114 同前、三六二—三六三頁。

115 下瀬謙太郎「民国政府に於て医学用語の統一を完了せる経過」『同仁』一一巻一号、一九三七年一月、三一頁。

116 下瀬謙太郎「医学用語統一に関する諸問題」『日本医事新報』七七一号、一九三七年六月一九日、一八頁。

117 下瀬謙太郎「漢字の価値と我等の術語」『国語運動』二巻四号、一九三八年四月、三一頁。

118 下瀬の掲げる例は「痛み　渇き　調子変り　払いのけ反射　文字盲（モジメクラ）　言語聾（言語ツンボ）　時間の見積り　大きさの判断　くつき合い」などである（同前、三一—三二頁）が、現在差別語とされるものもあり、どの程度定着しているのか疑問ではある。

119 下瀬謙太郎「医学用語統一に関する諸問題」『日本医事新報』七七一号、一九三七年六月一九日、一九頁。

120 エスペラントによる医学用語の統一への期待を、すでに一九二〇年代末に下瀬は語っていた。「「エスペラント」を以て医学上一切の要求を完全に満たし、相互間に遺憾なく意思を交換する時勢を、茲数年の中に実現することは不可能である、しかし之を理想として一日も早く実現すべく努力しつつある一団が夫の「エスペランチスト」で有る」と一九二八年九月の日本医史学会で述べていた（下瀬謙太郎「同仁会漢文医学雑誌のことから（承前）」『中外医事新報』一一五〇号、一九二九年八月、四二〇頁）。

121 下瀬謙太郎「日本医学会と用語調査委員会の新設について」『国語運動』二巻五号、一九三八年五月、四九頁。

122 下瀬謙太郎「日支医学の提携と言葉の問題」『国語運動』三巻一〇号、一九三九年一〇月、一頁。

123 下瀬謙太郎「日支医学用語を共通にするの可否」『学士会月報』六一七号、一九三九年八月、二頁。

124 同前、二頁。

125 同前、三頁。

126 同前、三頁。

127 同前、四頁。

128 同前、四―五頁。なお、平賀精次郎と北洋軍医学堂に関しては、下瀬謙太郎「支那の軍医教育と日本医学――平賀・駒井軍医正の功績」『日本医事新報』八九二号（一九三九年一〇月一四日）も参照。

129 下瀬謙太郎「日支医学用語を共通にするの可否」『学士会月報』六一七号、一九三九年八月、五頁。

130 鳥海昇（斎藤秀一）「上海のローマ字運動」『文字と言語』一二号、一九三七年九月、四五頁。

131 「支那学ト国字問題」『カナノヒカリ』二四〇号、一九四一年八月、一三、一四、一五頁。

132 倉石武四郎「『満語かな』を作れ」『北方圏』三号、一九四五年三月。

133 「支那学ト国字問題」『カナノヒカリ』二四〇号、一九四一年八月、一二頁。

134 ただ、敗戦後になるが、倉石武四郎提供による「ラテン化新文字文献の解説・目録」『中国研究』（現代中国学会編）一四号（一九五一年六月）の目録のなかに、「支那語のローマ字〔化〕をめぐって――民国政府《ママ》の国字国語問題のあらまし　下瀬謙太郎　昭和一一年」とあり、下瀬の書いたものを手にとっていないわけではないことがわかる（九三頁）。

135 下瀬謙太郎「「西洋の没落」から「我が闘争」まで」『日本医事新報』一一一六号、一九四四年二月二六日、二〇頁。

第八章　漢字廃止論の背景にみえるもの
——敗戦直後の労働争議とからめて

I　はじめに——敗戦直後の漢字問題

—I—I—　「漢字を廃止せよ」の文脈

一九四五年一一月一二日に『読売報知』は社説「漢字を廃止せよ」を掲載した。裏表で二面のみの紙面に掲載すべき情報を選択せざるをえないなか、わざわざ漢字廃止の主張をおこなったのである。国語国字問題史ではこの社説は比較的知られている。敗戦から翌年末までの新聞雑誌にあらわれた言語問題に関する議論を解説した白石大二『終戦後における国語改良の動向』では、「終戦後少くとも半年間は、意外なほど放置」されていた国語運動のなかで、「日本語の民主化を徹底する」ために「漢字漢語の全廃、できればカナ文字・ローマ字採用が必要であるといはれる」という議論のなかにこの「漢字を廃止せよ」をおき、「もつとも積極的にとりあげて論じた」ものとしている〔1〕。また平井昌夫『国語国字問題の歴史』でも「国語国字の改良運動にたずさわっていた人たちは、戦争中の言論弾圧のために久しく沈黙をしいられてきたこと、ソカイや戦災により同志の間の連絡がたたれたことなどの悪条件に加え、一般国民と同じく敗戦にともなう虚脱状態におちいって、すぐには立ちあがれなかった」としたうえで、「こうした虚脱状態に活を入れたのが、『朝日新聞』の十月四日の社説「良き国語の普及を計れ」であり、『読売報知新聞《ママ》』の十一月十二日の社説「漢字を廃止せよ」であつた」と位置づけている〔2〕。

ここに出てくる『朝日新聞』の社説とは、漢字漢語制限などをとなえ「口に称へて滑らかに、耳に聞いて快く、その上、読み書きするに不便不自由のないやうな新時代にふさはしい新国語の普及がこの際、望ましい」としたものである。

それと比較すると、後述するが、漢字を廃止し、ローマ字採用を主張した『読売報知』の社説は過激である。それかあらぬか、この社説の四日後の一一月一六日付『朝日新聞』「天声人語」では、「気の早い人々の中には平和日本、世界的日本の建設のため一足飛びに、ローマ字の普及を計るべしと主張するものもないとは限るまい▼然しせいいては事を仕損じるのであつて」（傍点原文。本章では以下同）と『読売報知』の社説に釘をさすかのような文言がみえる。表記文字をかえただけではだめだ、ということなのだろうが、それは、表記文字もふくめた文体の問題、ひいては「各自の意思を表現するに最も適したやうな新時代にふさはしい新国語の選定と普及とが鶴首せられる」とつづけているところからわかる。ともあれ、「簡素で平易で而も正確な国語の普及を計ると共に、せめて華語と英米語との何れか一つ位は若き世代の人々に学習せしめる途が開かれて然るべきであり、この辺で国語審議会あたりもそろそろ冬眠から醒めるべきではないか」としめくくっている。

―Ⅰ―2―　再開する国語審議会

「新時代にふさはしい新国語」をさだめていくために、一九三四年に官制公布された言語問題をとりあつかう国語審議会よ、再始動せよというわけである。これに応じたわけでもないだろうが、「天声人語」から一一日後の一九四五年一一月二七日に、国語審議会第八回総会が開催された。第七回総会は一九四二年七月一七日。実に三年四ヶ月ぶりの総会であった。ちなみにこの席で、一九四二年六月に国語審議会が決定答申した標準漢字表のうちの常用漢字一一三四字をたたき台として、あたらしく常用漢字を選定することが決まった。翌年四月の総会に一二九五字を常用漢字として提出したものの、異論が出て否決。さらに検討を重ねることとなり、一八五〇字の当用漢字表が提出され、一一月に告示された。これがのちの改訂で常用漢字表となり、現在につづく常用漢字表の基礎となっている[3]。

こうした流れに位置付けてみると、平井昌夫がいうように「虚脱状態に活を入れた」ものとして、「漢字を廃止せよ」などを位置づけるのはまちがいではないだろう。

ところで、白石大二（一九一二年〜一九八九年）の著作は一九四七年、平井昌夫（一九〇八年〜一九九六年）の著作は一九四八年の刊行である。当時白石は文部省図書局国語課勤務で「国語改良」には積極的な立場であり、平井も、当時は成城高等学校講師であったが、戦前に後述する左翼ローマ字運動事件で起訴されたこともあり（本書第六章であつかった『文字と言語』を購読し、寄稿もしている）、もともと

「国語改良」には肯定的であったので、新聞社のこうした社説を好意的に紹介したものと思われる。

――I－3――「国語民主化」をめぐる言説

そしてまた、白石大二の引用にあるような「日本語の民主化」、あるいは「国語民主化」という表現が頻繁になされたのも、敗戦後一、二年の特徴である。もちろん、民主主義が目の敵にされた時代でも漢字制限がめざされ、カナモジ論やローマ字論が展開されていたのであるから[4]、ただたんに漢字制限などが実現されたからといって「国語民主化」がなされるわけでもない。時代のキーワードとして、あるいは鶴見俊輔（一九二二年～二〇一五年）が喝破したように「お守り的用法」[5]として、その意味をふかく考えることなく「国語民主化」を多用していた側面も当然ある。

ところで、二〇〇五年に刊行された『国語問題論争史』という書物では、『読売報知』の社説を「敗戦に伴ふ物心両面の混乱した当時の病的な世相を代表する記念碑のやうなものである」[6]とこきおろしている。「病的な世相」が「国語民主化」の内実であったのだ、というつもりはない。しかしこの『国語問題論争史』をあらわしたのは、国語問題協議会の主事をつとめたこともある評論家の土屋道雄であることは考慮にいれておかねばならない。

国語問題協議会とは一九五九年一一月に発足した組織で、国語審議会の建議「送りがなのつけ方」が内閣訓令・告示で実施されたことに危機感をもった有志により結成された。「国語は危機にある」という一文ではじまる協議会の「宣言」は、「便宜主義」によって「国語の本質」をみあやまった国語審議会の簡易化の方針に反対し「国字の簡易化はあくまで国語の正しさを守るためのものであり、その限度内にとゞまるべきもの」であり「国語、国字の本質に即した調査、研究を行ふ」として機関誌『国語国字』の発行などの活動を現在もおこなっている〔7〕。そうした傾向の会であるから、土屋の論述も、社説「漢字を廃止せよ」を、連合国最高司令部（ＧＨＱ）指令第二号（一九四五年九月三日）の第二部十七項の指示にしたがったもののように位置づけている〔8〕。この指示は「日本帝国政府ハ一切ノ都会自治町村及市ノ名称ガ此等ヲ連絡スル公路ノ入口ノ両側及停車場歩廊ニ少クトモ六「インチ」以上ノ文字ヲ使用シ英語ヲ以テ掲ゲラルルコトヲ確保スルモノトス」というものであった。わかりにくいが、白石大二の『終戦後における国語改良の動向』には英語原文も掲載されているので、それにしたがうと、「都会」はtownの訳語となっているが、道路の行き先地名表示や鉄道の駅名掲示のローマ字化（修正ヘボン式による）を指示したものにすぎない〔9〕。進駐を円滑にすすめるために地名をローマ字で表記しろというもので、地名以外もローマ字化しろとか、ローマ字表記以外をみとめないといった類のものではない。

社説「漢字を廃止せよ」はこのＧＨＱの指令に過剰に反応した結果だと土屋はいいたいのかもしれない。もちろん、一九四五年九月一九日にＧＨＱから「日本に与える新聞準則」（プレスコード）が出され、一〇月九日からはすべての新聞記事が事前検閲されるようになったなかでの社説であることをふまえなければならないのだが、国語審議会の答申の結果告示された「現代かなづかい」「当用漢字表」などが「ＧＨＱ（占領軍総司令部）の指金もあつて」なされたと、国語問題協議会第四代会長の中国哲学者・宇野精一（一九一〇年～二〇〇八年）が明言している〔10〕ことからもわかるように、敗戦後の「国語改良」をおしつけととらえる歴史観をもつ団体であることはふまえておかねばならない。

しかし、先にふれたように、当用漢字表は直接には一九四二年の標準漢字表からの流れをくんでいる。そしてまた、のちに検討するように、社説「漢字を廃止せよ」も、「国語民主化」というとってつけたような思想とは別の、戦前からのある流れをくんだ主張である。したがって、国語問題協議会の見方は一面的なものにすぎない。

以下では、敗戦で明確に切断されない、さまざまな思潮の交錯のなかにこの社説があるということを、読みといていくことにしたい。

2 「漢字を廃止せよ」と『読売報知』

―2-1― 読売新聞と読売争議

『読売新聞』は一八七四年一一月二日に刊行が開始されている。一九二三年の関東大震災による経営不振のなか、同年末におこった虎ノ門事件（皇太子狙撃）によって警視庁警務部長を免官となった正力松太郎（一八八五年～一九六九年）に一九二四年二月に買収される。

一九四二年八月には戦時下の新聞統制により読売新聞社は報知新聞社と統合、『読売報知』と名称を変更する（一九四六年五月一日に『読売新聞』にもどる）。

現在の感覚からいえば『読売新聞』は革新的言辞には違和感のある新聞である。正力松太郎が社主であった時代であればなおさらと考えがちであり、だからこそ、先に引用した土屋道雄は「物心両面の混乱した当時の病的な世相を代表する記念碑」と述べたのかもしれない。

しかしながら、この社説が書かれた日時に注目する必要がある。一九四五年一一月一二日は、同年九月一三日に社内機構の民主主義化などを求めた五項目の意見書を、正力松太郎社長など経営幹部に論説委員や編集各部の副参事以上の中堅社員四五名が渡したところからはじまる、第一次読売争議（一九四五年一〇月二三日～一二月一三日）の時期にあたっている。研究書によれば「読売新聞社第一次争議の目標は、同社幹部の「戦争責任」を追及しつつ、「真に民主主義的なる新聞の刊行」により「新日本の建設に寄与」せんとすることにあった」とされている[11]。

戦前から正力は、社史によれば「新聞人として有能勤勉な者であるならば、左翼、右翼の別なく社務につかせるとともに、一度入社させた以上無能を理由にして退社を命ずるということもしなかった」[12]という、いわゆる「アカ保護政策」を採用していた。急速に拡大した読売新聞社の記者層のうすさをこうした形（有能で安くつかえる人材）でおぎなっていたと考えるべきであろうが、そうした戦前の学生運動や社会主義運動の経験をもつ人物が中堅幹部に多く、五項目の意見書を出したあとに「民主主義研究会」を発足、満足のいく回答が会社側からなされなかったため、一〇月二三日に第一回社員大会を開催し組合を結成、あらためて正力らの戦争責任をあきらかにし、退陣を求め、労働者側だけで新聞の編集・発行をおこなう「生産管理闘争（経営管理闘争）」をおこなった。

争議のゆくえであるが、日本社会党鈴木茂三郎や日本共産党徳田球一などを委員にすえた東京都常設労働争議委員会による調停がはかられ、正力が戦犯容疑者として収監される直前に、正力の社長退陣などをもりこんだ協定が成立した（一九四五年一二月一二日）。

そして、かつて主筆をつとめたこともある馬場恒吾（一八七五年〜一九五六年）を新社長にむかえ、「民主読売」とも称された紙面で刊行を開始したが、GHQの労働運動に対する方針転換や正力派のまきかえしなどがあり、組合は分裂、第二次読売争議（一九四六年六月一三日〜一〇月一六日）にいたり、四日間のストライキ（新聞不発行）などをおこなう。

しかし、警察は実力行使でこれを排除、労働者側の敗北におわる[13]。「民主読売」が「「永久に人民の機関紙」たることを目指しながら、その夢がわずか半年で破れたことを問題とすれば、初心を忘れ、戦争責任の自己清算を怠り、表面を民主的言辞で装いながら、古い封建的思想、軍国主義的精神で突っ走ってしまったところに、その原因を求めなければならないのである」[14]といった厳しい評価もなされているものの、同時期の労働運動にあたえた影響はおおきかった。こうした状況をわかったうえで「病的な世相を代表する」と国語問題協議会がいうのであれば、それは新聞社の民主化への道や労働者の権利を認めない反動的団体というほかはない。

ともあれ、社説「漢字を廃止せよ」が掲載されたのは、生産管理闘争のさなかであった。つまり、正力の息のかかった社説ではなく、労働組合側が発行している時期のことであったことを、確認しておきたい。

―２―２― 前後の社説

変革をともなう日本語の表記問題が社説をかざるというのも、現在の感覚からしてやや違和感がないとはいえない。しかしながら、この前後の社説をみてみると、ある流れのなかに位置づけることができる。つまり、社説「警察の再建」（一一月一〇日）では、特高警察と経済警察の廃止にともない保安警察一本となった以上、現任警察官の再教育と待遇改善によって「民衆の公僕として、国民の生活の保安に任ずる」ことをもとめ、翌日の社説「自由党の正体」（一一日）では、一一月九日に結成された日本自由党の鳩山一郎総裁の演説をとりあげて、「自由」を党名にいれているものの「保守的反動主義を根幹とし、人民戦線もしくは民主主義共同戦線を否定し、たゞ自前自己の政権を造らんがために、封建的勢力との決定的闘争なしにこれと妥協しても構はぬといふ曖昧な態度さへ窺はれる」と批判を展開している。そして「漢字を廃止せよ」の翌日の社説「日本社会党に問ふ」（一三日）では、社会党代議士の戦争協力者の責任を自浄的に問うことをもとめているのだが、それは「我が民主主義闘争の現段階が戦争遂行に協力せる現存の議会」を否定するためであって（第八九帝国議会は一一月二七日から開会予定であった）、社会党に「大衆とともに歩く断乎たる決意を如何なる姿において示さんとするのか」と迫った社説であった。こうした論調のうえでさらに翌日の社説「日本共産党の初登場」（一四日）では、合法化された日本共産党が決して天皇制を暴力的に廃止しようとしているわけではなく、民主主義勢力の結集の要となり「革命完遂の推進力たらんことをわれらは切望するものである」と熱いエールをおくっている。ここでは「共産党は戦争責任の嫌疑を微塵も蒙らぬ日本唯一の政党」であり、共産党への毛嫌いをなくすべきだとも主張している。それは「現にわが読売新聞社の民主化闘争においても官僚はこれを共産党の策動であると逆宣伝し、われらの運動を抑圧せんと企図してゐる」という状況であっては切実な訴えでもあったといえる。

さらに社説「官吏の責任を明かにせよ」（一五日）は、官僚制度の根本改革をもとめたものであるが、改革は「人民の声」であり「民主政治百年の将来を考へ」ておこなってもらいたい、と結んでいる。

読売争議についての研究書が指摘するように、この時期の「論説委員の担当する社説の執筆」は「戦争責任の追及、民主化、統一戦線支持を基調とする」[15]ものであったことがここからもうかがえ、日本共産党への期待がおおきかったこともわかるのだが、ともあれ、社説のタイトルをならべてみると「自由党の正体」「漢字を廃止せよ」「日本社会党に問う」「日本共産党の初登場」という流れになる。とすれば、たんに文化政策の問題としてではなく、政治社会の民主化の一環として漢字廃止を位置づけていたとみることができるであろう。

政治社会の民主化の一環としての漢字廃止という観点は、少し先走るが、「漢字を廃止せよ」の冒頭第二文に「民主主義の積極的建設を標榜するといふ自由、社会、共産三主要政党の政策もほゞ明らかとなつたか、またはなりつゝある」との一文があり、末尾で「民主主義的各党各派の一考すべき問題ではあるまいか」という問題提起をおこなっていることもひとつの証左となる。また、漢字廃止によって「新聞紙の製作も現在の半数の人員で行はれうる」という部分に、文選工もふくめた従業員の待遇改善をもとめた読売争議の主張が反映されているともいえる。

3 「漢字を廃止せよ」の内容

3-1 民主化を阻害する漢字

前提が長くなりすぎたが、以上をふまえたうえで社説「漢字を廃止せよ」をみていく。この第二段落は「民主主義の運営を期するには一定の知能の発達を必要とする」という一文からはじまるのだが、第一、第二段落をつうじて、知能の発達を阻害してきたのが、「現在日本の常用文字たる漢字」であり、「日本の軍国主義と反動主義」が国民の知能阻害を利用した結果、「八紘一宇などといふわけの解らぬ文字と言葉で日本人の批判能力は完全に封殺されてしまつた」ということを述べる。要するに漢字を多用して人びとを蒙昧なままにしていた、ということである。したがって、「階級的な敬語」もふくめて「封建的伝習の色濃い日本の国語が大いに民主化されねばならぬ」ということになる。

―3-2―　漢字の非能率と盲教育――日向利兵衛と平生釟三郎

第三段落は以下のようになっている。

> 或る調査によれば、漢字仮名交り文でする国民学校六年間の課程は、点字使用の盲人教育において、僅か三年乃至四年の間に完了されうるといふ。日本の児童は国民学校、中学校を通じて文字の学習に精力の大半を消耗する。そのため知識そのものを広めかつ知能を高めるための真実の批判的教育は閑却される。〔……〕われわれ自身ですら忘却、非能率その他漢字から受ける不便のどんなに大きいかをくどくどと述べる必要はあるまい。リノタイプの使用によれば新聞紙の製作も現在の半数の人員で行はれうる。

漢字の非効率を説いているのであるが、ここには著者を推定するうえでの重要な情報がふくまれている。盲教育では漢字をつかわないから効率がよい、という言説がどこから発生したのかは不明だが、はやくは一九二五年の資料で確認できる。そこでは、東洋海上保険株式会社常務でカナモジカイ（前身の仮名文字協会は一九二〇年に設立、二四年改称）の評議員でもあった日向利兵衛（一八七四年〜一九三九年）が「点字ハ カナ ノミ デ デキテ イル ノデ アリマス カラ、盲人ハ 一切漢字ヌキデ カナ バカリ デ 教育ヲウケル。ソノ結果トシテ 普通教育ハ 3年デ 修了スル トキイテ イマス。ワレワレ 目明キ ノ 完全ナ目ヲ モッテ イル 子供ハ 6年 カカリ マス」[16]と述べている。ただし、典拠は不明である。この言説はカナモジカイ系統のメディアでくりかえし引用される。たとえばカナモジカイ理事の平生釟三郎（一八六六年〜一九四五年）は一九三〇年の『漢字廃止論』のなかで「ある盲学校長の談に「盲学校では、目明の学校の子供が、小学校六ヶ年の課程として用ひてゐる十二巻の読本を約三年で習ひ覚えてしまひます」と」[17]あるという。平生が一九三六年の二・二六事件後に組閣された広田弘毅内閣の文部大臣として入閣すると、この『漢字廃止論』が帝国議会で問題となり[18]、それもあってか改版増刷がなされる。こうしたところから、盲学校云々の話が拡散していったとも考えられるが、社説の著者はかねてから漢字のもつ問題に関心をもっていたことはたしかであろう。

―3-3― 漢字と封建制と左翼ローマ字運動事件――高倉テルから片山睿へ

次の段落。

隣邦支那の封建時代に完成しただけに漢字には封建的な特徴が濃厚だ。徳川封建時代には漢字漢文が常用された。しかし、明治維新の民主的改革期には早くも漢字に対する批判が抬頭した。その結果漢字仮名文が発達し、簡易化され、現にわれわれの見る如き文章が成長して来た。一方仮名専用、ローマ字論等漢字廃止の運動が発達した。興味ある現象はこれらの運動が必ず政治的民主主義運動の勃興に伴つて隆盛を来してゐることである。〔……〕しかし、その度毎に封建主義と軍国主義とはこれを抑圧してしまつた。かつてレーニンは『ローマ字の採用は東洋民族の一革命であり、民主主義革命の『構成分子《ママ》である』といふ意味を述べたといふことである。トルコのケマル・パシヤが前大戦の敗北後行はれた民主主義革命でローマ字採用を断行したことは余りにも有名だ。民主主義と文字改革とは内的な深い関係を持ち、漢字廃止運動は民主主義運動の一翼であるといへる。

漢字と封建制とをむすびつけるのは敗戦後突如として登場した考え方ではない。たとえば、マルキストである高倉テルは一九三七年に「日本語再建」を『中央公論』に発表し、日本語の階層による、そして地域による「分裂」を論じるのだが、階層による分裂をもたらしたのが漢字であるという。つまり、「アジアの封建制でわ、支配者である武士が一さいの知識お独占した。知識が大衆に普及する事わ直ぐに封建制そのものの基礎お危くした。知識の基礎である文字がむづかしい表意文字の漢字である事わそのために絶対に必要であつた」[19]というわけである。高倉の最初の検挙は長野県の教員赤化事件（一九三三年）であったが、勾留中に佐野学・鍋山貞親の転向声明によって転向したためか、一九三四年一〇月三一日の東京控訴院の判決で懲役二年、執行猶予五年の判決をうける。しかしながら「共産主義思想ヲ清算スルニ至ラス」[20]、左翼ローマ字運動事件（一九三九年）でも検挙され、一九四二年にはゾルゲ事件に関与したとして検挙、二ヶ月後には釈放されるが、一九四四年には八王子久保田農場の指導をしたという理由で逮捕されるも、逃亡。哲学者三木清（一八九七年〜一九四五年）の家に泊まったことから、三木も逮捕・投獄され、敗戦直後獄中で死亡したことはよく知られている。この「日本語再建」は執行猶予中に執筆したものになる。

実は、この高倉テルと親しくしていた人物が、読売新聞社の記者のなかにいた。片山睿《さとし》という人物である（一九〇六年〜一九九二年）。片山は東大新人会メンバーとして活動していたものの、処分をうけ東京帝国大学経済学部中退、共産青年同盟の書記として同組織再建中に逮捕、一九三四年出獄、翌年に読売新聞社入社、一九三八年人民戦線事件で逮捕、一九三九年四月読売再入社という経歴をもつ[21]。片山の父と正力が知りあいだったということもあろうが、正力の「アカ保護政策」に該当する人物でもあった。片山自身による履歴書によれば、一九三四年に「マルクス主義思想は捨てないが、もうマルクス主義の運動はできないし、国語運動、ローマ字運動を終生の仕事にしたいという上申書を書いて出所。懲役二年、執行猶予五年」とあり、また一九三八年四月に「これまでローマ字会、国語運動などへだんだんと深入りしていたところへ、高倉テル氏、黒滝ちから氏などがあらわれ、一緒にやっていたが、人民戦線の一翼として検挙された。丸一年警察にいた」とある[22]。ここから、高倉テルと交流があったことがわかる（高倉は一九三六年五月ごろに日本ローマ字会に入会したという[23]）。片山の履歴書に書かれていないが、再入社したばかりの片山は外報部員だったが、一九三七年六月に左翼ローマ字運動事件で検挙される（検挙時の「犯罪被疑事実」は「革命的ローマ字運動」だが、起訴時は「左翼ローマ字運動」となっている）。本書第六章でもふれたが、検挙された一一名[24]のうち、高倉テル、黒瀧雷助、大島義夫、平井昌夫の四名が起訴された。黒瀧雷助は、片山の引用にある「黒滝ちから」（成至）と同一人物である。執行猶予付の判決がだされたが、判決文によれば、封建的な漢字を廃してプロレタリアート独裁のためにローマ字で日本語を表記すべきだという主張が治安維持法違反容疑となったわけである[25]。社説の文言を借りれば、「民主主義運動の勃興」にともなって漢字廃止論を主張したのだけれども「封建主義と軍国主義」によって抑圧されてしまった、ということになる。

片山は起訴されなかったものの、高倉たちのこうした思想にはふれていたことになる。「漢字を廃止せよ」において漢字の封建性を指摘し、レーニンを引用し、そしてまた後述のように社説ではローマ字採用を訴えているところからも、さらにいえば、第一次読売争議がはじまったときには外信部論説委員であり、社説を書く立場にあったことからも、これを書いたのは片山睿である可能性が高い。

レーニンの引用元は明記されていないが、一九二一年にアゼルバイジャンでアラビア文字表記からローマ字表記に変更しようとする運動がはじまったことをきいたレーニンが「東方における革命である」と語ったという[26]ので、そのことを指していると考えられる。また、本書第六章で斎藤秀一が『支那語ローマ字化の理論』（一九三六年）を編集・翻訳したことをとりあげたが、その扉に「Latinxua sh dungfang weidadi geming! –Lenin／拉丁化是東方偉大的革命！（列甯）／ローマ字化は東洋の偉大な革命である！」と書いた。原本の一部である『中国話写法拉丁化』の扉には「Latinxua sh dungfang weidadi geming」だけしか記されていないので、このことばがレーニンのものだという知識を斎藤はもっていたことがわかる。おそらくはプロレタリア・エスペラント関係の書物から仕入れたのであろう（残念ながら特定はできていない）。片山が斎藤秀一の書いたものに接していたのかは判然としないが、ひとつの可能性として記しておく。

また一九五二年になるが、大島義夫も同様にレーニンの言を紹介しており（本書第九章参照）[27]、特定の範囲では知られた言辞であったと考えられる。ちなみに片山は一九四五年一一月に日本共産党に入党、翌年六月に読売新聞社を馘首され、八月に『アカハタ』の記者となる。

なおトルコのケマル・パシャによるトルコ語のローマ字化については、言語問題に関心をもつ層には比較的よく知られていた。たとえば、カナモジカイの星野行則（一八七二年〜一九六〇年、当時は加島銀行常務）は、一九三一年に国際商業会議所総会出席のため欧米に出張したついでにトルコに立ち寄り、文部省の嘱託をうけていたこともあり、実情を視察して翌年に報告書を出している[28]。

3-4 ローマ字採用論へ――アメリカ式能率と民主主義

そして社説最後の二段落。

わが国にはいま第三回目の、そして最後の勝利を収むべき民主主義運動が澎湃として捲き起りつゝある。外圧に基く上からの民主主義革命は漸く下から燃え上る民主主義運動と結びつかんとしつつある。一切の封建的伝統と障害物はかなぐり捨てねばならぬ。いまこそ封建的な漢字に対しても再批判を下すべき時が来たのである。

漢字を廃止するとき、われわれの脳中に存在する封建意識の掃蕩が促進され、あのてきぱきしたアメリカ式能率にはじめて追随しうるのである。文化国家の建設も民主政治の確立も漢字の廃止と簡単な音標文字（ローマ字）の採用に基く国民知的水準の昂揚によつて促進されねばならぬ。街に氾濫する生かじりの英語学習よりもこの方がはるかに切実な問題である。民主主義的各党各派の一考すべき問題ではあるまいか。

漢字が封建的であり、それを廃止することで民主主義革命がなしとげられる言辞がくりかえされる。漢字を廃止し封建意識をなくすことではじめて「アメリカ式能率」に追随できる、というやや情けない主張は、心理学を専攻し、効率的な労働のあり方を模索した、能率学者・上野陽一（一八八三年～一九五七年。産業能率学校（のちの産業能率大学）を創設）が、敗戦の年の一二月に刊行した『新能率生活』のなかで、今次の戦争に敗北したのは「アメリカの「能率」にまけたのである」[29]と身も蓋もないことをいっているのを想起させる。ちなみに上野はカナモジ論者であったが、これもまた能率のためのカナモジであった[30]。

—3-5— 渡辺一夫の疑義

この社説のなかの「民主主義運動が澎湃として捲き起りつゝある」とか「下から燃え上がる民主主義運動」といった表現を直接指しているのかは不明であるが、フランス文学者で東大で教えていた渡辺一夫（一九〇一年～一九七五年）は、一九四六年三月の『太陽』（一巻六号）に掲載した「「国語問題」以前のこと」で以下のようなことを述べている。

最近或る新聞を見てゐたら、「澎湃として湧き上つた文化国家建設の声」とか「下から盛り上がる民主主義の意欲」とかいふ表現に出会つて、私はぎよつとした。〔……〕つい先頃まで新聞やラジオや街頭で読まされ聞かされてゐた演説を思ひ出さざるを得ないからである。〔31〕

「或る新聞」が『読売報知』の「漢字を廃止せよ」なのか明確ではないが、似た表現は社説にある。ここで渡辺は「国語問題」に関連した議論を展開していくので、あながち間違いではないと思われる（この時期にまったく同じ表現での記事をみつけることができなかった）。渡辺は「「澎湃として湧き上る」ものや「下から盛り上がる」ものが何であらうとかまはずに、何かそんな気持になり、そんなことにしてしまふやうな国民はその怠惰の故に、〔……〕何を言はれようと書かれようと、それは自分も他人もすべて、何かそんな気持になるだけの話である」〔32〕とする。先の鶴見俊輔の「言葉のお守り的用法」と通じる批判ではあるが、要するに何も考えずに雰囲気で時勢に乗っていく「国民」の怠惰を批判しているわけである。敗戦後の「国語問題」を考えるその前に、こうした雰囲気をどうにかしなければならない、というのであるが、渡辺が直接この社説を読んで書いたものかはともかくとして、同様の問題をこの社説がもっている、ということはいえるだろう。渡辺は「民主主義」のかわりに、かつて「澎湃と盛り上つた」のは「玉砕精神」だったとしているが、それは「プロレタリアート独裁」と入れかえてもなりたつ批判である。

ともあれ、日本語表記の歴史を担保してきたとされた漢字を、「民衆」から乖離した封建的なものに読みかえ、それを廃止することで、封建制に圧迫されてきた歴史を一挙に無化し、民主主義革命の前提としていこうとするのがこの社説の主旨である。ただし、封建制と漢字とを結びつけてはいるが、封建制の元凶としての天皇制という問題設定にはなっていない。かつて一九四二年に国語審議会が標準漢字表を発表したときに、常用漢字一一三四字、準常用漢字一三二〇字、特別漢字七四字に分類したのだが、準常用漢字を、歴代天皇の追号や詔勅などに用いられている漢字で常用漢字以外のものなどとする、としていた。この点が、天皇に関する漢字を「準」とする「国語の変革」であるとおおきな反発をまねき、区分をなくす形で決着した経緯がある[33]。つまり、天皇制を支える漢字という観点も存在していたのであるが、そうしたことについては、敗戦後天皇制のゆくえがまだ定まっていないこの時期だからか、意図的か否かはともかく、あえてふれていないことに注意しておきたい。

4　「漢字を廃止せよ」のゆくえ

―4-1―　「民主読売」の論調

第一次読売争議のあと、「民主読売」とも評された紙面で刊行をしていた一九四六年元日から『読売報知』の題字は左横書きとなり、ローマ字表記が付された。闘争の中心人物のひとりであった増山太助（一九一三年～二〇〇七年）がいうには、「題字『読売報知』を横書にし、横列文字をいっさい左書きに統一するという新スタイル」は「それから約六ヵ月間、「人民の機関紙」といわれた「民主読売」が獅子奮迅のたたかいを展開した」[34]という同紙のあり方を象徴するものであったのかもしれない。この題字の左横書きは、第一次争議時の最高闘争委員長で、「民主読売」のときは編集局長・主筆・社会部長であった鈴木東民（一八九五年～一九七九年）のアイディアであったという[35]。

その後も『読売報知』には「国語の民主化」（一九四六年一月一八日）、「大衆的ローマ字運動へ」（一九四六年四月一一日）という社説がかかげられた。前者では、漢字廃止を前提として、カナよりもローマ字の利点を論じ、「国語民主化戦線」を結成して、いままで「特権階級の手に握られてゐた文字と語といふ文化の貴重な武器を人民大衆の手に取戻すための国語の民主化は、まさに日本民主々義革命の大きな任務の一つなのである」と述べる。印象論でしかないが、共産党的用語がちりばめられた文章であるとはいえるだろう。後者では一九四六年三月に来日したアメリカ教育使節団の報告書で日本語のローマ字化が提言されていたこと[36]を「まことに喜ばしく感ぜられた」としたうえで、「大衆的なローマ字運動」には「各政党政派も参加すべき」であり「ローマ字採用は民主戦線の一綱領とならねばなら」ず、「革命的な政党」は、漢字廃止による「封建的諸観念」の一掃という、「政治的な偉大な変革効果も見落すべきでない。そして来るべき議会にいづれかの政党からローマ字化計画を盛つたローマ字方案の提出されるのを希望しておきたい」と結ばれる。「革命的な政党」に期待する文面など、漢字を廃止しローマ字化を主張するこのふたつの社説も、共産党に入党した片山睿の筆になるものといえるかもしれない。ローマ字採用を求めたアメリカ教育使節団を肯定的に紹介している背景には、コミンフォルムに批判される前の、占領軍を解放軍とする、野坂参三（一八九二年～一九九三年）のいわゆる野坂理論からの影響を読みとることも可能であろう。

―4-2―　第二次読売争議のあと

『読売報知』のこうした論調は、馬場恒吾社長が編集権の確立をめざすなかで主筆・鈴木東民や論説委員の片山ら計六名を馘首した一九四六年六月一四日以降、途絶えることになる。この退社命令によって「民主読売」の時代はおわり、第二次読売争議が開始され、組合側の敗北におわる。この退社命令の背景には、ＧＨＱプレスコード違反などの要素がからんでいるようであるが[37]、社説で「革命的政党」という言辞がおどっていることに、社内で危機感を感じたものが皆無ではなかったと想像される。

片山が読売新聞社に馘首されたあと、漢字廃止に関連する社説は登場しなくなる。こうした点からも、「漢字を廃止せよ」を書いたのは片山睿ではないかと推測できるのである（本章末【付記】参照）。

片山が『アカハタ』に関与したのは一九四七年二月までの約五カ月間でしかない。その『アカハタ』が一時、地名・人名の漢字表記をおこなわずにカタカナ表記にしていた。これは自身の著作で実践していたタカクラ・テルにしたがったものと考えられるが、こうしたことですら、結局は定着しなかった。共産党員の評論家・蔵原惟人（一九〇二年～一九九一年）には「言語や文字は全民族共通の問題であって、一党派、一階級だけの問題ではないからだ」[38]といなされてしまうのであったが、漢字の歴史性をいったん遮断して、あたらしい社会を構築していこうとする意図は、すくっておきたい。

その後片山は『前衛』や『新しい世界』の編集にかかわるものの、共産党の方針とあわず、一九六一年に除名される。石堂清倫〔一九〇四年〜二〇〇一年〕は、「民主主義の原理にもとづいて共産主義を革新しようという彼〔片山〕の提唱を支持するものは少なくなかった。しかし、機関を握っている保守的、官僚的派閥の力は片山を放逐するため手段をえらばなかった」[39]と追悼文で述べている。片山睿の名前では、漢字廃止をふくめた文字改革論は残されてはいない。しかしながら、この「漢字を廃止せよ」という社説が片山の筆になるものという推定は、敗戦直後の片山を考える際にいくばくかの寄与をするのではないかと考えている。

かりに片山の筆にならないものであったとしても、敗戦直後にこうした議論がなされていたことは、漢字は「日本人の心性によって支持され」、「日本人の心のあり方」に迫る手段になる[40]と脱歴史的に強調した本が出版されている現在、やはりきちんと記憶されるべきことがらであると思われてならないのである。

【付記】

初校をおえたあと、新聞界の業界紙である『日本新聞報』に「ローマ字新聞の問題」という記事が掲載されていることを知った〔一九四六年四月二二日、三面〕。編集部に対して語るのは「読売論説委員方山里志」である。これは方山睿のことである。そこではトルコでの文字革命にふれ、ローマ字化して最初の一、二年は新聞が売れなくなったが、記者も読者も慣れてくると、新聞の制作費が安くなったので、かえって読者が増えた、と指摘したうえで以下のように述べていく。

これは日本でも同じで新聞の製作費など約三分の一となると思ふ、日本では三―五年をかぎつて（もつとながくてもよい）実施するとよいと思ふ、国民〔学〕校では一年生からローマ字だけを教へる、一方成人教育を二週間、毎日二時間づつ施せばよい、大体立派に読み書きの出来るには大人は廿四時間でよいといふから毎日一時間でも結構だらう、国民学校の児童などは一度ローマ字による読み書きを習ふと漢字仮名はいやがつて習はうとせぬといふ、丁度吾々が漢文を嫌ひになつてゐると同じなのだ、ローマ字の採用にとつては大きな問題が横たはつてゐる、日本では現在中国でも使用してゐない漢語を使用し、文字にしてみてはじめて分る言葉を使つてゐることだ、それに同音異語が国語のうちには約八千もあることだ、これはいはゆる言葉直しをすることが必要となるのだが、これに二つの方法がある吾々が本当の民族語を見出し、また新しい民族的な言葉を作ることである、これがうまくゆかねば民族の言語的表現が貧弱化する惧れがある、トルコでは当時大規模な国語調査会を作つて言葉直しをやつた　現在マ司令部も国語調査会の組織を提案してゐるが、これが出来上り、うまくゆけば民族的な表現力が貧弱化する惧れはない、むしろそれは非常にゆたかなものになつて行くだらう、たゞ言葉直しを完成せねばローマ字制を実施できないといふのは誤りで、ローマ字を使用しながらやらねばいつまでも実現しないと思はれる、ローマ字運動は大体明治の民権運動のころから始まつたのだが、反動的な政治家のため阻止されて実現できなかつた、漢字がまつたく失はれれば漢字に媒介される封建性が社会から除かれるから反動政治家は極力拒否したのだ、当時の文部大臣森有礼は国語を英語に代へる意図を持ちアメリカの言語学者から笑はれたといふ話があるが、ローマ字の採用は国語を平易純粋にこそすれ、他国語に代へるための準備ではない　民権運動以来つゞけられた運動は大正末期の普選実施のときふたたび活発となつたが、太平洋戦争とともに圧迫されてしまつた、かういふ長い歴史をもつ運動は理論的にも立派に完成し、民主的な政府のもとにある、いまでは実際に採用されねばならぬ時期となつた〔……〕持論としては若干の混乱はあらうともこれを断行することが必要で、新聞としては全面的に採用するわけにはゆかぬから、一部分をローマ字欄として設け、内容をおとすことなく、ローマ字が国民に普及するにつれて全面に拡めることだと思ふ

内容としても『読売報知』の社説「漢字を廃止せよ」と類似している部分があるので、この社説を書いたのは片山と断定してよいだろう。また「ローマ字新聞の問題」は、片山自身が書いたものではないにせよ、片山が明確に漢字廃止、ローマ字採用を主張した文献として記録しておくべきものと考える。

注

1　白石大二『終戦後における国語改良の動向』社会社、一九四七年、一五頁、二一頁。

2　平井昌夫『国語国字問題の歴史』昭森社、一九四八年、三八〇頁（復刻、三元社、一九九八年）。
3　国語審議会の歴史については、たとえば安田敏朗『国語審議会――迷走の60年』（講談社現代新書、二〇〇七年）などを参照。漢字表についてはは最新のものとして、今野真二『常用漢字の歴史――教育、国家、歴史』（中公新書、二〇一五年）などがる。
4　詳細は、安田敏朗『漢字廃止の思想史』（平凡社、二〇一六年）を参照。
5　鶴見俊輔「言葉のお守り的用法について」『思想の科学』創刊号、一九四六年五月。
6　土屋道雄『国語問題論争史』玉川大学出版部、二〇〇五年、二二〇―二二一頁。
7　詳細は、国語問題協議会編『国語問題協議会十五年史』（国語問題協議会、一九七五年）、同『国語問題協議会四十五年史』（国語問題協議会、二〇〇四年）、およぴ同会ホームページ（http://kokugomondaikyo.sakura.ne.jp/）などを参照。
8　土屋道雄『国語問題論争史』玉川大学出版部、二〇〇五年、二二〇頁。
9　白石大二『終戦後における国語改良の動向』社会社、一九四七年、一三〇―一三二頁。
10　宇野精一「序――回顧と目標」、国語問題協議会編『国語問題協議会四十五年史』国語問題協議会、二〇〇四年、一頁。
11　山本潔『読売争議（一九四五・四六年）――戦後労働運動史論　第二巻』御茶の水書房、一九七八年、四一頁。
12　『読売新聞八十年史』読売新聞、一九五五年、四八一頁。
13　読売争議に関しては、読売新聞社の各社史（八十年史（一九五五年）、百年史（一九七六年）、百二十年史（一九九四年））の記述があるが、経営側に立った記述となっている（とりわけ八十年史にその傾向がつよい）。学術的研究として、山本潔『読売争議（一九四五・四六年）――戦後労働運動史論　第二巻』（御茶の水書房、一九七八年）、当事者の回顧として、増山太助『読売争議　1945/1946』（亜紀書房、一九七六年）、

14　宮本太郎『回想の読売争議――あるジャーナリストの人生』（新日本出版社、一九九四年）、争議の中心人物のひとりであった鈴木東民の評伝として、鎌田慧『反骨――鈴木東民の生涯』（講談社、一九八九年）などがある。

15　戦後労働運動史研究会「戦後労働運動の「神話」を見直す――「読売争議」の実態［上］」『世界』六五七号、一九九九年一月、二九六頁。

16　山本潔『読売争議（一九四五・四六年）――戦後労働運動史論　第二巻』御茶の水書房、一九七八年、七九頁。

17　日向利兵衛「文字ト文化（5）」『カナ ノ ヒカリ』四四号、一九二五年九月、三頁。

18　平生釟三郎『漢字廃止論』カナモジカイ、一九三〇年、三頁（参照は第四版、一九三六年）。

19　この点に関しては、有村兼彬「平生釟三郎と漢字廃止論」『甲南大学紀要　文学編』（六八号、一九八七年）、有村兼彬「平生釟三郎と漢字廃止論」、安西敏三編『現代日本と平生釟三郎』（晃洋書房、二〇一五年）を参照。

20　高倉テル「日本語再建」『中央公論』五二巻七号、一九三七年七月、一四四―一四五頁。

21　「高倉輝等に対する（唯研、言語運動関係）治安維持法違反被告事件第一審判決」、司法省刑事局『思想月報』九〇号、一九四一年一二月、七三頁（復刻は文生書院、一九七三年）。

22　山本潔『読売争議（一九四五・四六年）――戦後労働運動史論　第2巻』御茶の水書房、一九七八年、二四頁。

23　「履歴書」、『片山さとし遺稿集』片山さとし遺稿集刊行委員会、一九九五年、四〇二頁。

24　高倉テル「ミイラ・取りの話」『国語運動』一巻三号、一九三七年一〇月、四四頁。

25　『特高月報　昭和十四年六月分』内務省警保局保安課、一九頁。

高倉たち四名への判決文は「高倉輝等に対する（唯研、言語運動関係）治安維持法違反被告事件第一審判決」、司法省刑事局『思想月報』九〇号（一九四一年一二月）を参照。左翼ローマ字運動事件については、安田敏朗『近代日本言語史再考――帝国化する「日本語」と「言語問題」』（三元社、二〇〇〇年）の第九章も参照。

26 荒井幸康『「言語」の統合と分離――1920-1940年代のモンゴル・ブリヤート・カルムイクの言語政策の相関関係を中心に』三元社、二〇〇六年、八六頁。

27 大島義夫「社会主義社会における言語の問題」、民主主義科学者協会言語科学部会監修『言語問題と民族問題』理論社、一九五二年、五〇頁。

28 これは、星野行則『トルコノ国字改良実情視察報告書』（カナモジカイ、一九三二年三月）として刊行されたが、同文が星野行則「トルコが旧文字を廃してローマ字を用ゆるにいたつた事情」『国語教育』一七巻一一号（一九三二年一一月）として転載されている。

29 上野陽一『新能率生活』光文新書、一九四五年、三頁。上野については、斎藤毅憲『上野陽一――人と業績』（産業能率大学、一九八三年）がある。

30 詳細は、安田敏朗『漢字廃止の思想史』（平凡社、二〇一六年）を参照。

31 渡辺一夫「「国語問題」以前のこと」『太陽』一巻三号、一九四六年三月（引用は渡辺一夫『蜃気楼』鎌倉書房、一九四七年、一四〇頁）。

32 同前、一四三頁。

33 この経緯については、たとえば、文化庁『国語施策百年史』（ぎょうせい、二〇〇六年、二四七―二五五頁）、安田敏朗『漢字廃止の思想史』（平凡社、二〇一六年）などを参照。

34 増山太助『読売争議　1945/1946』亜紀書房、一九七六年、一三八頁。

35 鎌田慧『反骨――鈴木東民の生涯』講談社、一九八九年、二六九頁。

36 土持ゲーリー法一『米国教育使節団の研究』（玉川大学出版部、一九八一年）が全般的な研究書で、使節団の報告書の「Language Reform」（言語改革）の章への言及もある。言語改革に特化した研究書には、茅島篤『国字ローマ字化の研究』（風間書房、二〇〇〇年）がある。英文は、国際特信社編輯局翻訳『マックアーサー司令部公表　米国教育使節団報告書』（国際特信社、一九四六年）がある。手に入れやすい翻訳には、全訳解説村井実『アメリカ教育使節団報告書』（講談社学術文庫、一九七九年）がある。

37 詳細は、山本潔『読売争議（一九四五・四六年）――戦後労働運動史論　第2巻』（御茶の水書房、一九七八年、一八九―二〇五頁）を参照。

38 蔵原惟人「今日における言語の問題」『文学』一九巻二号、一九五一年二月、四八頁。

39 石堂清倫「亡くなった片山さとし」、『片山さとし遺稿集』片山さとし遺稿集刊行委員会、一九九五年、四二三頁。

40 笹原宏之『漢字に託した「日本の心」』ＮＨＫ出版新書、二〇一四年、二六五頁。

第九章　スターリン言語学からみえるもの
――民主主義科学者協議会編『言語問題と民族問題』をめぐって

I　はじめに

一九五二年一二月に、民主主義科学者協会［1］（民科）言語科学部会監修のもとで理論社から『言語問題と民族問題』（季刊理論　別冊学習版・第Ⅱ集［2］）というものが刊行された。その「編集のことば」の第一段落を以下に引用する。

一九五〇年六月、わたくしたちは、二つの世界的な文献をうけとった。ひとつは、トルーマンによる「朝鮮出兵声明」であり、他は、スターリンによる「言語学におけるマルクス主義について」であった。前者は、バク弾と殺リクを送りものとし、民族の血を流させた。後者は、世界の文化に大きな影響をあたえ、そのことによって、各民族のエネルギイを昂揚せしめた。[3]

たしかに、前者については「バク弾と殺リク」がくりかえされた朝鮮戦争にまつわる文書であって、多くの血が流されたことは事実である[4]。しかし、後者はそれに対置できるほど「世界の文化に大きな影響をあたえ」たものなのだろうか。当時の日本人は知るよしもなかったにせよ、金日成に開戦を認めたのは、スターリン自身であった。

しかもこの『言語問題と民族問題』という冊子は、

この特集は、民主主義科学者協会言語科学部会が中心となって、「言語問題についてのスターリン論文発表二周年記念事業」がおこなわれた、その成果のひとつである。当然のことながら、この論文は、民族解放の闘いに力をつくす日本の科学者にとって、深いはげましとなり、指針となった。科学者たちは、たんに学術上の問題としてではなく、日本民族の解放のために、この問題を深化し、ひろめることにつとめた。[5]

とあるように、一九五二年、スターリンの「言語学におけるマルクス主義について」発表二年を記念した事業の一環としてわざわざ刊行したものだという。一九五〇年六月にはじまった朝鮮戦争は、このとき休戦協議ははじまっていたものの、戦線は膠着していた。そうしたなかでスターリン論文発表二周年事業をおこなう、というわけである。いったいこのスターリンの論文のなにが、「民族解放の闘い」のはげましとなり、指針となったのだろうか。たとえば「この論文はマルクス主義および史的唯物論に関心をもつすべての人に巨大な意義をもつ論文」[6]とも評されているのだが、本当にそうだったのだろうか。本章では、このスターリン論文の、民科を中心とした日本での受けとめ方をみていくことにしたい。スターリンを寄るべき大樹としていた民科の志向の一端があきらかになれば、と思う。

2　スターリン「言語学におけるマルクス主義について」

一九五〇年六月二〇日（朝鮮戦争開戦の五日前である）、『プラウダ』一七一号に「言語学におけるマルクス主義について」が掲載され、一八五号（七月四日）に「言語学の若干の問題について」、二一四号（八月二日）に「同志サンジェーエフへ」「同志デ・ベールキンと同志エス・フーレルへ」「同志ア・ホロポフへ」が掲載された。

一七一号と一八五号の翻訳が『前衛』五一号（一九五〇年八月）に掲載され、一九五〇年に民科大阪支部が一七一号の翻訳のみを活字組で出版している（刊行月は不明だが、『前衛』の翻訳とは異なるので、八月前後かもしれない）。『プラウダ』掲載のものすべてを翻訳したものは、『イ・スターリン『言語学におけるマルクス主義について』および右論文への質問に対する回答』として言語問題研究会が謄写版で刊行している（おそらく一九五〇年。民科大阪支部の翻訳と相似する）。

現在は『スターリン戦後著作集』(大月書店、一九五四年)でよむことができるが、訳しなおしたものをふくむ田中克彦『「スターリン言語学」精読』(岩波現代文庫、二〇〇〇年)の方が、解説および背景、そして日本への影響なども論じているので、便利である。日本への影響については、後述する国語学者・時枝誠記とタカクラ・テルの議論が中心となっており、民科に焦点をあてたものとはなっていない(ただ、田中はスターリン論文発表時高校生であり記憶はないというが大学生になってすぐに(一九五三年ごろ)民科言語科学部会に参加した、という[7])。

―2-1― その内容

さて、スターリン論文の内容は、それまでソビエト言語学を牽引してきたニコライ・ヤコヴレヴィチ・マル(一八六五年~一九三四年)の言語論を否定する、というものである。論文とはいっても、「青年同志諸君のグループ」の問いに答える問答体で展開されている。

以下、『言語問題と民族問題』におさめられた理論編集部によるスターリン論文の解説を要約してみると、まず、マルの言語論とは、簡単にいえば、言語は上部構造(社会の政治・法律・宗教・芸術・哲学上の見解およびそれらにおうじる政治・法律上そのほかの制度のこと)に属し、土台(社会発展の一定の段階における社会の経済体制のこと)がかわれば上部構造に属する言語も変化する、というものである。スターリンは、十月革命によって「土台」がかわったにもかかわらずロシア語は使用されつづけているではないか、と言語と上部構造とは関係がないものとする。言語とは、社会が存在するあいだ活動する社会現象のひとつであるとし、言語は社会とともに発生発展し、死滅するという。また、言語がなりたつには基本的語彙と文法が必要である、とも明記する。そして、言語は階級的ではなく国民的なものであり、社会のすべての階級に同じように奉仕する。階級的あるいは地域的な「方言」は独自の文法大系と基本的語彙をもっておらず、さらに社会全体には通用しないため、ひとつの言語であるとはいえないとする。言語、とりわけその文法構造と基本的語彙はいくつもの時代にわたって形づくられてきており、「言語は氏族的言語から種族的言語へ、種族的言語から民族体（ナロードノスチ）の言語へ、民族体の言語から民族〔ナーツィア〕の言語へ発展してきた。そのどの段階においても、言語は社会における人間交通の手段として共通かつ単一であり、社会の成員にたいして平等に仕える。この共通な言語とならんで地域的方言・なまりがあったが、それは種族または民族体の共通言語に従属するものである。資本主義があらわれるとともに、封建的な分立がなくなり、民族的な市場ができ、それとともに民族体は民族に発展し、民族体の言語は民族語に発展した。歴史の示すように、民族語は階級的ではなく、民族の成員にとって共通で、民族にとって単一な全国民言語である」ということになる。そうしたうえで、マルの言語論を金科玉条のごとく敬っている「弟子」たちを批判していく。そして、「世界的規模で社会主義が勝利をしめしたあかつき」には、「民族語は自由に発展する」。そして「諸民族の長いあいだの経済的文化的協力の結果、はじめにまずもっともゆたかにされた地域的方言語ができ、そのあとで地域的言語が融合して一つの共通な国際語になる」と世界が社会主義化すればいずれひとつの国際語に統合されていくという見通しを示す〔8〕。

こうしてまとめてみると、言語と社会そして民族の関係についてさほど革命的なことを論じているわけではない。ただ、氏族・種族・民族体・民族、それぞれの段階における言語のありようがあるという点が特徴的ではあるのだが、基本的語彙と文法組織には大きな変更はない、というのであるから、これもそう革命的なことでもない。もちろん、種族、民族体の言語が「民族〔ナーツィア〕の言語」へと発展する、いいかえればそれに従属していく、という構図は須田努の指摘のように「多民族国家であるソ連邦において、民族の自治を、プロレタリアート独裁の中央集権国家におしこめる、というレーニン以来の政治戦略を背景として、叙述されたもの」〔9〕であった。それをふまえても、社会主義で世界が統一されたあとに一つの国際語に融合していくという主張は、マルの議論とどうちがうのか判然としない。スターリン自身は、マルの議論は社会主義が勝利するまでの議論である、と区別しているようであるが（「同志ア・ホロポフへ」の回答）、あまり説得的ではない。全社会の社会主義化までのソビエトにおけるロシア語の優位を示すことに主眼がおかれていたと解釈すれば、ある程度はわからないでもない。

ともあれ、一体どの点が冒頭に引用したように「世界の文化に大きな影響をあたえ」たものなのか、ますますわからなくなる。それでも、次に年表風にまとめたように日本ではそれなりの反響をもたらした。

―2-2― その反応

一九五〇年六月のスターリン論文発表から、この翻訳あるいは関連論考が次々と出されることとなった。年表風に（四二六頁以降）にまとめてみる。この表の作成にあたっては、小林潔による四〇頁をこえる『「スターリン言語学」精読』の書評論文に付された詳細な「書誌」も参照した（ただし、小林は『言語問題と民族問題』を未確認であるとしている)〔10〕。

前項からのつながりでいえば、スターリン論文にみられる言語観は、さほど革命的なものではなかった。そうした意味でいえば、スターリン論文に反応したのがほとんど民科関係者であったなかで、それよりも早く反応した時枝誠記は異質であった。『中央公論』に掲載された時枝の文章の冒頭は「中央公論の編集子が、スターリン氏の『言語学におけるマルクス主義について』と題する論文の日本語訳を持参されて、これについての私の意見を求められた」とはじまる〔11〕。引用されるテキストのページ数をみると、年表に記したテキストとは別のもののようである。言語問題研究会刊行の『イ・スターリン「言語学におけるマルクス主義について」および右論文への質問に対する回答』と訳語は近いのだが二ページほどのずれがあるので、これと相似したものかとも思われる。

中央公論編集部の意図としてはマルクス主義とは距離がある時枝にスターリン論文を批判してもらいたかったのであろうし、時枝もその意図を感じとっているのだが、結果的には「彼〔スターリン〕が政治的立場から言語に課した多くの重要な意義について、好意を寄せることが出来るように思へた」として、「結論を云ふならば、私は原著者のやうに安易には、民族の言語が単一であるとは云ふことが出来ないと思つてゐる。しかし一方では原著者と共に、民族の言語が単一であり、更に世界の言語が単一であることを希望する」との感想を寄せた〔12〕。ソビエト言語学に親しんでいない時枝が、スターリンの言語論をすんなりと受け入れることができたことにまずは注目し、そのうえで「民族の言語が単一」であることを理想型とみなしながらも疑義を呈していることは、後述の民科の言説とは一線を画している。

民科関連		原論文		翻訳	(備考)	著者	論評など		(備考)
	1950年6月20日	言語学におけるマルクス主義について	『プラウダ』第171号						
	1950年7月4日	言語学の若干の問題について	『プラウダ』第185号						
	1950年8月			「言語学におけるマルクス主義について」『前衛』51号	『プラウダ』第171、185号の翻訳				
	1950年8月2日	同志サンジェーエフへ	『プラウダ』第214号						
	1950年8月2日	同志デ・ベールキンと同志エス・フーレルへ	『プラウダ』第214号						
	1950年8月2日	同志ア・ホロポフへ	『プラウダ』第214号						
○	1950年			イ・ヴエ・スターリン『言語学におけるマルクス主義について』民主主義科学者協会大阪支部	『プラウダ』第171号のもののみ。『前衛』の翻訳とは異なる。活字組				
○(?)	1950年(おそらく)			イ・スターリン『「言語学におけるマルクス主義について」および右論文への質問に対する回答』言語問題研究会	研究資料(普及版)、『プラウダ』掲載のものすべて。171号のものは、民科大阪支部訳と相似。謄写版				
	1950年9月					森下真佐子	言語学におけるマルクス主義――スターリンの二つの論文	『理論』14号	
○	1950年9月30日						民主主義科学者協会東京支部主催シンポジウム「スターリンの言語論」開催	報告者:大島義夫・石母田正・三浦つとむ	典拠:寺沢恒信「スターリンの言語論をめぐって」『文学』19(2)、1951年2月、57頁

民科関連		原論文		翻訳	（備考）	著者	論評など		（備考）
	1950年10月					時枝誠記	スターリン「言語学におけるマルクス主義」に関して	『中央公論』65巻10号	依拠したテキストは言語問題研究会発行のものと似るが、別の版か。
	1950年11月					村山七郎	ソヴィエト言語学とスターリンの批判	『思想』317号	マルの紹介も兼ねる
○	1951年2月					小林英夫	スターリンの言語観	『文学』19巻2号	＊小林は言語問題研究会発行のテキストを引用。『文学』の特集のうち、スターリン論文を論じたもののみ掲示。
○	1951年2月					蔵原惟人	今日における言語の問題	同上	
○	1951年2月					寺沢恒信	スターリンの言語論をめぐって	同上	
○	1951年2月					大島義夫	ソヴェート言語学論争	同上	
○	1951年2月					三浦つとむ	なぜ表現論が成立しないか	同上	
	1951年3月					村山七郎	ソヴィエト言語学の方向転換	『言語研究』17・18号	スターリン論文以前からの解説
○	1951年5月					タカクラ・テル	言語もんだいの本質	『理論』16号	蔵原論文への反論
	1951年11月					東郷正延	スターリンと世界語の問題	『東京外国語大学論集』1号	
	1951年11月					村山七郎	マルのヤフエット理論とスターリンの批判後のソ連言語学界	『民族学研究』16巻2号	
○	1952年2月5日			スターリン、除村吉太郎編『作家への手紙』ハト書房、附録I	訳者明記（吉原武安・佐々木彰・和知久夫・清水邦生。民科との関連不明）				

民科関連		原論文		翻訳	（備考）	著者	論評など		（備考）
	1952年10月15日			コレスタンチーノフ・アレクサンドルフ監修、ソヴェト研究社協会訳『スターリンの労作『マルクス主義と言語学の諸問題』における弁証法的唯物論と史的唯物論』大月書店、付録	『作家への手紙』附録のものを流用か。				
○	1952年12月					石母田正	言葉の問題についての感想——木下順二氏に	民主主義科学者協会言語科学部会監修『言語問題と民族問題』理論社	季刊理論別冊学習版第II集
○	1952年12月					寺沢恒信	飛躍と爆発——古い質から新しい質への移行の法則について	同上	
○	1952年12月					大久保忠利	言語と思考と行動——言語研究の「目的意識化」のために	同上	
○	1952年12月					大島義夫	社会主義社会における言語の問題	同上	ほか、「スターリン論文の影響」「現在のニッポンの言語問題」「日本における言語学の展望と反省」「学習の手引」など
	1954年			スターリン全集刊行会『スターリン戦後著作集』大月書店におさめる					

「民科関連」人物は、柘植秀臣『民科と私——戦後一科学者の歩み』（勁草書房、1980年）におさめる「役員名簿」に記載。

時枝はスターリンが言語は上部構造ではないとしたことをふまえ、さらにまた言語は「これを文化でないとして、人間の文化的所産の外に置くことも出来ない」とすれば、問題はどこにあるのか、とスターリン論文への疑義を以下のように提起する。「〔問題は〕人間の文化の構造を、ブルジョア文化と、プロレタリア文化との二つに割切つて考へることである。もしこの枠を撤去するならば、言語はこれを素直に人間文化の一つとして認めることが出来るであらう」、と言語を思想交換の用具としてのみみるスターリンへ疑義を呈し、言語を「人間文化」のなかにとりかえそうとする。そしてもう一点が、「言語を人間の思想交換の用具とする言語有機体説をふり棄てることである。その時言語は、他のあらゆる文化と同様に、人間の主体的活動として認められて来る。しかしその主体は、常に必ずしも階級的主体と限定すべきではない。言語の主体は、民族の一員であり、階級の一員であり、生産を営むものであり、感情や理性の主体であり、道徳の実践者であり、言語はそれぞれの主体を反映することに於いて成立するものである」という自身の主張――言語過程説＝言語とは主体が関与する伝達過程である――をまじえて「言語有機体説」を批判する[13]。

時枝は「主体的活動」に重点を置いて「言語過程説」を提唱していた。それはフェルディナン・ド・ソシュール（一八五七年～一九一三年）の言語観を「言語構成説」として批判したうえになりたっていた[14]。

一九五〇年九月にあった民科東京支部主催のシンポジウム「言語・民族・歴史――スターリンの言語論を中心にして」は、時枝論文が発表される直前に開催されたが、報告者の三浦つとむ（一九一一年～一九八七年）は時枝の言語過程説を擁護[15]したうえでスターリンを批判（言語は社会的ではなく意識内の表現である）し、一方、大久保忠利（一九〇九年～一九九〇年）はソシュール側に立って時枝を批判する（言語は社会的である）というように、時枝の論考が発表されるまえに、時枝を軸にスターリン論文の評価がなされているのは興味ぶかい[16]。ともあれ「ブルジョア言語学」とされた時枝が、明確な形をとっていないにせよ、ある程度はスターリン論文に批判的だということは、本人のみならずあきらかだったということであろう。

時枝をふくめて、このスターリン論文を読んだ者は、おそらく二つのことを思ったであろう。ひとつは、なぜスターリンが言語学について論じたのか、そして、「マルってだれ？」。時枝がスターリンを意外とすんなり理解したようにみえるのは、あるいはマルの言語論があまりにも突飛であり、それに比べればスターリンは理解しやすかったからかもしれない。前者については、スターリンのやむにやまれぬ思いがある、という受けとめる側の前提があり、それゆえに過剰な評価につながっていったのではないかと思われる。なおちなみに、時枝誠記は、民科言語科学部会の研究会にときおり出席していたという[17]。

―2―3― マルの受容

―2―3―1― 戦前の場合

「マルってだれ？」という思いがつよかったのかはわからないが、先の年表をみると、時枝論文発表の翌月、一九五〇年一一月発行の雑誌『思想』に言語学者・村山七郎（一九〇八年～一九九五年）による「ソヴィエト言語学とスターリンの批判」が掲載され、そのなかでマルの言語論の紹介もなされた。

表にも示したが、村山はその後も何度かマルおよびソビエト言語学界について文章を書き、一九七二年になっても「スターリン後のソ連言語学の変容」（『ソ連・東欧学会年報』一号）を書くなど、スターリン論文の背景について丁寧な説明をおこなっている。

もちろん、日本語での紹介がそれまで皆無だったわけではなく、たとえばマルが一九三四年に亡くなると、茂木威一が「故マール教授とその言語学的業績」を『民族学研究』発表している。そこでは、マルの論文題目を列挙しながら、グルジアにうまれたマルがペテルブルグ大学の東洋語科にすすみグルジア語、アルメニア語を専攻し、当初はアルメニアでの考古学研究に従事したことなどを紹介、その後アルメニア古語の研究を進めるなかで、独自に「ヤフェート諸語」を設定（これは「セム」「ハム」の弟の「ヤフェテ」に由来する）、「ヤフェート言語学説」によって「一般言語学的諸問題の解決に乗り出すやうに」なったことを指摘、一九三〇年には「ソビエト連邦学士院副院長」になったことを記している。茂木はロシア語を東京商科大学で教えていたようであり、マルの論文にもある程度目を通していたと推測できるが、この「ヤフェート言語学説」については「なほ未完成であつて、議論の余地をも多分に残してはゐるが、併し兎に角、それは新学説発展上に於ける重要なる一契機をなすものであることに於ては、誰しも異存はないであらう」[18]と述べるのみで詳細な解説をおこなっていない。

さらにさかのぼれば、一九二七年に東京帝国大学を卒業したばかりの英語学者・中島文雄（一九〇四年～一九九九年、京城帝国大学に一九二八年から勤務。敗戦後に東大教授など）が、「ブルジョア的見解の下では到底このやうな主義の介入を許さないと考へられる学問の領域にまで事実、一元的な姿でマルキシズムが浸み入つて居る特異な例」[19]として雑誌『思想』（一九二七年一二月）に「言語起源に関する新説」を寄稿し、ドイツ語の雑誌に掲載されたマルの説の紹介を抄訳する形で掲載している。「特異な例」とのことわりはあるが、中島はこの説に対する論評はおこなっていない。ほかにも一九三三年に金田常三郎（一八九〇年〜一九六一年、出版社新興社社主。ソ連通商代表部などでも勤務。エスペランティストでもあり、『独習自在　国際語エスペラント講義』日本評論社、一九二一年などの著作がある〔20〕）は、ロシア語資料などからマルの議論を紹介、「此の新らしき唯物論的言語学説は、言語の進化を単に音の現象にのみ帰しようとするインド・ヨーロッパ学説を覆へしたものである」とし、マルの「将来における諸言語の不可進的合一は新しき問題を提起し、科学としての言語学に新らしき意義を示した、此の科学としての言語学は〔……〕人類言語の統一に導くと云ふ課題を提起しなければならない」ということばを引用している〔21〕。また一九三四年には歴史学者・早川二郎（一九〇六年〜一九三七年）により、比較的詳細なマルの言語理論の紹介がなされている〔22〕。

これらは紹介であるからか、基本的にはマルの理論を批判的にとりあげていない。あまり一般的な媒体での紹介ではないこともあり、一部をのぞけばそれほどの影響力があったとは考えにくいのだが、マルの議論などに影響をうけたのが、本書第六章でも登場した後述する高木弘（本名、大島義夫）である。高木が発行していた『国際語研究』（一九三三年〜一九三六年、全一六号、フロント社）に、おそらく自ら翻訳したと思われる、M・フヂャコフ「ヤフェティド理論の本質と意義」（一九三一年）を、五回にわたって掲載している（五号〜九号、一九三三年一〇月〜一九三四年五月。ただし、連載初回は「ブルヂョア言語学とその階級と本質」と題している）。ただ、謄写版印刷の『国際語研究』が多くの読者をもっていたわけではない。

―2―3―2―　一九五〇年のマル紹介

そうしたなか、一九五〇年になってようやく「ヤフェート言語学説」がいかに荒唐無稽なものであったかをマルの議論に沿って明確に示したのが、先の村山七郎であった。スターリンによる批判があったからマルの批判ができた、といえなくもないのだが、村山の「ソヴィエト言語学とスターリンの批判」は、一九四二年から一九四五年までベルリン大学でアルタイ比較言語学を学んだ村山が、そのとき教わったニコラス・ポッペ（一八九七年～一九九一年、前レニングラード大教授、一九四九年からワシントン大学教授）の一九五〇年六月一二日付の手紙の引用からはじまる。村山はソ連とアメリカの記述言語学の相違について問い合わせたのだが、ポッペは記述言語学には相違はないものの、比較・歴史言語学での差異には大きいものがあり、それは「ヤフェット理論とマルの方法のみが許されて来たから」だということが記されている。村山は「ソ連ではマルの理論のみが許されて来た。しかもそれが空想的な要素を多く含んでいることは以前にポッペ教授やドイツの言語学者から私は屡々聞いていた」としたうえで、これが批判されなかったのは「マルは共産党に加入しており、マルの理論はマルクス主義的な言辞で飾られており、マルクス主義言語理論を代表すると一般に考えられたので、マルを批判することは即ちソ連国家の教義マルクス主義に反対することを意味するかの如く見えたからである」と指摘する。それでもソ連では「マルは元素週期《ママ》律の発見者メンデレーフ、条件反射理論のパヴロフらと並んで世界に誇り得る学者として取扱われて来たのである」という[23]。マルはあらゆる言語のなかに「ヤフェット的要素」があるとし、「世界の言語は発生上の系統によって異るのでなく、単一の過程における段階、即ち発生の時期によって異る」ことを提唱、発生の時期にしたがって以下の四期の言語群に分類した。

第一期の言語
一、中国語　二、現存の中部アフリカ、遠アフリカ諸語。
第二期の言語
一、ウグロ・フィン語。二、トルコ語。三、蒙古語。
第三期の言語
一、生き残っているヤフェット言語。二、ハム語（近アフリカ、遠アフリカ諸語）
第四期の言語
一、セム系言語。二、プロメトイス語別名印欧語（インド語、ギリシャ語、ラテン語等）。[24]

第一期の言語は時間をかけて第二期第三期へと移行していくということがいいたいらしいのだが、まさに空想的である。また、「言語 aが言語 bと交叉するとその結果新しい言語 cが生ずる」というマルの主張を紹介するのだが、それは「比較言語学の考え方とは反対である」と批判、さらに村山は、マルがあらゆる言語の単語を分析していくと、SAL・BER・YON・ROSHの四要素に分解できるという「四言語要素分析」を紹介する（もとは十二要素だったそうだ）。たいへん都合のよいことにSALのsはz, p, t, d, g, tk, dg, tsk, dzkなどと自由に交替することができるそうで、これらを駆使するとたとえば「グルジア語のmukha「樫」はmu（要素ber）とkha（要素sal）より成るとされる。そしてmu

は支那語mu「木」、モルドヴァ語pu「木」、グルジア語pur-i「パン」、ギリシャ語bal-an-os「槲《かしわ》の実」、メグレル語ko-bal-i「パン」と結びつけられる。またkhaはグルジア語khe「木」、tke「林」等々と結びつけられる。かくしてグルジア語のmukhaのmuは「木」――「槲の実」――「パン」を意味する。「槲の実」と「パン」とどんな関係があるかと言えば、人間はかつて槲の実を食料としていたからだという」などと丁寧に説明をくわえる[25]。しかしながら、これは言語研究とはいえないこじつけ以外のなにものでもない。

さらに村山は、「マルは言語理論をマルクス主義と結びつけようと努力した。この努力から、言語を上部構造であるとか凡ゆる言語が階級的であるとかいう主張が生れた」と、今回のスターリンによる批判の対象についてふれる。「マルによれば無形態言語体系（例えば中国語）、膠着語体系（例えばフィン語、トルコ語）、曲折語体系（印欧語、セム語）は一定の生産及び生産関係と結びついており、これらの言語体系はその上部構造的反映である」とする[26]。村山のこうした説明にもかかわらず、やはりマルの言語論が力を得た理由はよくわからない。ポッペは村山に対して、マルの四言語要素説が一九三〇年代はじめに登場したときソビエト言語学界が唖然とした、と語ったそうだが[27]、ソビエト言語学界は、マルクス主義と結びついたマルの言語論を結局は容認していったわけである。村山はのちに、「マルの説はマルクス主義的言辞に粉飾されていて、それを批判することは、反マルクス主義的態度と解釈されがちであったのです。マルの説は当時の共産主義者によって革命的な学説に祭りあげられ、利用されたと思います。〔……〕あれほど才能のあったE・D・ポリワーノフとか、N・A・ネフスキー（西夏文字の研究家、夫人は日本人。死後、その研究によりレーニン賞を受ける）のような言語学者が非業の最後をとげたのです」と、政治と結びついた学問の末路を記している〔28〕。

一九五〇年の論文にもどって、さらに村山によれば、スターリン論文掲載後、七月四日の『プラウダ』に反響が載せられたというのだが、マルの後継者とされた「ソ連言語学界の昨日までの代表メシチャニーノフは自分の考えが全く誤っていたことを認め、スターリンの指示に従って「自分の研究活動を根本的に改めること」を誓い、「我々の偉大な指導者、学問の巨匠〔スターリン〕の賢明な言葉をしっかり心にきざみ、ゆるぎなく従おう」と述べた」という。学問が権力に追従している、ということなのだろうが、村山は以下のように述べてこの紹介論文をしめくくっていく。

私はメシチャニーノフを始めソヴィエト言語学者に心から望みたい、「偉大な指導者の賢明な言葉をしっかり心にきざむ」だけでなく、それよりも大切なこと、即ち言語事実の忠実な研究に従事しそれに矛盾しない理論を築くことを〔……〕。それと同時に理論家としてのマルでなくアルメニア語学者、コーカサス語学者としてのマルの真の偉大な功績を忘れないことを。〔29〕

これ自体は非常に穏当かつ正当な指摘であろう。ただ、村山のこのことばは、ソヴィエト言語学者だけではなく、日本の民科のメンバーにも向けられるべきではなかったか、と思うのである。この点について以下にみていきたい。

2-3-3　例外的影響──唯物論的言語理論と大島義夫（高木弘）

その前に、マルの言語論が一九三〇年代の日本にまったく影響をあたえなかったか、というわけではなかった。そしてそのことがスターリン論文の受容のあり方にも影響をあたえることになるので、この点について簡単に指摘をしておきたい。マル自身はエスペラントについてこれといった言及をしていないようであるが、言語が上部構造に属し、上部構造は「土台」の変化に対応するとするのであれば、「土台」の変化によって言語も変化することになる。

この議論とエスペラントとを結合させたのが、一九三一年にレニングラード国立歴史言語研究所とソビエトエスペランティスト同盟言語委員会から共同出版された、E・F・スピリドヴィッチ『言語学と国際語』であった。本書第六章でも紹介したところであるが、そこでは、マルの議論が紹介されてもいるのであるが、社会の発展段階と言語のありようを以下のように示している。

〔……〕次のように言語の歴史のピラミッドお図式的に示すことができる：

1) 自然経済時代─口言葉（俚語と方言）の時代：
2) 交換時代（資本主義がその最高段階）─民族的文語：
3) 共産主義えの過渡期─民族的文語＋国際補助語：
4) 共産主義時代─普遍語：〔30〕

右の「国際補助語」そして「普遍語」にエスペラントを置こうとする議論である。

この本の訳者のひとりである高木弘はこの議論につよい影響をうけたようで、一九三四年には雑誌『唯物論研究』に「言語学の唯物論的再建」を掲載し、マルの議論を簡単に紹介したあと、スピリドヴィチの批判があることにふれ、「このようにして唯物論的言語学はソヴェート同盟においてヤフェティド理論において次第に発展して行きつゝある。資本主義諸国における観念論的言語学の諸傾向はいまやすでにその意義を失いつゝある。言語学が非常時における国語研究の波の高揚とゝも次第にその存在を広げつゝある最近の日本において、唯物論的言語学の研究はとくに積極的な意味を持つてゐる」[31]と、マルをこえたスピリドヴィッチという構図を示している。

高木がより具体的に論を展開したのが、一九三五年の「日本語の合理化」であった。そこでは言語の弁証法的発展を「民族語→民族語+国際補助語→世界語の言語発展」と規定し、それが各々「封建社会→資本主義社会→共産主義社会」と対応する段階をふむといった発展段階論的言語観を披歴している[32]。その際に「民族語」と「国際補助語」との自由な交流のために「民族語」のローマ字化が必要になるから「日本語の合理化」が不可欠という論を展開している。この説に影響をうけた一人が本書第六章の主人公・斎藤秀一であったことはいうまでもない。さらに高木は一九三六年に三笠書房から唯物論全書の一冊として『言語学』を刊行するが、そのなかでもマルの理論の紹介とともに右の言語論を開陳している。また、同年にはブイコフスキー「ヤフェティード言語理論」、アバエフ「イデオロギーと技術としての言語」、アバエフ「音韻変化の法則」を訳出して、『唯物論言語学』という書物を準備していたものの諸事情で刊行できなかったが、敗戦後に紙型が残っていたことがわかり、一九四六年に象徴社から『ソヴェート言語学』とタイトルを変更して刊行している。

マルの主張をこの『ソヴェート言語学』で知ったものもいたであろう。たとえば、一九五〇年二月一一日におこなわれた「（座談会）日本語の系統について」で、司会の国語学者・金田一春彦（一九一三年～二〇〇四年）がこの本を読んだことを述べ、言語学者・服部四郎（一九〇八年～一九九五年）は「マールの説がいけないところは印欧祖語を否定する点」だとしつつも、「言語の統一的な発達」については肯定的である[33]。スターリンによる批判の直前のことであった。

大島義夫（高木弘）は、宮本正男とともに『反体制エスペラント運動史』（三省堂、一九七四年）をあらわすなど、著名な活動的なエスペランティストであったが、一九三九年には治安維持法違反容疑で検挙・起訴される（「左翼ローマ字運動事件」と称された。執行猶予がつく）。判決文によれば、大島は「言語問題ヲ捉ヘテ階級的宣伝煽動ヲ為スト共ニ国際語エスペラントノ階級的普及実用ニ努メテ一般大衆ノ共産主義意識ノ啓蒙昂揚並ニ世界プロレタリアノ国際的連帯性ノ強化ヲ図ル等専ラ文化運動ヲ通シ」、共産党、コミンテルンの目的達成に資そうとしたと断じられている[34]。もちろん、くりかえすようだが、エスペランティストがみな、スピリドヴィッチのような考え方をしていたわけではないことは、つけくわえておかねばならない。

ともあれ、こうした筋金入りの「ソビエト言語学者」がすでに日本には存在しており、これからみていくスターリン論文をめぐる論争のなかでも登場することになる。

3 模倣されるスターリン

―3-1― 『言語問題と民族問題』

これでようやく冒頭の一九五二年の『言語問題と民族問題』の問題にいたる。

ここまでみてきたように、スターリンが批判したマルの理論は日本では一部をのぞいてほとんどしられていなかったといってよい。したがってスターリンのこの議論は、言語学の問題としてとりあげる必然性はあまりなかった。田中克彦のいうように、日本には「言語学とマルクス主義が問題となる素地そのものがなかった」から、といってしまえばそれまでのことかもしれない[35]。

スターリンの言辞であること自体に価値があったのだろうか、この『言語問題と民族問題』では、基本的にはスターリンの議論をくりかえすだけであった。端的にいってしまえば、本書第六章でもふれたエスペランティストで英文学者・翻訳家の高杉一郎(一九〇八年~二〇〇八年)が当時の日本での論考などを読んだ感想、「ほとんどすべての論者はあの「偉大な政治家」の高びしゃな断言に謙虚に耳をかたむけるばかりで、ニコライ・マルの高弟ブイコフスキーの『ソヴィエト言語学』を翻訳したこともあるエスペランティストの高木弘(大島義夫)までが、はっきりとした反論はしていないようだった」というところに尽きているのかもしれない(高杉は、小林英夫の『文学』での論考を、スターリンの政治的身振りを、自身と同じように読みとったものとしてとりあげている)[36]。高杉自身は、このスターリン論文に「ロシア語だけがただひとつの世界語になるだろう」という含意を読みとり、反感をおぼえ、エロシェンコ(一八九〇年~一九五二年)の伝記(『盲目の詩人エロシェンコ』新潮社、一九五六年)を書き、エロシェンコの全集を編む動機となったという〔37〕。

ちなみに、一九五〇年九月三〇日の民科主催のスターリン論文に関する「シンポジウムの主催者と報告者の顔ぶれからみて、『理論』別冊の『言語問題と民族問題』はこの討論をまとめたものと思われる」〔38〕と田中克彦が推測しているが、このシンポジウムは先にもふれたが「言語・民族・歴史――スターリンの言語論を中心にして」というものである。一方の、この『言語問題と民族問題』は「言語問題についてのスターリン論文発表二周年記念事業」として企画されたものであり、一九五二年に発表されたものに言及している論考もあるので、一九五〇年のシンポジウム報告書とは別物と考えるほかはない。

煩瑣であるが目次を以下に引用する。

言葉の問題についての感想――木下順二氏に（石母田正）
飛躍と爆発――古い質から新しい質への移行の法則について（寺沢恒信）
言語と思考と行動――言語研究の「目的意識化」のために（大久保忠利）
社会主義社会における言語の問題（大島義夫）
▽スターリン論文の影響△
Ⅰ　スターリン「言語学におけるマルクス主義について」・解説（理論編集部）
Ⅱ　ソヴェト文学（除村吉太郎）
Ⅲ　ソヴェト哲学（園部四郎）

Ⅳ　ソヴェト言語学（村山七郎）
Ⅴ　ソヴェト言語学の発展（大島義夫）
Ⅵ　中国言語学界の動向（松本昭）
Ⅶ　日本言語学（水野清）
現在のニッポンの言語問題（クロタキ・チカラ）
日本における言語学の展望と反省（奥田靖雄）
イ・ヴェ・スターリンの労作「マルクス主義と言語学の諸問題」の政治学説史における意義（ケチェキアン　渓内謙訳）
▽学習の手引△
　言語学・国語学・国語問題（理論編集部）

「季刊理論　別冊学習版」とあるだけに、それにみあった目次構成にはなっている。

―3-2―　石母田正論文について

巻頭におかれた歴史学者・石母田正（一九一二年〜一九八六年）の「言葉の問題についての感想――木下順二氏に」をみてみる。

これは木下順二に語りかける形でなされる。スターリン論文が問答形式で展開したのを真似たかのようである。また、スターリンはその論文の冒頭で「私は言語学者ではないから、同志諸君をもちろん完全に満足させることはできない」けれども、「言語学におけるマルクス主義については、他の社会科学におけるそれと同じように、私は直接の関係をもっている」ので答えることにした、と宣言している〔39〕。

これに対応するかのように、石母田は「言語についての意見をもとめられてこまっています。言葉の問題についてほとんど考えたことがないからです」と冒頭に記す。しかし「学問の対社会的な機能が意識されているところにだけ」、「文章や言語についての反省」が生じるはずであるから、「その二三の断片的なことについて申上げたいとおもいます」とつづけていく〔40〕。

これだけをもってして、石母田が自分自身をスターリンになぞらえたかったのだ、ということをいいたいわけではない。しかしながら、以下にみていくように、木下順二への批判という形をとりつつ、スターリン論文の内容を、それに言及することなく忠実に論じなおしているのである。前半部は詩を書くのは口語か文語か、という議論を展開し、たとえば斎藤茂吉（一八八二年〜一九五三年）がサンフランシスコ講和条約発効と日本国憲法施行五周年を記念して作成した国民祝典歌「日本のあさあけ」（曲は信時潔、一八八七年〜一九六五年）が万葉調であることを、「茂吉はこの生きて苦しんでいる日本人を知らず、愛せず、したがってそのような日本人の心情と眼をもって国土を歌うことを知らなかった」と批判、そのうえで「労働者や市民や農民や学生が詩をつくりはじめた」ことを「民衆の心情のはけ口となってい」ると評価するものの、「一つの傾向として、ひじょうに観念的なものが多い」と釘をさし、「専門の詩人がこの事業（＝「無数の無名詩人たちの詩を質的に高め、生きた美しい言葉を発見していく能力をあたえてゆくこと」）に広く参加したならば、その仕事は日本の詩の歴史を変革する結果になるばかりでなく、国民のたたかいを高め、結集させる一つの力になり得ると信じます。〔……〕日本語をここで一段と正しく、美しく、ゆたかなものにしなければなりません。それを言葉の芸術家である文学者の参加なしにはできません」[41]としていく。

この考え方を前提にして後半部では、副題でもある劇作家・木下順二（一九一四年〜二〇〇六年）の主張をひきうける形をとりつつ、スターリンの言語論をなぞった議論を、それと明示することなく展開していく。すでに石母田は一九五〇年九月の民科主催のシンポジウムでおこなった報告「歴史学における民族の問題」（のちに『歴史と民族の発見』（東京大学出版会、一九五二年）におさめる）のなかでスターリン論文について論じており、わざわざ隠す必要もないのだが[42]。

ともあれ、石母田は木下が『近代文学』一九五二年八月号に掲載した「戯曲の言葉について」をまずとりあげる。そこで木下は「日本語は戯曲の言葉として弱い言葉であるということ、しかしまた日本語は戯曲の言葉としていろいろな可能性を持っているということ」を述べようとする[43]。『マクベス』のセリフの日本語訳における「雄弁の要素の欠如」がいわれるのであるが、翻訳である以上、日本の標準語の問題と関わってくる。木下は、標準語とはことなる「方言」を以下のようにとらえる。「地域的、職別的、階級的方言においては、日本語にも本来ずいぶんいろいろと豊かな音や烈しい——但し必ずしも論理的ではない——」ものがある、と[44]。標準語は「大変つまらない言葉」、「死んだ言葉」、「単に東京に首府が置かれたという政治的理由から、東京方言に修正を加えたもの」で「それを全国におしつけようとした」ものであり、その一方で、「方言」は「生きている言葉」、「生活語」、「本来豊かな烈しい日本語」であると対置する。したがって、木下の課題は、標準語のような

「近代市民社会的な社会の成生の中で生れる日本語」と、従来あったような「論理的ではないが豊かで烈しい「生きた言葉」とを、どう「戯曲の言葉」として統一的に再創造して行くか」というところにあった。短い文章ではあるが、そのためには「劇作家や演出家や俳優たちの、演劇以前の生活自体がどういうものであるか」が問われていると結んでいく[45]。これの何が問題なのか。木下が「方言」の多様性を捨象して論じているところに問題はあるとは思うが、石母田自身は「全体としては私も賛成であります」[46]としている。

次に石母田がもちだすのが、木下が『朝日新聞』の一九五二年八月六日に寄稿した「方言の問題」という一文である。木下はここで「統一的な力強い美しい日本語ができ上るのはいつのことか」とし、そうした日本語をつくるために戯曲を書くのだ、と先の「戯曲の言葉について」と同様の主張をしているだけなのだが、石母田がケチをつけるのは、木下が「ヨーロッパのいくつかの国では、市民社会ができ上って来る過程の中で、全国のいろんな方言がまじりあい、そして自然に取捨され選択され統一され、それをまた大抵すぐれた詩人が整理して、やがて「一番いい言葉」としての標準語ができ上っている」、それに対して日本ではそうしたまじりあう過程がなかった、と論じた部分である[47]。つまりは、ヨーロッパでは市民社会が形成されていくなかで取捨選択と詩人の彫琢がなされて標準語ができた、という木下の認識を「ヨーロッパの近代を美化し、規範化して、祖国の近代を貧困なものに見たがる知識人一般的な傾向が生みだした「伝説」の一つ」なのではないか、と批判していく。ヨーロッパでも事情は同じだということをいいたかったのだろうが、その際にマルクスの「フランクフルトにおけるポーランド論争」（一八四八年、『ライン新聞』掲載）という論文を引用しつつ、「フランスの絶対主義による国語の形成も、日本の明治以後の絶対主義による国語の形成も、本質的な点では相違はないのではないか」ということを述べる[48]。ところがその後は、標準語を擁護する議論を展開する。木下は標準語が「方言」のうえにおおいかぶさり、「生きた言葉」が抑圧されていくことの不条理を訴えていたのであるが、石母田は、「たとえば東京方言が東北地方の方言を駆逐してゆく過程は、中央政府の抑圧や搾取と同じく、使いなれた郷土の言葉を愛している東北人にはおそろしいことであったと思います」といいながらも、以下のようにいいきる。

どこでも通用する日本語というものは、全国どこでも通用する貨幣と同じように資本主義社会には必須の条件の一つです。同時に孤立割拠していた封建的日本を一つの国民に形成するために必要な条件であります。〔……〕この標準語の母体になっている共通語は、近代日本の歴史的所産であるとともに、近代的資本主義的な日本をつくりあげるための条件でもあり、それが果した歴史的進歩的役割ははかり知れないものがあったとおもいます。[49]

こうした議論は、スターリンの「言語学におけるマルクス主義について」のなかでも展開される、「氏族の言葉より種族の言葉へ、種族の言葉より民族（ナロードノスチ）の言葉へ、民族（ナロードノスチ）の言葉より民族（ナーツイヤ）の言葉へ」ということばの「発展段階において、社会の人々の意志をつうじる手段としての言語は、社会的状態にかかわりなく、社会の成員に同じように奉仕する、社会にとって共通で、ただ一つのものであった」という議論を前提としているように思われる。

「地方の方言」も存在したが、「種族やナロードノスチ（民族）の単一かつ共通の言語がそれに優越し、それを従属させた」と論じ、さらに、「資本主義があらわれ、封建的な分散性がなくなり、民族市場が形成されるとともに、民族は民族（ナーツイヤ）に発展し、民族（ナロードノスチ）の言語は、民族（ナーツイヤ）の言語になった」という部分のひきうつしであろう[50]。

スターリンはまた、以下のようにもまとめている。

方言や隠語があることは、全国民的言語の存在を否定するものではなく、それを確証するものであり、方言や隠語は全国民的言語の分枝であって、全国民的言語に従属するものである。[51]

「方言」は、全国民的言語、ナーツィアの言語に奉仕し、従属すべきものである、というスターリンの議論を石母田がふまえていることは明確であろう。標準語は「死んだ言葉」であると罵倒する木下に、標準語の意味を、スターリンの議論をふまえてマルクス主義的に示そうとした論文ということができる。

さらにこの石母田論文をなぞるように展開したのが、民科言語科学部会の奥田靖雄（一九一九年〜二〇〇二年）であった。奥田は一九五四年の文章で、「石母田さんの論文は、標準語のナリタチを科学的にときあかそうとしたことで、記念すべきモノです」と高く評価し、標準語と共通語をわけ、「共通語は、土台になるヒトツの方言を、あらゆる方言に共通な要素でかためることによって、つくりだされたモノ」であり「民族のヒロガリのうえで、いきている国民的なコトバ」であり、「東京語を共通語としてあつかうのは、〔……〕共通的な要素によってみたされているということで、方言よりもはるかにすぐれているから」なのだとしている[52]。

奥田は、共通語から標準語がつくりだされるべきであるが、現実は標準語が漢字語まみれであるから木下のいうような「死んだ言葉」なのだとしており、漢字語の問題をみない点で石母田を批判する。共通語というものの存在を強調し、方言の上位に置くのは、スターリン・石母田経由の議論ともいえるのだが、教育学者の村上呂里は、国語学者・上田万年の『国語のため』(冨山房、一八九五年)での主張が民科言語科学部会でどのように評価されたかを論じ、「近代国家形成の礎となる言語教育確立の立場において一致し、〔……〕「国語愛」を「民族統一」への要求ととらえ、その言語ナショナリズムを含めて評価していた」としている[53]。敗戦後の「新生」国民国家・日本と言語のあり方を示す主張であったといえるだろう。

3-3 大島義夫論文について――転向しないソビエト言語学者

石母田は、ソビエト言語学とは関係がなかったわけであるから、スターリンがマルの言語論を否定してもとりたてて実害はなく、スターリンの議論にのることができた。しかしながら、先述したようにわずかながら存在したマルの言語論を唯物論言語理論という形で奉じていた人々は、スターリンのこの論文をどう受けとめたのだろうか。民科の言語科学部会に所属していた大島義夫(高木弘)も『言語問題と民族問題』に寄稿している。

そこでは、スターリン論文の核心的な部分にふれることはなく、スターリンのそのほかの文章からの引用を駆使して、以下のように述べる。

スターリンの示した図式によれば、世界的な規模で社会主義社会が形ずくられるや、民族語の自由な発展がおこなわれるとともに、国際的な交流がつよまり、まずいくつかの民族グループにたいする地域的に共通ないくつかの経済的中心地がいくつか形ずくられ、そこに地域的な共通語がおこなわれるのである。そして、この地域的共通語が社会主義の発展にともなって一つの国際共通語に発展し、民族語と国際語とが平行して発展していくのである。〔……〕歴史的なカテゴリとしての民族わなくなり、民族語わその姿を社会的な言語生活からなくして、ただ一つの世界共通語が人間の言語となるであろう。〔54〕

ここでいう「図式」とは、スターリンが「同志ア・ホロポフへの回答」（『プラウダ』二一四号、一九五〇年八月二日）のなかで述べるように、「一つの共通な国際語」が「ドイツ語でも、ロシヤ語でも、英語でもなく、民族語でもなく、民族語および地域的言語のすぐれた要素をとりいれた新しい言語」として登場するのは、「全世界的規模における社会主義の勝利ののちの時期」である、という図式である。ここでスターリンは、民族の言語についてあつかった「言語学におけるマルクス主義について」は「世界的規模における社会主義の勝利までの時期」のことであり、話が別であると「回答」している〔55〕。

スターリンが否定したのは言語が上部構造に属する、という点だったということの再確認になるわけであるが、そのうえで、大島は「唯一つの世界共通語」がエスペラントになる、と論じていく。要するに、一九五〇年のスターリン論文は、大島にとっては従来の言語観を変更する必要がないものと、みなされたわけである。石母田と同様、スターリンはあいかわらず、寄るべき大樹でありつづけていた、といってよいだろう。

―3-4― タカクラ・テル論文について――「生産者大衆」を信じた男

大島義夫同様にソビエト言語学を奉じていた人物で忘れてならないのは、この『言語問題と民族問題』に寄稿してはいないが、タカクラ・テルである[56]。

先の年表にも記したが、日本共産党の文化政策に関与した評論家・蔵原惟人（一九〇二年～一九九一年）は『文学』の特集号（一九五一年二月）に「今日における言語の問題」を寄稿、そのなかでスターリンのマル批判をふまえて、マルの議論を援用しているタカクラ・テルが著書『ニッポン語』（北原出版、一九四四年。再刊、世界画報社、一九四七年）で展開する主張を批判している。蔵原もスターリンにならい、「日本の作家は「ブルジョア語」でも「インテリ語」でも、「労働者語」でも「農民語」でもなく、全人民的な日本の民族語で書き、それを護り、それを育てなければならない」と、「全人民的な日本の民族語」の創造を主張する[57]。そして、階級性を重視し「労働大衆の生産点のことば」に軸を置けというタカクラ[58]を批判していくのであった。田中克彦は蔵原論文にふれて、これは「日本の「国語問題」への保守的な態度への励ましを見出した敏捷さの例として興味ぶかいものである。日本共産党の幹部であった蔵原の言語的保守主義はまた、党の言語的保守主義でもあった」としている[59]。「党の言語的保守主義」というものが存在したのか定かではないが、石母田などをふくめて考えると、民科とはスターリンのいうことに従っている人びとのあつまり、という印象はある。

この蔵原の批判にタカクラは即座に季刊『理論』一六号（一九五一年五月）で反論した[60]。タカクラは、ことばは複雑から単純へと「進化」していくとしており、その流れを阻害する漢字の使用や歴史的かなづかいを批判していた。

タカクラは、大島義夫と同時に、前述の「左翼ローマ字運動事件」で検挙、起訴されているのだが、漢字は封建制とむすびつき、それによって階級的に日本語は縦に分裂し、また方言によって横に分裂したと述べている。しかし、大島義夫のように世界単一共通語としてのエスペラントというような主張をしているわけではない。こうした縦と横の分裂をまとめるのは「生産者大衆のことば」でなければならないとし、「「ことば」と「文字」を完全に大衆の手に取りかえすことなくして、大衆の解放はありえない」としていた[61]。

そうした立場からする蔵原への反論であるが、スターリンのマル批判には同調したうえで、自著『ニッポン語』の内容を紹介していく。そしてこう述べる。

〔……〕地方と身分層によって、いろいろにちがっていた、ことばが、一つの民族語にはってんすることも、また、よけいなふくざつさお解決する、もっとも大きな統一であり、偉大な単純化だ。

人類のすべてのことばが、発音も、文法も、語も、こーいう方向えむいて、つねに、はったつし、進化しつつあるとわたしわ信じている。だから、わたしたちわ、ニッポン語の正しいはったつのためのさまたげとなっているものお抜きとり、さらに高くゆたかなニッポン語にそだてあげなければならない、ぎむお持っていると信じ、これまで、さまざまの困難とたたかいながら、国語の運動おつずけてきた。[63]

そのうえで、「さまたげとなっているもの」を蔵原はどうやってとりのぞこうとしているのか、と反問する。つまり、敗戦後の「国語国字改革」は戦前からの「大衆運動のけっか」であるのに、「クラハラくんわ、この大衆運動のけっかにわ「さんせい」しながら、大衆運動そのものにわ反対するという態度お取って、過去に無知であっただけでなく、いまも、また、無知であることお、恥しらずにも、さらけだしている」というわけである[64]。

4　おわりに

「民族のことば」についてはスターリンのおすみつきがあるのだが、タカクラは「民族のことば」=「生産者大衆のことば」であるべきだといい、蔵原は、別につくっていくべきだ、というそれだけのちがいであるように思われる。

まとまりがない話になったが、スターリン論文は当時の日本の言語学には何の影響もあたえなかったといえるだろう。戦前にマルの言語論の影響をうけていた少数の人間にとっても、その主張をかえるほどの影響もなかった。またそれとは関係のない人間にとっても、拠るべきスターリンの言説が増えただけ、という程度のものではなかったのではないだろうか。どういう立場にあっても、スターリンの言辞から都合のよい部分をとりあげて自説の補強をするか（大島義夫、タカクラ・テル）、同じ内容をくりかえす（石母田正）だけだったのではないだろうか。大きなことはいえないが、これは日本におけるスターリン受容のあり方と通じるものといえるのかもしれない。

田中克彦は、スターリン論文を以下のように位置づける。

> 言語を上部構造からはずし、それを文化とは別の「機械」か「道具」のようなものであると言明したときに、言語学におけるマルクス主義は敗北した。スターリン論文は、言語は文化ではないという、まさにこのことを言うために書かれたとさえ言ってもいいくらいである。〔……〕〔スターリン論文は〕言語を上部構造（文化）からはずすことによって、一つのイデオロギーに終えんを告げた歴史的記念碑であった。[65]

また、村山七郎も一九七二年にすでに以下のように述べている。

> 言語は上部構造に属さないというスターリンの言説は、ナべての社会現象を階級的立場という

色眼鏡で眺めることに慣れてきたソ連のすべての人文科学者に、根本的な反省の動機を与えたのであります。スターリンのこの主張のもった意義は、いかに高く評価しても評価しすぎることはないのであります。[66]

これが妥当な評価だとしても、当時の民科にあつまった人びとの議論からうかびあがるのは、「一つのイデオロギー」の終焉ではなく、「スターリンというイデオロギー」に縛られている言論状況である。そしてまたこのことをうらがきするように、スターリン批判がなされるようになると、このスターリンの論文もふれられないようになる。

言語論にかぎっていえば、こうした磁場から自由であったのは、ここでは民科とは関係のない時枝誠記だけだった。先にみたように、「私は原著者のやうに安易には、民族の言語が単一であるとは云ふことが出来ないと思つてゐる」と述べ、「言語は、いはゆる上部構造ではない。しかし人間の文化以外の何ものでもないといふことは、マルクス主義理論にとつては都合の悪いことかも知れない」とも述べているわけであるから[67]。

最後に余談となってしまうが、こうした議論に同時代的に接していたと思われる日本近代史家・飛鳥井雅道（一九三四年〜二〇〇〇年）の、最初で最後となった安田宛書簡（一九九九年二月一四日）の一部を紹介しておきたい。

わたしは当時、かなり熱烈なスターリニストだったから、ご承知のスターリンの言語論というやつからも自由ではなかった。しかし、いくら何でも、時枝氏が次々に新しい論文を書いてゆく、（正確には岩波全書二冊にまとめられるもの）過程は、スターリン言語論の行政的文章よりも遙かに魅力的だった。左翼が時枝氏におおむね好意的だったのは、橋本文法の静的な安定した構造をうち破ろうとする意欲が、伝わってきたからだったと思う。

岩波全書の二冊とは、『日本文法（口語篇）』（一九五〇年）と『日本文法（文語篇）』（一九五四年）をさす。一九五〇年四月に高校に入学したばかりの飛鳥井が、同年六月のスターリン論文や時枝の文法理論を咀嚼していたことになるので、その早熟さに驚くほかはないのであるが（一九五〇年代の高校生はそうだったのかもしれない）、寄らば大樹でスターリンをまねた言説をくりだす民科の人びとよりも、「スターリニスト」の高校生が時枝の虜になっていた、ということになる。

ちなみに、時枝の『日本文法（口語篇）』の刊行は一九五〇年九月であり、スターリン論文への反応を書いているころは、原稿ができあがっていたであろう。そう思って「はしがき」を読んでみると、こうある。

今日の日本文法学は、〔……〕もつと基本的な問題にぶつかつてゐるのである。それは、言語そのものをどのやうに考へるかの問題である。本書は、そのやうな根本問題を出発点としてゐるので、〔……〕煩はしいまでに、理論のために頁を割いてゐるが、日本文法を日本語の性格に即して観察されようとする人たちにとつて、或は言語と人間精神、言語と人間文化の交渉の秘

奥を探らうとする人たちにとつては、何ほどかの手がかりを示すことが出来ると信ずるのである。〔68〕

ここにひそむナショナルな感覚には自覚的であるべきだが、それはともかくとして、これを書いている時枝の頭のなかに、言語と文化をきりはなそうとしたスターリンの言語論が、あるいはよぎっていたのかもしれない。

時枝誠記がスターリンを念頭において何かを考えていたとは現在では意外に思うしかないのではあるが、そうした時代はたしかにあったのである。

注

1　民主主義科学者協会は一九四六年一一月に設立。自然科学部会、歴史部会、物理部会、地学団体研究会などで構成されていた。詳細は、柘植秀臣『民科と私――戦後一科学者の歩み』（勁草書房、一九八〇年）などを参照。民科言語科学部会の活動の全貌はあきらかになっていないようであるが、雑誌『コトバの科学』を刊行。一九五一年ごろは、毎週月曜に東京の御茶ノ水にあった民科の会議室で研究会をおこなっていたという（鈴木重幸からの聞書きにもとづいた、花園悟「民主主義科学者協会言語科学部会――昭和二十年代の奥田靖雄」『国文学　解釈と鑑賞』七六巻一号、二〇一一年一月、一七二頁による）。柘植前掲書に付されている歴代役員名簿で、言語科学部会と明記されている人物は、亀井孝（一九五〇年度幹事）、大島義夫（一九五一年度幹事）、松坂忠則・鶴見俊輔・クロタキチカラ・小林英夫・大久保忠利（一九五一年度言

語科学部会評議員）、大久保忠利（一九五三年度評議員）、奥田靖雄（一九五五年度幹事）である。

2 ちなみに、「理論別冊学習版」の第Ⅰ集は『弁証法研究の現代的課題』（理論編集部編、一九五一年）、第Ⅲ集は『日本の原子力問題』（民主主義科学者協会物理部会編、一九五三年）、第Ⅳ集は『国語問題の現代的展開』（民主主義科学者協会言語科学部会編、一九五四年）、『国民文学芸術運動の理論』（理論編集部編、一九五四年）である。

3 「編集のことば」、『言語問題と民族問題』理論社、一九五二年、二頁。

4 六月二七日にトルーマンは米軍に朝鮮半島において軍事行動を起こすように命じ、声明を発表した。「米海空兵力出動／韓国軍を支援・台湾侵略防止／ト大統領命令発す」（『朝日新聞』一九五〇年六月二八日、一面）に声明が掲載されている。

5 『言語問題と民族問題』理論社、一九五二年、一四八頁。

6 『イ・スターリン「言語学におけるマルクス主義について」および右論文への質問に対する回答』言語問題研究会、一九五〇年（?）、一頁。

7 田中克彦『「スターリン言語学」精読』岩波現代文庫、二〇〇〇年、二五一頁。田中克彦『田中克彦自伝——あの時代、あの人びと』（平凡社、二〇一六年）には民科についてとくに記述はない。

8 理論編集部「スターリン「言語学におけるマルクス主義について」・解説」、『言語問題と民族問題』理論社、一九五二年、五八―六一頁。

9 須田努『イコンの崩壊まで——「戦後歴史学」と運動史研究』青木書店、二〇〇八年、三九頁。

10 小林潔「書評　田中克彦『「スターリン言語学」精読』」、Cercle linguistique de Waseda (ed.), *Travaux du Cercle linguistique de Waseda* vol. 4, 2000.

11 時枝誠記「スターリン「言語学におけるマルクス主義」に関して」『中央公論』六五巻一〇号、一九五〇年一〇月、九七頁。

12 同前、九七、九八頁。

13 同前、一〇四頁。

14 時枝誠記『国語学原論――言語過程説の成立とその展開』（岩波書店、一九四一年）など。言語過程説がはらむ問題については、安田敏朗『植民地のなかの「国語学」――時枝誠記と京城帝国大学をめぐって』（三元社、一九九七年）などを参照。

15 たとえば三浦つとむ『日本語はどういう言語か』（季節社、一九七一年、のちに講談社学術文庫、一九七九年など）にその傾向がつよい。

16 寺沢恒信「スターリンの言語論をめぐって」『文学』一九巻二号、一九五一年二月、五七頁。なお、大久保忠利は「時枝誠記氏のソシュール批判を再検討する――言語過程観批判の序説」『文学』一九巻六号（一九五一年六月）で言語過程観における言語の社会性のとらえ方について批判、時枝は「言語の社会性について――大久保忠利氏の「言語過程観批判の序説」に対する答をも含めて」『文学』一九巻九号（一九五一年九月）でこれにこたえた。時枝の考える「言語の社会性」とは、「対人関係を構成するに必要な手段であるといふ意味において、これを社会的と云ふことが出来」（七九頁）という部分に端的にあらわれている。とすれば標準語の方がより大きな社会性をもつ、という議論になっていき、「スターリンが言語の階級性を否定し、言語の突然変革を斥けようとしたのは、言語の社会的機能に対する正しい認識から出たことである」（八四頁）という単純な評価へとつながっていくことになる。

17 花園悟「民主主義科学者協会言語科学部会――昭和二十年代の奥田靖雄」『国文学　解釈と鑑賞』七六巻一号、二〇一一年一月、一七二頁。

18 茂木威一「故マール教授とその言語学的業績」『民族学研究』一巻二号、一九三五年四月、一四七頁。

19 中島文雄「言語起源に関する新説」『思想』七四号、一九二七年一二月、一五〇頁。

20 柴田巌・後藤斉編『日本エスペラント運動人名事典』ひつじ書房、二〇一三年、一四五頁。

21　金田常三郎「ソウェート連邦の新言語学説」『ロシヤ語』一九三三年一一月、三、五頁。
22　早川二郎「言語史のつくり変へのために――ヤペテ言語学の走り書的紹介」『歴史科学』三巻二号、一九三四年二月。なお、戦前期に日本語でマルを紹介した文献リストは、高木弘「ソヴェート言語学文献」（ブイコフスキー著・高木弘編訳『ソヴェート言語学』象徴社、一九四六年附録）を参考にした。ほかにも、外波宏「言語学界の革命」『社会評論』（六号、一九三四年）、グーコフスキー「歴史科学とは何ぞや」『歴史科学』一号（一九三二年五月、二頁ほどの短い紹介）をあげている。外波宏とは、高杉一郎の筆名。この論文は、マルの弟子であるＡ・Ｐ・アンドレーエフの議論の受け売りであると本人が述べている（高杉一郎『征きて還りし兵の記憶』岩波書店、一九九六年。引用は岩波現代文庫、二〇〇二年、二三一頁）。
23　村山七郎「ソヴィエト言語学とスターリンの批判」『思想』三一七号、一九五〇年一一月、五七―五八頁。
24　同前、六〇頁。
25　同前、六〇―六一頁。
26　同前、六一頁。
27　同前、六五頁。
28　村山七郎「スターリン後のソ連言語学の変容」『ソ連・東欧学会年報』一号、一九七二年、六四―六五頁。
29　村山七郎「ソヴィエト言語学とスターリンの批判」『思想』三一七号、一九五〇年一一月、六五―六六頁。
30　Ｅ・スピリドヴィッチ著、高木弘・井上英一訳『言語学と国際語』日本エスペラント学会、一九三二年、一三九―一四〇頁（一九七六年復刻、こちらでは訳者は本名の大島義夫・山崎不二夫）。
31　高木弘「言語学の唯物論的再建」『唯物論研究』一七号、一九三四年三月、九〇頁。
32　高木弘「日本語の合理化」『唯物論研究』二九号、一九三五年三月、六六頁。
33　「（座談会）日本語の系統について」『国語学』Ｖ、一九五一年二月、一二頁。ほかの参加者は、金田一京助・松本信広・泉井久之助・亀井孝・河野六郎であった。

34 「高倉輝等に対する（唯研、言語運動関係）治安維持法違反被告事件第一審判決」、司法省刑事局『思想月報』九〇号、一九四一年一二月、八二頁。この検挙のきっかけとなったのは斎藤秀一の検挙である。

35 田中克彦「石母田正と「スターリン言語学」」『歴史評論』七九三号、二〇一六年五月、二五頁。

36 高杉一郎『征きて還りし兵の記憶』岩波書店、一九九六年（引用は岩波現代文庫、二〇〇二年、二二八―二二九頁）。

37 同前、二三八頁。

38 田中克彦『「スターリン言語学」精読』岩波現代文庫、二〇〇〇年、二五三頁。

39 イ・スターリン「言語学におけるマルクス主義について」『前衛』五一号、一九五〇年八月、七〇頁。ただし、一九四九年から一九五〇年にかけてスターリンは集中的に言語学を勉強していたようである（田中克彦「石母田正と「スターリン言語学」」『歴史評論』七九三号、二〇一六年五月、二九―三〇頁）。

40 石母田正「言葉の問題についての感想――木下順二氏に」、民主主義科学者協会言語科学部会監修『言語問題と民族問題』理論社、一九五二年、三頁。

41 同前、一一―一二頁。

42 田中克彦は「スターリン論文を正面に置いて論ずることから逃げている」とし、それを石母田の「困惑」ととらえ、それでもひきうけたのは「自らの役割を意識した強い義務感から出たものであろう」と推測している（田中克彦「石母田正と「スターリン言語学」」『歴史評論』七九三号、二〇一六年五月、二二頁）。田中のこの論文では、石母田がスターリン論文の用語の理解に慎重であったことを、訳語に疑義を示していたことなどから論じている。

43 木下順二「戯曲の言葉について」『近代文学』七巻八号、一九五二年八月、七五頁。

44 同前、七七頁。

45 同前、七七頁。なお、石母田はふれていないが、木下はすでに一九四九年の時点で「日本語の性格が、面白い言葉は「方言」の中にしかないといふことに在るのだと見る方が妥当であるのかも知れない」と述べ、「方言」の可能性を指摘している（木下順二「戯曲の言葉に就いての随想」『不死鳥』一号、一九四九年一月、七一頁）。

46　石母田正「言葉の問題についての感想――木下順二氏に」、民主主義科学者協会言語科学部会監修『言語問題と民族問題』理論社、一九五二年、一三頁。

47　木下順二「方言の問題――戯曲を書く立場から」『朝日新聞』一九五二年八月六日夕刊、二面。

48　石母田正「言葉の問題についての感想――木下順二氏に」、民主主義科学者協会言語科学部会監修『言語問題と民族問題』理論社、一九五二年、一四、一六頁。

49　同前、一九頁。

50　イ・スターリン「言語学におけるマルクス主義について」『前衛』五一号、一九五〇年八月、七三―七四頁。『前衛』編集部がつけた注によれば、「ナーツィアとは、民族が封建的な分散状態から脱却して、近代的な統一国家を形成した以後の、統一された民族を指していう」と説明されている（同前、八九頁）。

51　同前、七九頁。

52　奥田靖雄「民族解放と日本語――漢語の問題をめぐって」、武藤辰男編『美しい国語　正しい国字』河出新書、一九五四年（引用は一九五五年の新装版から。六〇、五三頁）。石母田からの影響については、村上呂里「戦後民間教育運動における言語ナショナリズム――奥田靖雄（1957）を中心に」『国語教育史研究』三号（二〇〇四年）を参照。

53　村上同前、四三頁。

54　大島義夫「社会主義社会における言語の問題」、民主主義科学者協会言語科学部会監修『言語問題と民族問題』理論社、一九五二年、五一頁。

55　イ・スターリン「同志たちへの答」、除村吉太郎編『スターリン　作家への手紙　附録言語学におけるマルクス主義について』ハト書房、一九五二年、一五五、一五三頁。なお、大島義夫はロシア語を直接参照した可能性もあるが、日本語訳を参照したとすれば、言語問題研究会版よりもこちらの方が語彙面で共通するところが多い。

56 タカクラ・テルに関しては、以下を参照。魚津郁夫「ある大衆運動家――タカクラ・テル」、思想の科学研究会編『共同研究　転向　上巻』（平凡社、一九五九年）、道場親信「戦時下の国民文学論――タカクラ・テルの文学・言語論を中心に」『レヴィジオン』第二輯（一九九九年）、田中克彦「「スターリン言語学」と日本語」『現代思想』二六巻一〇号（一九九八年八月）、山野晴雄「戦時下知識人の思想と行動――タカクラ・テルの場合」『法学新報』一〇九巻一、二号（二〇〇二年）、同「タカクラ・テルの一九二〇年代――タカクラにおける「民衆」の発見」、上條宏之監修・長野県近代史研究会編『長野県近代民衆史の諸問題』（龍鳳書房、二〇〇八年）、同「若き日のタカクラ・テル――作家への道」『紀要』（桜華女学院高等学校）四号（二〇〇八年）、また、「高倉輝」（山野晴雄筆）、『国史大辞典』一五巻上（吉川弘文館、一九九六年、一〇一頁）など。

57 蔵原惟人「今日における言語の問題」『文学』一九巻二号、一九五一年二月、五〇頁。

58 「生産者大衆のことば」「生産点のことば」を軸にせよ、という主張はたとえば、高倉テル「日本語再建」『中央公論』五二巻七号（一九三七年七月）で展開されている。

59 田中克彦『「スターリン言語学」精読』岩波現代文庫、二〇〇〇年、二五六頁。

60 田中克彦は、高倉は「「スターリン論文」には一度もふれたことがなく、何ごともなかったかのように過ぎて行った。「スターリン言語学」を特集した雑誌にも、一度もタカクラ・テルの名を見出すことはできない」（同前、二七三―二七四頁）としているが、ここでみるように、蔵原への反論「言語もんだいの本質」を執筆している。これはタカクラ・テル『新ニッポン語』（理論社、一九五二年）に再録されているので、田中の見落としということになる。小林潔「書評　田中克彦『「スターリン言語学」精読』」、Cercle

linguistique de Waseda(ed.), *Travaux du Cercle linguistique de Waseda* vol. 4, 2000 , p.86 にも指摘がある。

61 タカクラ・テル「ことばと文字（3）」『アカハタ』七六号、一九四六年一一月三日、二面。

62 しかしながら、小説『大原幽学』（アルス、一九四〇年）では、すべての登場人物の会話を「東京の学生のようなコトバ」で統一した。「生産者大衆のことば」の多様性に正面からむきあうことはなかった、といってよいだろう。安田敏朗『漢字廃止の思想史』（平凡社、二〇一六年）も参照。

63 タカクラ・テル「言語もんだいの本質――言語学とニッポン語のもんだいについてクラハラ・コレンドくんに答える」『理論』一六号、一九五一年五月、二〇頁。

64 同前、二一頁。

65 田中克彦『「スターリン言語学」精読』岩波現代文庫、二〇〇〇年、二八七、二九〇頁。

66 村山七郎「スターリン後のソ連言語学の変容」『ソ連・東欧学会年報』一号、一九七二年、七〇―七一頁。

67 時枝誠記「スターリン「言語学におけるマルクス主義」に関して」『中央公論』六五巻一〇号、一九五〇年一〇月、九八頁。

68 時枝誠記『日本文法（口語篇）』岩波書店、一九五〇年九月、「はしがき」七頁。

終章　「やさしい日本語」がみおとしているもの

【初出掲載時のまま本章は「ですます体」とする】

Ⅰ　はじめに――社会変動と言語

終章では、「やさしい日本語」と多言語社会日本について考えます。「やさしい日本語」については、多言語社会のあり方、そこでの日本語のあり方、各言語社会の具体的な言語状況について十分な考察がなされないまま議論がなされているように思います。この点に留意しないと、だれも使わない、たんなる行政のお先棒をかつぐだけのものに「やさしい日本語」がなる危険性があります。

はじめに断っておきたいのですが、私は、この終章の文章が最初に掲載された『「やさしい日本語」は何を目指すか』（ココ出版、二〇一三年）を企画した「やさしい日本語」の研究グループの一員ではなく、研究会などに参加したこともありません。したがって、そこでどういう議論がなされているのかも知りません。ですから、本来ならば『「やさしい日本語」は何を目指すか』が刊行されたあとに「批判的検討」が依頼されるのがスジであると思うのですが（初出時のタイトルは「「やさしい日本語」の批判的検討」と指定されていました）、どういう事情からか、正確な内容を検討するまえに執筆をすることとなりました。ということで、入手できる資料をもとに、批判の視座を探しました。ですので、以下の議論に的はずれなところがあるかもしれません。その点、ご了承ください（しかしながら、『「やさしい日本語」は何を目指すか』の刊行後も、そしてこの本の編者のひとりである庵功雄の『やさしい日本語――多文化共生社会へ』（岩波新書、二〇一六年）を読んだあとも以下の議論を訂正する必要はないと思いましたので、基本的に初出を踏襲しています）。

さて、社会に大きな変動があるときに、ことばに関する議論が盛んになされる傾向がある、と指摘したのは、平井昌夫でした[1]。平井がこの文章を書いたのは日中戦争のさなかのことでしたが、さかのぼれば柳条湖事件から「満洲国」建国を契機とする一九三〇年代以降の中国大陸での戦争、さらにさかのぼれば日露戦争、日清戦争、戦争に匹敵する明治維新のあとに、ことばに関する議論がさかんになった、と指摘しています。つけくわえれば、一九四五年の敗戦後の社会の変動期にもことばに関する議論がありました。現行のかなづかいや漢字制限、漢字字体の基本が定まったのはこのときです[2]。

こうした傾向は現在でもみられます。それは、ことばに関する問題が社会統合や国家統合と密接に連関していることのあらわれともいえます。たとえば、西暦二〇〇〇年代にはいると、二〇〇〇年に発表された『二一世紀日本の構想』ではバブル崩壊後の日本経済の復活のための国際競争力を獲得するために「英語第二公用語論」がうちだされました。一方で二〇〇四年にはその反動といえるような

『これからの時代に求められる国語力について』（文化審議会答申）が発表されます。ここでは日本の歴史・文化・伝統をになうものとしての「国語」が設定され、その「国語力」を強化していくことですべての問題が解決できるというような、国語万能主義の主張が展開されています。格差が拡大することによる社会の分裂を「国語力」でおおい隠そうとする説得力のないものなのですが、不安定化する社会でこうした主張がなされていることに注意を向けるべきでしょう[3]。

さて、日本社会の多言語性が顕在化するきっかけになったのは、一九九五年の阪神淡路大震災後の罹災者支援のなかだったといってよいでしょう。これもまた社会変動とみることもできますし、弘前大学人文学部社会言語学研究室が「やさしい日本語」の研究にとりくみはじめたのも、この大震災がきっかけだったということです（http://human.cc.hirosaki-u.ac.jp/kokugo/）。

そして、二〇一一年の東日本大震災で被災した外国人のために多言語情報が多様に発信され、その後の生活にも注意が向けられているのは、阪神淡路大震災の教訓だったともいえます[4]。こうした変動がないと社会の多言語性に気がつかない、というのは問題ではあるのですが、もちろん日本社会の多言語性というものは歴史的に存在するものであり、日本手話をふくめた少数言語の存在をみえなくさせてきた状況がいまでもあることを忘れるべきではありません[5]。

ときどきの事情による日本語非母語話者の急速な増加は、たしかに社会変動をともなうものといえるでしょう。それにまた、一九三〇年代の英文学者・土居光知（一八八六年〜一九七九年）による『基礎日本語』（六星社、一九三三年）に関する議論をはじめ、戦中期の日本語簡易化の諸議論はその前提として「大東亜共栄圏」での日本語普及という大事業を念頭においたものが多く、簡易化せざるをえない状況に直面したときの議論でもありました〔6〕。

『「やさしい日本語」は何を目指すか』という書物での議論も、顕在化してきた多言語社会状況への対応策、あるいは将来的な「移民国家日本」の構想をみすえたもの、といえるかもしれません。

以下、終章では、「やさしい日本語」の議論を社会変動期に生じる言語論のひとつとしてとらえたうえで、どのような問題をかかえているのかを考えていくことにします。

見通しだけつけておけば、「やさしい日本語」を論じることが、結局は日本語について、あるいは日本社会のあり方について、なにも論じていない、ということを指摘することになると思います。

どういうことかといえば、たとえば、一九三〇年代の日本語普及のうごきと併行して、日本国内では作家山本有三（一八八七年〜一九七四年）の提唱する「ふりがな廃止論」をめぐる議論が盛んになされていました。ふりがなを廃止するということは、確実に読める漢字だけを使用することになるので結果として漢字削減になる、という主張であり、だれにでもわかりやすい文章を書くべきだということでもありました〔7〕。また「大東亜共栄圏」での日本語普及のために簡易化をとなえていた国語協会という団体は、日本国内での日本語も同様に簡易化しなければならないと主張していました〔8〕。つまりは、日本語非母語話者に教える日本語を簡易化することを日本語そのものの簡易化と連動させた議論であった、ということです。先にふれた土居光知の『基礎日本語』も、日本語学習者のためでもあり、日本の小学生の理解のためでもある、といった理念がかかげられたものでした。

簡易化の議論は命にかかわるものでもありました。ひとつエピソードを紹介しておきましょう。探偵小説や空想科学小説を多く残した作家海野十三（一八九七年〜一九四九年）は、一九四四年一二月二八日の東京の空襲のときにラジオから流れた「東部軍管区情報」について、日記のなかで文句をつけています。ラジオからは「敵機は依然として、関東北部を旋回中なり。薄暮時期帝都に侵入のおそれあり、警戒を要す」と流れたようで、これを聞いたお手伝いさんがパニックになったそうです。「薄暮時期（ハクボジキ）」を「一五〇機（ヒャクゴジッキ）」と聞き間違えたからです（実際には九機ほどだったとか）。隣のおじいさんも同じように聞き間違えたことを知った海野は、「情報はもっとやさしくすべきである。いつも小むずかしくいう軍人の頭の具合にも困ったものである。〔……〕大衆相手の情報なんだから、大衆向きにして出すよう考えるのが当然だ《ママ》。と思う識者はいないのか」と憤慨します［9］。

「情報はもっとやさしく」。それは命がかかっているのだから、という海野の日記に込められた思いは、「やさしい日本語」の理念と共通しているようには思います。

「夕暮れ時」といわずに「薄暮時期」とむずかしげなことばを使わなければ軍隊の権威に関わる、といった思考回路は、国民の生命を守ることを軍隊が第一に考えていない、という本質を示しているといってもよいでしょう。

一方で、簡単なことばを「小むずかしく」いう習性のある軍隊でも、一九四〇年二月二九日に「兵器名称簡易化ニ関スル規定」を制定して、陸軍一般に通知しています。兵器用語には制限した漢字を用いるようにし、同年五月一七日にはこの規定に基づいた『兵器用語集（其ノ一）』を作成し、通知しています。空襲にさらされる「銃後」の人びとには難解なことばで権威的にふるまう一方で、戦争遂行に必要な兵器用語の簡易化には熱心であったということです。

情報の質の話になりましたが、簡易化を求めることは、権威への闘争でもあります。最近では、社会言語学者・田中克彦の著作があります。これは、海野がいうような「薄暮時期」を使いたがる漢字好きの特権意識を批判し、漢字・漢語をとりのぞいた日本語のもつ汎ユーラシア性を指摘した壮大なものですが、「世界じゅうのどんなことばも、今では外国人の参加なしにはいきのびられない」[10]という立場から、漢字をなくしていくことが、母語話者のみならず、非母語話者にとっても重要なことである、と主張しています。

こうした連動性は「やさしい日本語」の議論からははっきりとはうかがえません。「日日ほん訳コンニャクプロジェクト」と称し[11]、「やさしい日本語」は日本語と別の変種とみなそうとしているようですので、連動性を積極的には主張していないと考えてもよいかと思います。もちろん、「日本語をやさしくすることは決して外国人のためだけではなく、日本人の高齢者なども利益を受けることである」[12]と記されていますが、これは外国人と高齢者をひとくくりに「情報弱者」とするだけであって、日本語そのものの変化を求めていないといえます。

2 語られない多言語社会

2-1 移民社会論の問題

一般的に、人口の大きな変動は、大きな社会変動といえます。総務省統計局のホームページでは、近年日本人人口は「大きく減少」していると判断しています。こうした背景から、今後五〇年間に一〇〇〇万人の移民を受け入れるべきだ、という議論があります。入管業務にたずさわっていた坂中英徳と、移民政策史が専門の浅川晃広による共著『移民国家ニッポン——1000万人の移民が日本を救う』（日本加除出版、二〇〇七年）はそのひとつで、そこでは「若さ」「専門知識」「日本語能力」すべてそろっていないと移民として受け入れてはならない、という主張が展開されています。つまり、日本国家の繁栄を支えてくれる優秀で能力のある人しか受け入れないという、きわめて排他的な能力主義がここにあります。若年であれば日本語もすぐに覚える、という楽観的な視野のもとで、日本語能力を必須のものとしています。

また、国際交流事業に長く関わり、移民受け入れに積極的な毛受敏浩は、もっと明確に、「外国人受入れ成功の条件」として、

（一）定住を前提に日本語を学ぶ意欲のある外国人を受入れること
（二）成人には日本語教育、子どもには学校教育を徹底すること
（三）借金を背負った移民を受入れないこと
（四）地域社会が受け皿となる覚悟と意欲を持つこと［13］

を掲げています。とりあえず（四）はその通りかもしれませんが、具体的には「寛容さを発揮する」くらいしか示されていません。（一）から（三）は、外国人労働者を必要としている状況を抜本的に

変えていかないかぎり（とりわけ（三））、実現はむずかしいでしょう。移民を選別するのは国家の権利、ということなのかもしれませんが（それでも国際条約は遵守しなければなりません）、人口激減に対応できるほどの人材が日本にやってくるとは、到底思えません。

（四）とも関連しますが、急激な外国人の増加による社会変動に関しては、坂中英徳は「日本人には多様な価値観や存在を受け入れる「寛容」の遺伝子が脈々と受け継がれ、「共生」や「人の和」を創り出す豊かな精神的風土が育まれてきた」[14]と書いており、遺伝子レベルというわけのわからない根拠で楽観視しています。しかし、社会調査のデータから外国人への意識を分析した田辺俊介編著『外国人へのまなざしと政治意識』（勁草書房、二〇一一年）をみても、外国人への「寛容」を読みとることは困難だといわざるをえません。

日本社会が「寛容な社会」をめざすべきだ、という主張ならわからないでもありませんが、最初から「寛容」の「伝統」がある、などといわれるとキツネにつままれた感じになるのです。さらにいえば、その「伝統」があるから大丈夫というのを移民受け入れの根拠にするのであれば、無責任きわまりないというしかありません。日本社会は変化しなくて大丈夫、などという主張は、結局はなにも考えないのと同じで、他者への想像力を大きく欠いた議論でしかありません。

現実には、研修生・技能実習生という制度（二〇一〇年から技能実習生に一本化）のもとでの実質的な奴隷労働がまかりとおり、南米からの日系人を雇用の調整弁としていた結果、二〇〇八年のリーマン・ショック以降、「寛容」のかけらもなく解雇していったことは、どう説明するのでしょうか[15]。そうならないために、「若さ」「専門知識」「日本語能力」なのだ、といった議論になるのなら、たんなる差別でしかありません。

技能実習生制度の手直しがくりかえされていますが、日本社会の構造的な問題や移民受け入れに関する正面からの議論を避けているように思えてなりません。

定住する日本社会がどうあるべきかを明示しないままでは、つまりは「もともと寛容なのだ」といっているだけでは、外国人労働者も移民も排除せよというナショナリスティックで排他的な論調とも対峙することができないでしょう〔16〕。

若干不思議なのですが、どういった形であれ、多文化共生をとなえる論調において、母語使用や継承語教育について語られることはあっても、「共通語としての日本語」をあたかも当然のごとくとらえています。比較的新しい「移民社会」のルポである藤巻秀樹『「移民列島」ニッポン――多文化共生社会に生きる』（藤原書店、二〇一二年）にも、日本語能力の獲得が社会的安定や上昇に不可欠である、といった観点がうかがえます（それはそれで事実でしょうけれども）。多文化共生や多文化主義といったものが、所詮はマジョリティからの「上から目線」による統合政策にすぎないと喝破する社会学者・塩原良和の『共に生きる――多民族・多文化社会における対話』（弘文堂、二〇一二年）においても、日本語のはたすべき役割について仔細に論じられていません。

外国人移住者に関する現状、歴史的背景、法制度上の諸問題を簡潔かつ丁寧に紹介した、たいへん有用な書籍（移住労働者と連帯する全国ネットワーク編『移住者が暮らしやすい社会に変えていく30の方法』合同出版、二〇一二年）においても、日本語の問題はあつかわれていますが、日本語習得と同様に母語が維持・使用され、多言語による情報提供が保障されるべきだ、といった論調です。それ以外の問題が山積しているということなのでしょうが、それでもやはり、言語学者・庄司博史がいうように、「日本語能力、識字能力の欠損をあたまから負とみなし、すべての移民への識字教育を唯一の選択肢とすることの是非と、その効果もかんがえる必要があろう」[17]という観点、日本語優位社会のもつ構造的問題点への視点は欠かせないと思います。

―2―2― 多言語社会にとっての「やさしい日本語」

それとは逆に、「やさしい日本語」の議論において、そのはたす役割は明確に示されています。つまり、「全外国人住民の母語ですべての情報を提供することは不可能」であり、「限りなく翻訳が必要になる」から、「非常に大きなコストがかかる」。一方で、英語は実際には使用者は多くない。したがって「伝達効率を考えるなら英語より日本語が適している」。こうした「多言語化の限界、伝達効率の高さなどから、日本語という選択肢が重要になってくる。さらにその日本語をやさしくすることでコミュニケーションを更に円滑化できるのではないだろうか」[18]とあります。「やさしい日本語」の役割とは、多言語によらずに行政からの情報伝達の効率性を高めるところにあるようです。あるいはまた、「「やさしい日本語」は多言語化していない現在の日本社会において生活者としての外国人が被る不利益をできるだけ軽減するために策定されるべきもの」[19]という見解も示されています。ここで庵が依拠しているのは、日本語教育にたずさわる山田泉による「補償教育」としての日本語教育という考え方です。山田によれば、日本社会にあって「外国人」の大人も子どもも十全な自己実現を果たすためには、社会が多言語に対応していない現状では日本語の習得が不可欠になっていることと関係があります。本来ならば社会を多言語に対応させるべきですが、現状ではそうでないという不条理を日本側が詫び、そのかわりに自己実現を可能にする一定程度の日本語能力が習得できる機会を「償い」として保障するというものです。[20]

というのが「補償教育」なのだそうですが、これを読んでなにを感じますか?

私は、ほかでもなく「上から目線」を感じました。「不条理」なのだと開き直って社会の多言語化への努力を放棄して、それを「補償」したいから日本語教育を提供する、という理屈です。これはあるいは、配慮という差別、と表現してもよいかもしれません。しかし同じ文章で「多言語に対応する社会作りを進める」[21]とも述べているので、たいへん主旨がとりにくいのですが。

漢字遊びをしたくはないのですが、それをいうなら、「保障」でしょう。もしも日本語を学習したいのならば、それができるように「保障」する。そうした用法しかありません。そもそも、現実の日本語教育は、ボランティアの日本語教師に丸投げしている側面が大きいのですから[22]、きちんとした「保障」ができるのか疑問です。近年でもたとえば栃木県の中学校非常勤講師の方が、日本語の不自由な外国人生徒の日本語指導に苦労している、「せめて市町村に一人、日本語指導のできる人を配置し、生徒の指導や教師への助言をお願いしたい」と投書していました(『朝日新聞』二〇一二年一〇月六日)。

「やさしい日本語」よりも、こうしたボランティア丸投げの現状の方が重要な問題です。ボランティアは「善意」でなされるものですが、往々にして「善意」は空回りしてしまうものです。そういう弊害をきちんと認識した専門職としての日本語教師に、正当な対価が支払われるべきでしょう。しかし、俺は「日本語教育の専門家ではないボランティアが主体となっても運営可能な教材を開発することを目指す必要がある。これが「やさしい日本語」の本質である」[23]と述べているので、ボランティア丸投げのためにこの構想をたてていることがわかります。その点、ボランティアによる地域日本語教育では不十分だとする先の山田泉とは立場が異なっています。

ともあれ、「補償教育」という表現は、「補償」してやっているのだから、ありがたく受けとれ、と解釈されても仕方ありません。すべからく日本語教育を受けよ、という強圧的な態度に映る場合もあるでしょう。それでは隷属の対価としての日本語教育でしかありません。

山田は同じ文章のなかで、「外国人等は地域社会にあって、日本文化にのっとって、日本語でコミュニケーションをとることが「当たり前」なのでしょうか」[24]と問うています。そして「わたしは、地域における日本語学習・支援活動は「外国人」が日本語を身につけ既存の社会に適応していくことを目指すことにではなく、すべての住民がありのままで「共生」できるよう社会の側を変革することに寄与するものでなければならないと考えます」[25]とも述べています。まっとうな意見ですが、多言語化を主張しながらも、それができないことを詫びて「補償教育」をするのだ、という立場と考えあわせると、「日本語学習・支援活動」を通してしか、それは実現できない、ということになります。「共生」するにしても日本語は必要ですね、という前提があるわけです。それにしても、どういった多言語社会がありうるのか、という議論はありません。

社会の多言語化にはコストがかかるものです。たとえ一〇〇の言語をカバーしても一〇一番目の言語はこぼれおちてしまう、とどこかで目にしたことがありますが、だから、「やさしい日本語」を共通言語にすればコストがかからない、ということでしょう。しかし、それならば、一〇一番目の言語をカバーするようにすればよいだけのことです。どんなにコストがかかっても、です。翻訳や通訳で、外国人の雇用の口も広がるでしょう。

「やさしい日本語」が選択肢のひとつにはいることには何の問題もありません。しかし、コストコストといっていると、「やさしい日本語」の普及に力を注ぐだけで、多言語化は積極的に目指さない、という主張にとられかねません。「やさしい日本語」以外での行政の多言語サービスを停止すべきだともなりかねません。しかし、多言語化ができないのなら、「やさしい日本語」を外国人全員に使わせることは、はたして可能なのでしょうか?

また、「やさしい日本語」が日本語とは別の変種である、というのであれば、その他の諸言語と同じようにあつかうべきでしょう。「やさしい日本語」とは、あくまでも多言語化の一環でしかないという姿勢をもたなければ計画倒れになってしまうでしょう。その点、弘前大学の佐藤和之たちの構想する「やさしい日本語」は基本的に災害時という限定された機能のものです。佐藤が紹介する行政窓口での「やさしい日本語」使用の実例も、「外国語のひとつ」といったあつかいのようで、過剰な期待をもたせてはいません[26]。むしろ、災害時に限定するのならば、「やさしい日本語」ではなく、「緊急連絡用語」とでもした方が、迅速に必要な情報を伝えるというイメージが湧くでしょう。そしてそうした努力はなされてきたはずです。

また、先の山田の引用に「すべての住民がありのままで「共生」できる」という部分がありました。しかし、多文化主義・多文化共生といった「理想」が結局は「上から目線」にすぎず、ことに日本の場合は「コスメティック・マルチカルチュラリズム（うわべの多文化主義）」[27]ともいわれています。そして、理想的に語られていた多言語主義も、所詮は近代国民国家の統合秩序に沿った適用しかなされない、といった見解も提出されてきています[28]。

先に、多文化共生・多文化主義を語る側に日本語を語る視点がないことを指摘しましたが、今度は逆に、多言語社会における日本語を語る側に多言語社会や多文化主義を綿密に語る視点がない、という奇妙な状況があります。ここはまず、各言語社会が平等に共生できるという幻想を捨てた方がよいのではないでしょうか。身も蓋もない話ですが、各言語社会の多層性と、厳然としてある階層性をみきわめていく必要があると思います。ジャーナリスト安田浩一は、こう述べています。

> 国や自治体が、上から目線で「共生」を呼びかけたところで、人の意識など簡単に変わるわけがない。軋轢と対立、衝突の最前線にいる者こそが、それぞれの経験と知恵で、人種の壁を乗り越えていくのではないだろうか。[29]

こうした基本姿勢から、具体的な言語状況を把握し、どの程度、そしてどのような日本語が必要とされているのか、あるいはいないのか、についてみきわめるべきではないでしょうか。たとえば表記

について であれば、ローマ字書きならばわかる、という層も少なくないでしょう。そうした現状把握のうえでないと、「やさしい日本語」の必要性を説得的に示すことはできないと思います〔30〕。

3　「やさしい日本語」は使われるのか

―3-1―　公文書翻訳の問題

「やさしい日本語」プロジェクトは、とりあえず公文書のことばの翻訳をめざす、ということのようです。公文書の簡易化については、すでに一九四六年六月一七日に「官庁用語を平易にする標準」が次官会議での申合事項となり、一九四九年四月五日には「公用文作成の基準について」として内閣官房長官から各省大臣に通達されています。しかし、あまり効果がなかったのか、国語審議会は一九五一年一〇月三〇日に「公用文改善の趣旨徹底について」という建議をおこなっています〔31〕。それでもまだ「やさしい日本語」への翻訳が必要だというのならば、まずは公用文全体の簡易化を徹底させるのが先ではないでしょうか。先に述べた連動性ということとも関わります。

次に、そもそも論なのですが、わが身もふりかえって、近所の行政機関からのお知らせをじっくり読むことはあるのでしょうか。それが重要な情報だと、頭から決めてかかってはいないでしょうか。本当に必要な情報は、各言語社会でうまい具合に翻訳され、存外正確に伝わっているのではないでしょうか（これもまたきちんと調査が必要ですが）。先に述べたことと関わりますが、それぞれの言語社会はその特徴を活かし、さまざまな方略でもって、いろいろな障壁がたちはだかるなか、日本社会で生きぬいているという前提に立った方がよいのではないかと思います[32]。「情報弱者」としてぽつねんとたたずんでいるだけ、といったイメージを抱かない方がよいでしょう。そうした点もふくめて、行政からの伝達をいかに効率よく伝えるか、という一方向の（しかも「上から」の）視線を、「やさしい日本語」のなかに感じます。だいいち、どういった需要があるのかをふまえたうえでの議論であるのか、だれがなんのために、どういった日本語を理解したいのか、ということが明確になっていないと、効果ははかれないでしょう。そうしたことをきちんと調査したうえでの議論なのでしょうか。そうした点が不明確なところに、突然「やさしい日本語」が提示されても、対象とされる外国人が積極的に学ぶようになるでしょうか。そもそも、ホスト社会が求める「正しい日本語」というものがあり、それによってみずからのチャンスが拡がるのなら、それを獲得しようとするのは理の当然です。それこそ、命がかかっているのですから。批判されるべきは、そうした「正しい日本語」を要求する側の意識です（「日本語はむずかしいですね」といわれて優越感にひたるような意識、といいかえてよいかもしれません）。

普通の日本語を「やさしい日本語」に翻訳する、といっていますが、はたしてその逆、「やさしい日本語」から普通の日本語には簡単に翻訳できるのでしょうか。学習者は二度手間と感じ、そこにある差異を差別と感じたりすることはないのでしょうか。「やさしく」しても、普通の日本人も使うような気にならなければ、「やさしい日本語」の存在意義はないのではないでしょうか。くりかえしますが、配慮という名の差別です。それでは無視されておしまいです。そんなことはない、といくら強調しても、それが届くことはないでしょう。

―3―2―　「直ちに影響はない」ということ

次に、情報という点に関して一点。先に、「薄暮時期」と兵器用語簡易化の話をしましたが、都合のよいようにしか権力側は情報を出しません。現在でも同様の構図はあります。たとえば、二〇一二年七月二三日に公表された、政府の「東京電力福島原子力発電所における事故調査・検証委員会」最終報告書では、二〇一一年三月の東京電力福島第一原子力発電所のメルトダウンによる被曝に関する政府側の見解を以下のようにまとめています。

三月一五日までは「健康に大きな被害はない」だったのが、一六日以降は「直ちに（健康に被害を及ぼすものではない）」という表現になりました。この表現の意味するところは、「低線量の放射線被ばくについては、被ばくとがん等の発生との間に関係があるか否かが明らかではなく、かつ、仮にがん化するような場合でもそれまでには相当程度長い期間を要するといった科学的知見」にもとづいています[33]。しかし、この表現では到底伝わりません。報告書は続けてこう述べています。

> 「直ちに人体に影響を及ぼすものではない。」との表現については、「人体への影響を心配する必要はない。」という意味と、反対に「直ちに人体に影響を及ぼすことはないが、長期的には人体への影響がある。」という意味があり、いずれの意味で用いているのか必ずしも明らかではなかった。このようなどちらの意味にも受け取れる表現は、緊急時における広報の在り方として避けるべきであり、リスクコミュニケーションの観点からも今後の重要な検討課題である。[34]

意地が悪いですが、「直ちに影響はない」を「やさしい日本語」ではどう翻訳するのでしょうか。この「直ちに影響はない」が政府発表への不信感が増大するきっかけのひとつでした。どの言語に翻訳するときでも同様の問題をかかえるとは思いますが、情報を出す側の意図をくみとる必要がある、ということです。たんに表現をやさしくするだけでは、コトの本質を見失います。行政は都合のいいようなものしか流さない、という前提は必要です。なんの検討もなく、翻訳するというのであれば、行政の片棒をかついでいる、という批判は免れません。

―3―3― 「日本語を知る」ということ

少し事象がことなりますが、「日本の識字率の高さ」を「神話」にすぎないと批判し、識字運動の理念を問い直した書籍のなかに、以下のような記述がありました。

「人間解放としての識字」論は、〔……〕「疎外論」的構図にもとづいている。文字をうばわれた主体が、文字の獲得によって疎外された状態から人間性を回復するという図式である。しかし、「文字をうばわれた」非識字者は、ただ悲惨なだけではない。たくみな戦略やネットワークをもちいて、積極的にいきる主体でもある。また、文字の獲得によって主体の世界がひろがるというのは事実であるにしても、二〇〇〇字以上の漢字知識を必要とする日本語において、機能的な識字者となるのは容易ではない。人間解放という図式は、疎外論的な問題構制の限界を共有している。〔35〕

そして「識字社会におけるよみかき制度や識字イデオロギーのありかたをかえないかぎり、識字問題の本質的な解決にはならない」ので、「識字者の責任を不問に付し」てはならないと主張します［36］。識字の問題と、日本社会において日本語非母語話者が日本語を学習することとを相似形で論じることに問題があることは承知しています。しかしながら、非識字であること、あるいは日本語を知らないことは、無条件に救済されるべきこと（ひいては「人間解放」）なのか、という問いは共有しておきたいと思います。引用にならっていえば、日本語という制度や日本語イデオロギーのあり方をかえないかぎり、本質的解決にはならないのであって、それは日本語主流社会の、もとからの住人の考えるべきことである、といえるでしょう。

それなのに、「補償教育」としての「やさしい日本語」ということしかいえないのであれば、それは明白に「上から目線」のものでしかありません。普通の日本語と「やさしい日本語」とを切断して考えることは、普通の日本語のあり方を問う視座にはなりません。かりに、普通の日本語のあり方が問われ、より簡単なもので十分だ、ということになると、日本語教師は自らの権威の源泉を奪われるという危機感があって、こうした議論をしないのかもしれません。これは皮肉にしても、普通の日本語自体の問題としてとらえる、つまりは主流社会における日本語のあり方ばかりでなく、多言語社会日本への視座を問わないかぎり、問題の本質的な解決にはならないでしょう。「やさしい日本語」の習得が学習目的となり、学習動機となるようなことはあるのでしょうか。中途半端にしか使われない、あるいは「やさしい日本語」を主張する人しか使わないものが野ざらしになっているだけ、という荒涼とした景色がうかびます。

4　おわりにかえて

植民地台湾で台湾人が話していた日本語について、その当時そして敗戦後現在にいたるまで日本側がどのように評していたのか、についてまとめたことがあります（安田敏朗『かれらの日本語——台湾「残留」日本語論』人文書院、二〇一一年）。そこには、「われわれの日本語」との距離が常にとられている「かれらの日本語」という観点が通底していて、ときには過剰に非難し「同化」が不十分だとし、ときにはほめそやしてノスタルジーの対象とするなど、「われわれ」の都合気分次第でしか語られていない、というのが議論のおおまかな内容です。どんなに「やさしい日本語」が機能を限定しようとも、主流社会からの視線は冷ややかなものになっていくでしょう。そんなものだとわりきってもよいのですが、それでは学習動機につながりません。

多言語社会日本において、日本語のはたす役割は万能でもなんでもない、ということを認識することをまず求めるべきかもしれません。

結論めいたことすらいえないのですが、外国人にとって住みやすい社会は日本人にとっても住みやすい社会であり、逆に、外国人にとって住みにくい社会は、日本人にとっても（いずれ）住みにくい社会になる、ということはいえるでしょう。

注

1　頼阿佐夫『国語・国字問題』三笠書房、一九三八年、三頁（頼阿佐夫は平井昌夫のペンネーム）。
2　敗戦後の国語国字問題については安田敏朗『「国語」の近代史——帝国日本と国語学者たち』（中公新書、二〇〇六年）の第四章などを参照。
3　安田敏朗『統合原理としての国語——近代日本言語史再考Ⅲ』三元社、二〇〇六年、序論。
4　具体的な事例は、川村千鶴子編著『3.11後の多文化家族——未来を拓く人びと』（明石書店、二〇一二年）、鈴木江里子編著『東日本大震災と外国人居住者たち』（明石書店、二〇一二年）などを参照。
5　安田敏朗『「多言語社会」という幻想——近代日本言語史再考Ⅳ』（三元社、二〇一一年、序章）を参照。日本手話に関しては、佐々木倫子編『ろう者から見た「多文化共生」——もうひとつの言語的マイノリティ』（ココ出版、二〇一二年）などを参照。
6　安田敏朗『帝国日本の言語編制』世織書房、一九九七年、第四部。
7　当時の議論を集めたものに、白水社編『ふりがな廃止論とその批判』（白水社、一九三八年）があります。
8　国語協会については、安田敏朗『「多言語社会」という幻想——近代日本言語史再考Ⅳ』（三元社、二〇一一年、第六章）および、安田敏朗『漢字廃止の思想史』（平凡社、二〇一六年、第四章）などを参照。
9　橋本哲男編『海野十三敗戦日記』講談社、一九七一年、二〇—二一頁。
10　田中克彦『漢字が日本語をほろぼす』角川SSC新書、二〇一一年、一六頁。同書は『言語学者が語る漢字文明論』と題をかえて、講談社学術文庫より再刊（二〇一七年）
11　庵功雄・岩田一成・森篤嗣「「やさしい日本語」を用いた公文書の書き換え——多文化共生と日本語教育文法の接点を求めて」『人文・自然研究』五（一橋大学）、二〇一一年三月。
12　同前、一二二頁。
13　毛受敏浩『人口激減——移民は日本に必要である』新潮新書、二〇一一年、一八二頁。また、毛受敏浩『限界国家――人口減少で日本が迫られる最終選択』（朝日新書、二〇一七年）では、現実として存在する移民の実情にふれつつ、移民問題を正面から議論すべきことを訴えている。

14 坂中英徳「日本型移民国家の構想」、田中慎也・木村哲也・宮崎里司編『移民時代の言語教育――言語政策のフロンティアⅠ』ココ出版、二〇〇九年、一〇九頁。

15 具体的なルポとして、安田浩一『ルポ　差別と貧困の外国人労働者』（光文社新書、二〇一〇年）、労働力移動については、安里和晃編著『労働鎖国ニッポンの崩壊――人口減少社会の担い手はだれか』（ダイヤモンド社、二〇一一年）などを参照。

16 排他的論調として、たとえば小野五郎『外国人労働者受け入れは日本をダメにする』（洋泉社、二〇〇七年）など。

17 庄司博史「移民の識字問題――多言語サービス、日本語指導、母語教育、そして?」『民博通信』一三八号（国立民族学博物館）、二〇一二年九月、一九頁。

18 庵功雄・岩田一成・森篤嗣「「やさしい日本語」を用いた公文書の書き換え――多文化共生と日本語教育文法の接点を求めて」『人文・自然研究』五（一橋大学）、二〇一一年三月、一一六―一一七頁。

19 庵功雄「地域日本語教育と日本語教育文法――「やさしい日本語」という観点から」『人文・自然研究』三（一橋大学）、二〇〇九年三月、一二七頁。

20 山田泉「地域社会と日本語教育」、細川英雄編『ことばと文化を結ぶ日本語教育』凡人社、二〇〇二年、一二六頁。

21 同前、一二六頁。

22 井上徹『日本語教師の就職難と地域日本語教育の課題』（二〇一二年度一橋大学大学院言語社会研究科修士論文）などを参照。

23 庵功雄「地域日本語教育と日本語教育文法――「やさしい日本語」という観点から」『人文・自然研究』三

（一橋大学）、二〇〇九年三月、一二九頁。

24　山田泉「地域社会と日本語教育」、細川英雄編『ことばと文化を結ぶ日本語教育』凡人社、二〇〇二年、一二二頁。

25　同前、一二五頁。

26　佐藤和之「生活者としての外国人へ災害情報を伝えるとき――多言語か「やさしい日本語」か」『日本語学』二八巻六号、二〇〇九年六月。

27　テッサ・モーリス＝スズキ『批判的想像力のために――グローバル化時代の日本』平凡社、二〇〇二年。

28　砂野幸稔編『多言語主義再考――多言語状況の比較研究』三元社、二〇一二年。

29　安田浩一『ルポ　差別と貧困の外国人労働者』光文社新書、二〇一〇年、二〇七―二〇八頁。

30　ローマ字表記の歴史と今後の可能性については、たとえば茅島篤編著『日本語表記の新地平――漢字の未来とローマ字の可能性』（くろしお出版、二〇一二年）などを参照。

31　文化庁文化部国語課『国語審議会答申・建議集』一九九六年、八〇―八八頁。

32　たとえば、教会やモスクを通じた宗教コミュニティの活動などについては三木英・櫻井義秀編著『日本に生きる移民たちの宗教生活――ニューカマーのもたらす宗教多元化』（ミネルヴァ書房、二〇一二年）、エスニック・ビジネスについては、樋口直人編『日本のエスニック・ビジネス』（世界思想社、二〇一二年）などを参照。

33　東京電力福島原子力発電所における事故調査・検証委員会『最終報告』二〇一二年、三九三頁（http://icanps.go.jp/）。

34　同前、三九三頁。

35　角知行『識字神話をよみとく――「識字率99％」の国・日本というイデオロギー』明石書店、二〇一二年、一八七頁。

36　同前、二一四頁。

あとがき——初出一覧

案外と大部な著書になってしまった。自分の問題意識がどの程度共有されるのか、正直なところはわからない。共有なされなくてもかまわないという気もあるが、こういう時代である、反感を買う方が大きいようにも思う。ただ、伝えたいことがいくらかでも伝われば、望外の幸せである。

以下、本書所収の論考の初出を示しておく。それぞれ（場合によっては大幅な）加除修正をおこなっている。

序章　「国語」からみえるもの／みえないもの

「国語と日本語政策」、多言語化現象研究会編『多言語社会日本——その現状と課題』三元社、二〇一三年九月

第一章　ことばをどのようにみようとしてきたのか
「近代移行期における日本語学の成立」、仁荷大学校韓国学研究所編『近代移行期東アジアの自国語認識と自国語学の成立』ソミョン出版、二〇一五年一月（韓国語）

第二章　「言文一致」がみえなくすること――作文・日記・自伝
「書かされる「私」――作文・日記、そして自伝」、森本淳生編『〈生表象〉の近代――自伝・フィクション・学知』水声社、二〇一五年一〇月

第三章　虐殺とことば――関東大震災時朝鮮人虐殺と「一五円五〇銭」をめぐって
「流言というメディア――関東大震災時朝鮮人虐殺と「15円50銭」をめぐって」、『JunCture 超域的日本文化研究』六号、名古屋大学大学院文学研究科附属「アジアの中の日本文化」研究センター、二〇一五年三月

第四章　となりの朝鮮文字――みえないことばがあらわれるとき
かきおろし

第五章　朝鮮人の言語使用はどうみえたか――村上広之の議論を中心に
「言語政策はどのように日常を支配するのか――村上広之の議論を中心に」、『日語日文学研究』第

七九輯一巻・二巻、韓国日語日文学会、二〇一一年一一月
第六章　「ひとつのことば」への道からみえるもの――斎藤秀一編『文字と言語』をめぐって
「解説」、斎藤秀一編『文字と言語』（復刻、三元社、二〇一八年（予））
第七章　「ことのはのくすし」は何をみていたのか――陸軍軍医監・下瀬謙太郎をめぐって
かきおろし
第八章　漢字廃止論の背景にみえるもの――敗戦直後の労働争議とからめて
「漢字に時間をよみこむこと――敗戦直後の漢字廃止論をめぐって」、国文学研究資料館編『もう一つの日本文学史』勉誠出版、二〇一六年三月
第九章　スターリン言語学からみえるもの――民主主義科学者協議会編『言語問題と民族問題』をめぐって
「民科とスターリン言語学」、井上章一編『学問をしばるもの』思文閣出版、二〇一七年一〇月
終章　「やさしい日本語」がみおとしているもの
「「やさしい日本語」の批判的検討」、庵功雄・イヨンスク・森篤嗣編『「やさしい日本語」は何を

目指すか――多文化共生社会を実現するために』ココ出版、二〇一三年一〇月

いつものことになるが、石田俊二社長をはじめ、三元社のみなさまにはお世話になった。最初の単著を刊行したのが三元社で、いまから二〇年前、一九九七年の四月のことであった。単著でお世話になるのは一〇冊目となるが、変わらぬこころ配りにあらためて感謝したい。

そして、最初の学術論文のようなものを発表してから二五年、変わったものと変わらないものをしみじみと感じる年齢になってしまった。『論語』でいう「知命」を来年（二〇一八年）迎える。みずからの限界を知り、こころ穏やかに暮らしたいものである。

二〇一七年一一月

安田敏朗

著者紹介
安田敏朗（やすだ・としあき）

1968年　神奈川県生まれ。
1991年　東京大学文学部国語学科卒業。
1996年　東京大学大学院総合文化研究科博士課程学位取得修了。博士（学術）。
現在　一橋大学大学院言語社会研究科教員。

［著書］
『植民地のなかの「国語学」──時枝誠記と京城帝国大学をめぐって』（三元社、1997年）、『帝国日本の言語編制』（世織書房、1997年）、『「言語」の構築──小倉進平と植民地朝鮮』（三元社、1999年）、『〈国語〉と〈方言〉のあいだ──言語構築の政治学』（人文書院、1999年）、『近代日本言語史再考──帝国化する「日本語」と「言語問題」』（三元社、2000年）、『国文学の時空──久松潜一と日本文化論』（三元社、2002年）、『脱「日本語」への視座──近代日本言語史再考Ⅱ』（三元社、2003年）、『日本語学は科学か──佐久間鼎とその時代』（三元社、2004年）、『辞書の政治学──ことばの規範とはなにか』（平凡社、2006年）、『統合原理としての国語──近代日本言語史再考Ⅲ』（三元社、2006年）、『「国語」の近代史──帝国日本と国語学者たち』（中公新書、2006年）、『国語審議会──迷走の60年』（講談社現代新書、2007年）、『金田一京助と日本語の近代』（平凡社新書、2008年）、『「多言語社会」という幻想──近代日本言語史再考Ⅳ』（三元社、2011年）、『かれらの日本語──台湾「残留」日本語論』（人文書院、2011年）、『日本語学のまなざし』（三元社、2012年）、『漢字廃止の思想史』（平凡社、2016年）

［翻訳書］
『戦争の記憶 記憶の戦争──韓国人のベトナム戦争』（金賢娥著、三元社、2009年）

［共著書］
『言語学の戦後──田中克彦が語る〈1〉』（三元社、2008年）、ほか

［解説書］
『国語国字問題の歴史』（平井昌夫著、復刻版、三元社、1998年）、『国語のため』（上田万年著、平凡社東洋文庫、2011年）、ほか

近代日本言語史再考V　ことばのとらえ方をめぐって

発行日　二〇一八年一月三一日　初版第一刷発行
著　者　安田敏朗
発行所　株式会社 三元社
〒一一三-〇〇三三　東京都文京区本郷一-二八-三六鳳明ビル
電話／〇三-五八〇三-四一五五　FAX／〇三-五八〇三-四一五六
郵便振替／00180-2-119840

印刷＋製本　モリモト印刷 株式会社

コード　ISBN978-4-88303-454-3